飛彈、政客與祕密外交

台灣問題專家
四十年的深度觀察

Playing
with Fire:
The Looming War
with China
over Taiwan

各界推薦

美中台三邊外交自一九八九年天安門事件以來的清晰記載。康氏勾勒一幅令人膽顫心驚的景象，並向世人述說爭端解決機制失靈可能在台海造成的影響。

——金德芳（June Teufel Dreyer），邁阿密大學政治系教授

一部來自兩岸關係研究權威的重要作品。任何對東亞安全有興趣的讀者都不容錯過。

——郝志堅（Dennis V. Hickey），密蘇里大學政治系教授

康培莊教授累積其畢生研究美中台議題之精力與見解，將之傾囊而出，成此佳作。此書娓娓道來三十年（一九八七—二〇一七）間，橫跨台灣內政、兩岸和台美關係之時空發展。其論述經緯以一九九五—九六年間台海危機為基點，往前回溯並往後延伸兩岸之滄桑恩怨及台美關係的利害糾葛。全書不只提供讀者美中台三方博弈全域的歷史脈絡和宏觀架構，也使其體認到美中台三者互動關係之難解難分。因各方主政者之見解風格不同，民心走向之因時事地改變而瞬變，國內黨政利益互競相逐，導致各方面對涉外事務之錯綜複雜而難以輕下斷論。尤以台灣在「兩大之間難為小」的格局下，決策者更不得不在國際現實與完美理想間權衡妥協，以尋求國家最大平衡點，

維護其基本生存空間。閱讀本書撫今追昔，適逢美中台三方政權更迭之際，本書最大的貢獻在於，讀者可以用廣角的視野觀看台灣內政和外交的處境，而得到更多層次之深度解析。在此對這本學術著作的作者與譯者，致上深深的敬意與謝意。

——李偉欽（Wei-chin Lee），威克・佛瑞斯特大學（Wake Forest University）
政治與國際關係學系教授

本書是美國學者莊康培在長期對台研究積累基礎上的力作。作者從一九八九年「天安門事件」起筆，以時序為線索推進，對台灣、中國大陸與美國三方的外交互動和政策演進作出了清晰而詳細的梳理。作者特別為台灣讀者撰寫關於二〇〇六年之後的發展，也對蔡英文政府當下面對的國際挑戰做了新的觀察。關注台灣及兩岸關係的讀者都不應錯過。

——林夏如，香港中文大學全球政治經濟社會科學碩士課程課座副教授

康培莊教授著作等身，也曾赴國會外交委關係委員會作證。如書名所示，作者認為台灣的獨立傾向可能促使中美兩國開戰。相較於中美關係的其他時期，作者花費心力敘述一九八九年天安門事件以來的發展，一開始把焦點集中在一九九六年的台海危機——中國試圖以飛彈威懾台灣，引來美國派遣艦隊至台灣海峽，以展示華盛頓力挺台灣的決心。包括我在內的許多觀察家，對於美中關係有截然不同的看法。我認為，美中關係可望於衝突、競爭和合作的複雜架構下持續發展，而兩國在地緣政治、經濟和外交上將繼續過招，未來華盛頓和北京不太可能在任何議題大打出手，即使涉及台灣的地位。

本書回顧最近幾十年的歷史，以支持作者的論點。康氏研究兩岸發展逾四十年，並在書中以跨領域的角度評估兩岸關係的發展。

——Choice，美國圖書館學會（ALA）

——中西部書評（*California Bookwatch*）

作為一位細心鑽研、作品頗豐的學者，康氏以過去數十載中美關係發展為背景，說明兩國越來越可能因台灣問題而對決。他分析天安門事件對中美關係所造成的破壞、飛彈防禦的議題，以及國民黨歷次敗選的發展。康氏指出政治人物討好利益團體可能帶來的危險——台灣的政治人物一面忤逆北京，一面期待美國馳援相挺，實際上在玩一場高風險的政治遊戲。

——《圖書館雜誌》（*Library Journal*）書評

台獨的發展極有可能成為引爆中美交戰的熱點。本書作者依時序記錄了美中台三邊自一九八九年天安門事件到二〇一六年台灣總統大選的發展。

——《參考書目和研究書籍通訊》（*Reference & Research Book News*）

目次

推薦序　林濁水　011
譯者序　劉泰廷　021
作者序　027
二〇〇六版前言　033
二〇一七版前言　035

【一、緒論】　041

第一章　北京以飛彈恫嚇台灣，撕裂中美關係（一九九五—一九九六）　043
三月危機／一九九五—九六台海危機的背景／柯林頓的外交危機／美國國會介入台海危機／台灣以宣傳對抗飛彈／三方各自稱勝

【二、飛彈危機的前奏】 063

第二章　天安門大屠殺破壞中美關係（一九八七—一九八九） 065

槍桿對筆桿／凜春下的民主運動／祕密外交與冷戰終結／中美隔空交火／台灣隔岸觀火

第三章　對台軍售加深中美嫌隙（一九七四—一九九二） 083

美援時代的結束及對台軍售／卡特秘密外交／雷根的軍售危機與鄧小平的「葉九條」／為中國量身訂做《八一七公報》／民主台灣加深兩岸隔閡／美國大選中的難得共識／F-16軍售案考驗中美關係

第四章　李登輝訪美，北京強硬派從中得利（一九九五—一九九六） 103

一九九五年康乃爾演說／簽證爭議令柯林頓進退失據／中國反李情緒高漲／兩次飛彈危機始末／訪美之行在台灣內部引起爭論

第五章　中美為敵，「威脅論」引發激辯（一九九一—二〇〇一） 125

改革開放與伴隨而生的經濟預言／喚醒中國民族主義，打造國家資本主義／反美讀物成為九〇年代中國暢銷書／中國威脅論引發正反激辯／《考克斯報告》證實中國威脅非空穴來風

【三、危機過後】 153

第六章　總統直選，北京指控外國勢力分裂中國（一九九〇—一九九六） 155

李登輝贏得風光／一場寧靜革命／打造民族意識／中國成為超級助選員／東亞民主的典範

第七章　柯林頓訪中，台灣問題兩極化（一九九八—一九九九） 175

柯林頓對中外交的突破／中國式的報導評論／亞洲國家對柯林頓訪中之行冷眼旁觀／禁不起檢視的外交突破／台灣靜觀其變

第八章　國會重申《台灣關係法》，保護台灣（一九七八—一九九九） 197

《台灣關係法》的由來／鄧小平的兩難／《台灣關係法》催生民主台灣／外交公報與國內專法／新法案再度掀起波瀾

第九章　飛彈防禦系統介入台灣問題（一九九七—一九九九） 223

從攻台到鎖台戰略／軍購不是唯一良方／後冷戰中國的軍事變革／後天打造的命運共同體／轉守為攻，日本重返東亞戰局／美國輿論催生戰區飛彈防禦系統／台灣的戰略盤算

【四、當下的對峙】 051

第十章　李登輝「兩國論」激怒北京（一九九九年） 253
一九九九年《德國之聲》專訪／精心布局的兩國論／北京恫嚇更勝當年／台北掀起輿論戰／柯林頓不滿李登輝打破現狀

第十一章　台灣總統大選產生獨派總統（一九九九—二〇〇〇） 277
二十一世紀初台灣第二次總統直選／政治鬥爭與中國威脅／中國指控李登輝暗助陳水扁／白宮與國內輿論不同調／陳水扁的妥協與不妥協

第十二章　陳水扁在爭議中成功連任（二〇〇四—二〇〇五） 301
藍綠對立的民主黑暗期／連宋合璧，捲土重來／中美同聲譴責台灣的麻煩製造者／立法委員選舉再度撕裂台灣／《反分裂國家法》讓北京有了自己的《台灣關係法》

【五、台海風雲再起】 225

第十三章　兩岸衝突的插曲（二〇〇八—二〇一六） 327
國民黨重新執政與隨之而來的困境／馬英九連任後爆發黨內政爭和太陽花

學運／中國變動中的對台政策／兩岸懸殊的軍事成長／歐巴馬對中與對台政策急轉彎／一觸即發的中美戰爭

第十四章　關鍵大選後的新台海危機（二〇一六）　357

民進黨重掌政權／蔡英文「離中親日」路線／中國迅速反制，兩岸關係急轉直下／美國在台灣大選後的對中和對台政策／美國力挺日本與南韓／歐巴馬「轉向亞洲」戰略，對付中國的「擴張主義」

第十五章　結論　383

新美中台關係／中美競爭與「修昔底德陷阱」／當中國經濟狂飆時，美國經濟正嚴重衰退／台灣是中美交鋒的「易燃物」／何種類型的中美戰爭？

後記（二〇一六—二〇一七）　413

川普勝選為華府權力圈和美國主流媒體上了一課／川蔡通話事件／更盛大的軍演與軍備競賽／中國測試美日防衛第一島鏈／川普不按牌理出牌／中美在北韓等問題上立場相左／失序的世界／美國正在製造新的中美衝突／川普的「一中」與「重返海洋控制」政策

推薦序

林濁水（前立法委員）

康培莊教授說川普是外交事務門外漢，他的上台為美中台三角關係增添了非常大的不確定性因素。確實，一開始他就破紀錄地和台灣的蔡英文總統通了電話，還質疑美國奉行了將近半個世紀之久的「一個中國政策」是不是明智；接著在川習通電話後，川普又對蔡英文語出嘲諷；然後還一再對歐巴馬時代美艦的南海「自由航行」喊停；但也約略在同時，他的國防部長和國務卿對台灣表達了比歐巴馬政府更強烈支持的態度，也不客氣地指責北京的南海措施；再來是美艦接連開進中國宣稱的南海礁岩「領海」內，機艦還飛掠台海中線，對應著中國戰機、航母持續性地繞台威懾。政策令人捉摸不定，也令人不安。

在太平洋這岸，奉行「維持兩岸和平穩定現狀」政策的蔡英文，謹慎、低調到不行，兩位總統行事風格對比鮮明到這程度真是稀奇有趣；然而更離奇的是，蔡英文這樣低調，兩岸關係的緊繃程度竟然遠遠超過時時嗆聲「一邊一國」要制憲公投的陳水扁時代，氣氛離奇乃至詭異。在這樣的氣氛下，康培莊教授出版了《飛彈、政客與祕密外交：台灣問題專家四十年的深度觀察》這本精彩的作品。

這本書初版印行的時間是二〇〇六年。英文書名 Playing with Fire: The Looming War with China over Taiwan（玩火：悄然逼近的台海戰爭）遠遠比中文書名來得令人驚心動魄多了，二〇〇六年原書描述的是一九九五台海危機到陳水扁總統末期，台美外交危機時吹襲在美、中、台間的強風巨浪。這個風浪在馬英九上台執政期間一時平息，於是台海出現了號稱一甲子以來最和平的一段時間，在原書初版的十一年後，兩岸間湧現新一波動盪之時，這本書增訂推出，由康培莊補上二〇〇七年至今的一大段發展。

書的增訂出版，扣緊了令人緊張焦慮的情勢，在二〇一七年版前言裡，作者甚至以「戰爭之火正在逐漸燃燒」這句話做為結語。有趣的是，雖然許多美方人士盛讚馬英九開創了二次世界大戰後最和平的兩岸關係，但在康培莊教授看來，這和平只是暴風雨前的寧靜、短暫的意外。理由是中國的崛起，將命定地和美國共同構成互爭雄強的修昔底德陷阱，就像德國的工業成就促使德皇挑戰英國霸權一樣，屆時夾在中間的台灣勢被捲入。如今作者補上迄今這一段，看來大有印證二〇〇六年出書時對趨勢先見及所言不虛的意味。作者在原序中介紹了他一九六三年來到台灣親見台灣創造民主化和經濟起飛的「雙奇蹟」驚喜，並在這樣的「出發點」上迄今共寫出二十六本關於台灣的專書。

二十六本書，二十六真是浪漫到令人感動的數字。然而，從浪漫出發，他的專書，多半寫的是冷峻現實的國際政治。於是，浪漫風情和現實主義精彩地交織在這一本大作之中。

本書敘事的基本架構是「可以確定的是，中美進一步擴大衝突，短兵相接的可能性不容小覷。」換句話說，中美雙方都難脫出修昔底德陷阱；而兩岸之間國族主義情緒的對立隨著台灣的民主化與中國崛起，以及人權自由的緊縮而持續上升。書的前十二章，描述的是一九九六年到二〇〇八年台海緊張；十四、十五兩章刻劃的是二〇一六年到二〇一七年的台海僵局；中間插入陳、馬英九一段兩岸關係和緩喘息時間的第十三章。整本書涵蓋了前後三十年，其間砲艦往來互別苗頭、政客權變浮沈、國家政策左拐右彎、兩岸國力消長上下，真是變化多端；但大家終將發現所有英雄、豪傑、政客、學者說客各顯神通、互相角力精彩演出，僅是政經大架構下的歷史大戲的道具芻狗。當我們把二〇〇八年前十二年和二〇一六年後短短一年多互相對照，看盡書中生動情節後，更覺大結構之嚴峻令人直冒冷汗。

在現實主義的理念下，作者頗有和台北長期流行的主流論述相反的觀點，例如他強調「必須承認台灣的民主發展將其推上與中國分離的道路上」，這就和「只要民主就好，不談統獨」的好形象主流論述格格不入；他還說「貿易往來頻繁的國家不會交戰」並不符合事實，也與冷戰結束後當道一時的新自由主義迥然異色。他這樣說，雖然極不討主流論述之喜，卻讓我們更能看到事情真相，令我們不再迴避事實。

固然作者描繪的結構和趨勢迄今仍然難找到加以推翻的有力反證；但就像作者在序言中謙虛地說道：作者的「出發點」雖然有他的「背景、偏見和看待議題的方式」，但卻是「有啟發性」的。因此，從一個台獨運動者的出發點，以下，我也試著提出一些沒有被作者提到或和作者不完全一致的觀察，既做為讀後心得，也希望能做為讀者在閱讀本書時的補充或對照參考。

一、後冷戰與台灣國際地位的復權

在冷戰後期，美國為了聯中制蘇戰略，以犧牲台灣做為代價，形成《中美三公報》、《台灣關係法》、六項保證，架構成美國的一中政策的典範。在這個典範中，台灣備受委屈，被當作一個事實的，但不被予以國際法承認的國家。台美關係只能維持為非官方的、純民間的關係，彼此官署互不往來。然而，冷戰結束後，台灣很自然地，但非常緩慢地走上國際地位復權之路，這也是本書作者「天安門後台灣的未來充滿轉機」這句話的深刻意義。

天安門事件後原先和中華民國政府斷交的各國和台灣的雙邊關係雖然一直沒有提升到正式邦交的程度，但以一九九四年美國柯林頓對台新政策而言，台美間一般的部長、官署已經可以互訪，AIT也取得完整領事簽證權，雙方已不再是《台灣關係法》所規定的純民間關係，而是提昇「準官方」關係了。至於軍事上，由F-16軍售開始，雙方軍事交流關係持續上升；同時因為冷戰結束而形同被遺忘的《美日安保條約》也重新被搬出來，並賦予「新指針」，還把台灣納入「周邊有事」的範圍，美日「圍堵架構隱然復活，伴隨著中美準同盟關係也持續強化。

這些關係的改善是一個雖然緩慢卻是長期持續的趨勢，其間發展或有遲滯，但是那與陳水扁在台獨上採取冒進行為有關；同時復權狀況若持續提升，也是長期的台灣復權趨勢以及國際情勢變遷使然，和馬英九的執政談不上什麼重大關聯。事實上，蔡英文二〇一一年訪美固然是一個不愉快之旅；但二〇一五年訪美待遇遠高於馬英九當年的訪美，意味的不外乎是隨著情勢變遷，美國對馬英九十分自得的兩岸政策已經有明顯的保留。

二〇〇八到二〇一六年間，台灣在國際上雙邊關係零斷交和在國際衛生大會（WHA）、國際民航組織（ICAO）的參與一直被當做馬英九傑出的外交成就。但是，對一個台獨運動者而言看到的是，在國際往來頻繁的當今，各國為了保護他們自己本國國民的安全與衛生，台灣縱使不能參加兩個年會，要取得國際民航和國際防疫相關資訊卻不成為問題；而台灣在兩個組織的年會的參與，不只身分要逐年被北京審批，又只是沒有發言權和表決權的觀察員，參與的實質價值不大，何況還是以「中國一省」的地位參與，形同對自我主權的否定，這是國際地位的降低不是提昇。

若要對八年中的「零斷交」給予太大肯定，恐怕得注意到這一個事實：為什麼從蔣經國到李登輝乃至陳水扁，前後四十多年，中華民國都能夠維持二十多個小國為邦交國，多也多不了多少，少也少不了多少？未免太神奇；尤其在二〇〇〇到二〇〇八年中國已擁有顯赫的國力，可以輕易地就把中華民國的邦交國壓到個位數字，北京為什麼不肯做？

現象的神奇，一個比較合理的解釋是，北京希望透過這一個局面做為兩岸維持在「漢賊不兩立」的內戰狀態的象徵；而不是對馬英九兩岸政策的獎勵。就這一點，個人和作者有口徑不盡一致的看法。

在外交上，個人認為作者還有一個有待斟酌的看法，那就是作者說「陳水扁的失敗也削弱了台灣在國際上爭取更多支持的機會」。事實上，陳水扁在台獨上的冒進行為其實是傷害了台獨在國際上的機會，只要看陳水扁在採取一連串冒進行為後，美國對台獨的說法從「不支持」，變成嗆聲「反對」到「台灣不是主權國家」，甚至降低陳水扁出國過境美國的待遇，逼得他憤而演出驚險的「迷航外交」，就知道陳水的冒進作為對台獨有害無益。

這些冒進動作有害台獨，陳水扁心中其實瞭然，他明知故犯，為的不是在國際上推動台獨，而是因為在二〇〇五年地方選舉大敗，引發黨內幹部的眾叛親離下，所採取的「紅衛兵」策略，以鼓動冒進主義者來鞏固他在黨內的領導權。無論如何，在當前雖然險惡，但是台灣又仍然找得到復權空間的國際局勢下，台獨運動應該採取的是穩健而不是一步登天的策略，否則將只是揠苗助長。

二、全球化下的兩岸產業戰略．經濟民族主義與民粹主義、族群分裂與藍綠對立

本書很多地方提到民進黨鼓動民粹主義動員民眾，還提到蔡英文就是領導民粹而當選總統，但同時也因為民粹主義影響以致於施政遇上難題。但在我看來，蔡英文的成長背景使她對民粹主義一直保持相當陌生的關係。雖然有兩個階段和民粹主義者有了合作，但合作得不是勉強就是問題百出。

第一次是二〇〇八年領導民進黨進行反制陳雲林來台。這一次群眾運動，坦白說她領導得不甘不願，所以在被國民黨批評是「暴力小英」後，便努力領導民進黨脫離民粹活動。而這一個脫離造成了

二〇一二—二〇一四年白色力量在街頭風起雲湧時，但民進黨卻只能靠邊站的結果。只是，白色的民粹運動居然衝擊國民黨政權直到垮台，蔡英文趁勢當選總統，於是開始進行推動和「公民團體」的緊密合作關係，甚至認為他們可以很大程度地取代民進黨而成為她最重要的權力基礎。只是由於她的先天傾向，彼此合作的蜜月期十分短暫。

台灣的民粹主義，有台灣民族民粹主義，有人權民粹主義，有直接民權的民粹主義以及其他各式各樣的社會議題民粹主義。和本書相關的民粹主義是台灣民族或者國族的民粹主義。可惜的是，台灣國族主義既然是作者建構本書的核心要素之一，民粹主義又是作者相當不以為然的理念，但作者並沒有進一步釐清兩者之間的關係。個人謹在此做簡要補充。

二次大戰後西歐諸帝國和日本帝國解體，使全球民族主義四處烽起，不料很快被冷戰的結構壓抑下去，等到歐洲冷戰結束，全球各地民族主義風潮重新掀起，並在各地激發了不同程度的對立。事實上，中國／台灣的對立、中國／美日對峙，乃至南中國海、黃海、東海海域的緊張，其核心內涵正是民族主義的矛盾。民族主義的對峙和中美修昔底德陷阱交錯作用下，後冷戰的島鏈情境反而遠比冷戰後半期更緊張嚴峻。我們甚至可以這樣說，所謂冷戰在蘇聯解體後結束，那是西歐的情境；至於東方世界，在蘇聯解體後冷戰反而才方興未艾。

無論如何，凡民族主義都免不了有一定程度的民粹主義色彩；但是在二〇一四年太陽花運動中呈現的民粹民族主義，則擁有在一九九〇年代沒有的新內涵：經濟民族主義。這個新內涵是在二〇〇〇年之後，全球化進一步深化之後才勃然而興，並且是讓台灣國族主義高度民粹化的關鍵。

當川普在全球建制派人士一面倒地看壞中，顛覆了美國紅藍政黨傳統基本盤而意外當選美國總統後，全球化催生的民族民粹主義強大能量終於使全球的建制派人士看傻了眼。事實上，這現象在台灣爆發得比美國還早。說早，指的還不是二〇一四年的太陽花連續顛覆了二〇一四和二〇一六年兩次選舉的藍綠基本盤，而這兩次選舉的時間都比川普勝選早，這裡的「早」，指的是在一九九〇年代的基本盤在二〇〇〇年選舉被顛覆了。

全球化的分配效應是財富差距的懸殊化，於是所得在平均值以下的中下階級民眾因為貧窮化以致形成了反全球化的經濟民族主義。在一九九〇年代，固然當時台灣的整體基本盤是「藍大於綠」，但是在南部的盤面上，藍大於綠的情形更加嚴重。由於台灣經濟全球化的主要內涵是產業西進，所得相對偏低的中南部民眾在二〇〇一年立委選舉中，就把他們經濟民族主義的情緒轉化成反對「堅信新自由主義，積極主張開放兩岸經貿交流」的國民黨上，造成的就是南部地區藍綠的大翻盤。到了二〇一四年，隨著中產階級的跟著貧窮化，於是造就了轟轟烈烈的太陽花運動和全島藍綠的大翻盤。

本書作者對二〇一四年後的民粹勃興很不以為然，認為是民進黨操作族群意識造成的，並很強烈地賦予負面評價。不可否認，由於解嚴前國民黨威權體制充滿強烈族群歧視的外來性，因此早期的台灣民主運動和台獨運動中，反抗性的族群意識是運動很核心的動力；但是，隨著國會全面改選後，族群對立意識已經被民主化逐漸消化了。本書很精準地描繪出一九九〇年代總統直選運動中呈現出來的統獨對立內涵。然而，可以進一步觀察到的是在一九九〇年代的政治對立中，統獨對立雖然急速上升，但是卻已經開始和族群對立逐漸脫鈎；到了二〇〇〇年之後，尤其構成太陽花運動中強烈民粹主義內涵並把藍綠對立推到新的高峰的，已經是經濟民族主義而不是族群意識—族群意識並未完全消失，但是在政治角力場域，作用已經邊緣化，這在年輕的一代中更是如此，在所謂的「天然獨」的一代中，族群意識已經非常淡薄。

馬英九因堅信新自由主義，上台後操之過急地下令限時完成三通和ECFA談判，造成了嚴重的後遺症。在限時壓力下，台灣談判代表在三通上接受了北京兩岸航線為國內線的定位，以致於權宜輪、外輪都不能通航於兩岸之間，造成外商退租碼頭等等衝擊，高雄港貨櫃吞吐量竟然史無前例地連降三年，完全喪失成為所謂「亞太海運中心」的機會；在ECFA方面，台灣有前瞻性、國際競爭力的面版、石化上游產品、高階機械、汽車整車等全排除在清單之外，北京反而在台灣失去國際競爭力的產品上大幅「讓利」，談成了十分詭異，並且將造成台灣產業「逆向淘汰」效應的清單。這樣的談判原則，是中國在產業騰籠換鳥考量下的產物，依此原則，北京，抓緊了在產業上對台灣戰略打壓「戰術讓利」目標。這也是在馬英九時代，中國對台灣經貿愈讓利，台灣經濟愈不振的重要原因之一。

在經濟民族主義的影響下，台灣民眾對簽署ECFA的態度一波三折。首先，由於二〇〇〇年後經濟民族主義開始抬頭，一開始民進黨很輕易地鼓動了群眾的反對，在簽署過程中民眾反對就一直高過支持；等到ECFA早收清單公布，北京戰略打壓、戰術讓步的策略產生統戰效果，民眾支持度迅速上升，反敗為勝；然而，等到馬英九的第二任任期間，持續上升的經濟民族主義又再度使多數民眾對ECFA的態度轉為負面。

三、中美對峙的颱風眼效應與馬習會

馬英九任內兩岸的作為，最轟動的無非是馬習會。這件事本書沒有加以討論不免可惜，且略作補充。二〇一五年十一月的馬習會一般被定義為北京因為對馬英九持續八年親中政策高度肯定，所以在馬英九任滿卸職前頒發的勳章。事實上並非如此，馬英九在二〇一五年十月中以前對馬習會早已絕望。在此一年前時間，馬習決裂的訊息已密集出現，首先是兩岸雙方頻頻把早就長期監控的間諜接連加以曝光並法辦；接著，二〇一四年太陽花運動後，新浮現不久的港獨人士開始進行「港獨、台獨串連」，並和民主派發動佔領中環運動，北京十分憤怒和震驚，不料馬英九卻一再正面聲援「民主佔中」；最後，二〇一五年七月北京舉辦了空前盛大的紀念抗戰反日大閱兵，廣邀國際友邦參加，但是馬英九天天隔岸密集嗆聲批判，而且一再要求國民黨必須對前往北京參加閱兵的連戰處以黨紀。

這一連串的事件說明了被盛讚的馬英九所開創的「二次世界大戰後最和平的兩岸關係」，果然如本書所說只能是暴風雨前的寧靜，而個人要進一步指出的是，待馬英九卸職，風風雨雨已經密集在兩岸間吹襲。

氣氛既然已經持續惡化了一年，那麼北京為什麼突然頒發大勳章給馬英九，以至於陸委主委夏立言和整個陸委會接到訊息後都不敢相信，直到再派人到北京交涉後才認定確有其事？

造成北京逆轉的，是兩個關鍵。首先，二〇一五年九月底歐習會，會中兩人為南海議題相見不歡，習近平前腳踏出美國國門，歐巴馬的軍艦就跟著習的後腳開到南海，這種針對對方國總統的派軍艦行為動作之大，前所未有；其次，這時美國策動的南海劃界國際仲裁法庭正密集進行審議之中，南海氣氛空前緊張，假使台灣依據歷史事實，承認南海十一段線的劃界未經測量，並且沒有國際海洋法的依據，對中國打擊之大難以想像。於是習近平主動召開馬習會。

馬習會的消息一出，驚動全球。民進黨的反應是，馬習會是紅藍聯手的選舉操作，紅藍並藉機形成兩岸共識，以框限未來蔡英文的兩岸政策，雖然我的判斷和民進黨中央黨相反，但民進黨不改其主張。

到了最後，在新加坡的馬習會公開的開場白中，習近平居然難以想像地連「一個中國原則」、「和平協議」、「統一」等一切令馬英九難以應付的話都不講，在會議期間，國際媒體普遍以「Two Countries, Two Presidents 來描述會議，北京也不做任何抗議譴責，在在都令人震驚意外。

事後在記者不斷追問下，夏立言說習近平要處理的是南海問題，而他並沒有任何北京要限縮台灣主權立場的感受。會後馬英九果然投桃報李，在南海議題上配合北京大作文章，既發表說帖強調十一段線的正確性，又強調南海是中國傳統水域，甚至不顧華盛頓反對，登陸太平島宣示主權。

由於當時馬英九即將卸任，因此習近平項莊舞劍其實意在蔡英文，而不是馬英九。

馬習會前後竟然有這樣的曲折變化，於是我們發現，當中美對峙捲起風暴時，固然常常橫掃台灣，使台灣難以招架；但有時也讓台灣位於颱風眼之中而得到無風無雨的平靜，釣魚台漁業協議和台菲漁業談判中，馬英九都掌握到了這樣的颱風眼位置而使台灣獲利。

由於蔡英文就職發表五二〇演說時，雖然在南海的說法上放棄民進黨傳統立場而採取極度和馬英九相同的立場；但在演講中她又強調台灣將參與國際自由民主價值同盟，同時積極參與區域集體安全機制。這對幾十年來一直標榜不結盟主義的北京而言，實在非常刺激且難以接受，於是這就確定了北京此後對台灣的冷和甚至冷對抗的原則。

由於作者的台灣經驗、作者的「出發點」和作者的專業，讓這本旁徵博引的作品，提出的敘事架構堅實，對美國官方文獻的引用更是豐富，非常值得推薦給讀者；至於我個人，並依作者的樣，提出了帶有個人背景的觀察，希望作為讀者深入閱讀本書的一些參照依據。

譯者序

劉泰廷

一九九五－九六台海危機爆發至今滿二十年，這段時間台灣和中國都發生了巨大的變化。台灣實現了首次總統直選，之後進一步透過國民黨和民進黨兩黨之間的二次政黨輪替，深化了民主發展，體現已故學者杭廷頓（Samuel Huntington）的民主理論。另一方面，中國的經濟則在一九九〇年代中期經歷後冷戰時期的第一波成長高峰，以雙位數的成長率增長。在經濟狂飆的情形下，中國成為世人眼中的經濟引擎和世界工廠，國際秩序也因為中國崛起而產生了巨變。然而弔詭的是，儘管自一九九〇年代以來台灣和中國的經濟連結愈趨緊密，但政治關係並未因此改善，反而漸行漸遠。為什麼呢？

一九九五－九六台海危機爆發時，我還在念小學。由於人在國外，我對於飛彈危機和危機背後複雜的兩岸關係不太瞭解，所有的認知都來自大人之間的言談。「哇，中共打飛彈過來了，情勢好像很緊張……」然而，隔著太平洋，台海的緊張情勢聽起來宛如另一個世界的事。對一個十一歲的小朋友來說，台海太遙遠，現實世界太複雜，放學後要玩什麼更重要。

上大學以後，因為主修國際關係的緣故，我開始對認同問題感興趣，也試著瞭解台灣和中國的關係。一九九五－九六台海危機是後冷戰時期兩岸關係中重要的轉捩點。但這件事直到我上大學後才有所體悟，在念研究所時有了更深刻的理解，而這時剛好正值台灣歷經二次政黨輪替，國民黨重新執政，兩岸關係開始緩和之時。在兩岸關係緩和的那幾年，一九九五－九六台海危機宛如遙遠的過去，幾乎和國共內戰的年代一樣久遠，聽起來像是歷史上的一個片段。

然而真的嗎？兩岸從此不會再有擦槍走火的情形嗎？台灣和中國從此將重修舊好，落實所謂的「兩岸一家親」嗎？本書作者康培莊教授認為，或許這只是個假象，而假象的源頭來自一九九五－一九九六台海危機。正如康教授在書中提到的，危機過後，台灣、中國和美國都不認為自己在危機中落敗，反而認為自己是優勝者。台灣透過民主的力量抵抗中國的文攻武嚇；中國透過飛彈攻勢逼迫霸權美國出手；美國則透過航空母艦嚇阻中國進犯台灣。看似三方共贏的局面，其實是一場誤解，而三方的錯誤認知實際上使危機過後的台海情勢顯得愈來愈險峻。

大國政治的悲劇，中美終須一戰？

本書的主要論點是中美兩國終須一戰，而台灣海峽很可能是促成兩強對決的導火線。有鑑於一九九五－一九九六台海危機的經驗，康教授的推論並非空穴來風，許多時事觀察家也曾有相似的預測。例如美國歐亞集團研究員布雷默（Ian Bremmer）曾在二〇一五年把台海列為該年度十大高風險區域之一；就國際關係理論來看，美國政治學家米爾斯海默（John Mearsheimer）在其代表作《大國政治的悲劇》裡也透過所謂的「攻勢現實主義論」，明示中美可能因為權力競賽而難逃交鋒的命運。關於中美關係的悲觀論調更於近年發展成「修昔底德陷阱」一詞，並以其推論在國家利益主導的情形下，中美兩國必然大動干戈。康教授的論點在很大程度上呼應了米爾斯海默等人的說法。

然而與米氏不同的是，康教授並非僅關注中美兩國之間的拉扯，而是進一步將目光投向處於兩強之間的台灣，並觀察這緊鄰中國的島國如何牽動強權之間的矛盾。從某個角度來看，康教授述說的故事充滿了宿命論的暗喻——籠罩在中美交鋒的暴風圈裡，台灣似乎從來不曾掌握過自己的命運。關於此說，米爾斯海默更直接在二〇一四年美國保守雜誌《國家利益》（National Interest）裡的文章〈向台灣說再見〉（Say Goodbye to Taiwan）中表示，終有一天台灣會在中美兩國的競爭下成為犧牲品，難逃在世界地圖上消失的命運。

有趣的是，面對來自米氏基於攻勢現實主義的立論的挑戰，康教授曾撰文回應，指出米氏的論述出自某種特定的現實主義，而美國的政策制定者未必全認同米氏的觀點，因此「向台灣說再見」仍為時過早。換言之，美國外交政策的形成實際上並非線性過程，其實充斥著種種辯論和部會之間的角力。無論是一九九五年柯林頓政府內部辯論是否發給李登輝訪美簽證，或小布希政府是否選擇在二〇〇〇年後繼續給予台灣堅定的支持等，其中突顯的盡是華盛頓內部的不確定。

透過回顧過去四十年的美中台三邊發展，康教授試圖在本書中為台灣讀者剖析美國對中和對台政策的複雜性，並從中突顯台灣面對美中角力時的韌性和無奈，以及他自己對台灣的無限關懷。

以史為鑑，思考台灣的未來

二〇一四年台灣爆發了太陽花學生運動。一群不滿政府強行通過兩岸服務貿易協定的學生湧入立法院，占據國會三星期，引起國際社會高度關注。雖然學運的肇因是政策爭議，但運動本身更引人矚目的是來自台灣公民意識和本土認同的反彈。若仔細閱讀本書，不難發現作者在說明美中台三方的政治角力和拉扯時，也詳述了台灣本土意識萌芽的過程。台灣的認同發展是兩岸無法輕易走向和解的主要原因。這是本書另一個重要的主軸。認同問題不僅攸關兩岸關係的未來，也攸關台灣社會未來的發展。

自認同問題出發，康教授在書中從美國的角度突顯近年席捲全球的民粹或「群眾情緒高漲」的發展。在台灣，部分民眾對於經濟發展、貧富差距和政治精英的不滿促成了太陽花學運，也使執政的馬英九政府元氣大傷，進而造成國民黨在二〇一六年的三合一選舉的嚴重挫敗。類似的情境也在美國上演——象徵精英階層的民主黨總統候選人希拉蕊，在同年的美國總統大選遭逐大位的共和黨候選人川普擊敗，跌破許多觀察家的眼鏡，而箇中原因不外乎美國經濟不景氣和貧富差距的惡化。美國的藍領階層透過選票選出非傳統的總統；民眾成功地透過美國引以為傲的民主制度對精英進行反擊。財富分配過於懸殊所引發的民怨和社會問題儼然是當代民主國家普遍面臨的嚴重挑戰。

民意的轉向為美中台關係投下許多變數。例如，美國新任總統川普在上任不久後就與同樣是新任總統的蔡英文進行熱線，打破多年來美台雙方元首不直接溝通的慣例和默契；另一方面，川普政府也在甫上任表示美國在不久的未來將與中國開戰，使中美關係再陷緊張與不安；就兩岸關係而言，民進黨再執政，將台灣和中國的關係重新推向冰點；由於蔡英文未表態是否支持九二共識，北京也因此難以繼續以善意回應台灣。兩岸之間的溝通戛然而止，彷彿回到二〇〇八年以前的對抗情勢。看似獨立於外交關係的國內問題，透過民意的連結，紛紛衝擊美中台三邊關係。藉由回顧歷史，康教授重新帶領讀者思考美中台三方關係難解的結，並希望讀者從中得到關於未來的啟發。

那麼台灣的未來會如何呢？康教授並未在書中提供明確的答案。然而有一件事非常清楚：若中美爆發衝突，台灣無法倖免於難。在此前提下，台灣必須思考的是，如何平衡中美兩國的利益衝突，並在兩強的角力下採取某種中美兩國都能接受的政治立場，以力求確保自身的生存和國際地位。以上並不存在標準答案，作者僅提供線索供讀者思索。

兩岸衝突再起，引爆第四次台海危機？

二〇一六年民進黨重新執政以來，兩岸關係快速倒退。雖然兩岸當下的緊張關係不如李登輝或陳水扁政府時期，但近期許多發展都指向兩岸可能再發生衝突。例如二〇一七年六月十三日，巴拿馬政府無預警宣佈與台灣斷交，轉而承認北京政權，打破了兩岸自二〇〇八年以來推動的「外交休兵」政策。除了巴拿馬轉向以外，斐濟也在五月撤離駐台灣貿易暨觀光代表處，而厄瓜多和奈及利亞等其他友邦則在中國的壓力下，陸續要求台灣駐外代表處更名或降級，都顯示兩岸新一輪的外交衝突已經點燃。

面對來自北京的種種壓力，台灣並未擺出束手就擒的姿態，許多發展反而突顯台灣正努力平衡來自中國的威脅。例如，二〇一六年底台日兩國達成共識，隔年（二〇一七）將日本駐台單位「日本交流協會」更名為「日本台灣交流協會」，以深化兩國的關係。此外，美國於二〇一七年六月公佈對台灣進行高達一四．二億美元的軍售，挑動中國的敏感神經。而美國國會剛於七月通過的「二〇一八財政年度國防授權法」，更寫入台美兩國軍艦互訪停泊的條文，並表示未來台美兩國應有更為頻繁的軍事交流和互動。就某個角度而言，兩岸再次交鋒，只是時間問題而已。據此，兩岸的角力戰可能引爆第四次台海危機嗎？

若把本書開場所描述的情景視為某種預言，台海可能再次陷入危機，而中國可能依舊是主動方。隨著中國在國際舞台上展現更高的自信，北京收復台灣的決心也跟著提升。中國國家主席習近平屢次提及，台灣問題必須在二〇四九年中共建政一百週年以前解決；而在二〇一六年民進黨政府重新執政後，有些觀察更把兩岸統一的時間點提前到二〇二一年或中共建黨一百週年以前，並指出北京將不排除以武力解決台灣問題。而自二〇一六年年底開始，中國解放軍開始頻繁地「騷擾」台灣，包括派遣航空母艦「遼寧號」和遠程轟炸機繞行台灣，挑釁意味濃厚。儘管兩岸經濟和人民往來已密不可分，但台灣和中國自二〇一六年以來急轉直下的關係，實在讓人很難不對兩岸的未來感到憂慮。雖然和平共處是兩岸最理性的選項，但在中國亟欲追求更大的國際影響力時，或許在過程中會出現許多不理性的行為。從某個角度來看，歷史可能重演，除非兩岸政府有足夠的智慧繼續維持鬥而不破的態勢。

本書是近年美國少數以美中台三邊關係為主題的作品，其內容縱橫過去四十年的發展，並詳細描述美中台關係如何在國內外種種因素相互影響下漸趨複雜。本書難能可貴之處在於作者以深入淺出的方式娓娓述說三邊的互動，一方面讓入門者能快速且輕易掌握美中台關係微妙的發展，另一方面可帶領讀者以不同的視角思考台灣，是一本跨越各讀者群的好書，非常值得細讀。

康教授畢生研究圍繞著台灣，他是少數享譽國際、深切關心台灣政治和外交發展的西方學者。期盼康教授這部重要作品能激起很多關於台灣和兩岸關係未來發展的思辯，並引領國內讀者發掘康教授其他作品。由於康教授的寫作風格獨特，本書的翻譯並非完全順遂，感謝來自各方的協助。若翻譯上有任何錯誤，一切文責由我承擔。

作者序

對任何一本書的讀者而言，瞭解作者的「出發點」有其啟發性，也就是他或她的背景、偏見和看待議題的方式。

雖然我在美國的中心地帶出生及成長，但到了而立之年，台灣幾乎是我的第二個家。我在亞洲待了十五年之久，而在所有亞洲國家裡，我在台灣待的時間最長，總共超過五年。一九六三年，我第一次來到台灣。我曾在大學讀中文，並獲得台灣師範大學國語教學中心提供的機會，至台灣繼續進修。我在萬華——台北市的舊城區——落腳，並以一小筆錢從一戶人家承租一間套房。當時的我並未意識到在接下來的幾個月內，我不會在萬華遇到任何外國人。房東有四個小孩常跟我互動；由於他們之中沒人懂英文，使我的中文進步神速。同時，我在這裡也常聽到台語和日語。

當時我沒有意識到台灣的經濟即將起飛，政治上開始邁向民主——經濟和民主發展成為台灣所謂的「雙奇蹟」。我有時回想，當時每天穿梭於台北大街小巷的我究竟從這個國家學到什麼。我想到以前某位大學時期的教授曾說過……台灣是一座經濟「荒漠」，永遠不可能遍地開花，因為其人口密度太高——每當我身處人擠人的地方時，總是想起這句話。除此之外，台灣幾乎沒有天然資源，資金貧乏（並且無法扭轉此一情勢），其政府也在一九四九年內戰失利後受到國際社會的質疑。我的教授真是錯得一塌糊塗！

台灣擁有最重要的資源——人才。由於台灣人聰明、勤奮，並積極儲蓄，因此當其開始發展經濟時，台灣擁有充裕的資金。國民黨政府從內戰的挫敗中學習，並大刀闊斧地改革，其中包括經濟私有化（就許多重要的工業仍屬國有而言，台灣採取社會主義經濟模式）和政治民主化（雖然此發展剛開始主要以地方政治為主，並以漸進的方式推進）。

我也從課堂上學到，發展中國家必須提防在經濟上過度依賴他國，而資本主義模式會導致收入和財富不均。台灣顯然是個例外。在台灣於全球貿易市場上大發利市，並把過半的出口集中在美國的同時，過度依賴並未成為大問題。另一方面，由於台灣經濟成長的速度快到勞動市場供不應求，因此財富不均也未演變成嚴重的問題。因此，台灣的發展經驗否定了上述兩個概念。然而，其中我學到的一件事正確無誤：當人均收入攀升到某種程度後（通常是五千美元），民主化會隨之而來。若人民開始爭取民主，而絕大多數人也會因此得益的話——例如台灣的情形——上述經濟和民主發展的關係確實有說服力。然而台灣與美國之間的緊密往來也是台灣得以邁向民主的關鍵因素。美國不僅是台灣的楷模和守護者，也是每年台灣留學生負笈千里的目的地。

雖然我在完成台灣的課程後即返回美國，但是三年後，我接受淡江大學的邀請，返回台灣教書。一九七九年我返回美國並與另一位作者共筆，出版了我的第二本專著《兩個中國的糾葛》（*A Matter of Two Chinas*）。我開始對美國的對中和對台政策產生濃厚的興趣；與此同時，華盛頓與台灣斷交，並把大使館遷至北京。然而，美國國會採取行動——推出《台灣關係法》——透過立法確保美國和台灣能繼續保持有意義的外交往來。在這本書中，我試著討論此一情勢可能會如何發展。

我也對台灣的選舉感興趣；選舉是我在台灣留學和任教時特別感興趣的議題。我曾目睹台灣民眾熱烈參與地方選舉。這使台灣的地方政治逐步完成民主化。地方政治的發展進而孕育出台灣的「草根式民主」。國民黨和台灣民眾皆意識到，若台灣希望能繼續在國際政治中保有正當地位，其必須完全落實民主。一九八〇年——台美斷交的翌年——蔣經國籌劃了一場競爭激烈的全國大選。這場選舉充滿活力，並成為政府領導層開始民主化的起點。蔣經國在策劃這場選舉的過程中所扮演的關鍵角色，使台灣首次的全國大選有時候也被稱為「由上而下的民主化」。一九八三年，台灣再次舉行了全國大選；一九八六年，具競爭力且可望與國民黨一較長短的民進黨成立。民進黨的出現使該年年末的選舉變成兩黨的競局。

一九八四年，我和來自台灣的學者陳博中（George Chen）共同撰寫《台灣的選舉：中華民國的政治發展和民主化》（*Taiwan's Elections: Political Development and Democratization in the Republic of China*），並在書中討論台灣民主的早期發展。一九八八年，我繼續寫了《無聲的革命：台灣的政治發展》（*A Silent Revolution: Political Development in Taiwan*）。兩年後，我完成了《台灣：民族國家或省分？》（*Taiwan: Nation-State or Province?*）並交付出版社發行。我在書中討論台灣的地理環境、歷史、社會、經濟、政治、外交和國防政策等，並試著回答一個「大哉問」：究竟台灣是個國家，還是中國領土的一部分？由於該書廣受好評，因此出版社希望我能推出再版。出版社之後向我透露，在一系列談論台灣的英文書籍當中，《台灣：民族國家或省分？》是第一本再版的專著。其第六版於二〇一三年問世。

一九九一年，我完成了《中國外交：華盛頓—台北—北京》（*China Diplomacy: The Washington-Taipei-Beijing Triangle*）。我在書中回顧那些支撐美國對中暨對台政策的官方文件，並試圖說明這些文件產生的背景和過程，以及其代表的意義為何。一九九二年，某間頗負盛名的出版社請我執筆《台灣歷史字典》（*Historical Dictionary of Taiwan*），作為其國別系列叢書的一部分。我應邀執筆，並於隔年出版。我也陸續更新此書的內容，並於二〇一五年推出最新的第四版。

興趣驅使我持續對台灣的民主發展和兩岸關係筆耕不懈。

在一九九七年前，每年我固定出版一本專書。一九九七年，台灣政府授予我國際交流獎（International Communication Award）的殊榮。我偕同妻兒赴台北領獎，並順便參加國慶大典，與李登輝總統和其他政府高層見面。在世紀之交時，我寫了《台灣的政治奇蹟》（*The Taiwan Political Miracle*）和《當台灣面向新世紀：政治和外交事務文集》（*As Taiwan Approaches the New Millennium: Essay on Politics and Foreign Affairs*），並再版了《台灣：民族國家或省分？》一書。

至此，中國已在鄧小平的市場資本主義和台灣模式的根基上，經歷二十年的超高速經濟成長。兩岸關係有所緩和，進而帶動雙邊貿易；台灣錢大量流入中國，而觀光客和台商也大批湧入中國。然而，兩岸榮景的背後仍有一絲隱憂——台灣似乎愈來愈依賴中國，而兩岸的政治死結也愈來愈難解（也許是無解）。面對中國，台灣民眾心中充滿許多矛盾。兩岸盤根錯節的關係還有一個軍事面向。一九九五年，在李登輝赴美宣揚與北京立場（台灣屬於中國的一部分）完全衝突的台灣法理獨立的主張後，中國在台灣海峽進行飛彈演習還以顏色，導致台海爆發危機。因此，中美在一九九六年台灣舉行首次總統直選劍拔弩張。李登輝當時競選連任；中國對他恨之入骨。

兩岸關係在陳水扁於二〇〇〇年上任後更是急轉直下。在中共眼裡，陳水扁和民進黨代表「分離主義分子」，他們不僅刻意觸怒中共高層，同時也威脅把美國捲入兩岸的爭端——某種程度上猶如一九五〇年代在金門和馬祖一觸即發的準戰爭。二〇〇二年，我主編了《風雨下的台灣：陳水扁政府文集》（*Taiwan in Troubled Times: Essays on the Chen Shui-bian Presidency*），並在書中診斷當時冷若冰霜的兩岸關係。我也在隔年出版《鞏固台灣民主》（*Consolidating Taiwan's Democracy*）一書。

二〇〇六年，我出版了《飛彈、政客與祕密外交：台灣問題專家三十年的深度觀察》（*Playing with Fire:*

The Looming War with China over Taiwan），並在書中回顧一九九五—九六台海危機及其後續效應。當時中美明顯具備開戰的要素，唯獨欠缺點燃台海戰火的東風。事實上，台灣海峽被喻為全球情勢最緊張的熱點。雖然危機的狂瀾終究退去，但暗潮依然在台海的深處流動——下一場危機很可能更驚心動魄。

二〇一〇年我出版了《審視台灣民主：陳水扁時期以來的政治發展》（*Taiwan's Democracy on Trial: Political Change During the Chen Shui-bian Era and Beyond*）和《國民黨重拾權柄》（*The KMT Returns to Power*），並在二〇一三和二〇一五年接連再版了《台灣：民族國家或省分？》和《台灣歷史字典》。近年，我將心力分散在專著、期刊論文和部落格文章上，討論二〇一四和二〇一六年的選舉和當下的政治氛圍。我目前正在撰寫一本關於民進黨於二〇一六年重新執政的專著。

我共寫了二十六本關於台灣的專書，其中包括與他人共筆或合編的專著，以及部分專著的第二、三、四、五、六版。回顧過往——台灣經歷經濟和政治奇蹟，兩岸關係起起伏伏，美國在其中扮演關鍵的角色等——我很慶幸自己在這段期間生活於台灣，並對這個特殊的地方產生學術研究的興趣。

1997年，台灣授予康培莊教授國際交流獎的殊榮，他赴台北領獎時與李登輝總統會面。（作者提供）

二〇〇六年版前言

一九九六年春天，中國解放軍在台灣總統大選期間朝台灣近海發射裝載活彈頭的飛彈。中共高層指控台灣大選是「外國勢力用來分裂台灣和中國的詭計。美國迅速回應中國的挑戰；柯林頓派遣兩支配備核武的航空母艦戰鬥群赴台灣海峽。如此回應的結果是，世界上唯一的超級強權與最耀眼的新興強權針鋒相對。許多觀察家都擔心戰爭的來臨。

雖然危機終究落幕，華盛頓和北京之間卻出現了永久性的創傷。華盛頓、台北和北京三方的關係變得非常敏感，任何風吹草動都會升高情勢，觀察家也熱烈地討論中美兩國終將為了台灣一戰。

這番討論並非空穴來風。自一九八九年天安門事件以來，美國不再認為中國值得敬重。隨著蘇聯崩解，華盛頓不再需要北京，因為讓中美維繫良好關係的關鍵是雙方共同的敵人。

與此同時，美國國會在制訂對中政策上有較大的影響力。在國會的角色提升之前，由於對中政策的決定權掌握在部分決策者手中，因此國會對於北京高層在決策上的限制毫不知情，並且強烈偏好民主台灣，甚於威權中國。而中國為高張的民族主義所荼毒，軍方具有強大的政治影響力，因此北京官員不能在「台灣問題」上表現得過於軟弱。

台灣政府認為民主化讓台灣得以選擇自己的命運，這意味著獨立；他們甚至認為當台灣挑釁中國時，美國會保護台灣。事實上，美國的確在台灣受中國威脅時出面保護台灣。

而美國面臨了一個難題：中國誓言以軍事力量阻止台灣分離，台灣卻不以為然。發生在一九九六年危機前後的所有事件，讓中美極可能發生嚴重的衝突，甚至一發不可收拾。

二〇一七年版前言

在陳水扁自二〇〇四年起的第二任任期的中途，中美之間的緊張氣氛開始緩和。華盛頓加強對陳水扁施壓，防止他挑釁北京。華盛頓也告知北京，中國無需擔心陳水扁，因為美國會克制其冒險主義。而中共高層對於華盛頓的承諾和後續行動十分滿意，中國因此可放心投入其他事務，例如持續狂飆的經濟發展和擴張軍事能力。北京瞭解自己有充裕的時間對付台灣……而現在，時間似乎更多了。當時陳水扁的注意力愈來愈專注於國內事務；換言之，他的政府開始失去效能。群眾公開反對陳水扁政府的貪腐成了台灣主要的日常景象。

馬英九在二〇〇八年三月當選為台灣的新任總統。他是與陳水扁非常不同的領導人。馬英九希望與中國建立良好的關係，也希望與美國相處融洽，並承諾他不會把華盛頓的善意視為理所當然。前述發展的結果是，緊繃的台海情勢迅速降溫，兩岸籠罩在和平的氛圍下。但相較於真正與長久的和平狀態，台海情勢更像是暴風雨前的寧靜。沒有太多人理解此發展；因此許多國家在此時卸下武裝，至少美國和台灣不再全副武裝。

在馬英九當選數月後，歐巴馬（Barack Obama）成為美國第四十四任總統。由於歐巴馬追求世界和平，並希望美國在國際上受到歡迎，因此他主動裁減美軍的規模和火力。也因為歐巴馬重新點燃美國在中東地區的戰火，其措施在亞洲造成的影響更大。另一方面，中國持續快速擴張軍力和推動現代化工程，每年百分之十以上的國防預算增長成為常態。換句話說，中國並未進入和平模式，而是為下一場對決做好準備。或許大部分的人選擇充耳不聽，但國際關係學者對此有話要說——提升或降低軍事能力不必然引起戰爭。然而，根據歷史教訓和電腦推演顯示，在一國選擇擴軍、另一國選擇裁軍時，衝突就會爆發。這是當時的發展趨勢。

當有導火線的時候，衝突和戰爭更容易爆發。有時小國能扮演導火線的角色，而台灣正在成為美中衝突的導火線。怎麼說呢？馬英九的親中政策顯得操之過急，其推動兩岸經濟、文化等交流的努力引起民眾的反彈和質疑。對許多台灣人來說，緊密的兩岸經貿交流代表依賴，而依賴中國將危害台灣的民主和主權。其他方面的交流也一樣。因此台灣民眾對中國的好感非但有減無增，而且對北京心生畏懼。他們反對更頻繁的連結並偏好正式獨立的選項。

馬英九為了與中國和解、讓美國滿意並穩定台海情勢，於是決定抄捷徑，優先落實最容易立竿見影的政策。他執政不久後便發現，他的政策愈來愈難討好民眾。接下來他所面對的困難愈來愈棘手，而對其中的某些問題採取行動也有困難。此外，整體氛圍不利於馬英九。馬英九不受民眾歡迎，反馬的勢力也愈來愈強。中國因此開始懷疑馬英九的能耐。而美國官員同樣也愈來愈對馬英九有所保留。馬英九對中國太過友善，導致許多美國的政策制定者認為他的最終目標是完成兩岸統一。他們認為這個目標實際上不符合他在二〇〇八年競選期間及其後所喊出的「不統、不獨、不武」的「新三不」政策。無論如何，華盛頓政策社群的某些人——尤其是軍方和情治社群——認為一個分離的台灣更符合美國的國家利益。對他們而言，台灣有其價值。美國民眾也同情台灣，並認為台灣有權選擇自己的未來。

與此同時，中國在二〇〇五年針對台獨支持者通過所謂的《反分裂國家法》——若和平統一的手段功虧一簣，中國將以非和平的手段處理台灣問題。但這項法案自頒布後便束之高閣，因為其並沒有明確的實施期限。然而現在討論該法的聲音不斷。在馬英九時代即將落幕時，中共高層對他失去信心了。他們預測台灣會再次經歷政黨輪替，而民進黨將重新執政。他們費心研究一套能因應民進黨再次執政的方法。

此時歐巴馬試著形塑自己的一套中國—台灣政策並走自己的路……在其任職總統初期，歐巴馬贊同中國高層的說法，並認為台灣是北京不惜一戰的「核心利益」。歐巴馬不想與中國交戰，因此台灣是能讓步的議題，而答案就是放棄台灣。歐巴馬有一段時間如此暗示，他在政府、媒體和學界的支持者則振振有詞地指出台灣無法防禦，美國人民不希望再捲入一場犧牲美國大兵的衝突，美國也不應該陷入中國的內戰中。

後來歐巴馬的立場有了大轉變，因為他發現中國高層要了他，他採取為了圍堵中國而設計的「轉向亞洲」政策；至少大部分的觀察家如此認為。許多觀察家也認為跨太平洋夥伴關係協定中，轉向亞洲政策的經濟部分之目的也是為了圍堵中國。然而，歐巴馬大幅刪減了美國的軍事預算。當美國在亞洲的影響力和聲譽下降時，轉向亞洲政策和跨太平洋夥伴關係協定便成為犧牲品。歐巴馬政府對中國懷恨在心。自從尼克森與北京和解以來，中美關係不曾如此低迷，並可能爆發衝突。

二〇一六年初，民進黨和其總統參選人蔡英文贏得總統暨立法委員大選的勝利。蔡英文和民進黨皆指出，中國必須「接受事實」，並改變其對台政策。換句話說，北京必須做出讓步。然而，中共高層依然趾高氣揚，他們不打算「接受事實」。實際上北京也不需要讓步，他們有辦法反制蔡英文和民進黨，其策略依序為經濟、政治和軍事壓力。

北京三管齊下，首先著重打擊台灣經濟。蔡英文和民進黨感受到來自北京的壓力。當台灣的經濟如一灘死水之時，北京逐步升高衝突——施行政治和軍事鎮懾，甚至直接對台灣下戰帖。這些舉動讓台灣民眾對蔡英文政府的信心下滑，蔡英文和民進黨的民調因此嚴重滑落。然而，蔡英文和民進黨唯恐自己在國內的可信度遭殃，對中國仍維持著不屈不撓的姿態。他們在黨內的基本盤強烈主張台獨，並認為美國會在危機發生時保衛台灣。他們對中國嗤之以鼻，而導致兩岸關係嚴重緊張。

在兩岸開始漸行漸遠的情形下，川普（Donald J. Trump）當選美國總統。身為外交事務的門外漢，川普為美中台三角關係增添非常大的不確定因素。當川普為新內閣招兵買馬時，蔡英文致電川普，傳達祝賀之意。然而，蔡英文擔心川普對她和台灣的看法，因為她曾在選前表態支持希拉蕊。希拉蕊曾從台灣募款；川普批評台灣對美國的貿易順差以及台灣有限的國防預算。川普會因此展開報復嗎？川普接了來自台灣的電話，與蔡英文友善地聊了十分鐘。美國媒體以熊熊怒火回應川普，因為他打破了既有的規則。媒體認為川普的行為充滿危險。

事實上，美國媒體為顛覆川普政權而無法自拔，誰會在乎中美和平？媒體似乎不關心美國對中和對台政策是否成功，對維持亞洲和平的目標也不以為意。許多媒體似乎認為，若能促使川普下台，即使冒任何風險——甚至與中國開戰——也在所不惜。

由於一中政策是維持中美友好關係的公式，因此當川普開始質疑美國的一中政策時，便如火上加油般挑起中國最敏感的神經。美國的主流媒體說出川普「不按牌理出牌」。雖然川普希望改善美國對中的貿易赤字，但他是否太操之過急？當美國突如其來的轉變時，中共高層卻煩惱國內失業和社會穩定的問題。然而川普面對美國在亞洲日漸衰退的影響力，也有一句對應的口號：以實力帶來和平（Peace through strength）。雖然雷根成功地擊潰蘇聯，但我們也必須認知到，中國不是蘇聯，它與蘇聯不同。由於中國是快速成長中的經濟和軍事強權，美國能阻止甚至反轉美國軍事實力向下沉淪的趨勢嗎？

各方再次對現狀國（美國）的衰退和挑戰國（中國）的快速崛起議論紛紛，而戰爭被認為是可能的結果。事實上，中美兩強早已處於交戰狀態——經濟、網路、間諜等各類型戰爭，兩國也在東海和南海針鋒相對。這是歐巴馬留給川普的難題。這情形會升級成一場熱戰嗎？

西方的主流媒體、美國學界、好萊塢以及在華盛頓的政府官僚不僅討厭川普，也厭惡中國。對他們來說，中國崛起等於自由國際秩序的結束。中國奉行一種不同的全球主義——一種足以摧毀由西方打造的國際體系的信念。因此中美衝突可能是一件好事，因為美國能一石二鳥。

今年四月，川普與習近平在有「第二個白宮」之稱的佛羅里達海湖山莊（Mar-a-Lago）會面以後，他似乎打破了美國將與中國交戰的說法。據說川習兩人成為「好兄弟」，在想法上有一些重要的交會，甚至達成一些具體的協議。然而，川普的美國國防再造計畫卻投射了另一幅景象——透過一支更大、更強勢的海軍，美國在東亞地區的影響力清晰可見，並無可避免地提高美中對決的可能性。朝鮮半島、中日之間的尖閣群島（釣魚台）爭端（日本是美國強烈支持的盟友）與南海（及其重要的資源和貿易路線），都是引爆中美危機的問題點。

台灣也是。在川普決定在亞洲加強美國的軍事角色後，台灣對美國的重要性也隨之增加。台灣在地緣政治上有阻絕中國海軍向太平洋擴張的重要功能，並可作為美軍的區域基地。台灣已經開始向美國提供有用的情報。若台灣屈服於中國的武力之下，美國新的戰略目標將完全毀壞，美國也會在亞洲成為二流強權——川普無法忍受這種發展。因此，台灣看起來仍和過去一樣，可能成為中美衝突的導火線。戰爭之火正在逐漸燃燒……。

康培莊，二〇一七年夏天寫於美國佛羅里達州塔拉赫西

一、緒論

第一章
北京以飛彈恫嚇台灣，撕裂中美關係

一九九六年三月是關鍵時刻。中國解放軍以飛彈攻擊鄰近台灣的幾個目標，接著北京下令軍事調度，蓄勢待發，似乎準備侵略台灣。這個行動造成華盛頓和北京針鋒相對，雙方關係告急。美國也回應了北京的行動。柯林頓（William Jefferson Clinton）總統指派兩艘航空母艦艦隊至台灣海峽，航母上的飛行員進入備戰狀態。儘管這場危機終究還是落幕了，然而中美對抗讓台灣海峽成為世界上最危險的熱點。

此次爆炸性危機的背景是台灣舉行歷史性的選舉——台灣史上首次總統直選。美國人認為台灣選民有權選出自己的領導人，但對中國而言，台灣不是一個國家，而是「失去的故土」。其次，中國相信外國勢力（尤其是美國）忌憚中國的崛起，因而支持台灣獨立以分裂中國，而國際社會對於民主台灣的支持，其實是試圖顛覆中國的詭計。因此，華盛頓和北京在一個毫無討論空間的議題上——民主台灣有權決定自己的未來，甚至與中國分道揚鑣，兩者立場南轅北轍。

台灣舉行了大選。在激烈的選情下，政治人物比以往更嚴厲批判中國的獨裁、惡劣的人權紀錄，及覬覦台灣的野心。政客的言論也進一步刺激北京。這場危機過後，華盛頓和北京的關係從此改變了。

三月危機

一九九六年三月五日，中國向世界投下了震撼彈。由北京掌控的官方媒體宣布，在台灣總統大選倒數的七十二小時內，解放軍將在鄰近台灣的沿岸地區試射飛彈。

三月八日，解放軍小組瞄準台灣，發射三枚M-9地對地飛彈（譯註：東風—十五短程彈道飛彈的外銷名稱），其中兩枚落在高雄附近的海域，另一枚則落在基隆西方海域。[1]頓時台灣遭「圈住」，解放軍可隨意攻擊兩點之間的任何目標。中國以俄羅斯飛毛腿飛彈為雛型所打造的飛彈讓人心生畏懼；飛毛腿飛彈靈活、使用固體燃料、射程可達三百五十英里，並能裝載核子彈頭或生化武器，在波斯灣戰爭中惡名昭彰。台灣面對飛彈攻勢幾乎毫無防禦能力，這三枚飛彈的威脅意味濃厚。

翌日，北京宣布在距離澎湖五十五公里處（約三十三英里）進行實彈演習，以加深恐懼及升高危機。解放軍警告船隻在三月十二日至二十日期間不要駛入附近海域，[2]軍方領袖也發表好戰言論。二十四小時後，解放軍持續推高緊張情勢，宣稱將於三月二十一日至二十三日期間，在距離台灣不遠處進行大規模軍事演習。一位解放軍軍官指出，此次演習規模盛大，共動員十五萬名士兵、三百架軍機、五艘配備導彈的驅逐艦和護衛艦、四艘潛水艇，及多架蘇愷二十七戰機（中國當時購入的先進俄製戰機），由中共中央軍事委員會副主席、對台軍事指揮部（一九九五年成立）主任張萬年將軍坐鎮發號施令。

在危機升溫的過程中，解放軍將台灣海峽劃為「南京戰區」，而中共所掌控的媒體也以「南京戰區」一詞來形容。如一位中國觀察家所宣稱，台灣「宛如籠中之鳥，基本上無路可逃」。有些觀察家也將這次台海危機比擬為甘迺迪（John Kennedy）對古巴採取的行動；一九六二年的古巴飛彈危機讓全球籠罩在核戰的恐懼中。

解放軍為了使這場軍事行動有更大的震懾效果，刻意讓飛彈落在台灣海峽的主要航道上。由於華盛頓向來強力宣導並維護海上航行自由，中國的舉動無疑挑戰美國，強迫其做出對應。而日本連結波斯灣的石油生命線——供應日本近三分之二能源的通道——暫時被切斷。由於日本和美國是締約盟國，因此台海危機是華盛頓眼中至關重要的戰略問題，而同樣的理由也適用於南韓。

解放軍的軍事演習和飛彈試射，看似全面攻擊前「先發制台」的行動。事實上有調查指出，解放軍曾計畫封鎖台灣離島——國民黨自一九四九年即開始控制離島地區，共產黨則贏得中國大陸地區。解放軍在一九五〇年代曾進犯金門與馬祖，兩次皆將美國捲入其中，釀成全球危機。進攻並登陸這些島嶼非難事，成功的機會看來相當高。北京也重申警告：若華盛頓插手兩岸事務，中國將以核武報復美國城市，[3]美國人很快就留意到北京的威嚇。

當飛彈來勢洶洶撲向台灣時，中國國防部長遲浩田指稱李登輝正試圖製造兩個中國，北京以飛彈回敬是合理的反應。接著他引用一位蘇聯紅軍元老的話：「在解放台灣以前，中國將繼續飽受恥辱。」有些觀察家認為此話只是盛怒下的言語，但解放軍的喉舌《解放日報》也強調：「我們絕不允許中國任何一寸領土與祖國分離。」隨後中國國際新聞雜誌《北京周報》重申此一論調，[4]中國不惜將兩岸之間的紛爭擴大為全球危機。

中國國家主席、共產黨總書記江澤民呼應諸多對台聲明，也拋出許多尖酸的批評和指控。例如，江澤民宣稱中國「將永不停止與獨立台灣之間的鬥爭，直到台灣主動放棄為止」。然而，江澤民因擔心軍方可能棄之不顧、擅自行動並削弱其權力，導致他無法如願成為鄧小平的接班人，他沒有太多自主空間，其言論也顯得空泛。江澤民雖為正式的黨內和國家領導人，但他僅是數名可能出線的接班人之一。當飛彈劃過天際時，中國外交部長和國務院副總理錢其琛指出：「台灣當局正無意義地透過一種選擇領導人的新方式，披上法理台獨的外衣。」[5]錢其琛與江澤民一樣不敢挑戰軍方，部分軍官甚至公開質疑錢其琛是否具備如此野心和能耐。有些高階將領甚至說，若錢其琛膽敢挑戰軍方，「他將立刻被打倒」。隨著這場危機的發展，顯見軍方領導人才是主要的決策者。一些觀察家認為，解放軍將領「掌握全局並希望進攻台灣」。

一九九五—九六台海危機的背景

對中國來說，這場危機有個引發共鳴的背景。解放軍高層對台灣充滿無法壓抑的憎恨，尤其對李登輝和其他聲稱支持獨立、「分裂中國領土」的人士。在愛國情緒高漲的當下，中國軍方揚言將「以血肉捍衛中國主權」。有些人認為這股情緒已失控。中國向來視台灣為其財產，「台灣問題」也和北京長年孕育的民族主義交纏不清。對於愛國至上的中共高層——尤其是解放軍高層，台灣「虛假的資產階級民主」（phony bourgeois democracy）是「外國勢力」煽動台灣獨立的結果。這些人強調台灣不是一個國家，而是中國的一部分，如此一來台灣怎麼能民主化？中國官員不僅認知到，也經常討論過去五千年來，任何一位允許中國喪失領土的領導人，在歷史學家的筆下都不會落得好下場——中國的英雄只有拓疆者與統一者。一九九六年初，顯然民主和歷史在北京高層的腦中縈繞不散。

值得注意的是，近幾十年來中國非常成功地宣傳「台灣沒有主權」的觀點。一九七一年，聯合國擁抱中國並將台灣逐出大門，讓台灣瞬間陷入國際孤立，其「外交空間」大幅萎縮。此一孤苦無援的狀態，在華盛頓和台北於一九七九年斷交後更顯得雪上加霜。不過，台灣近年成功、廣受讚譽的民主化成果，協助台北突破這種外交困境，讓中國不再坐擁歷史和時間的優勢。

一九九六年，中國正面臨一場領導人接班的危機，垂垂老矣的鄧小平將手中最後一點權力交給江澤民。江澤民的聲望遠不及鄧小平，在軍方眼中更是如此。江澤民對周遭狂熱的民族主義分子無法招架，也無法反抗來自軍方的挑戰——中國必須以軍事行動對付台灣總統大選所代表的「分離主義」。然而，軍方強硬立場的背後其實另有原因。長年來解放軍坐享大筆預算，希望經費源源不絕，而戰爭正是開源的利器。同時，軍方高層也對中國迅速成長的軍事力量和影響力充滿信心。北京官員曾誇口說，中國的空軍實力勝過台灣，連台北自美國購買的F-16及自法國引進的幻象2000-5戰機都不是中國的對手。

有些觀察家認為，解放軍當時的「戰績」讓他們狂妄自大。一九九五年，中國海軍從菲律賓手中輕易奪下南海一座島嶼。此外，軍方也在討論日本對台灣的野心，高層之間甚至流傳著「何不找機會教訓日本人」的好戰想法。軍方高層知道日本害怕中國，一位高階軍官說：「就讓日本人繼續害怕吧。」而當某位記者提出尖銳的問題，暗示中國尚未準備好面對美國強大的軍事力量時，有些軍官竟高聲回應：「美國只是隻紙老虎罷了。」

關於柯林頓不擅外交的八卦，在中共高層也傳得沸沸揚揚。有些人認為柯林頓正步上卡特（Jimmy Carter）的後塵，有過之而無不及地重現卡特「笨拙」的外交舞步。美國對台政策也被形容為「柯林頓失敗外交政策」下的一環，加深了美國日益衰敗的形象。有些中共高層認為柯林頓外交事務的處置失當與其桃色醜聞相關，並以此解釋一九九四年共和黨何以在國會勝選。其他觀察家則認為柯林頓欠北京人情。儘管柯林頓原本同情台灣（曾以阿肯色州州長的身分四度赴台推銷農產品），但他仍在中國的操作下突然改變對中及對台的立場，至少中共高層私下如此宣稱。

中國官員透露，柯林頓將商業利益擺在國家安全之上。而且如尼克森的作為，他希望與中國交好，藉以建立自己的歷史定位。柯林頓為了在秋季競選連任而收了中國的錢，解放軍也慷慨解囊相贈。有些軍官形容柯林頓是「解放軍玩於掌中的傀儡」，中國官員也認為美國國務院已被逼到死角。在中美建交以前，國務院極力遊說，希望在中國多成立大使館。台灣太小而無足輕重，國務院官員希望能掌握與北京協商重要議題的權力。

根據北京官員提出的證據，可見美國國務院在台灣問題上毫無掩飾地支持中國。一九九五年四月，國務院特意在一份關於亞洲民主發展的報告中忽略台灣，儘管許多學者指出台灣民主化的速度傲視群雄，是東亞地區的楷模。北京也盤算，美國國務院會認為中國在經濟上太重要，軍事力量也過於強大，不值得以微不足道的「台灣問題」挑動中國的敏感神經。大致上北京官員對美國抱持這種看法，也試著說服自己和國內民眾，美國國會不可能有所為，因為大財團對國會議員的影響力過於強大，而白宮也可以在外交議題上壓制兩院。

中共高層一方面引用美國國內的最新民調，證實美國民眾不想為台灣而戰，另一方面也指出華盛頓在其他議題上的懦弱表現。例如，一九九三年十月海地太子港的示威群眾順利迫使美國的軍艦打道回府；一九九四年初美國在索馬利亞戰爭中損失十八名軍人；美國在波士尼亞同樣缺乏決心。

證據不僅於此。一九九五年中旬李登輝訪問美國後，中國在台灣海峽飛彈演習，試圖恐嚇台灣。雖然白宮派遣尼米茲號航空母艦（U.S.S. Nimitz）赴台海作為回應，但這道命令是在演習結束後才下達。事後，有些觀察家揣測柯林頓是否親自下令尼米茲號駛入台海，或該命令其實來自駐檀香山的美國太平洋司令部（CINCPAC，美國太平洋海軍總部）的最高指揮官。[6]多數人認為，在軍事威脅迎面而來時，台北會在美國缺席的情形下向中國俯首稱臣。但事實上，美國馳援台灣。即使美國投入這場軍事衝突，解放軍高層仍自信「中國有能力應付」。因此，當美國航空母艦抵達台海時，解放軍將領放話：「若美國膽敢介入，中國將予以迎面痛擊。」[7]

柯林頓的外交危機

一九九六年三月五日，當柯林頓得知北京宣布將於三日內在台灣附近試射飛彈時，他的反應是「真該死！」[8]這一切出乎柯林頓的意料之外。事實上，他從未關注兩岸情勢的發展。柯林頓迅速召集最親密的外交專家夥伴，此時柯林頓的智囊團占據舞台中央，尤其是參謀長聯席會議主席夏利卡希維里將軍（John Shalikashvili）——一位在波斯灣戰爭中突顯自己是「士兵中的士兵」的人物。情況頗為尷尬，因為在華府，夏利卡希維里及多位高階將領是眾所公認「不給總統面子」的一群人。

夏利卡希維里表明支持華府，並給予迅速、果斷的軍事回應。但他也正經八百地宣布，意外爆發戰爭的風險相當高。柯林頓游移不決，不願採取行動。此時文職顧問附和夏利卡希維里的看法，指出總統必須有所行動，若置之不理，國會將順勢接手；若由國會採取行動，總統的權力將被大幅削弱。即使國會未提出回應情勢的辦法，在總統無所作為的情況下，美國在東亞——甚至在其他地區——的威信將蕩然無存。柯林頓的一位助理事後透露：「當時總統騎虎難下。」柯林頓希望等待並暫緩抉擇，但情勢不允許，於是他把決策權交給身邊的助手。

從一九九六年三月八日北京試射飛彈開始，美國國防部長裴里（William Perry）擁有決策主導權。[9]裴里之前曾被賦與領導白宮危機處理小組的職責。有些觀察家認為此舉是因應柯林頓無法擺平軍方的權宜之計。裴里多次召開會議（有些會議總統不在場），制訂計畫並迅速執行，同時對外宣布他的措施。裴里希望對中國傳達一些清楚的訊息，他說北京的行為「冒進」且對台灣採取「高壓措施」。裴里接著告訴媒體，在三月五日北京試射消息發布的當天，停泊在馬尼拉的航空母艦戰鬥群——包括獨立號（U.S.S. Independence）——已前往台灣地區「因應情勢」。任何對美國軍事能力稍有理解的人都知道，配備於航母上的核武及各式飛彈和戰機等，可對中國的軍事和民間設施造成嚴重破壞。航母上的戰機也可防衛台灣周邊的上空。媒體接續透露，戰鬥群包括奧拜恩號導彈驅逐艦（U.S.S. O'Brien）和碉堡山號導彈巡洋艦（U.S.S. Bunker Hill）。美國空軍RC-135偵察機也在該區巡邏。

兩天後（三月十日），柯林頓在裴里和其他人的建議下，下令第二艘航空母艦尼米茲號駛入台灣海峽。尼米茲號帶著許多軍艦一起遠航，包括補給船和至少一艘潛水艇。五角大廈表示，尼米茲號開赴台海是為了「確保中國不會誤判美國在東亞的利益」，並「向我們的盟友再次保證美國會維護該區域的和平與穩定」。華盛頓派遣第二艘航母的舉動遠比派遣第一艘來得意義重大，而且更具挑釁意味。獨立號駐紮在日本，該艦向台海附近移動可解讀為「戰略調度」。然而，派遣尼米茲號的意義就不同了，此舉暗示美國準備開打，不排除隨時迎戰。尼米茲號來自地中海，其遠赴台海不僅代表五角大廈例行的調度，也象徵美國軍事力量的結集。[10]相較於三個月前（一九九五年十二月十九日）尼米茲號駛入台海地區，以回應北京一九九五年的飛彈攻勢，各方大肆揣測這次美國展現軍力的意涵。

這時，美國記者相繼登上獨立號。某位記者寫到美國飛行員利用模擬，進行與中國近期購入的蘇愷二十七戰機纏鬥的訓練。另一方面，直升機飛行員則對追逐和摧毀中國的潛水艇侃侃而談。[11]美軍的陣仗十分驚人，因為這次結集是美國自越戰以來在遠東地區最大規模的軍事布署，而且中美大動干戈的可能性頗高。國防部長裴里告訴記者：「大家不應該忘記美國擁有世界上最精銳的海軍。」裴里接著指出：「北京應該知道——這支美國艦隊也會提醒他們——西太平洋的軍事霸主是美國。」[12]自夏威夷指揮美國太平洋艦隊的海軍上將普理赫（Joseph Preuher）充分備戰，防範危機升至大規模戰爭。謠傳美國將派兵到台灣，於是引發美軍何時撤退、美國會開創何等先例等問題。[13]

危機當下，據傳五角大廈和美國太平洋司令部——決定該區域軍事活動的中樞系統——檢視了塵封逾二十年、可追溯至尼克森策劃中美外交破冰前的作戰計畫。五角大廈在以中國為敵人的全新評估報告中，也擬定了以中國一些設施為目標的核戰計畫。[14]時間似乎倒轉回中美互為天敵的時代。

美國國會介入台海危機

柯林頓顯然深受突如其來的危機所打擊。當時是大選年，若無法妥善處理危機，其選戰必然受挫。柯林頓在入主白宮的第一年（一九九三）出兵索馬利亞，最後此一決策演變成一場公關災難。柯林頓在軍事決策上缺乏說服力，而當時的台海危機不像是他可以一吐怨氣的機會。[15]然而，柯林頓的無能另有原因。從他對中國的行動大感意外便可窺見。事實上，中共高層早已多次透露他們可能採取的行動，美國媒體也曾經報導。在此之前，美國情報單位即詳細地描述解放軍正於台灣彼岸結集。

儘管已經出現許多跡象，柯林頓卻仍認為與中國正在進行的協商可確保飛彈不會打向台灣。距離此時一個月前（一九九六年二月初），麥克亨利堡號（U.S.S. Fort McHenry）停泊在上海，國務院也剛解決台灣副總統李元簇預定過境美國轉機的爭議。中美貿易正快速發展，許多人認為中國不敢打亂現狀，因為後果可能是中國的經濟發展倒退和失業率上升，導致社會和政治動盪。[16]柯林頓以為改革派在中國共產黨和政府內完全占上風。顯然柯林頓對中國的文官領袖過於有信心。他每天關注民調，但數字無法說明台海危機。柯林頓未與情報單位或軍方保持密切聯繫，心思也分散於其他事務上。柯林頓是一位「國內總統」，完全將涉外事務的決定權託付他人。如他的一位助理所說：「總統忘了顧後。」

通常在戰時隔岸觀火或支持總統的國會這時迅速表態，有些議員在公開場合大放厥詞。一九九六年一月三十一日國會通過決議案，要求總統譴責北京對台灣所展開的軍事威嚇，並向國會報告美國將如何在北京的飛彈攻擊下保衛台灣。國會的弦外之音是，美國應提供飛彈防禦系統和更多的武器給台灣。隨後眾議院共和黨政策小組提出報告，嚴詞批評柯林頓政府的對中政策。報告內容引述柯林頓政府的「模糊立場」，並指責總統助紂為虐，形同鼓勵北京威嚇台灣。

在北京開始試射飛彈之前，參議院外交委員會之下的東亞暨亞太事務小組早於二月七日召開聽證會，小組主席畢萊特（Douglas Bereuter）向證人提出許多假設性問題，主要提問圍繞在飛彈演習對台灣所造成的威脅，以及美國戰略模糊的政策是否明智。根據證詞表示，解放軍所策劃的飛彈試射和軍事演習將對台灣產生實質危險，並試圖在台灣民主化的關鍵時刻滋擾民心。

在飛彈試射消息對外發布的數日前，正在台灣訪問的阿拉斯加參議員穆考斯基（Frank Murkowski）公開表示：「若台灣的安全面臨威脅，總統有義務向國會說明；我認為台灣在美國國會有許多朋友，我們會義不容辭拔刀相助。」[17]而獲得共和黨提名參選下屆總統的參議員道爾（Robert Dole）則表示，他會讓中國明白「美國協助台灣的決心」。在華府呼風喚雨、權力甚至比總統大的眾議院議長金瑞契（Newt Gingrich）稱這場飛彈演習是一次「恐怖行動」。在柯林頓猶豫不決的情況下，國會領袖顯然已準備好採取行動，讓白宮因備感壓力而必須就援助台灣果斷決定。許多共和黨員——甚至部分民主黨員——已迫不及待砲轟柯林頓的對中政策，並且主張對台馳援。[18]

在危機爆發後，前中央情報總監伍爾西（James Woolsey）在國家安全委員會作證時指出，解放軍的行動形同對台灣進行「暫時性的部分封鎖」。伍爾西表示，飛彈試射的用意在於影響台灣的選舉和對外關係，他也援引海珊（Saddam Hussein）在波斯灣戰爭以飛毛腿飛彈對付以色列的例子。[19]國防部長裴里則附和補充，威脅台灣將引來美國的「嚴正關切」。裴里也認知到北京的飛彈試射會影響台灣大選的選情。[20]

在北京試射飛彈及軍事布署的威脅下，美國國會通過一項不具約束力的決議案，即要求美國在中國進犯台灣時伸出援手。一位觀察家指出，議會成了「民主台灣」的加油區，而中國則是由邪惡獨裁者掌權的流氓國家。即使是向來親中的國務院，此時也必須勉強加入「保衛台灣」的聲浪中。在解放軍宣布進行軍事演習後，國務卿克里斯多福（Warren Christopher）在《與媒體相見》（*Meet the Press*）節目上從容表示，北京「有義務」避免以武力解決眼前的問題。克里斯多福強調，中國的種種行動促成當下局面，北京的舉動著實具「危險性」。他也指出美國在台灣有「實質利益」，並「嚴正關切」台海情勢的發展。根據某位觀察家的說法，由一連串支持台灣的聲音匯聚而成的效應是，柯林頓和國會必須展現魄力，否則就看著情形失控。

台灣以宣傳對抗飛彈

台北的回應使這場危機更加惡化。台灣領導人的發言不僅觸怒北京，也進一步煽動中美對立的緊張情勢。在預期試射飛彈將迎面撲來的當下，台北的國防部官員下令軍隊進入高度警戒狀態，讓台灣島內和周遭瀰漫著戰事一觸即發的氣氛。當飛彈劃過天際時，國防部長蔣仲苓宣稱台灣「已準備好面對北京的攻勢」，將「義無反顧地捍衛國家主權」。然而，令人震驚的是，蔣仲苓強調若任何飛彈落入中華民國的領海（根據北京公布的試射目標，基隆一帶可能落入此範圍內），台灣軍方將會「反擊」，衝突也可能擴大。數日後，台灣國防部透露下年度的國防預算將增加百分之三．八，大大暗示一場軍備競賽即將展開。

在這段期間，台灣政府宣布關閉進出基隆和高雄的所有航道，並回顧先例，指出演習對國際貿易和航行自由可能造成衝擊。台灣官員知道白宮、五角大廈和美國國會正在聆聽。此時解放軍已封鎖海上航道，挑戰美國奉為圭臬的航道開放原則，而航行自由和美國海軍的效能均立基於此一原則上。北京也挑戰國際自由貿易，台北官員則對此加油添醋，試圖影響美國。台北拋出衝突可能升高的警訊——台灣不能被忽略。

當三月八日試射開始時，蔣仲苓隨即宣布台北要提前啟用在澎湖的新飛彈基地。此外，他也向媒體透露，台灣擁有外界所不知道的祕密武器，言下之意是台灣能嚇阻中國。台北的攻擊性武器是迫使美國採取行動的絆線，如同冷戰時期法國的核武部隊提醒美國，在與莫斯科爆發核武衝突時不能棄法國於不顧。一些知情人士透露，台北讓北京和華盛頓一些特定官員相信台灣擁有核武。事實上，台灣的確在數十年前曾經啟動核武研發計畫，即使該計畫最終在美國的壓力下被迫中斷，但台北已取得製造核彈的技術，誠如一些觀察家所言，若台灣對美國失去信心，可能很快重啟計畫。[21]對此，觀察家也提到，在台灣終止核武計畫時，台美心照不宣的承諾是，當台灣遭中國進犯時，美國將提供軍事援助。更有其他人援引一九六八年由美國頒布的《禁止擴散核武條約》，指出華盛頓同意保護無核武國家免於來自擁核國家的威嚇。[22]

這時，台灣官員宣稱中共特務正四處散布華盛頓準備撤離台灣的美國僑民、台灣白米存量已經見底、新台幣將大幅貶值等傳聞。官員也宣稱「中國大陸特務」雇用台灣幫派分子擾亂大選，甚至密謀暗殺競選人。台灣的電視頻道每小時更新情勢，營造了國家陷入四面楚歌的困境。台灣股市在飛彈試射前四十八小時重挫一百二十點，外資紛紛撤離。在危機期間，台灣外匯存底曾在一天內蒸發三億至五億美金。[23]

為了吸引華盛頓的目光，台灣高層指出美國在島上的投資相當可觀，媒體也附和地反覆報導政府的說詞。一些美國企業向華盛頓表達憂慮，而電腦相關產業更是憂心忡忡，因為美國大部分的電腦和零組件都在台灣生產。當時台灣生產的電腦零組件占全球市場的一半以上。

醫院瞬間擠滿做健康檢查以便辦理赴美簽證的民眾。政府官員和媒體對於美國是否有辦法庇護數百萬逃離台灣躲避戰火的民眾感到好奇。傳聞甚囂塵上——若台灣淪陷，中國將迫害台灣人民。可能發生大規模的種族清洗嗎？北京有其他控制台灣的方法嗎？該如何處理那些逃到鄰近國家，尤其是美國的台灣難民？政府官員似乎是眾多傳聞的幕後推手，但許多謠言也非空穴來風。無論如何，台北試著傳達華盛頓不能放棄台灣的訊息。台灣高層毫不遲疑地強調當下是集權中國和民主台灣對峙的「情勢」，北京不喜歡台灣的民主發展，更忽略民主是未來的必然趨勢。北京高層被描述成活在十四世紀的古人，死守著早已枯萎凋敝的共產主義理想。台灣也以受害者自居，指出台灣不如中國：後者擁有世界上數量最龐大的軍隊和核武。

有些官員認為飛彈試射來得毫無預警，與中國軍方私下的決策有關。雖然北京的作為被誇大為珍珠港事件的翻版，但當下情勢確實有幾分相似。李登輝宣稱飛彈演習是北京權力惡鬥下的產物，同時暗示中國是一個無法系統性選出領導人的共產獨裁政權。此言不虛，李登輝指出北京害怕台灣走向民主，因為台灣的例子可能引發中國人民群起挑戰北京。而主要反對黨的總統候選人彭明敏的發言比李登輝更激進。他要求政府應立即終止與中國的所有合作，並考慮在上海或廣東沿岸軍事演習。彭明敏指出，若台灣宣布獨立，北京便無法再宣稱「台灣問題」是國內問題，中國的行徑是侵略他國，必然受到國際法的譴責。

當一九九六年三月八日美國第一艘航空母艦獨立號抵達時，民進黨發表了正式的歡迎文，並答謝美國在台協會台北辦事處。民進黨人士大聲宣稱美國會保護台灣的民主發展，進而代表美國支持台灣獨立。一位匿名人士表示：「人民做主，台灣與中國沒有關係。」另一位被記者喻為「台獨人士」的民進黨人士則認為，華盛頓派遣獨立號協防台灣的行動非常恰當，代表了「美國拔刀相助，支持台灣獨立」。

李登輝呼應各方說詞，以強烈的口吻讚揚台灣的民主發展，並強調民主化是這場危機爆發的主因。李登輝指出，民主乃大勢所趨，而北京高層是「邪惡的獨裁者」，美國和世界上其他國家都支持民主和台灣。李登輝進而諷刺北京應該感謝台灣致力於穩定兩岸貿易及投資中國，並暗示中國領導人已變得不理性。台北的言論——尤其是李登輝的說詞——在日後開始發酵。李登輝的嘲諷深深烙在中共高層的腦海中，多年後北京想起此事仍怒不可遏。

三方各自稱勝

戰爭的陰霾在飛彈試射後很快就煙消雲散。如同一位觀察家的形容，颱風已遠離。然而，引爆危機的問題仍然存在。危機或許落幕，但劍拔弩張的後果是中美和兩岸之間的永久對立。華盛頓、北京和台北對危機各自解讀（幾乎是完全相左的觀點），暗示前方的道路荊棘滿布，下次的危機可能更棘手、破壞力更強。

華盛頓對危機的認知是，美國的軍事實力成功逼退解放軍。美國航空母艦的火力驚人眾所周知，它們可以摧毀視線內一切事物。中國知道，全世界也在看。一位美國軍官透露，解放軍是一隻「沒有爪子的老虎」，在危機之後顏面掃地，「從此中國文官高層與軍方保持距離」。美國的軍事專家則指出，事後北京發覺自己的軍事實力落後，而美國適時展現其軍力和意志，剛好為中國提供下台階。國務卿克里斯多福在危機後宣稱，美國的一中政策立基於兩岸和平解決「台灣問題」，而美國在危機當下反覆聲明此一立場，是迫使解放軍再度退卻的關鍵。換句話說，美國在兩強對決中勝出。

華盛頓也因為得到東亞國家的支持而自豪。南韓政府認同美國派遣航空母艦艦隊到東亞地區「制衡」中國的行動；菲律賓政府也允許美軍在蘇比克灣補給燃料，兩國更在危機過後一個月內舉行聯合軍演；日本政府明確表示中立立場，華盛頓和東京的軍事合作則更加密切。柯林頓和日本首相橋本龍太郎於四月（危機過後一個月）簽署新版《美日安保條約》。而早先美日的軍事合作在駐軍沖繩的美國大兵性侵一位當地女高中生而飽受批評，日本國內要求美軍撤出或減少駐軍的反彈聲浪頻傳。台海危機適時轉移焦點，成為美日雙方會晤時唯一的重要議題。[24]

美國彷彿以盟主之姿召集盟友投入戰時動員。中國遭到孤立和威嚇，從此不敢再恐嚇台灣。然而讓人不禁懷疑的是，若美國真的所向披靡，為何其他亞洲國家是否支持美國一事變得如此重要？對此，美國官員的說法或許暴露了華盛頓的弱點。

華盛頓認為解放軍在危機結束前撤退，代表美國獲得最後的勝利，但北京的看法卻完全不同。解放軍專家表示，自從中國加入韓戰後，美國便不敢輕忽中國，而這次台海危機再度印證此說。一位解放軍發言人驕傲地說，中國「成功」地對抗美國，提升了中國的軍事力量。許多中國分析家也指出，未來美國將無法繼續在每次北京進行軍事演習時保護台灣。中國的戰略專家指出，飛彈試射順利達成北京的軍事和政治目的。而且飛彈命中預期目標且撼動台灣，象徵中國自一九九五年以來飛彈射擊的準確度大幅提升。未來中國將製造更多飛彈。更重要的是，北京可隨時試射，而台灣對此可能束手無策。中共高層也注意到台灣股市下跌、銀行擠兌，民眾也逃離到海外。一如當初他們所預期的，飛彈試射影響的層面非常廣。

中共高層認為美國行動果斷的說法根本是無稽之談。某位中國官員說：「最終是國會強迫柯林頓採取行動的，柯林頓未能適時專注處理這次危機。」北京也強調美國被中國不惜一戰的意志力所震懾：華盛頓曾在危機高峰時承諾不支持台灣獨立，也不支持台灣取得聯合國會籍。北京一位軍事發言人認為，華盛頓不支持便代表美國的退縮。某位專攻美國外交政策的北京學者也指出，美國國會在飛彈演習前曾討論在外交上是否正式承認台灣，而該討論在危機過後便不復存在。[25]

危機過後一個月（一九九六年四月），江澤民向日本官員誇耀，他在美國艦隊進入台灣海峽後仍要求繼續演習。江澤民說他不怕美國的航母，並質疑華盛頓回應中國演習的意圖和正當性。江澤民尖銳地問道：「為何中國在自己領土上進行軍演時，美國會派遣航空母艦回應？」[26]江澤民似乎刻意挑戰美國的底線——美國視台海為國際航道並堅決捍衛其航行自由。中國的報章雜誌反覆刊載「中國將領企圖『當面痛擊』美國航空母艦」的說詞，進一步證明解放軍不畏美國的作為。有些報導宣稱，中國正在研發反航母飛彈。北京官員也宣稱，中國的舉動成功弭平台獨的聲浪、嚇走台灣的分離主義分子。台灣大選的結果——民進黨表現不佳，即可證實北京的看法。

一九九六年八月，北京發布一則令人困惑的消息：中國在聯合國的軍備談判代表宣稱，中國不率先使用核武的政策不適用於台灣。一位觀察家認為這消息是「令人毛骨悚然的警訊」。[27]中國國防部長遲浩田於該年底赴美訪問，在華府的公開演說時，以林肯（Abraham Lincoln）在南北戰爭中的作為與北京對台灣試射飛彈做比較，進而認為美國民眾「能理解中國人捍衛國家完整性的意志和決心」。一九九七年初，《中國日報》的一篇文章建議美軍應該自東亞地區撤離。[28]

台灣也覺得嚐到勝利的果實。李登輝慶祝在大選中脫穎而出，宣稱民主終究屹立不搖，而北京的飛彈無法撼動台灣，中國不過是吹噓罷了。某位官員稱北京的威脅是「屁」——毛澤東在一九七〇年代也曾對蘇聯用過一樣的字眼。台灣報紙的頭條以粗體字報導，美國證明自己值得信賴，而使解放軍俯首稱臣。台灣視美國為守護者，因此今後更可為所欲為，包括進一步刺激北京。

同年十一月，李登輝故意羞辱中共高層。他告訴《新聞週刊》（*Newsweek*），雖然江澤民「在眾人當中顯得理性」，但「在無法控制軍方」的情形下，其處境顯得艱難。[29]在日後其他公開的言論中，李登輝以中國政治的派系主義解讀台海危機，並暗示派系內鬥在北京是常態，共產主義滿是弊病。李登輝宣稱危機的罪魁禍首是中國的邪惡政權，而唯有中共垮台，兩岸紛爭才會消除。有些台灣官員認為，北京一開始即限縮在低度威嚇和「發洩情緒」兩項目標上。當文官高層「默許」解放軍試射和挑釁時，他們也知道軍方高層在過程中會發現，向美國宣戰是愚蠢的行為。可想而知，北京覺得台灣官員的說法極為侮辱。

這場危機落幕一段時間後，在台灣的其他觀察家認為，華盛頓和北京確實曾處於戰爭邊緣。大多數台灣人——尤其是政府高官，認為危機的問題根源沒有解決，華盛頓、台北、北京的三方關係現在變得更為複雜，厄運還在前方。台灣決策高層也認為，中國以飛彈造成台灣民心恐慌是一項難以應付的策略，因而決定發展反制飛彈計畫，全面提升台灣的國防實力。而台北的一位學者指出，這場危機讓台灣的意志力更加堅決，未來仍會持續抵抗來自北京的威脅；他將台灣比喻為二戰時期遭德國以炸彈猛轟的英國。

簡言之，華盛頓、北京和台北對這場危機的詮釋不盡相同，不但沒有一方認為自己落敗，三方都認為在這場危機中成功地打擊對手。然而，美中台的認知差距也為未來的衝突埋下伏筆。

1 有關第三次台海危機的細節參見John W. Garver, *Face Off: China, the United States and Taiwan's Democratization*, Seattle: University of Washington Press, 1997, chapter 1及Ralph N. Clough, Cooperation or Conflict in the Taiwan Strait, Lanham, MD: Rowman and Littlefield, 1999, 5-7.

2 澎湖的戰略地位不明，有些觀察家認為，澎湖可作為中國攻擊台灣的墊腳石（以前澎湖曾扮演這個角色）。

3 參見Suisheng Zhao, "Taiwan: From Peaceful Offensive to Coercive Strategy," in Yong Deng and Fei-ling Wang ed., *In the Eyes of the Dragon: China Views the World, Lanham*, MD: Rowman and Littlefield, 1999, 214.

4 "Reunification on One-China Basis," Beijing Review, February 19-25, 1996, 5.

5 "Qian on World and Regional Issues," Beijing Review, March 25-31, 1996, 7.

6 Garver, Face-Off, 96-97.

7 《文匯報》，一九九六年三月二十一日，A2版。轉引自Bruce Gilley, *Tiger on the Brink: Jiang Zemin and China's New Rulers*, Berkeley: University of California Press, 1998, 156.

8 參見Patrick Tyler, A Great Wall: Six Presidents and China, New York: Century Foundation, 1999, p.10 and the rest of chapter 2.

9 同前註。

10 來自某位前美國駐華大使所做的觀察。參見James R. Lilley and Chuck Downs, "Introduction: *Crisis in the Taiwan Strait*," in James R. Lilley and Chuck Downs, ed., Crisis in the Taiwan Strait, Washington DC: National Defense University Press, 1997.

11 James Mann, *About Face: A History of America's Curious Relationship with China, from Nixon to Clinton*, New York: Alfred A. Knopf, 1999, 337.

12 Mann, About Face, 337.

13 Typler, A Great Wall, 7.

14 Bill Gertz, *Betrayal: How the Clinton Administration Undermined American Security*, Washington DC: Regnery Publishing, 1999, 82.

15 參見Tyler, A Great Wall, 22.

16 參見Martin L. Lasater, The Taiwan Conundrum in U.S. China Policy, Boulder, CO: Westview Press, 1999, 248.

17 路透社一九九六年二月十七日來自台北的報導，轉引自Lasater, The Taiwan Conundrum, 258.

18 Edward Timperlake and William C. Triplett II, Red Dragon Rising: Communist China's Military Threat to America（Washington DC: Regnery Publishing, 1999）, 156.

19 聽證會的供詞由美國聯邦文件交流中心（Federal Document Clearing House, Inc.）記錄，查詢自網站Lexis-Nexis（https://wwwlexisnexis.com/en-us/home.page, 1996/3/14檢索）。

20 Garver, Face-Off, 99.

21 參見David Albright and Corey Gay, "Nuclear Nightmare Averted," Bulletin of Atomic Scientists, January/February 1998, 54-60.

22 1968年的不擴散核武條約有如此承諾。

23 Mann, About Face, 337.

24 有關亞洲對美國展示軍力的反應，參見Garver, Face Off, chapter 13.

25 Phillip C. Saunders, "China's America Watchers: Changing Attitudes towards the United States," China Quarterly, March 2000, 56.

26 《產經新聞》，一九九六年四月二十八日，轉引自Foreign Broadcasting Information Service, April 28, 1996.

27 轉引自Shu Yuan Hsieh, "Nuclear-Weapon-Free Zone in the Taiwan Strait," in Paul H. Tai, ed., United States, China and Taiwan: Bridges for the New Millennium, Carbondale, IL: Public Policy Institute, Southern Illinois University, 1999, 172.

28 《中國日報》，一九九七年三月十九日，頁四。

29 《新聞週刊》，一九九九年五月二十三日。

二、飛彈危機的前奏

第二章 天安門大屠殺重創中美關係

一九八九年六月四日，西方一份主流報紙的頭條標題是「解放軍以機關槍、裝甲車和坦克凶殘地鎮壓北京的民主集會」。隔天目擊者表示：「北京冷血屠殺無辜百姓的一幕，深深地烙在所有人的腦海裡。」全球媒體開始史無前例地大肆報導中國，雖然幾乎都是負面消息。屠殺永遠改變國際社會對中國的評價，尤其是美國對北京的看法。美國大眾對中國的評價在屠殺爆發後有了一百八十度的轉變。

蘇聯瀕臨瓦解，也使得天安門事件成為歷史性的一刻。美國在戰略上不再需要中國，自一九六九年以來維繫兩國同盟關係的主要原因瞬間消失。對美國而言，北京不僅是邪惡政權的代表，華盛頓也不再需要利用北京制衡蘇聯。天安門大屠殺的另一個影響是，在華府的幾位決策者不能再制訂對中政策，美國國會決定在政策的制訂過程中扮演更大的角色，此舉為中美關係增添變數。

當北京決定消滅天安門的民主運動時，也下定決心在政治上全面左傾。強硬派人士不接受西方國家的批評，尤其是來自美國的流言蜚語。台灣的決策者知道天安門事件的重要性。美中台三角關係開始朝有利於台北的方向發展，台灣的未來充滿轉機。

槍桿對筆桿

一位在天安門事件中痛失摯子的母親哭訴說：「六月四日會成為遺臭萬年的日子……他曾是中國最優秀和前途光明的學生之一。」當天目擊一切的新聞記者也說：「這些槍響將傳遍全世界。」中國政府竟公然下令軍方，以武力驅離在天安門廣場倡議改革和民主的「麻煩製造者」。解放軍不負北京的期望，向示威群眾和圍觀者——視線可及的人——開火。解放軍的目的是殺戮，不是威嚇。手無寸鐵的人群在某些地方聚集，表達他們的訴求；機關槍並未因此停止掃射。

北京從部隊裡的農家子弟中精挑細選執行任務的劊子手。雀屏中選的農民兵多數強烈受到成長背景和農村文化的影響，厭惡生活方式迥然不同的城市居民。農民兵在天安門廣場大開殺戒前接受洗腦，軍方告訴他們當前的反革命運動為「外國勢力」所策劃，是一場試圖顛覆中國的運動。長官向農民兵展示許多同袍被示威學生活活燒死、絞死，甚至閹割的照片，[1]讓他們心中充滿恐懼。此外，還不允許他們睡覺。有些人士甚至懷疑軍方以藥物控制農民兵，讓他們遵從射殺的指令。解放軍提供部隊鋼製子彈；子彈射穿許多人的身軀，甚至打穿許多建築物的牆，大大增加傷亡人數。帶領士兵的長官希望藉由大量的鮮血教訓反抗者。西方記者事後估計死亡人數在數百到七千人之間，可能上千人以上。[2]多數關於天安門事件的記載都是血淋淋、凶殘的陳述。然而，我們也可以從另一個角度思考這個事件。

某位中共官員坦率地指出，即使最高的死傷統計數字是真的，相較數以萬計在勞改營垂危的政治犯，所謂的大屠殺實際上言過其實。[3]另一位官員則指出，在中國其他地區同時也爆發大規模暴力和殺戮事件，天安門事件所得到的高度關注令人難以置信；其他地方的年輕人和市民也遭遇大規模屠殺，[4]但幾乎無人關注。為什麼屠殺事件使國際社會聚焦於北京，而且事件落幕後仍繼續牽動外界對中國人權發展的關注？如上述兩位官員所暗示，天安門事件在中國就是一件稀鬆平常的小事。

許多原因可以說明何以國際社會關注天安門事件。首先，大量的西方媒體在事件爆發當下聚集於北京，西方記者從未如此大陣仗守候在北京，而面對過去數週來所發生的種種事件，他們的詮釋也不曾引起各界太多興趣——有些觀點認為，這一系列事件將惡化到引來殺戮的地步。在天安門事件爆發前幾個星期，大量攝影機和平面媒體不斷地把民主運動的消息散播到全球各地；西方媒體則以「中國即將民主化」為題，將民主運動描述成歷史性的一刻。由於中國是世界上人口最多的國家，民主中國將為亞洲乃至世界各地帶來民主化浪潮。此外，中國正依循西方國家（尤其是美國）的民主模式；投身這場民主運動的學生引述林肯的名言，並打造一尊代表訴求的自由女神像。

媒體笑稱，儘管第三世界國家的人口增長可能超過西方國家，但西方文化仍有機會苟延殘喘。在民主運動開始前，各界不確定開發中國家是否會擁抱民主，如今在中國率先發難下，它們將跟上腳步。西方文化衰退和民主治理凋敝不再是問題，因為西方國家的理想將成為普世價值。相較於中國的發展，蘇聯的民主發展顯得微不足道，因為中國的人口比蘇聯多出四倍，而且經濟也正在起飛。中國象徵未來。有些記者在介紹中國國情時指出，根據世界銀行和其他關於中國經濟發展的研究，中國即將取代美國成為世界上最大的經濟體。若中國開始改頭換面，快速轉型為民主國家，經濟發展就會暫時變得無關緊要。各界滿心期待煥然一新的中國。

然而，各界對中國懷抱的願景最終被殘酷地澆熄，一群外國記者在歷史現場看見殘暴的屠殺。事實上，許多記者身處槍林彈雨並擔心自己的生命安危。有些記者親眼目睹中國學生被擊斃，以及裝甲車輾過如小蟲般的圍觀群眾。幾位記者事後證實，他們看到解放軍以機關槍掃射群眾；其中一位記者說一位四歲的小女孩中彈，她死前還驚恐地緊握母親的手。有些外國記者被毆打，甚至遭流彈波及。5

許多人無法輕易忘卻宛如置身人間煉獄的經歷，天安門事件影響美國一代新聞記者和評論員對中國的觀感。關於天安門「慘案」的描述隨處可見，這些報導的描寫很生動，有些報導夾雜個人感觸，讀來令人印象深刻。幾乎所有的文字充滿對中國的憤怒。《遠東經濟評論》（*Far East Economic Review*）——亞洲最具影響力的頂尖新聞雜誌之一，在封面上印出「北京大屠殺」五個大字，與「南京大屠殺」只有一字之別。有些觀察家把天安門事件與日本在二戰時期強加在中國民眾身上的暴行相提並論。據傳一位看到該雜誌封面的中國婦人當場昏倒，而某位中國高層官員提議國內應永遠禁止發售《遠東經濟評論》。

當唇舌攻勢結束後，北京決定反擊西方媒體的說詞。北京某位發言人撒了一個漫天大謊：「沒有人被殺。」北京指鹿為馬的行徑令人錯愕，無法置信和愚蠢是許多人唯一的評價。許多人因此對北京政府更加憤怒，中國的國際形象頓時一落千丈。中共高層在事件爆發後數月來嘗試掩人耳目，把事件輕描淡寫為「騷動」或「反革命行為」。江澤民對芭芭拉．華特斯（Barbara Walters）說：「大家未免也太小題大作了。」然而，許多關於大屠殺的個人證詞及在韓國、香港等東亞地區廣為流傳的駭人照片——坦克車直接輾過示威者的畫面，在在粉碎了北京的說詞。[6]由於太多西方記者曾到過現場，北京一連串的努力終究功虧一簣，反而促使西方媒體積極回應，以更負面的報導抨擊中國。

數年後，在外國媒體聚會的場合——無論是媒體室、餐廳或酒吧，中國的暴行及天安門事件中的英雄和惡魔，依舊是茶餘飯後的話題。許多來自西方主要和一般媒體的外國記者曾身陷戰場；即使回溯到越戰時期，近代史中仍找不到可堪比擬的事件。西方媒體可以細數出應擔負責任的屠夫：鄧小平、李鵬、楊尚昆和解放軍。西方國家曾讚揚鄧小平是改革者，但天安門事件粉碎了這個美譽。在許多記者眼裡，中國的領導階層和中國本身都已退化了。

凜春下的民主運動

瞭解中國的人都知道，天安門事件不只是上街表達民主訴求的中國學生被殺而已。屠殺前的一場政治鬥爭有助於提供答案。

長期以來，傳統馬列主義者、毛派、共產黨內的激進左派、政府和解放軍中強硬派人士，對中國放棄毛式共產主義，改走資本主義路線的作為頗有微詞；這群人曾從中阻撓中國右派的改革計畫，「影響」及破壞學生示威和民主運動的路線。他們可再次依樣畫葫蘆，而他們確實辦到了。

一九八七年一月，被許多觀察家認定為鄧小平接班人的中共總書記胡耀邦突然失勢。胡耀邦遭指控縱容學生反社會主義、進行民主示威，而且無心支持中國曾經堅實的意識形態教育。此外，胡耀邦的過失還包括默許知識分子散播「資本主義理念」。最終胡耀邦喪失總書記和鄧小平接班人的身分，但仍在黨中央委員會保有一席之地。為了安撫來自左派的壓力，鄧小平犧牲了胡耀邦，而這步棋讓鄧小平和資本主義改革得以存活。這段與天安門屠殺息息相關的插曲，在中國近代史經常被忽略。

一九八九年四月胡耀邦過世，參與民運的學生紛紛湧入天安門廣場。據傳胡耀邦在一場黨內會議中與強硬左派人士激烈爭吵，導致心臟病發猝逝。學生將胡耀邦塑造為革命烈士，更重要的是，他的死成為這場運動的號召。然而，如同以往的案例，學生民主運動遭黨內左派所指使的中共「特務」暗中滲透，他們讓運動走向激進，進而造成民眾反感，甚至刻意使學生因牴觸黨——特別是黨內大老——而招致死亡。原本最初是北京大學學生發起的民主運動，但在大量吸收中國各地的學生和工人（多數在老闆的要求下加入）後便開始變質。外地學生對國內政治局勢不太瞭解。學運領袖因許多支持者加入而歡欣鼓舞之下，未調查新成員的背景，而讓受雇於共產黨的幫派分子和特務伺機混入，顛覆整場運動。

另一方面，胡耀邦在黨內的領導地位由趙紫陽取代。趙紫陽意識到事態的嚴重，試圖說服示威群眾克制訴求和暴力行為。雖然有些學生聽進去了，但仍無力扭轉整場運動早已被滲透的命運。無力平息這場運動，導致趙紫陽落得和胡耀邦同樣的下場——政治地位瞬間一落千丈。

西方媒體對事件的發展有另外一套解讀。然而，外國記者未認知到北京利用強硬派共產主義、毛派和幫派分子滲透學生運動，以激進手段瓦解要求開放民主的正當性，並創造一舉粉碎民運的契機。媒體未報導滲透者受黨內左派指使，提供軍方鎮壓、殺害或監禁學生的理由。媒體也未能發現，那些記錄下士兵被活活燒死或開膛破肚的照片實際上是中共特務所為，並輕易地嫁禍給學生。[7]

學生要求改變和更多民主，而鄧小平和黨內的改革派也希望能有所回應。然而，左派勢力的崛起使鄧小平不得不改弦更張；生存至上，安然度過左派的襲擊至關重要。自鄧小平掌權以來，左派勢力至少曾發動過兩次突襲，因此他知道如何應付突發攻勢，以妥協換取日後反擊的機會。眼下鄧小平有兩個選項：親自下令格殺學生，或默許強硬派採取高壓措施。[8]

最後鄧小平挺過危機，改革開放也存活下來。中國正奮力邁向資本主義社會，民眾也有更多自由決定自己的生活方式。改革開放讓中國變得富裕，許多中國民眾鼓掌叫好。民主可有可無，但可以暫時擱置。然而，對西方媒體而言，與其仔細分析當下情形，概括論定和塑造刻板印象顯得容易許多。長期同情左派的美國媒體頓時陷入尷尬的困境。左派對學生痛下毒手，因此媒體理當抨擊中國的領導階層。

無論是自由或保守傾向的美國民眾皆認為，有鑑於美國過去不假思索地支持中國的人權紀錄，當下媒體有充分的理由攻訐北京。[9]相較其他各國媒體對北京提出的批評，美國媒體顯得安靜許多。唯有涉及白人和黑人之間的種族問題時，美媒才會大肆報導。美媒也會報導蘇聯內部的人權問題，以吸引保守派民眾。然而，幾乎無人過問中國踐踏人權的問題。客觀而論，美媒疏於報導中國人權問題的現象確實荒誕不經。[10]另一方面，由於美國曾經相信北京是「進步的」政權（雖然同時也是高壓政權），所以中國鮮少成為華盛頓檢討的對象。事實上，過去的毛澤東政權比蘇聯更左傾；毛澤東曾嘲諷蘇聯是修正主義和法西斯政權。此外，為了追求真正的平等主義，毛澤東甚至還建立人民公社。最後，毛澤東禁止外國記者自由進入中國。當北京准許記者報導中國的時候，它會毫不掩飾地歡迎「肯配合」的記者，並拒絕發簽證給揭發中國各式問題的記者。

天安門事件後，中國成為眾矢之的。美媒把中國的形象重塑成一個充滿食人魔的國度，而此番形容在短期內不會有所改變。事實上，天安門事件受矚目的程度遠超過其他中國新聞事件的報導。將近一半（百分之四十七）美國觀眾在電視上觀看天安門事件，卻只有一成的觀眾關注一九九七年江澤民的訪美之行或一九九八年柯林頓訪中之行。[11]在今日美國國內，政治光譜的兩端都鄙視中國。

祕密外交與冷戰終結

冷戰的終結幾乎與天安門事件同時發生。此時蘇聯正處於崩解中，這消息在天安門事件期間廣為流傳。對於那些尚未意識到蘇聯共產主義失敗、冷戰即將落幕的民眾而言，柏林圍牆在幾個月後倒塌無疑是清晰的象徵。東歐正在掙脫克里姆林宮的枷鎖，所謂的「中國牌」——美國採行二十年的聯中制蘇政策，從此失去作用。

若想瞭解中國牌失效的意義，我們只需記得中國在一九四九年後左傾，解放軍在韓戰中造成逾三萬名美國大兵死亡，使中美結下不共戴天之仇。當時——甚至在之後將近二十年間，華盛頓將中國視為比蘇聯更糟糕的共產國家。在美國眼裡，蘇聯正在蓬勃發展，而且比中國更能接受國際現狀。克里姆林宮提倡和平共處，毛澤東則斥責和平，並宣稱戰爭在所難免。毛澤東指出，即使三百萬中國人在核戰中喪生，中國依然能夠打倒帝國主義，核子武器不過是紙老虎罷了。

尼克森（Richard Milhous Nixon）在一九六九年成為總統後，迅速調整美國的外交走向。尼克森認為美國投入越戰的代價高昂——龐大花費、傷亡無數、國際形象崩壞，因此必須退出戰場（最好如他的競選標語所言的「光榮退役」）。納稅人不願再支付華盛頓的軍事開銷，因此美蘇之間的軍備競賽將無以為繼。此時美國必須尋找盟友。

中國是首選。北京和莫斯科嚴重失和已有一段時日，而且雙方的嫌隙愈來愈深，原因不外乎領土爭議、經濟問題，以及毛澤東和蘇聯領導階層之間的齟齬。一九六九年三月，中蘇在邊界爆發衝突。雖然因為地點偏僻，這場衝突並未受到媒體廣泛關注，但從許多層面來看，中蘇邊界衝突無疑是一場戰爭。蘇聯的軍方高層積極地要求克里姆林宮下令，允許部隊摧毀中國的核武製造廠和導彈基地。中國自一九六四年以來即是核武國家，以能夠製造承載戰略性武器的中程導彈威震國際。製造和存放炸彈及導彈的設施都靠近中蘇邊界。中國的導彈可擊中蘇聯境內的任何目標，但無法打擊美國城市——美國不是毛澤東的主要目標。

因此，尼克森與毛澤東達成交易，聯手對付莫斯科；兩人的支持者皆認為中美合作是必要的戰略措施。尼克森與毛澤東均多次提到「敵人的敵人就是朋友」。雙方的協議奏效，中美握手言和，甚至在有些人眼裡形同結為盟邦。當一九七九年美國失去伊朗境內的蘇聯情報蒐集站時，華盛頓頓時陷入困局，但它很快與北京達成協議，並在中國境內設立多座監聽站——新的中美關係正在成形。隨後美國協助中國提升軍事實力；一個更強大的中國無疑擁有更大的能耐，使克里姆林宮乖乖聽話。此外，美國成為中國產品傾銷的市場，而中美貿易幫助中國成長。

由於尼克森對國際政治秉持權力平衡的觀點，中美得以盡釋前嫌，進而建立準同盟的戰略關係。有些觀察家認為尼克森採取現實政治的外交策略，以中國制衡更具威脅性的蘇聯。中國牌的概念橫跨了福特（Gerald Ford）、卡特、雷根（Ronald Reagan）和老布希（George Bush）政府。直到一九八九年，美國外交政策的戰略目標突然消失，知名學者法蘭西斯・福山（Francis Fukuyama）以「歷史的終結」形容國際情勢。冷戰和兩極不復存在，共產主義已死，意識形態和相互威脅毀滅對方不再是國際政治的一切。

一九八九年也是中美關係的轉折點。從一九四九到一九六九年，中美整整二十年處於敵對；而從一九六九到一九八九年，兩國則轉向友好。當下的中美關係混沌不明——難以定義，也非常難經營。或許兩國可能再度成為天敵。

老布希試圖保存中美關係的戰略支撐。他試著淡化中國的人權問題，並強調中國在國際上的重要地位。然而，他也試圖安撫國內反對者的情緒：他終止對北京的軍售、限制助理國務卿層級以上的官員訪問中國，並建議國際金融組織延遲貸款給中國。然而，在國會和人權及其他利益團體的輿論壓力下，老布希身不由己。國會如實地反應出美國民眾對中國的滿腔怒火。此時中國政策成為政黨操作的議題，民主黨人譏評老布希的外交政策（即使老布希在外交事務上的表現可圈可點）。老布希遭逢的困境與鄧小平相似。他瞭解政治生命能否延續才是當務之急。國會一方面認為老布希懲罰北京的措施過於寬鬆，另一方面也希望就外交政策有更大的發言權。許多參眾兩院的議員——尤其是民主黨籍議員——都認為美國民眾與他們沆瀣一氣，而抨擊中國的人權問題成為政客操作的策略（不需擔心先前他們對此問題悶不吭聲）。

國會直接表明接手制訂外交政策的意願，而無須過問總統；祕密協商一向是美國對中政策的慣例，尤其在尼克森和國務卿季辛吉（Henry Alfred Kissinger）聯手策劃中美和解後，中國政策更是華盛頓高層的特權之一。若非如此，尼克森和季辛吉有辦法在短時間內化天敵為盟友嗎？在一九六九年，祕密協商無可厚非，不但有助於美國調整對中政策，也是與克里姆林宮打交道的必要手段。

雖然卡特曾經譴責祕密外交，但不久後他也淪為祕密協商的落實者。在他剛就任的幾個月內，卡特並未關注中國。然而，在克里姆林宮拒絕接受華盛頓伸出的橄欖枝之後（單方面主動裁軍，以及他一連串懇求蘇聯破冰的屈尊作為），卡特的外交政策顯得既愚蠢又行不通。於是，卡特開始利用中國牌影響蘇聯，與尼克森的手法如出一轍。一九七八年卡特指出，若共和黨得知他決定與北京正式建交，該決議可能就無法過關、胎死腹中。因此祕密協商成為必要之惡。中共高層當然不反對祕密外交，因為這原本就是北京制訂外交政策的方式。

雷根同樣也在忽略國會的情形下制訂對中政策。在天安門事件以前，老布希也仿效諸位前輩。自此之後，國會參與對中政策的制訂過程、議員一有機會就對「邪惡中國」大做文章，以及同一時間不同利益團體湧至國會等現象所造成的衝擊，徹底改變制訂對中政策的公式。一些分析家認為，上述變化使老布希失去連任的機會，[12]並導致行政和立法部門在對中政策的辯論陷入永無止境的爭吵。同樣身為民主國家，台灣理解美國政府的窘境，並能向國會爭取同情（有別於北京認為美國政府是以白宮為首）。因此，天安門事件標示一個時代的結束。當時美國認為中國是萬惡無赦的邪惡國家，美國的自由派和保守派、左派和右派人士都同意這點——僅在細節上有所歧異。

面對西方國家的指控，北京透過許多方式回應，而所有的回應都以同樣或比天安門殺戮更強的力道反擊西方國家。在天安門事件落幕後的幾個月內，中共高層顯然無法理解當時西方國家對中國的觀感、對天安門事件的解讀，以及對中國的失望。最初中共高層否認有任何重大事件發生，如前所述，官員更宣稱無人被殺。但北京也很快意識到，這種荒謬的說法只會讓中國顯得愚蠢。儘管如此，一些高層官員在數月後仍堅守此一論調，北京也帶著仇恨做出回應。根據西方媒體的報導，在事件結束後的三個星期內，北京逮捕和囚禁一千八百名可能與民運有關的人士。據傳，共計四萬名「嫌犯」在接下來的五個月內陸續自首，而數千人被送至勞改營。西方媒體獲知有二十七件處決案例，但此數字無疑只是冰山一角。[13]

中共高層以消滅「反革命叛亂」為由合理化當時的行為，並宣稱外國勢力企圖在中國製造混亂，以顛覆共產體制。中共中央政治局透過官媒指控，美國利用美國之音（Voice of America）「鼓動中國境內的反動分子」。政治局指出，美國「試圖激發民眾對政府的不滿，以分裂中國」，並以美國在一九五〇年代對西藏的同情，以及今日對西藏的支持為例，說明華盛頓的手法如出一轍。政治局也提及美國與台灣的關係。中共高層強調國家主權，並指出北京不會允許敵人顛覆或分裂中國領土。北京以林肯當年捍衛聯邦的決心做比喻，這番話讓許多美國人感到震驚和憤怒。

北京的說法在一段時間內不曾遭到挑戰，甚至在一九九八年柯林頓訪問中國時，江澤民告訴他：「若當時北京沒採取果斷措施，中國不可能享有今日的穩定。」北京的說法呼應強硬左派所塑造的新民族主義和排外情緒，並與中國境內的反美情緒相輔相成。反美民眾的論點是：華盛頓想趁火打劫，不然為何積極在中國推動民主和人權？強硬派指出，在中國推動改革「不符合美國的國家利益」，因此「美國一定別有居心」。北京指出，華盛頓與黨及政府內的親西方國家領導階層過從甚密，例如一九八九年初投身學運的前中共高官方勵之。在天安門事件後，方勵之受到北京的美國大使館庇護，並成為兩國往後大動肝火的主因。雖然北京最後允許方勵之離開中國、赴美就醫，但中美在交涉過程中相互譏諷，種下日後兩國鬩牆的伏筆。

北京告訴民眾，美國是中國的敵人，華盛頓計劃滲透中國的決策圈。北京也就人權議題攻擊美國，在《北京周報》等刊物上發表文章，指出美國國內遊民、種族歧視、犯罪、耆老不敢出門等社會問題。儘管中國的反擊來得有些遲，卻不失為深思熟慮後的一記回馬槍。北京援引美國家喻戶曉的知名報章雜誌，儘管北京以自己的觀點來解讀，但報導提及的現象都是廣為人知的事實。中共高層甚至宣稱，就維護人權這點而言，中國在許多地方做得比美國好。中國官媒也陸續刊登許多文章齊聲呼應。[14]對秉持客觀的觀察家來說，或許中國的控訴並非完全失真，尤其是針對美國的種族歧視、遊民、囚犯人數等問題。但中國的指控既未贏得美國人的好感，也未博得新聞記者的同情。中國官方的發言人隨後強調，唯有考量一國特殊的文化和歷史因素後才能討論人權的條件。換句話說，美國視人權為普世價值，但中國認為人權紀錄是相對的概念。許多亞洲和第三世界國家同情中國的立場，並同意歷史和文化因素必須納入考量。不久後通過的《曼谷宣言》（一九九三年召開的大型國際人權會議）不僅強化中國的立場，也幫北京在人權議題上爭一口氣。然而，這項結果只讓美國的人權倡議者對中國更加不滿。一位天安門事件爆發時人在北京的記者指出，「中國公然漂白人權問題，讓我想嘔吐在北京那些王八蛋高層頭上。」

中共高層也快速地回絕老布希提議的「新世界秩序」——一個由擁抱民主和自由市場國家所主宰的

國際秩序，並選擇重拾一九五〇年代的外交觀念。北京的媒體呼應中央的決定，並引述毛澤東曾大力宣傳的「和平共處五項原則」，包括「相互尊重主權和領土的完整性」及「不干預他國內政」兩項原則，做為中國外交政策的基礎。此外，中國開始積極提倡所謂的「西伐利亞世界觀」（Westphalian view）[15]，並強調國際政治基本上是由主權國家之間的互動所組成——雖然是出自西方的觀念，但在今日國際法和全球人權標準等觀念相繼充實國際關係的討論後，國家主權的概念頓時顯得過時。北京宣稱世界是多極的，並抨擊美國外交官員唯我獨尊的單極觀。中國反對「霸權主義」，也認為美國的意志力不足以實現老布希的新秩序理念。中美不僅對人權問題的意見相左，對國際政治的理解也水火不容。

台灣隔岸觀火

台灣對天安門事件的看法和作為跌破許多人的眼鏡。台北並未乘勝追擊，從北京的困境中取得國家利益。台灣為何不作為呢？

當美國在一九七九年甩開台灣與中國建交時，北京刻不容緩地對台灣展開一陣攻勢，希望能順勢推動兩岸統一。「三不政策」扼要地概括台北最初的強硬立場——不接觸、不談判、不妥協。鑑於台北的立場，西方媒體指責台灣過於頑強，進而迫使台灣改口，轉而批評中國不民主。隨後，台灣改變對中國的經濟政策。一九八七年十月立法院通過決議，開放民眾赴大陸探親。許多民眾陸續湧至中國。到了一九八九年，將近百萬人前往中國探望親朋好友，其中不乏只想一窺中國面貌的人。

開放探親促使兩岸貿易和投資開始熱絡起來。單是一九八八年，台商在中國投資六億美金，設立了逾四百家公司和工廠。北京對此抱以善意回應，因為中國需要台灣的投資來提升經濟。鄧小平和其他改革派支持者都認為，經濟整合可拉近兩岸的距離。北京的政策確實有效地整合兩岸的經濟，許多台灣企業和個人陸續將事業遷到中國，尤其是因勞工所得提高而日漸無利可圖的製造業。在許多台灣人眼中，中國是一塊遍地商機、可以賺錢的寶地。

台灣人也有其他理由對中國有「獨特」的見解。一九八九年四月，在民主運動於天安門廣場擺開陣勢後，台灣宣布財政部長、國民黨中央常務委員郭婉容將率領參訪團訪問中國。雖然郭婉容未以部長或委員的名義赴中，但此行仍是兩岸之間的重要突破。郭婉容成為首位正式訪問中國的台灣高層。國民黨政府也開放媒體人員隨行，使得郭婉容率領的訪問團規模達一百多人。

如同西方國家一樣，台灣也對中國寄予厚望。對台灣來說，中國的民主化更為重要，因為如此一來意味著台灣將從北京的威脅中解脫——或至少來自中國的威脅行將式微。台灣民眾和政府都同情走上天安門廣場的學生，許多人認為他們遵循了所謂的「台灣模式」。當時李登輝也透露，政府正考慮開放公務員訪中（一九八七年開放探親的法律未擴及公務員）。一九八九年年初，台灣對中國樂觀以對，因此當北京對學生暴力以待、祭出軍隊鎮壓時，台灣自然感到遺憾。然而在屠殺過後，台灣回應北京的方式與西方國家大異其趣，政府和民眾並不如美國和歐洲人那般震驚，也未想過要懲罰中國。為什麼會是如此？

多數台灣人和政府一樣，長期（從一九四九到一九七九年，以及之後的一段時間）視北京為凶殘、冷血和無恥的政權，因此當中國政府對天安門廣場的學生和其他在場的人痛下毒手時，中國的作為恰與多數台灣人的預期不謀而合。換句話說，台灣民眾早已被政府教育或洗腦，深信北京是一個邪惡政權，西方媒體不過證實他們多年以來的認知。另外，相較於西方媒體，台灣社會對中國不抱高度期望，學生也是如此。

許多因素促成台灣人對中國冷淡相待，主要是因為台灣比西方國家更瞭解中國。相較於西方國家，多年來台灣的報章雜誌和媒體已大量報導中國。一九八九年春天，台灣民眾察覺到中國的改革已歷經數月的瓶頸，而鄧小平退位所引發的領導人接班問題，只會讓中國的內部情勢更加惡劣。台灣民眾知道一場暴風雨即將來臨。另一方面，台灣媒體每天就中國的經濟情勢深入報導，而每週數以千計自中國返國的台灣旅客也提供他們各自的見解。因此，即使僅受過基礎教育的台灣人也察覺到，北京於前年取消價格管制和物資補貼、邁向市場經濟的決定，正使中國社會籠罩在一股人心惶惶的氣氛中。

中國民眾發現食物和房屋價格倍增，有時一夜間翻了數倍。未來一片黯淡。台灣人瞭解中國的處境。長期關注政治動態的民眾也發現，中央政治局會議非常重視這場學生運動，而高層間始終未達成共識。根據過去的經驗，這種情況的結果通常是改革倒退和一連串的清算。當時連一般的台灣民眾也能輕易分辨共產黨內的強硬左派和改革右派（他們是誰，其政治背景和經歷等），大致上對共產黨內的政治角力有些概念。在天安門事件爆發前，台灣媒體大肆報導北京的人事異動和情勢發展對黨內左派有利；暴雨將至，中國有可能出現一波清算和打壓行動。大部分的西方媒體人士只讀過關於中國的背景資料，而且來源幾乎千篇一律出自西方國家，這使得他們對中國的理解遠不及關注時事的台灣民眾。[16]

對於天安門事件的另一個看法，潛藏在許多台灣民眾和高層官員的心中：美國太意氣用事了。為此，美國對中國的人權議題展開一場道德聖戰，但沒人知道這場戰事該如何收尾。許多台灣人認為，這場戰事或許會快速落幕，因此台灣沒必要蹚這渾水。當時有幾位政府官員和民眾認為，北京在一段時間後就會獲得國際的諒解。[17]從這個角度來看，台灣民眾的看法與北京高層不謀而合：美國針對人權議題的義憤只會維持一時，權力政治會快速取代人權政治。當權力再次成為國際政治的常規時，台灣將成為輸家。在某種程度上，台灣也同情北京的遭遇，畢竟在不久以前，台灣仍是西方媒體以「獨裁」和「惡劣的人權紀錄」為由大肆撻伐的標靶。西方媒體從未公平地看待台灣，因為國民黨政府向來是右翼政權。西方媒體會將心比心，繼續批判中國的人權紀錄嗎？大部分的台灣人認為不會。在台北制訂外交政策的官員心裡想的是前車之鑑。一九六〇年代末，台灣當局認為政治紛亂和引人側目的人權紀錄讓中國受到國際孤立，而這個情形永遠不變。但事後證明台灣錯了。

在中國文化大革命的一九六〇年代中期，北京變得殘暴和封閉，數以萬計的民眾飽受苦難，虐待和政治暗殺泛濫。中國的對外政策反映了國內的失序。當北京經營外交關係時，它與許多國家刻意疏遠，台北也因此從中得到喘息的空間，直到這個意識型態分化的對立世界日漸萎縮。中國的極端主義有利於台灣的生存，但在毛澤東掀起的文化大革命結束後，國際社會很快地原諒中國，並認定中國的地位太重要，不容忽視。西方必須重新制訂規則，將中國納入國際社會，台灣從此被打入地獄。因此，在北京結束自身的孤立主義並努力地融入國際社會後，許多國家隨即展開雙臂，迎接中國。北京嘗試加入聯合國，也成功取得會籍，而台灣則遭驅逐。台北高層永遠無法忘記那一刻。

另一個值得考慮的因素是，台灣比大部分國家更偏好以經濟考量制訂政策。對台灣而言，在一九八九年，經濟實力正快速地取代軍事力量，成為國力評估的主要依據，世界正裂解成幾塊巨大的貿易板塊，而台灣和中國同屬於太平洋板塊。若與中國斷絕往來，代表台灣必須犧牲雙方的貿易關係，台北會不假思索地予以否決。因此，當北京指控「台灣當局」涉嫌鼓動「反革命運動」，而逮捕一些涉嫌受台北指使的嫌疑人時，台北選擇忽視來自中國的控訴。中共高層接著原諒台灣，重新對台商展開雙臂。有鑑於此，台灣政府跟著商界的腳步和民眾的觀點走，避免對中國有任何道德批判，甚至拒絕和西方國家一搭一唱，撻伐中國的人權紀錄。台北未孤立北京，也未讓中國看來像是流氓國家，反而採取一種謹慎、瞻前顧後的姿態。台北也看到未來的契機。台灣認為美中台三方關係已有所改變，並朝著有利於台灣的方向發展。台灣明白華盛頓和北京的關係急轉直下，或許永遠無法再修復。台北同時也意識到美國國內傾向由國會制訂對中政策，以及輿論在美國社會中的重要性。根據幾位台北官員的說法，前述理由讓台灣能從容不迫地應對情勢變化。

值得一提的是，這時台灣也剛啟動新一階段的「彈性外交」。李登輝於一九八九年初以台灣總統的身分訪問新加坡，並在返回台北後表示，即使未來新加坡與北京建交，他依然會再次訪問新加坡。同年夏天，台灣也和格瑞那達（加勒比海的島國）建交，儘管格瑞那達和北京已有正式的外交關係。換句話說，在當時的關鍵時刻，台北捨棄不允許他國在建交前與中國擁有外交關係的政策（雖然北京立即與格瑞那達斷交，但台北仍對外宣傳此乃其彈性外交的成功標誌）。北京高層則視這兩件事為分裂中國、走向台獨的舉動，但在當時，中國無力採取任何行動。北京有太多問題必須面對，而台北則明顯得利於北京的困境。

此時，台北官員也前所未有地明白台灣民主化的重要性。他們留意到西方媒體、國會和其他人士在好的民主台灣和壞的共產中國之間所做的比較。台北知道可以善用國際社會對民主台灣的好印象，政府無需操之過急。事實上，或許由於台灣未批判中國，並認為能從北京敗壞的形象中長期獲利，進而拉長天安門事件和美中關係敵對衝擊的時間。

1 參見《北京風波紀實》，北京：北京出版社，一九八九。

2 "Tiananmen: What Did Happen?" *Asiaweek*, December 22-29, 1989, 30-33.

3 某位中共官員向我如此透露。該官員藉由數本關於中國人權發展的專書和報告而知道作者。

4 某位中共官員向我如此陳述。根據某位觀察家，當時同時有許多民主遊行在一百二十三座城市裡舉行，參見Richard Baum, *Burying Mao*, Princeton: Princeton University Press, 1994, 276.

5 參見Edward Timperlake and William C. Triplett II, *Red Dragon Rising: Communist China's Military Threat to America*, Washington DC: Regnery Publishing, 1999, chapter 2.

6 市面上有許多關於天安門事件的專書和論文。

7 政府事後出版一本亮光畫冊，內容呈現士兵被截肢、閹割、焚燒等不堪入目的畫面。參見《北京風波紀實》，北京：北京出版社，一九八九。

8 Nicholas D. Kristof and Sheryl WuDunn, *China Wakes: The Struggle for the Soul of a Rising Power*, New York: Times Books, 1994.

9 參見Roberta Cohen, *People's Republic of China: The Human Rights Exception*, Baltimore: University/Maryland School of Law, 1988.

10 同前註。

11 David Lampton, *Same Bed Different Dreams: Managing U.S.-China Relations 1989-2000*, Berkeley: University of California Press, 2001, 265.

12 參見*United States and China's Relations at a Crossroad*, Lanham, MD: University Press of America, 1995。這是由美國大西洋委員會（Atlantic Council of the United States）和美中關係全國委員會（National Committee of U.S.-China Relations）共同出版的一份報告。

13 Bruce Gilley, *Tiger on the Brink*, Berkeley: University of California Press, 1998, 151.

14 參見Yu Quanyu, "China Leads the U.S. in Human Rights," *Beijing Review*, October 3-9, 1994，轉引自John F. Copper and Ta-ling Lee, *Coping with a Bad Global Image: Human Rights in the Peoples' Republic of China, 1993-94*, Lanham, MD: University Press of America, 1997, 269-70.

15 編註：是從一六四八年歐洲各國所簽訂的《西伐利亞合約》發展出的國家主權觀，該條約被視為近代民族國家概念的起源。

16 這讓我想起在毛澤東過世、華國鋒繼位以後，我和幾位台灣人的對話。由於華國鋒長得和毛澤東有幾分相似，以及華國鋒和湖南省的關係（毛澤東出生於湖南，並曾在幼時和日後多時居住於此），有幾份美國的大報揣測，華國鋒可能是毛澤東的私生子。好幾位台灣人對我說，這種說法太「瘋狂」，因為他們能透過口音辨別華國鋒的成長地。他們向我透露，不僅能辨別哪一省（不靠近湖南），也能辨別是省裡的哪一區。後來北京公開的資料證實，台灣人的說法是對的。

17 我當時經常聽到台灣民眾和官員如此表示。

第三章
對台軍售加深中美嫌隙

一九九二年九月，老布希宣布美國將出售給台灣一百五十架F-16高性能戰機，震驚中國和國際社會。自從一九七二年尼克森訪中以來，美國長年限制對台軍售，雷根甚至正式同意減少軍售，以期在未來終止對台輸出武器。有些觀察家認為，中美關係友好使對台軍售顯得多餘，這個觀察仍適用嗎？

根據美國媒體的報導，布希總統透過軍售以保住達拉斯通用動力公司（General Dynamics Corporation）員工的飯碗，期望藉此增加自己在十一月大選贏得德州的機會。然而，軍事專家認為老布希的決定其實與維持台海的權力平衡有關，希望藉由軍售消弭北京和台北爆發衝突的可能性。在天安門事件後，中國大幅提升國防預算，向俄國購買先進武器，造成區域內的權力平衡急速變化。但有些觀察家則認為，美國是以另一種方式懲罰北京在天安門事件中的處置，並獎勵一九八九年台灣在民主上的重大突破。實際上，美國的決定和上述所有因素相關。

無論如何，軍售使華盛頓、北京和台北的三方關係更趨向危險的軍事或戰略關係。軍售在台海兩岸會引發軍備競賽，並讓台灣更有自信抗拒北京的攻勢和促統壓力。

美援時代結束及對台軍售

美國對台軍售的歷史悠久。

在珍珠港事件之前，美國提供武器和軍事人員給蔣介石，協助他對抗毛澤東，並在國民黨敗退台灣後，繼續援助他二十年之久。一九六九年，當尼克森「徹底改造」美國的對中政策，結束中美二十年的對峙，一切都改變了。尼克森迫切地需要北京，將他從越戰的泥淖中拉出來。尼克森顯然想做點交易，而台灣是最好的籌碼，尤其是美援政策。因此，美國政府的立場立即變成：中美關係的改善，代表解放軍犯台的機會下降。大部分的觀察家，包括美國外交界的菁英和媒體，都接受以上的說法。

此外，季辛吉也做了一番有力的陳述，強調中國是一個非常重要的國家，與北京高層打好關係對美國的國家利益和亞洲和平——包括台灣海峽在內——至關重要。美國也有自己的如意算盤；一方面在三月烏蘇里江的邊界戰爭後，中蘇關係告急，另一方面北京認為日本正對台灣虎視眈眈。在討價還價的過程中，為了推動交易，尼克森告訴毛澤東，如果美國在台灣抽手太快，日本就會順勢補位；尼克森甚至揚言讓日本擁核，警告中國切勿在台灣問題上需索無度。[1]

然而，尼克森還是給了毛澤東一些好處。他答應提供蘇聯的情報給中國，包括蘇聯在邊境布署的衛星照片和資料，並承諾協助中國提升軍事實力。美國會讓中國更有實力與蘇聯打交道。此外，美國的承諾也能讓解放軍擺脫「人民戰爭」的毛式思想，並提升中國的軍事科技。毛澤東死後，鄧小平在軍事專業化的過程中使解放軍向右轉，脫離毛澤東思想和共產主義。鄧小平成功地降低軍中高層對美國的批評，同時也打消解放軍以武力解放台灣的念頭。一九七〇到一九八〇年代中美之間的所有進展改善了華盛頓和北京的關係，而美國對台的軍事援助也在這過程中日漸消減。一九七四年，美國國會撤銷《台灣決議案》（Formosa Resolution of 1955），終止總統出兵防衛台灣離島的權力。一九七五年六月，美國召回最後一架停泊在台灣的戰鬥機，同時將派駐台灣的軍事人員從一九七二年的八千五百人減少到一九七七年中的一千一百人。[2]

但能信任中國嗎？在美國的友台人士擔心中國將持續威脅台灣，因此華盛頓將軍援改成軍售。台灣經濟蓬勃發展多年，因此台北現在有能力購買武器，並自行提升軍力。由於軍售屬私人交易，美國友台人士認為中國沒有立場反對。最終台北與諾斯洛普公司（Northrop Corporation）簽約，雙方共同建造F-5E戰機，台北也同時要求美國出售軍艦、潛艇、直升機和戰鬥機。當北京表達反對時，季辛吉一方面向中共高層保證，F-5E戰機「僅限於防禦，無法用來對付中國」；另一方面他也對外宣稱，這個「計畫」將於一九七八年終止。其他的中共領導階層不敢在軍售議題上挑戰毛澤東。然而，對台軍售未成為中美關係的障礙其實還有一個原因：華盛頓以蘇聯進犯中國時將援助北京的承諾做為交換條件。[3]

尼克森和季辛吉這對拍檔一方面持續表示緊密的中美關係讓台灣比以往更安全，另一方面也以幹練的手腕操作美國的外交政策，對付蘇聯和其他問題。然而，對台軍售仍是華盛頓和北京之間的芒刺；對台灣來說，更是一件生死攸關的大事。

卡特祕密外交

事實上，對台軍售在一九七六年毛澤東過世後立即成為問題。毛澤東死後兩年，鄧小平從華國鋒——毛澤東指定的接班人——手中奪走權力。反對者不滿鄧小平的親美政策，如同美國民眾相信尼克森不會臣服於共產中國，共產黨也相信毛澤東不會背叛中國，與美國交好。顯然鄧小平既不是毛澤東，也不是尼克森。反對者質疑：若中美關係真的順暢無比，為什麼鄧小平無法說服美國停止對台軍售，又讓北京與台北認真地討論統一呢？

這是一九七八年下半年鄧小平和卡特磋商建交時的背景。對台軍售危及中美兩國的交易。在鄧小平與美國協商的過程中，中國強硬派和軍方高層非常關切此事。為此，鄧小平試圖說服美國官員，若美國繼續提供武器給台灣，台北就不會坐上統一的談判桌，北京將被迫動用武力。鄧小平也指出許多國內問題，尤其是仇美的左派勢力所造成的麻煩。然而，卡特也自顧不暇，因為國會已對卡特的舉動起了疑心。一九七八年夏天，參議院通過友台議員高華德（Barry Goldwater）的提案，宣布白宮在未經參議院同意的情況下，不得取消任何條約（美國《憲法》授予參議院批准條約的權力。然而，憲法並未說明是否撤銷條約也須通過參議院的批准）。幾乎所有的人都明白，《中美共同防禦條約》（U.S.-Republic of China Defense Pact）是促使參議院通過該提案的理由。高華德等人耳聞卡特正私下計畫與北京建交，欲廢除與台灣的防禦協議，儘管卡特曾大聲地公開批評尼克森和季辛吉兩人的祕密外交。

卡特的幕僚告訴他，先前批准《巴拿馬運河條約》和《戰略武器限制條約》（Strategic Arms Limitation Treaty）[4]兩件事情上，他已用掉所有的籌碼，無法再與國會周旋。幕僚建議卡特，無論與北京談妥什麼交易，內容都必須堅持美國會繼續保障台灣的安全，持續對台軍售。事實上，在中美祕密協商的許多環節，對台軍售差點使談判提早畫下休止符。據說鄧小平在許多場合臉色鐵青，就軍售議題向美國駐北京大使和其他官員大聲咆哮。[5]直到卡特政府同意建交後暫停對台軍售一年，並提議在中美關係改善的前提下解決軍售問題後，鄧小平才收斂起情緒。美國也做出讓步：要求中國默許對台軍售，但不要求中國對軍售案發表任何正式聲明。最終鄧小平接受卡特的提議，因為他亟需與華盛頓建立正式關係，以防蘇聯在他出兵越南時從後偷襲。鄧小平打算教訓河內，讓越南為殺害和驅逐大批中國人，以及攻擊和占領柬埔寨付出代價。他計畫在短期內攻打越南。

一九七九年二月，在沒有空軍助陣的情形下，鄧小平將解放軍推上戰場。除了戰事頭幾天有一些地面支援，解放軍一無所有，而且這些支援的砲火還誤擊多架中國軍機。海軍也未參戰，致使整場戰事一籌莫展。解放軍被越南的雜牌軍擊潰（根據河內軍方的說法，越軍把解放軍踩在地上、吐口水，在他們身上便溺）。事實上短短幾天內，解放軍損失約三萬人，可比美軍在韓戰期間的死傷人數。[6]一位觀察家指出，在毛澤東思想的教化下，天天呼喊「人民戰爭」口號的解放軍並不適合作戰，以至於在這場戰役中不堪一擊。鄧小平希望突顯解放軍的弩腳，他在越南戰場上辦到了。

隨後鄧小平強調：軍隊必須專業化，並暗示在這方面唯有美國能幫得上忙。鄧小平知道，對台灣問題大動肝火無濟於事。但人算不如天算，鄧小平無法掌握所有的變數。一九七九年四月，在「中越戰爭」結束後，美國國會通過《台灣關係法》（Taiwan Relations Act, TRA），透過其中一項條文，保證美國將持續提供軍備給台灣。與其否決國會的決定，卡特選擇簽署決議，使《台灣關係法》成為美國的法律，因為他知道即使動用否決權，國會仍會堅持通過這項決議。鄧小平頓時不知所措，並懇求美國不要再助紂為虐，賣更多武器給台灣，因為他才剛克制住解放軍。

然而，鄧小平手中還握有另一張牌。一九七九年一月一日，在華盛頓和北京正式建交的同一天，在鄧小平的指示下，全國人民代表大會常務委員會向台灣宣告：「盼望台灣人民能早日回到祖國的懷抱，共同創造光輝燦爛的歷史。」《告台灣同胞書》是鄧小平對台政策中的「和平攻勢」。鄧小平試圖警告台北，台灣無法承受與美國斷交的打擊，因此應該盡早與中國協商。然而，鄧小平的策略需要美國配合，同意停止對台軍售。

這時，美國國會正揪著卡特的中國政策大肆圍剿，包括高華德、雷根和老布希等人在內的共和黨員，都異口同聲批評卡特與北京做了一樁糟糕的交易，而且背叛了台灣。美國媒體指出，卡特曾說自己「絕不會奉承北京」（媒體在卡特不知情的情況下記下這句話）。媒體指責卡特無法自圓其說，其他輿論也指出，卡特在執政初期還大言不慚地批評尼克森和季辛吉，說兩人制訂外交政策的方式缺乏道德，如今卡特的手法和尼、季兩人如出一轍：依舊打中國牌制衡蘇聯，並拋棄台灣。卡特也大剌剌地如法炮製尼、季兩人的祕密外交，此舉讓他在批評者眼中成了偽君子。

卡特宣稱，若公開與北京打交道，如高華德等保守派的共和黨議員會趁機破壞建交的進程。儘管卡特所言不虛，仍無法平息輿論，因為他的祕密外交還有其他令人側目的紀錄。卡特政府在宣布與中國建交前夕，只給台灣兩小時的預警，並在深夜打斷蔣經國的好夢。記者透露，蔣經國聽到消息後哭了。卡特的批評者從未忘記那一刻。而北京在與美國建交後不久即開始打壓異議分子，又為卡特的難堪事蹟再添一筆。許多人身陷牢獄，有些人慘遭虐待。觀察家認為，鄧小平只是對卡特還以顏色而已；卡特在入主白宮時曾昭告國際社會「人權將是美國外交政策的靈魂」，如今他只能咬牙忍受這一切。

無論如何，卡特未向鄧小平妥協，斬斷對台軍售。顧及國會的反彈、自身拙劣的外交形象及大選壓力等一連串政治問題，卡特別無選擇。而在為期一年的過渡期結束後，卡特政府又重新對台出售大量軍備。鄧小平頓時陷入尷尬的窘境，不僅覺得受騙，也因國內政治的紛擾而坐立難安。

雷根的軍售危機與鄧小平的「葉九條」

一九八〇年美國重啟對台軍售並未引發危機，隔年雷根繼任美國總統時，危機隨即到來。在選戰期間，雷根毫不掩飾地讚譽台灣，甚至使用台灣的官方名稱「中華民國」，暗示台北才是代表中國的合法政權。雷根甚至提出，不排除與台北重新建立某種正式關係。

鄧小平等其他中共高層聞訊後暴跳如雷。鄧小平與國內強硬左派的關係又轉為緊張。雷根突如其來的挑釁會使中美關係又偏離正軌嗎？當時有些專家感到悲觀。然而，在雷根入主白宮後，國務卿海格（Alexander Haig）、總統顧問米斯（Edwin Meese）等貼身幕僚提醒雷根，共和黨內支持與台灣重新建立關係的勢力是一群烏合之眾，大部分保守勢力仍比較擔心蘇聯的威脅。海格等人指出，華盛頓必須和北京維繫某種合作關係，以抗衡來自克里姆林宮的挑戰。如尼克森和季辛吉的經驗所示，中國有意願和能力嚇阻這頭蘇聯熊（Soviet bear）[7]。換句話說，美國可透過中美關係制衡蘇聯。幕僚進一步告訴雷根，他不能讓中美關係倒退，因為從其他許多理由來看，北京太重要了，如果對中政策不進反退，將會招來媒體撻伐。海格等人適時鼓勵雷根對北京採取更友善的立場。

海格也說服雷根相信蘇聯對中國有偏見，無時無刻不在提防北京進犯。海格指出，莫斯科擔心中國會仿效數百年前的蒙古——侵略、占領和殘暴地統治俄羅斯。師承季辛吉的海格信奉權力平衡，他認為美國只要對蘇聯採取強硬姿態，中國在台美關係上便會保持緘默，因為北京更忌憚莫斯科。海格甚至指出，若華盛頓同時提供軍備給北京，中國也會默許美國對台軍售。不久後海格即推動軍備豁免政策，除了允許北京購買軍事或軍民兩用科技，也可向美國採購武器。另一方面，由於台灣的戰鬥機需要汰舊換新，海格也同時推動對台軍售的計畫。但海格嚴重失算，因為鄧小平正試著回應來自左派勢力的批評，證明自己在台灣問題上絕不軟弱。此時鄧小平無法示弱，讓各方覺得北京向華盛頓妥協。

一九八一年九月，鄧小平對台灣採取先發策略，指示全國人民代表大會常委會委員長葉劍英提出九點對台方針。「葉九條」重申鄧小平在中美建交後對台灣開出的條件。葉劍英建議國共兩黨恢復談判、兩岸建立郵務和運輸等連結，並表示台灣能擁有獨立的軍隊。葉劍英指出，台灣在統一後可成為高度自治的特別行政區。台北對此的反應不佳。台灣官員認為，若接受北京的條件，台灣將喪失主權，並落入萬劫不復的深淵。台北不但重申「不接觸、不談判、不妥協」的三不政策，甚至對北京提供經濟援助的「好意」冷嘲熱諷。台灣官員諷刺地說：「沒道理讓貧困的中國援助富有的台灣，應該由我們援助中國。」台灣的政府高層和學者也質疑北京：若葉劍英同意讓台灣保有軍隊，為何中國會反對美國對台軍售？簡而言之，台灣無意配合中國。

更糟的是，此時鄧小平正試圖剷除黨內大老，包括許多左派和強硬派人士。他在黨和政府內安插自己的人馬，以便進一步推動經濟改革。此舉自然引發強烈反彈，迫使黨內大老——包括許多競爭對手——隱退或平靜地離開極為艱難。鄧小平讓來訪的美國官員知道他的困境，希望美國提供協助，因為他是維繫中美關係的最佳人選。事實上，鄧小平撒了一個謊，刻意誇大對手的實力和自身的困境，他發現海格容易受騙。然而，鄧小平在推行改革和人事安排上所遭遇的阻力確實讓他坐立難安。有些觀察中國政治的專家指出，鄧小平在一九八三年清除精神汙染運動中，宛如綠竹般倒向發起運動的左派勢力，支持對手掃除外國對中國的影響，尤其是來自美國。留得青山在，不怕沒柴燒；鄧小平必須先保住自己的政治生命和改革政策。或許鄧小平已得到雷根政府設身處地的諒解，也或許國內的批評聲浪使他無從選擇，他強烈地否決海格的提議——美國同時出售武器給中國和台灣——甚至揚言不惜斷絕中美關係。

一九八一年六月，中國外交部長黃華告知海格，美國必須明訂終止所有對台軍售的日期。黃華對海格說：「十億中國人不會放棄他們的原則。」甚至提醒海格，林肯當年對英國美援邦聯軍一事氣憤不已，如今美國對台軍售正有異曲同工之妙。[8]鄧小平接著指出，「一朵烏雲」正籠罩著中美關係。海格則不甘示弱地表示，台灣還有「蘇聯」這個選項，同時也有潛力製造核武。鄧小平和其他中共高層聞後不為所動。

為中國量身訂做《八一七公報》

面對鄧小平的堅持，海格採取守勢，並下令情報部門研究台海情勢。國防情報局隨即對台灣的軍機需求展開研究，中央情報局則專注於中共內部的政治角力。兩份報告做出以下總結：國防情報局認為台灣不需要性能更好的軍機，中央情報局則認為鄧小平有麻煩，因為強大的左派勢力正威脅其領導地位。研究報告指出，若美國售予台灣新型戰鬥機，中美關係可能因此出現裂痕。目前沒有證據顯示情報單位捏造報告，也沒有其他的研究駁斥該結論。無論如何，華盛頓在一九八二年初宣布，美國不會售予台灣F-X戰機。但北京不僅不感激雷根政府，反而得寸進尺，意圖讓台灣也無法取得其他武器。究竟鄧小平仍害怕左派勢力反彈，或他試著爭取美國讓步？我們永遠無法得知。

雷根政府想幫助鄧小平，國際情勢也適時為華盛頓創造機會。相較於一九七八年卡特所面臨的情勢（鄧小平出兵越南時，需要美國制衡蘇聯），雷根則面臨一場發生於波蘭的危機，他必須提防蘇聯入侵波蘭。雷根需與北京打好關係。一九八二年三月，布里茲涅夫（Leonid Brezhnev）向中國示好，取消執行多時的布里茲涅夫主義（Brezhnev Doctrine）[9]。中國也以善意回應，開始向蘇聯傳遞訊息，希望兩國改善關係。在中蘇冰釋前嫌的情況下，海格主導了一份對中提供重大讓步的公報。該公報表示，美國「不謀求執行對台銷售武器之長期政策」，並「對台銷售的武器在質或量上均不會超過近年來所提供之水準」；最後，美國「意圖逐漸減少對台之武器銷售，經由一段時間導向一個最終的解決方案」。

海格向雷根強行推銷所謂的「八月公報」或「上海第二公報」，他明白雷根不得不接受。海格甚至對雷根說，若對台軍售引發中美關係的危機並損及美國外交政策，他會「率領民眾走上街頭，公開斥責總統」。結果，海格得到他想要的公報，雷根也得到海格的辭呈，而鄧小平則喪失他在雷根政府裡最親密的朋友。為了不讓外界認為美國向北京示弱，雷根表示在簽署公報以前，已獲得北京承諾，台灣問題會透過和平方式解決。有些觀察家指出，雷根的說法讓他全身而退。但鄧小平無法苟同，最終中美也未簽署公報。美國國務院官員指出，公報沒有國際法地位。儘管如此，《八一七公報》（August Communique）未胎死腹中——國務院官員仍單方面視公報為法律（甚至在國會委員會面前聲稱），並持續引用該公報。《八一七公報》與《台灣關係法》公然牴觸，其自問世以來即充滿爭議性。台灣對《八一七公報》表示失望，許多在台灣的雷根支持者質疑它的作用。

顯然雷根認為鄧小平需要美國，而他能拉鄧小平一把，但雷根不想背叛台灣。雷根在私人備忘錄裡透露，唯有在兩岸權力平衡的情形下，美國才能限制對台軍售；這份備忘錄存放在國家安全委員會的保險櫃，供未來的美國總統參考。雷根政府接著指出，美國可同時減少又增加對台軍售，因為通貨膨脹影響武器售出的價格。雷根政府藉此巧妙地繞過《八一七公報》的限制；許多人認為此舉相當滑稽。雷根以八億三千五百萬美元為基準點——卡特任內最後一年對台軍售的總值——同意原則上逐年縮減兩千萬美元的軍售額度。同時，雷根允許台灣取得美國的軍事科技。美國聲稱該公報的限制未涵蓋技術分享。隨後，台灣派遣武器專家赴美取經，以打造國產戰鬥機。許多專家前往F-16的生產地達拉斯。雖然美國通用動力公司的工程師不能指導台灣專家製造飛機，但他們能指點和糾正台灣專家的錯誤。對台灣的工程師和技術人員而言，美國工程師適時的提點頗有助益。不久後，台灣即研發出高效能的IDF戰機，又稱「經國號」。第一架IDF在一九八八年問世，並於隔年完成首次試飛。一九九四年，台灣成立第一組IDF戰鬥機群。

北京的不滿溢於言表，中共高層指出美國的行為已違反《八一七公報》。無論如何，中美關係崩壞勢所難免，因為美國國務卿舒茲（George Schultz）提升了日本在美國東亞政策中的地位，並將華盛頓的重心導向經濟議題（相較於海格的戰略導向）。然而，鄧小平面對中美關係的挑戰能夠適時調整，未被對台軍售、國內的反美勢力及其他批評聲浪（放棄收復台灣）所擊倒。鄧小平採取新的「獨立」外交政策，並在一九八二年九月的第十二次全國代表大會宣布。鄧小平的支持者稱新政策是介於華盛頓和莫斯科之間的「等距政策」，讓中國能在美蘇兩強之間位居中心，發揮槓桿作用。雖然新政策突顯出鄧小平的困境，但也反映其調適能力。最終，貌似強硬的新政策一方面成功地安撫他的有些批評者，另一方面則維繫中美關係的持續發展。接下來的幾年，中國持續支持雷根在阿富汗等地區的反蘇政策，美國的武器和高科技也持續飄洋過海至中國。中美貿易和經濟連結持續成長，台灣問題則逐漸褪色。

民主台灣加深兩岸隔閡

天安門事件大大改變了中美關係，華盛頓和北京之間的軍事合作不但因此終結，也開啟美國新一波的對台軍售政策。然而，天安門事件未引起立竿見影的效果。在軍售議題上，老布希聲稱他認為台灣的戰備充足，沒有任何待補強的「缺口」。同年，台灣歷經民主發展的突破。此一發展大幅影響台美關係，以及美國對中國如何看待對台軍售的立場等。一九八九年十二月，台灣舉行立法委員選舉，這是自一九八〇年以來舉行的第四次全國性大選[10]。這次選舉也是一九八六年民進黨成立以來第二次兩黨大選。

一九八六年，民進黨在選舉中的表現欠佳。民進黨缺乏經驗且被視為過於激進——尤其是公開提倡台獨。然而，一九八九年的情勢有了變化——支持台灣脫離中國的氛圍與以往大不相同。在中國，解放軍鎮壓天安門廣場上的民運人士。反對黨候選人義憤填膺地疾呼：「誰會願意與屠夫統治的國家統一？我們將不會享有任何人權。我們的民主發展將被漠視和摧毀。」因此，民進黨的台獨目標不再顯得激進。許多人認為獨立是唯一的方案，而只要共產黨繼續執政，台灣就不可能成為中國的一部分。一位反對黨候選人直言：「一萬年也不可能。」同年歐洲和其他地區的情勢發展進一步影響台灣選民。柏林圍牆倒榻，羅馬尼亞總統壽西斯古（Nicolae Ceausescu）[11]被起義民眾槍決，民主在世界各地遍地開花。威權政府相繼垮台，許多人認為台灣的國民黨政府似乎也走投無路了。國民黨候選人不再提一個中國或兩岸統一，而改提過去國民黨如何創造台灣的經濟奇蹟和社會穩定。

民進黨內的激進派系「新潮流」呼籲修訂一部新憲法，並與中國完全切割。此時，許多人不再認為民進黨的理念過於激進。反對黨領導人在造勢大會上咒罵鄧小平和其他中共高層，支持者則定期焚燒五星旗，並在焚毀的旗幟上吐口水或撒尿。電視攝影機捕捉到群眾的激情，其中幾位民眾甚至挑釁解放軍，試探中國攻打台灣的決心。當中國無動於衷時，一些民眾說鄧小平根本「沒種」。多位反對黨候選人在競選期間只講台語，因為他們認為國語是「敵人的語言」。民進黨宣稱，若台灣要落實民主，國家必須走向兩黨制體系，藉此說服選民必須將票投給民進黨。民進黨的策略奏效。此外，由於許多候選人有公職經驗，因此在提出政見時也避免過於激進。民進黨尋求穩定情勢，因此選民也不再怕投票給他們。民進黨候選人反覆強調美國希望台灣成為一個民主國家，而支持民進黨就是最佳的選擇。另外，候選人也指出，美國在中國犯台時會保護台灣，而美國的國會議員也確認此說。

當選舉結果出爐時，專家、媒體，甚至國民黨高層皆同意民進黨贏得此次大選。民進黨的表現確實比前一次大選亮眼，有些人甚至揣測民進黨可望在未來執政。然而，民進黨真能贏得政權嗎？在多數國民大會成員為中國各地區代表且無需面對選民壓力的情形下，民進黨執政的前途堪慮。廢除國大代表遂成為民進黨高舉的戰旗，而國民黨內的改革派也認為資深國代必須退出歷史舞台。國民黨試著說服或強迫國大代表下台，高等法院也判定國代必須退場。最後，國大代表全數離開。一九九一年，台灣舉行國大代表選舉。立法院選舉則預定在一九九二年年底舉行，時間點正巧落在老布希決定對台銷售F-16戰機之前。這兩場選舉使台灣更遠離中國。雖然候選人中有少數的「海外華人」，但大多數候選人均代表台灣。有鑑於此，我們必須承認台灣的民主發展將其推上與中國分離的道路上。此外，美國支持台灣民主化，因而也間接支持台灣獨立。在此脈絡下，對台軍售像是美國以武器支持台灣分離主義。

美國大選中的難得共識

一九八九年以後，解放軍的地位有了戲劇性的變化。其政治影響力大幅提升，在預算編列的討論中也占有一席之地，經費開始流向中國軍方。同時，俄國也向中國敞開軍火市場，而北京也未錯失良機。俄製武器使中國得以翻轉台海的權力平衡並占據上風。讓美國更頭痛的是，大量的武器和軍隊開始自中國北方移往台海地區。如此調度突顯出中俄關係已改善，北京希望以武力震懾台灣。中國對台灣施以軟性手段無效，於是增加解放軍的影響力。軍方憎恨台灣，並認為能在兩岸衝突中得利，因此促使北京對台採取更具侵略性和威脅的政策。

有鑑於情勢的發展，老布希於一九九二年九月九日宣布，美國將對台出售一百五十架F-16戰機。此次軍售總值六十億美元，包括四十台備用發動機、九百枚響尾蛇飛彈、六百枚麻雀飛彈，以及其他彈藥和零件。又名戰鬥獵鷹（Fighting Falcon）的F-16戰機是當時美國最先進的戰鬥機之一，其飛行時速可達二馬赫（也就是俗稱的超音速）或每小時一千三百英里，並在機翼末端裝載空對空飛彈。F-16曾在多場戰役中表現突出，因此聲名遠播。美國對台出售F-16是一個具里程碑意義的重大決策。由於F-16可望大幅提升台灣的空中防禦能力，此次軍售顯然會改變台灣海峽的權力平衡。[12]軍售無疑使台北對北京的立場轉為強硬，增加力抗北京倡議「回歸祖國」最終方案的決心。

對美國多數的國防專家而言，這項軍售名正言順，因為台海的權力平衡已明顯傾向北京。在做出決定的前一年，來自副總統奎爾（Dan Quayle）辦公室、中情局、國防部和國安會的眾官員定期討論對台軍售議題，最終認為台灣需要更好的防空戰鬥機。由於北京自蘇聯購入蘇愷二十七，而台灣的戰鬥機群正逐漸老化，因此官員有充分的理由說服那些認為美國應該繼續限制對台軍售的支持者。掌管國際安全事務的助理國防部長李潔明（James Lilley）表態支持軍售。李潔明和老布希的關係密切，因此總統採納他的意見。李潔明也說服了國防部長錢尼（Richard Cheney），錢尼自六月起開始支持對台軍售。[13]雖然這項軍售須經過三十二天的通報期和國會批准，但支持者完全不擔心無法通過。多位議員傾向支持軍售，因為他們認為軍售會對北京造成傷害。

民主黨經常指出軍方在中國政治中所扮演的角色，從解放軍在天安門事件後所展現的影響力可見一斑。民主黨也批評中國在冷戰結束後並未降低其軍事預算，當其他多數國家陸續刪減國防預算時，中國反而背道而馳。共和黨長期支持美國增加對台軍售，以確保台灣能抵禦中國的進犯。共和黨支持台灣更甚於中國，並懷疑中美關係的改善是否真能提升台灣的安全。兩黨的立場使國會批准對台軍售不成問題。

另一方面，當時美國也正值選舉期間，民主黨正努力尋找任何能借題發揮、批評老布希政府的議題。民主黨認為軍售是老布希為了贏得德州而打的一張牌，而德州是一座能幫助老布希連任的大票倉。媒體如此報導，許多美國民眾也買單。老布希多次向中共高層表示自己的選情艱難。有些人士甚至認為老布希曾尋求中國的諒解，其做法類似一九八二年鄧小平向雷根政府尋求諒解，最終促使雙方簽署承諾美國將逐年減少對台軍售的《八一七公報》。

總統候選人柯林頓並未利用老布希的困境，大肆攻擊老布希政府。當時柯林頓有自信能贏得大選，因此不需要製造另一個選戰議題。然而，或許在柯林頓的同意下，部分支持者仍繼續批評老布希「以武器換選票」。此外，柯林頓的外交團隊不希望他們的總統候選人看起來對國際政治一竅不通，而讓老布希能借力使力地反擊，嚴詞批評軍售也有悖柯林頓對中國所採取的強硬立場。在競選期間，柯林頓針對中國發起一場「反姑息主義」的聖戰。在他的「和美國有約」（Covenant with America）的演說中，柯林頓宣布他絕不會「縱容巴格達和北京的獨裁者」。由於中國增加國防預算並向俄國購買武器等作為，改變了台海的權力平衡，因此柯林頓認為對台軍售無可厚非。隨後柯林頓政府也指出，若美國不提供F-16，法國將提供台灣幻象戰機，導致美國企業喪失商機。

事實上，在美國與台灣達成交易不久後，法國便同意售予台灣六十架國內最先進的幻象2000-5戰機。幻象和F-16都是能夠在各種不同氣候下飛行的高效能戰鬥機。然而，在某些重要的面向上，幻象和F-16所提供的作用完全不同。

F-16軍售案考驗中美關係

針對老布希的舉動，中國的回應表面上看來既激烈又充滿威脅。中共高層指出，該軍售案打破美國十五年不提升台灣空防能力的承諾。中國外交部召來美國駐北京大使芮效儉（Stapleton Roy），向其嚴詞表示：「軍售完全違反《八一七公報》，嚴重干涉中國內政、危及中美關係，並阻礙及破壞中國的和平統一大業。」一位軍方發言人指出，中美關係可能因此倒退，並使兩國在聯合國等各方面的合作也遭受衝擊。事實上，美國在中東地區問題叢生，而正是因為中國未動用聯合國安理會的否決權，美國當年才能以聯合國的名義出兵伊拉克。

接連幾週，中國媒體大肆批評美國對台軍售。[14]此舉似乎想讓軍售議題保持新鮮度，進而迫使政府官員採取報復措施。外交部長錢其琛揚言取消價值四十億美元的訂單以示懲罰，並暗示北京可能改變政策，不再反對北韓侵略南韓。錢其琛又指出，北韓才剛接受中國和南韓建交的決定。[15]隨後，北京決定抵制由聯合國安理會常任理事國共同召開的軍備管制會談。根據一位觀察家的記錄，當中國駐聯合國代表宣布中國將退出會談時，他也當場表示北京對於老布希政府出售F-16給台灣的決定感到憤怒。[16]然而，一連串情緒化的言行似乎更像是一場華麗的演出，因為針對法國出售幻象戰機給台灣一案，北京對巴黎採取更強烈的報復措施。北京不僅關閉一所法國駐華辦事處，同時也採取其他嚴厲的懲罰行為。一位中國領導人對此解釋，由於中法之間沒有針對對台軍售的協議，而中美至少有《八一七公報》約束對台軍售一事，因此北京才會對巴黎採取更激烈的報復行動。

接著，鄧小平親自為老布希爭取連任背書。或許鄧小平僅為了回報美國於一九八二年所提供的協助。關於北京的溫和反應，有些觀察家認為美國對中國經濟太重要了，因此中國巧妙地避免嚴重破壞兩國關係。此外，有些觀察家也指出，右翼改革派重新奪回主導權，並成功說服中共高層採取符合國家利益的有限回應。其他觀察家更指出，鄧小平允許解放軍經商獲利以換取軍方的支持，讓利慾薰心的解放軍無從反對。而且當時軍方也深陷內鬥，許多高層軍官不支持強硬派楊尚昆上將。楊尚昆正是下令解放軍進入北京、促成天安門屠殺的劊子手。[17]

最後，我們也應該記得鄧小平曾是解放軍的一分子。鄧小平擁有軍人背景，曾是抗日戰爭和國共內戰中的英雄，許多軍方高層都效忠鄧小平。來自軍方的支持至關重要，讓鄧小平得以否決解放軍的建議，打消對美國對台出售F-16一事以牙還牙的念頭。[18]與此同時，老布希派遣高層官員到北京訪問，取消美國自天安門事件以來對中國的軍備制裁，並否決了一項有條件更新中國最惠國貿易地位的國會法案。老布希的舉動讓鄧小平更難以做出對美國報復的決定。

另一種解釋是，北京可以欺凌法國，但是無法對美國頤指氣使。[19]對法採取強硬作為，至少能暫時安撫國內的強硬派。最後一種觀點——可能也最貼近真相——認為解放軍在納入各種考量後，決定不立即回應。換句話說，解放軍延遲了回應。此舉之後引發許多問題。

在美國決定出售F-16給台北後，解放軍高層向鄧小平和江澤民表達他們的擔憂，北京唯有在台海的權力平衡中取得上風，才能嚇阻台灣獨立。解放軍向鄧、江兩人宣誓，倘若情勢所逼，他們不排斥與美國正面衝突。[20]在中國，對台軍售似乎明顯地催化民族主義、愛國主義和反美帝主義的增長。換句話說，雖然軍售的影響發酵緩慢，但隨著時間流逝，其影響的力道卻非常強勁。

在台海的彼端，台北忽然得到夢寐以求的軍機。台灣的防衛能力大幅提升，讓台北更有能力駁回和拒絕北京的統一攻勢。有些觀察家認為，台灣當時擁有的戰鬥機超出其防衛所需。台灣擁有F-16、幻象2000-5，以及美國提供技術援助的IDF戰機。一些觀察家打趣地指出，台灣的軍機數量多到可能在空中相撞。顯然台灣已取得制空權，可支配本島上方和周邊的領空。台灣的軍事嚇阻能力也大幅提升。若兩岸爆發衝突，中國可能需要對台動用全國的空軍實力。台灣優化的空中防衛能力，也代表中國無法以潛艇輕易地封鎖台灣。在取得制空權後，台灣的空軍可有效地發揮反潛能力。在台灣，有些人甚至認為台灣從此以後能夠自保，永遠不會與中國統一。武器就是獨立的本錢。

1 *Seymour Hersh, The Price of Power*。轉引自Mann, *About Face*, 44.

2 Ralph N. Clough, *Island China*, Cambridge: Harvard University Press, 1978, 26-27.

3 Tyler, *A Great Wall*, 170.

4 編註：這裡是指一九七九年卡特和布里茲涅夫在維也納簽訂的《第二階段限制戰略武器條約》（SALT II）；第一階段則是一九六九年尼克森和布里茲涅夫所簽訂的《反彈道飛彈條約》。

5 某位中共官員在天安門事件不久後向作者透露此事。

6 Tyler, *A Great Wall*, 269.

7 編註：俄羅斯帝國自十六世紀開始便常拿熊來代表俄羅斯，而後蘇聯繼續沿用此意象；另一方面，西方報章雜誌長期以來也會以熊來諷刺俄羅斯的巨大、殘暴和笨拙。

8 同註3，頁二六九。

9 編註：這是一九六八年蘇聯入侵捷克、鎮壓布拉格後所提出的一套理論，目的是為了合理化自身對東歐和其他社會主義國家的思想和政治控制。雖然該學說是以布里茲涅夫命名，然而倡議者為有「灰衣主教」之稱的蘇斯洛夫（Mikhail Suslov），他長期擔任中央政治局委員，負責蘇聯意識形態打造和宣傳的工作。

10 編註：台灣立法院在一九九二年（第二屆）全面改選前，在一九八〇年代曾經歷四次增額選舉，分別是一九八〇、八三、八六、八九年。

11 編註：羅馬尼亞社會主義共和國的獨裁者，從一九七四年以來擔任十五年的總統，後來在一九八九年羅馬尼亞革命中被自己的部隊倒戈，而遭逮捕並槍決。

12 關於軍售案的細節，參見Dennis Van Vranken Hickey, *United States-Taiwan Security Ties: From Cold War to beyond Containment*, Westport, CT: Praeger, 1994, 77-90.

13 Mann, *About Face*, 265-266.

14 細節參見Ralph N. Clough, *Reaching Across the Taiwan Strait: People ot People Diplomacy* , Boulder, CO: Westview Press, 1993, 183.

15 "Qian Warns Washington over Retaliation Moves," *South China Morning Post*, September 24, 1992, 10.

16 Alexander Nicoll and Mark Nicholson, "China to Boycott Arms Talks," *Financial Times*, September 16, 1992, 6.

17 參見June Teufel Dreyer, "China's Military Strategy toward Taiwan," *The American Asian Review* (1999), 5-6.

18 Lu Ning, *The Dynamics of Foreign Policy Decision Making in China*, Boulder, CO: Westview Press, 2000, 171.

19 有些觀察家認為，中國並未嚴懲法國，即使法國的待遇和美國明顯不同。究其原因，法國官員大筆賄賂幾位在北京能呼風喚雨的重要人士，使法國免於受到懲罰或貿易處分的厄運。

20 參見Ming Zhang and Ronald N. Montaperto, A *Triad of Another Kind: The United States, China and Japan*, New York: St. Martin's Press, 1999, 19.

第四章
李登輝訪美，北京強硬派從中得利

一九九五年六月，李登輝赴美參加母校康乃爾大學的校友活動，中國怒不可遏。中共高層和中國媒體猛烈抨擊李登輝、台灣和美國，也以許多針對性的字眼羞辱李登輝。由於外交孤立策略未見奏效，因此北京大為光火。台灣看來成功地「突破」北京所設下的封鎖線，大步朝向獨立的方向邁進。

李登輝追求務實外交，嘗試粉碎北京打壓台灣國際地位的計畫。他透過訪美突襲中國，而中共領導人的接班問題讓北京的處境雪上加霜。怒氣沖沖的解放軍高層在黨內大老的示意下，下令在台灣近海試射飛彈，藉由封鎖台灣空中和海上的航道，來恐嚇台灣民眾。美國的溫和回應看來既懦弱又膽怯，讓國會有更充分的理由批評柯林頓政府的對中及對台政策。

台灣的輿論支持李登輝，很多人讚賞李登輝的衝勁。然而，當多數人認為台灣對北京和華盛頓應該採取更強硬的立場時，也有許多人對此舉所可能引發的後果惴惴不安。無論如何，第三次台海危機對中美和兩岸的關係都造成嚴重的影響。

一九九五年康乃爾演說

一九九五年六月七日，李登輝以「特別貴賓」的身分前往康乃爾大學，途中在洛杉磯短暫停留。一九九四年他曾在檀香山過境，但這次是台灣總統首次踏上美國本土。原本的行程應該是私人訪問，但顯然此行隱含了更多的意義。無論如何，這趟私人行程無法不引起關注，因為他是一個「國家」的總統，儘管美國在官方聲明上將這個「國家」視為另一個國家的一省（雖然美國國會和民眾不接受這個說法）。他拜會了洛杉磯市長萊爾頓（Richard Riordan）和加州州長威爾遜（Pete Wilson），突顯此行的政治意涵。此外，他也現身洛杉磯的華人社群。如同所有在美國的華人社群，洛杉磯的華人也分成擁護北京或台北兩派。[1]

無論政治立場為何，多數美籍華人都激賞台灣的民主發展，欽佩李登輝為民主化所做的貢獻，包括推崇民主的美籍華人及來自台灣的本省和外省人。本省支持者認同他的本省人身分，而外省支持者則認為他勇敢抵擋來自北京的壓力，並靈巧地處理台灣艱難的民主化進程。甚至連中國民眾也欣賞他，其中有些人認為他是中國未來民主化的化身；多數人都覺得兩岸應該保持分離，使台灣能繼續做為中國的楷模。

數百名支持者揮舞著中華民國國旗，在李登輝下榻的飯店外迎接他們心目中的英雄。他向群眾喊話：「台灣的民主發展讓我情緒激昂，我希望有朝一日國際社會能因此承認台灣的主權地位。」對大部分美國民眾而言，李登輝的言論不具任何挑釁意味，但是對北京的中共高層而言，李登輝的言行宛如在一頭狂牛面前揮舞著紅旗般；從兩岸和台美關係的背景來看，李登輝的言行挑釁意味十足並充滿惡兆。

當李登輝抵達位於紐約雪城的康乃爾大學時，前來迎接他的人包括市長、校長，以及參議院外交關係委員會主席賀姆斯（Jesse Helms）、阿拉斯加州參議員穆考斯基（Frank Murkowski）和紐約州參議員達馬托（Al D'Amato）等。李登輝在一九六八年取得康乃爾大學農業經濟博士的學位。賀姆斯告訴他：「總統先生，今天您來到雪城；我希望在不久的將來您能訪問美國的首都。」賀姆斯刻意把話鋒轉向白宮和國務院。華盛頓當日未派代表到場，因為白宮和國務院官員正極力淡化這次私人訪問的重要性。

國務院多次拒絕台北請求允許李登輝訪美。霧谷（Foggy Bottom）[2]的發言人指出，李登輝的來訪將「嚴重衝擊」美國的外交政策，即使該行程屬於私人性質，北京仍有可能視為「打破台美非正式關係」的舉動。[3]然而，與白宮的憂慮對比的是，康乃爾大學、地方媒體和大多數的全國性媒體都稱呼李登輝為「李總統」或「來自台灣的李總統」。

李登輝的黑頭車隊及慕名而來的媒體記者、聽眾和圍觀群眾，讓這趟行程更像國是訪問。當他抵達康乃爾大學時，觀眾揮舞著三種不同旗幟——反對者手執中華人民共和國國旗，支持者手握中華民國國旗，其他人則揮舞著代表台獨運動的旗子。他受邀擔任母校一年一度奧林講座（Olin Lecture）的主講人。康乃爾將他視為傑出校友、學者、貴賓，及來自一個重要國家的元首。在六月九日的演說中，他面對四千名聽眾侃侃而談留學時代的點滴——在圖書館埋首苦讀、上課、上教堂，以及傍晚時分和妻子攜手散步。他還描述其他經歷，並表示他的留美歲月充滿「愉快和感動」的回憶。其美國回憶不僅呈現出一幅和樂融融的景象，也突顯他對美國的好感。他毫不羞澀地指出，台灣模仿和複製了美國民主。

李登輝也在演說中透露：「我帶著貢獻社會的理念返回母國，希望在台灣落實完整的民主。」他鉅細靡遺地闡述台灣政治現代化的成功，並指出獨一無二的「台灣經驗」值得國際社會參考。做為民主的燈塔，台灣經驗對於亞太地區（顯然也包括中國在內）的未來發展具「深遠的意義」。他多次提及台灣的「政治奇蹟」，並且認為康乃爾的邀請代表美國社會也認同台灣「亮眼的成就」。他火上加油地表示：「中華民國在台灣的人民決心在民族的大家庭中扮演和平與建設性的角色……我們在此屹立不搖。」在演說中，他從頭到尾都使用「中華民國在台灣」一詞，以表示台灣是一個長期擁有合法政府的主權國家。他也表示：「我們台灣人不滿目前國際社會所給予的地位」。顯然他希望藉由提升台灣的國際地位，或至少強調台灣的主權，以平衡北京和美國國務院的漠視。他也強調，兩岸唯有「互相尊重」——等到中國擁抱自由和民主並能公平地分配財富的那天——中國才有望「和平統一」。

另一方面，李登輝宣稱「共產主義已死或將無以為繼」。這句話的目的無疑是揭露並抨擊中國的政治體制和領導層。對比於中國的情況，他強調：「民主在我國蓬勃發展，受法律保護的言論和行為絕不會遭到任何限制或干擾。」此外，他也提及將於一九九六年三月舉行的正副總統直選，以及由台灣人民做主的多黨體制，順便談到自己的基督教信仰（儘管他未明言，其做法和歷任台灣總統如出一轍），以突顯台灣和中國在宗教自由上的差異。許多美國人對兩地在這點上的鮮明對比，留下長遠而深刻的印象。顯然李登輝大獲全勝。他的訪美行處理得宜，獲得美國媒體大肆報導，其評價也非常正面。他重新喚起國際社會對台灣的關注，進一步提升台灣早已深植人心的良好形象。

簽證爭議令柯林頓進退失據

大部分關於李登輝訪美行的報導，聚焦於台灣領導人訪美及李登輝在康乃爾大學發表的動人演說，以及台灣的民主這三項議題上。報導也指出，李登輝訪美使中美關係生變，並導致白宮和國會在台灣問題上意見相左。然而，大多數媒體忽略事件發展的背景，以及為何李登輝得以訪美的原因。對此，李登輝訪美的背景為我們提供答案。一方面，國會的努力功不可沒，另一方面，國務院則堅決反對李登輝來訪，並多次義正詞嚴地表達立場。國務院毫不掩飾親中立場，在此時它更像是中國的盟友。白宮同樣對於李登輝來訪頗有微詞，但試著喜怒不形於色。

為何最終柯林頓未採納國務院的諫言而屈就於國會壓力，下令國務院發簽證給李登輝？值得我們細究。當柯林頓在一九九二年競選總統時，其言論反映出當時美國因天安門事件所形成的反中情緒。對美國而言，中國除了與屠夫的形象畫上等號，也是一個四處與華盛頓作對的軍火商、核武擴散者及援助恐怖分子的國家，破壞美國為了建立一個更好、更安全、更民主的世界所付出的許多努力。中國也享有對美國的貿易順差，導致許多美國勞工失業。當時柯林頓猛力抨擊老布希的對中政策（其弱點之一），經常調侃中國的人權紀錄，並反覆聲明他不「姑息獨裁者」的決心。

柯林頓曾表示他對台灣的好感；他在州長時期曾四度訪台，推銷阿肯色州的產品和作物。相較於阿肯色州的平凡表現，田納西州州長亞歷山大（Lamar Alexander）在亞洲推廣地盤的表現十分出色。亞歷山大曾說服日產（Nissan）汽車到納許維爾設廠，促成美國史上最大宗的外商投資案。此外，亞歷山大也成功吸引台灣的採購團跳過阿肯色州，向田納西州購買黃豆和其他產品。然而，時任州長的柯林頓透過訪問台灣，改善了阿肯色州的窘境。

柯林頓從未到過中國，而從其競選期間的言論也可發現其實他不想去。然而，表面和事實總有差距，柯林頓自然也不例外。雖然柯林頓以「經濟總統」自居，但他很快便發現自己必須在外交和經濟因素交錯的情形下制訂政策。國務院認為中國是非常重要的國家，而台灣則是「討人厭」的島國。據說國務卿克里斯多福不喜歡台灣，因為台美斷交時他曾在台北遭到憤怒群眾的挑釁；當時卡特派克里斯多福到台灣「解釋」美國的決定。有些觀察家認為，克里斯多福在當下恐懼萬分，並責怪外交部長錢復刻意唆使「暴徒攻擊」他的座車。[4]國務院上下都支持北京，並忽略天安門事件、軍售和其他爭議。對國務院而言，可透過協商化解那些爭議，而國務院可望在過程中提升權威和名聲。柯林頓也聽取了商務部的意見，因為他認為經濟因素是美國外交政策重要的一環。事實上，由於商務部，在促進出口和創造職缺上扮演重要的角色，柯林頓賦予商務部的很大的發言權在美國歷史上無人能出其右。企業界認為中國是潛力無限的重要市場，相較之下台灣只是貧瘠的小市場。

一九九三年年底，柯林頓在西雅圖召開的亞太經濟合作會議（Asia-Pacific Economic Cooperation, APEC）中與江澤民會面。柯林頓在此次會議首次探索中美關係的世界，而這次的經驗也讓他永生難忘。或許柯林頓記取老布希在天安門事件後暗中派國家安全顧問史考克羅夫特（Brent Scowcroft）赴中而招致輿論批評的教訓，因此不想對江澤民過於友善；最後，他表現得既不友善，也缺少政治家的風範。與此同時，江澤民參訪波音的飛機工廠，與波音公司的主管一同用餐並向波音的員工發表演說，甚至拜訪某位波音員工的住所。在訪問波音的行程中，江澤民當下宣布改善中美關係的意願，並在華盛頓也願意友好相待的前提下，將增加對波音的訂單，讓公司業績能蒸蒸日上，而員工也能拿到獎金。

幾乎在江澤民展開成效顯著的公開行程（一些美國媒體如此描述）的同時，德國總理柯爾（Helmut Kohl）率領四十位來自賓士、西門子等企業領袖訪問北京。德國政府非常重視與中國的商務往來，因此未讓最惠國待遇和人權等議題破壞兩國關係。中國總理李鵬——西方世界公認的天安門屠夫——甚至在柯爾未抵達前，即宣布北京會優待德國。最終柯爾與北京簽署包括空中巴士採購協議的十八項商業合約，總值逾二十億美元。柯林頓在西雅圖期間，當地的新聞頭版盡是柯爾和中國簽署協議的報導。

面對德國主動出擊的壓力，柯林頓眼前只剩急起直追和放任落後兩個選項。柯林頓認為，與其猛攻北京的人權紀錄，不如吹噓能創造就業機會來得更重要，因為降低失業率是衡量他擔任總統是否稱職的關鍵，當然也與他能否順利連任息息相關。根據一些專家的分析，柯林頓必須做出重要的抉擇。此外，許多大型美國企業與中國往來頻繁，他們也願意為了日後的利益而向民主黨捐獻。因此在一九九四年，柯林頓政府決定以商業利益掛帥，不但大肆鼓吹中美貿易關係的重要性，而且試著將中國的最惠國待遇與人權議題脫鉤。此舉不僅讓中國喜出望外，也讓許多美國企業滿臉笑容，尤其是那些與中國貿易往來中大發利市的大企業。

然而，中美關係並非全是利多。正當北京在一九八〇年獲得的最惠國待遇面臨換約之際，中國引人側目的人權紀錄卻成為該年度引發激烈討論的焦點。美國國會樂於在中國的傷口上撒鹽，因為許多議員能藉此表現出仁慈的一面，進而贏得選區內人權和反中團體的支持。即使柯林頓振振有詞地主張對中貿易不應該受制於人權表現，但國會和一票人權團體不打算讓兩者脫鉤，從而敞開美國市場的大門。一些知名的議員和人權團體指出，正因最惠國待遇和人權議題之間的連結，而使得許多政治犯免受勞改之災或落得更慘的下場，也促使中國改善自身的人權表現。但糟糕的是，中共高層對於柯林頓的善意並不領情。在柯林頓決定將最惠國待遇和人權議題脫鉤的前一天晚上，面對國務卿克里斯多福指控中國踐踏人權，北京強勢回應。媒體大肆報導克里斯多福和北京之間的交手。

一九九四年十一月，民主黨在兩院選舉中大敗，共和黨在睽違數十年後首次在國會中取得多數席次，柯林頓成為眾失之的。柯林頓的民調在大選後一落千丈，許多民主黨員開始透過不同的方式背棄他。同時，共和黨也正摩拳擦掌要在一九九六年入主白宮。此外，還有其他因素使得柯林頓無視於國務院的強烈哀求，執意發簽證給李登輝。一九九五年二月，在共和黨牢牢掌控國會的情況下，參議院外交委員會為了反映美國民眾對中國的不滿，宣布西藏是一個「遭侵占的主權國家」，並建議柯林頓派遣一位使節前往西藏。三月，在哥本哈根舉行的聯合國會議上，副總統高爾（Al Gore）與中國總理李鵬就人權議題針鋒相對。美國媒體嗅到中美在聯合國會議上交鋒頗有新聞價值，因此鉅細靡遺地報導整起事件。接著白宮拒絕北京關於中美領導人於莫斯科會面、共同紀念二戰終戰五十週年的提議。柯林頓擔心外界認為他與中國來往密切。

此時，白宮宣布允許臨時派愛爾蘭共和軍（Provisional Wing of Irish Republican Army）領袖亞當斯（Gerry Adams）赴美募款，並赴白宮與柯林頓單獨會面。數日後，國務院即宣布不會發給李登輝簽證。許多社論主筆對此大做文章，甚至連自由派作家也撻伐白宮的虛偽。多數評論家認為，柯林頓與亞當斯狼狽為奸。此外，柯林頓與敘利亞總統阿薩德（Hafez el Assad）交涉，而敘利亞是美國公開指控的「恐怖主義國家」。柯林頓也請前總統卡特赴北韓交涉——另一個恐怖主義國家，評論家認為美國「對北韓的勒索屈從」，同意以援助換取北韓允諾終止核武計畫。為了確保與俄羅斯總統葉爾欽（Boris Yeltsin）的高峰會能如期舉行，柯林頓也刻意忽視車臣的慘狀。然而，柯林頓拒絕與李登輝溝通並忽略台灣——這個忠實追隨美國開創的民主典範，並以自身的「經濟和政治奇蹟」博得全世界喝采的國家。根據當時許多記者的說法，台灣近年的民主化成就——解嚴、選舉、尊重政治自由和人權，已超越世界上所有國家。

最終，輿論促成眾議院在五月初以三百九十六比〇票的壓倒性結果，通過發簽證給台灣總統李登輝的決議。一週後，參議院也以九十一比一票的懸殊結果通過類似的決議。民主黨的態度顯然異於柯林頓，部分原因是美國有強烈的道德動機允許李登輝赴美，另一個原因是柯林頓在處理外交事務上的名聲令人難以恭維。事實上，此時柯林頓的政治聲望正在滑落，即將跌落谷底。

雖然國會的決議不具約束力，但國會也暗示，若柯林頓不奉行該決議的要求並反對李登輝來訪，接下來國會將有更多的行動。一位熟知國會內部運作的人士甚至指出，柯林頓得知後嚇得魂都飛了。維吉尼亞州州長羅伯（Charles Robb）率先赴白宮拜會柯林頓，從此拉開危機的開端。羅伯建議柯林頓發簽證給李登輝，而柯林頓也二話不說即指示國務院辦理，儘管國務院——包括國務卿克里斯多福和東亞暨太平洋事務助理國務卿羅德（Winston Lord）在內——已向北京和中國外交部承諾，李登輝絕對不會獲得赴美簽證。此外，柯林頓的政策轉變還有另一個矛盾：其變卦的時間點正好落在《對台政策檢討》（Taiwan Policy Review）拍板定案後。雖然新的報告書提升台灣在美國的地位，但不變的是，美國「高層」依然無法訪問台灣，而台灣反之亦然。雖然新的政策對台灣有利，但它也向中國保證，不必擔心李登輝能透過訪美來改善台灣的外交地位。

在柯林頓決定發簽證給李登輝後，國務院試圖以「私人行程」的說法來貶低其訪美行的重要性。儘管李登輝未造訪華盛頓，也未拜會任何美國行政部門的高層，但他的訪美行已嚴重衝擊中美關係。對此國務院無地自容，不知該如何向北京解釋。某位國務院官員私下透露，國務院向中國官員提及一九七二年尼克森和一九七五年福特的訪中之行，並理直氣壯地指出儘管當時台美還有正式的外交關係，但也「不曾聽說有任何人抱怨此舉違反一中原則」。國務院的說法讓北京更加惱怒，僅以觸怒來形容中國對此事的反應都不夠。有鑑於李登輝訪美行的政治敏感性，以及該事件讓中共高層產生分歧的事實，或許稱之為一顆「即將引爆的炸彈」也不為過。

中國反李情緒高漲

西方媒體常以「中國氣炸了」來形容北京對李登輝訪美的反應。北京嚴厲譴責李登輝並發出正式聲明，交由官方媒體大肆宣傳。中國有時會用「人神共憤」、「一場背叛」等字眼攻擊台灣的領導人，以達到誇大的效果。然而，針對這次李登輝訪美，中國不再誇大其辭，因為北京意識到其對台政策正在失靈。北京內部不僅失和，中共高層對華盛頓和台北也充滿怒火。李登輝訪美所激起的風波迫使江澤民趕緊從上海返回北京。中共中央政治局必須做出回應；[5]此前，中美政策所引起的爭論鮮少由這個層級回應。

軍方和強硬派趁機火上加油，要求對台灣採取嚴厲的措施。北京的發言人表示，美國允許李登輝訪美不僅「本質上危險」，也違反中美三個聯合公報並侵害中國的主權。[6]中共高層對美國提出前所未有的批評，並指名道姓地抨擊華盛頓的官員。江澤民言之鑿鑿地說，國務卿克里斯多福在七、八天前才清楚地向他表示，李登輝訪美會牴觸中美三個聯合公報的法律基石。[7]北京也指出，東亞暨太平洋事務助理國務卿羅德曾信誓旦旦地說，美國不會發簽證給李登輝。中國外交部長錢其琛則說，柯林頓政府也曾多次同意北京的看法，認為李登輝的訪美行難以低調進行。錢其琛問道：「連如此重大的原則問題都說詞反覆，柯林頓政府還有國際公信力可言嗎？」[8]接著他宣稱李登輝訪美是「精心設計的政治陰謀，其目的在於分裂中國並提倡『兩個中國』。」[9]

中國「官方」新聞雜誌《北京周報》的一篇文章也指出，美國國務院宣稱承受來自國會壓力而發下簽證的說法「毫無說服力可言」。該評論不僅突顯北京對於美國政治體制認知不足，也反映北京對台灣的高度敵意。過去北京對於美國政治一知半解，曾經造成兩國之間的摩擦。例如，一九八〇年代中美兩國曾就一些已過期失效的十九世紀鐵路債券對簿公堂。當時北京認定美國州級法院幾乎沒有權限，而華盛頓可輕易推翻州級法院的判決。事實上，中共高層在錯誤的認知下要求國務院翻案。中共高層長期認為美國決策者如中國一般，在體制頂端做出所有重大決定。另一方面，北京的思維陳腐，其駐美外交官員也在天安門事件後趨於封閉，種種發展使中國對於美國政治不甚瞭解。問題顯然已經成形。中共高層內部的派系主義（強硬左派勢力盼以台灣問題攻擊右翼改革勢力）與國內迅速發展的超民族主義氛圍，都對中國的對外政策產生影響。

中國官媒新華社宣稱，美國「背棄了」三個聯合公報的承諾，對於李登輝訪美一事「支吾其詞」，以非官方訪問的說法來欺瞞中國。新華社形容台灣問題的「殺傷力宛如一桶火藥」。《北京周報》的一篇文章則指出，美國有些人士視中國為「潛在敵人」，並相信「唯有維持台海分裂，美國才能利用台灣圍堵中國」。[10]而中國所發出最強烈的聲明是，華盛頓決定邀請李登輝訪美可比「美國在韓戰和越戰所犯下的暴行」，並構成「對中國的惡意傷害」。[11]

中國對李登輝的憤懣絲毫不減，甚至以不堪入耳的言詞對待。相較於對香港總督彭定康（Chris Patten）的批評，《人民日報》抨擊李登輝的力道有過之無不及。根據一位觀察家的考證，北京抨擊李登輝的言詞可比當年在中蘇交惡期間斥責赫魯雪夫的言詞，甚至更為強烈。在北京的眼裡，李登輝是「漢奸」、「陰謀家」、「美國的僕役」、「黑幫的同路人」和「千古罪人」，而李登輝的父親則是「日本人的走狗」——華人世界中對一個人最嚴重的誹謗之一。北京也稱李登輝為「無賴」，以表示對於李登輝的厭惡。北京連續幾週不間斷地攻擊李登輝，而《人民日報》也說李登輝的父親是名「百分之百的漢奸」，因為他曾在日本殖民政府裡工作。新華社指出：「把李登輝掃進歷史的塵埃是海峽兩岸中國人民的共同歷史責任。」[12]根據《北京周報》的一篇文章，李登輝的演講顯示他「正將台獨思想付諸行動」。北京也宣稱，李登輝正試圖將台灣問題國際化，以兩個政府的概念慢慢落實「兩個中國政策」。[13]

據說此時北京對李登輝已徹底失望。北京曾一度視李登輝為溫和的中立人士——身陷台灣內部統獨勢力的角力中，但不支持任何一方。有些觀察家甚至認為李登輝試圖平衡統獨勢力，但如今的李登輝卻是台獨分子和邪惡的化身，如此巨變顯而易見。《瞭望》新聞週刊——在中國極具影響力的一本雜誌——描述台灣如何在李登輝的精心策劃下放棄一中政策。[14]《瞭望》宣稱，李登輝在一九八八年成為總統後，試圖以「一國兩府」、「一國兩區」、「一國兩體」等實際上等同於兩個國家或「一中一台」的概念來宣揚台灣主權，並努力地在台北和北京之間建立平等的外交地位，以策動台灣獨立。其次，李登輝嘗試推動「務實外交」和「彈性外交」等新型外交政策，也就是藉由提供經濟援助或賄賂給那些在外交上承認北京的國家，以期擴大台灣的「國際空間」。此外，李登輝也落實所謂的「度假外交」——透過頻繁的非正式出訪拜會他國領袖，以提升台灣的國際能見度。

一九九四年，李登輝在接受日本文學家司馬遼太郎的一場專訪中，談到身為台灣人的「悲哀」，並形容國民黨是「外來政權」。李登輝也質疑，中共從未涉足台灣，中國也未曾在台灣收稅——他們如何能強調台灣是中國的一部分？[15]李登輝在訪談中把自己比成帶領猶太人逃離埃及，在另一片樂土建立新國家的摩西。北京完全聽懂其中刺耳的弦外之音。由於日本曾統治台灣五十年，並覬覦台灣的戰略位置和資源，北京對於李登輝接受日本記者的專訪特別敏感。相較於以往台灣不受重視的情形，台灣突然引起日本關注也使北京相當憂心。

在專訪結束後兩個月，日本最大報之一《朝日新聞》的頭版刊登了一則有關台灣人書寫日本傳統詩詞的新聞，而《朝日週刊》也刊載一系列台灣歷史和李登輝專訪內容的報導。從這些報導可知，台灣在日本不再是禁忌的話題，而且在「民族主義和軍國主義復甦」的影響下（中國民眾普遍對日本的看法），開始改變其對台政策。

對北京而言，李登輝在專訪後又試圖參加廣島亞運，正好突顯台日之間不尋常的關係。由於北京揚言抵制亞運，因此日本也禮貌性地請李登輝不要出席。無論如何，若考量日本媒體給予台灣的關注，以及許多日本民眾進而對台灣投以同情的目光，這場戰役到目前為止顯然是李登輝占上風。更多日本民眾認為，北京心胸狹隘，而日本再也無法假裝台灣——一個經濟強權——不存在。隨後，駐日的台灣記者首次獲准進入日本外交部，而日本媒體也開始頻繁報導台灣成功的民主經驗。對北京的高層而言，當下的情勢充滿惡兆。李登輝成功地打動美國和日本——兩個掌握台灣命運的國家——協助他宣揚「台灣是主權獨立的國家，有權決定是否重回中國的懷抱」的觀點。顯然中共高層對此不以為然。

兩次飛彈危機始末

為了發洩怒氣和恐嚇台灣，中共高層決定在台灣海峽試射飛彈。中國外交部以正式譴責美國放任李登輝的舉措揭開危機序幕。外交部長錢其琛召來美國駐華大使芮效儉，並指出該簽證就是「美國支持台灣當局製造『兩個中國』或『一中一台』的明證」。與此同時，北京取消國防部長遲浩田的訪美行程，以及美國軍備管制暨裁軍署（US Arms Control and Disarmament Agency）主任霍倫（John Holum）的訪中行程。此外，美國企業葛瑞那國際（Greiner International）正在商談的一紙價值三千五百萬美元、向剛落成不久的南京機場提供設備和工程服務的合約也飛了。[16]接著中國使出殺手鐧——召回駐美大使，並暫時擱置新任美國駐華大使尚慕傑（James Sasser）的人事任命。換句話說，當時中美未互設大使有數月之久，兩國關係形同斷交。六月十六日，北京宣布將不重啟海協會和海基會的會談——一九九三年兩會曾在新加坡舉行會談，就兩岸關係交流意見，並樂觀期待未來可解決雙方的歧見——七月一日海協會告知台北，兩岸技術協商也必須延期。北京直指李登輝是兩岸中斷協商的主因，並指責他「破壞」兩岸之間的氛圍。

某種程度上北京的反應無可厚非，因為當時中國境內的激進民族主義快速成長，而鄧小平及支持他的改革派勢力樂於以它來取代共產主義。對北京而言，台灣問題是一個高度敏感議題，李登輝訪美勢必會造成北京內部嚴重失和。此外，隨著鄧小平的健康每況愈下，以及其接班人江澤民還難以獲得強硬左派和軍方的認同，北京對台政策的制訂自然受到李登輝訪美的嚴重衝擊。

此時北京必須採取強勢作為。一群退休軍官捎信給江澤民，要求他對台灣採取更強硬的反制行動。其中一位軍官表示：「中國解放軍不接受文人的指揮。」日後的內幕消息指出，江澤民和錢其琛為了延續政治生命，不惜在中央對台工作領導小組前自我批判。[17]對某些觀察家來說，江澤民和錢其琛的自我批判勾起了毛澤東時代的記憶：在軍方的擁護下，毛澤東極盡羞辱與他不同路線的領導者，以突顯他在中國極權體制中唯我獨尊的地位。

以上為解放軍在台海附近試射飛彈的背景。這場演習還模擬了登島作戰的情境。一九九五年七月二十一到二十八日，在台灣東北方大約八十英里、鄰近台日之間航道不遠處，解放軍於方圓十海里的範圍內試射，北京也向外國船隻和飛機發出將在此區舉行軍演的警告。在這場演習中，解放軍共發射了四枚射程達六百公里的M-9飛彈，及兩枚射程逾一千公里的DF-21飛彈（東風—二十一中程彈道飛彈），這些飛彈能打擊台灣全島任何一個地方和主要城市。這次飛彈試射是「藍鯨五號」軍演中的一環；狀似台灣島的鯨魚代表台灣的獨派團體。[18]

在演習之前，北京理直氣壯地指控李登輝的訪美行「嚴重破壞」兩岸關係。新華社大聲附和北京的說詞，並宣稱中國應該「以鮮血和人命」統一台灣。北京意圖使台灣陷入焦慮和恐懼，而結果也如其所願。在第一輪試射結束後，中國國防部長遲浩田在解放軍成立六十八週年的紀念活動中發表演說，他怒氣沖沖地表示中國絕不會放棄以武力解決台灣問題。他說：「中國不會眼睜睜地看著外國勢力干預中國的統一大業或插手台獨活動，也不容許台灣當局意圖分裂中國。」[19]

八月十五日到二十五日，北京發射更多飛彈，再次宣洩不滿和達到恐嚇台灣的目的。與幾週前的演習相同，北京向外國船隻和飛機發出警告，奉勸它們遠離試射區。這次演習也納入砲擊和海空聯合作戰。透過軍演，北京不僅向台灣傳達反對台灣「走上獨立」的訊息，也暗示台灣對外貿易無法承受軍事行動的打擊。當時台灣百分之九十九透過海運對外貿易——基隆和高雄兩個港口占了百分之七十五的貿易量。台灣幾乎所有的石油都依賴進口，而且高達百分之八十二的國民生產毛額來自貿易。[20]

此外，北京也暗示可能以武力犯台。換句話說，中國的軍事演習不容小覷，它只是未來登島作戰千萬軍力的一部分。北京希望藉此影響十二月台灣即將舉行的立法院選舉，以及翌年三月的總統大選。最後，如同毛澤東和蔣介石長年的糾葛，中國和李登輝之間的戰爭也摻雜個人因素。一位在美國的中國留學生認為，李登輝有如「蔣介石的翻版」。民眾的怒火也反映了中共高層操弄民族情緒來對抗台灣和美國。一位觀察家認為，北京的手段可能釀成一發不可收拾的後果。

在台灣立法院競選即將結束之前，一家香港報紙指出，中國將舉行軍事演習，影響這場選舉。中國的官方頻道接連播放陸海空聯合演習的畫面，無獨有偶的是，演習地點正好位於台灣彼岸的福建省——過去十年間大批台灣人前往探親的地方。數日後北京表示，演習的目的在於「確保國家主權和領土完整」——很明顯是針對那些被北京視為分離主義分子的台獨人士，特別是李登輝。[21]中國官員表示，演習將包括數回合的轟炸行動。一位解放軍發言人隱晦地透露，解放軍從先前的演習中已發現台灣雷達系統的「盲點」。

解放軍並未就此罷手。有些觀察家認為北京試圖以武力恫嚇台灣，有些則認為北京的野心不僅止於恐嚇。我們若回顧當時解放軍的想法，會發現軍方曾向到訪的美國軍官和學者表示，國內問題使美國無心於兩岸，而軟弱的柯林頓則無力回應。某位資深官員向到訪的美國官員說：「美國會干預兩岸事務根本是無稽之談；一九五四年和一九五八年你們在金門和馬祖毫無作為，現在則在波士尼亞隔岸觀火。」[22]一九九五年十一月，中國海軍陸戰隊在戰車和其他重型武器掩護下投入演習，並以兩棲登入車進行搶灘操演，模擬攻打台灣的情形。戰鬥機和其他船艦也參與此次演習。這場演習的成效顯著：有將近一半的台灣成年人口投入積蓄的股票市場慘跌，房地產市場也難倖免。民眾紛紛搶購美金，而超過八十億美金的個人及企業名下財產從台灣匯往海外。[23]

與此同時，一位中國官員向美國前國務院暨國防部官員和中國專家傅立民（Charles Freeman）表示，為了阻止台灣獨立，中國不惜犧牲成千上萬人，甚至以整個城市作為代價，與美國打一場核武戰爭。他說：「你們不會以洛杉磯換取台灣的安全。」[24]由於威脅並非出自鄧小平或其他高層之口，因此有些觀察家未嚴正以待。然而，一位與中共政治局常委喬石熟識的美國學者日後警告華盛頓：「若美國決定對中國使用核武，北京將攻擊紐約市還以顏色。」[25]媒體反覆報導這兩句話。中國對台灣的恫嚇及各界對美國下一步回應的期待，讓情勢攀升到戰爭邊緣。

十二月，華盛頓做出回應，派遣尼米茲號赴台灣海峽——自一九七九年中美建交以來，美國航空母艦首次駛入台海。儘管美國的回應明顯是針對中國對台的軍事威脅而來，或許也因為不甘在北京一連串對美的恫嚇言論下示弱。然而，華盛頓直到危機過後——台灣立法院選舉結束後將近三週——才在台海展示軍力。華盛頓未發布正式消息。當記者要求白宮提出說明時，他們得到的答覆是，尼米茲號是因為天候不佳才被迫駛入台海。有些北京官員認為華盛頓的回覆「膽怯如鼠」。

訪美之行在台灣內部引起爭論

這時台灣民眾對於李登輝的訪美行表示滿意。在許多人眼中，台灣在國際上站起來，也讓美國刮目相看。李登輝得到西方媒體的大量關注，而台灣也因此受益。訪美之行向世人展現台灣的影響力和來自美國友人的支持；許多人認為李登輝的務實外交可圈可點。當李登輝返抵台北時，他受到英雄式的歡迎。根據某位剛從美國學成歸國的學生形容，當時的情形有如羅馬帝國時期一位將領凱旋而歸。李登輝讓台灣突破北京的外交封鎖。有些觀察家以「外交逆襲」形容李登輝的訪美行。他本人也自豪地表示，他帶著極大的成就感返台。

但衝擊隨之而來。北京發射飛彈，而台灣面對北京的言語恫嚇、飛彈試射和其他軍事演習的反應可謂驚恐萬分。在中國舉行軍事演習以前，台北仍努力避免對北京的敵意做出過度反應。當北京在七月上旬開始辱罵李登輝時，台北要求自家官員避免做出回應，並央求媒體不要對此大肆報導。儘管如此，與其他蓬勃發展的民主社會一樣，台灣媒體未乖乖聽話。無論如何，由於兩岸之間的新危機引起台灣民眾高度關注，因此這種要求完全不會有人照辦。

對許多台灣人而言，光是想像解放軍攻擊台灣附近的目標，就能引來諸多讓人畏懼的可能性，例如中國以武力犯台、不顧一切逃往其他國家的難民潮、一片混亂，以及大規模死傷。當時許多台灣民眾讀了鄭浪平的暢銷書《一九九五閏八月：中共武力犯台世紀大預言》，書中預言兩岸之間的衝突會升高，及解放軍將進犯台灣。事實上，解放軍犯台的野心早已成為廣播和電視節目中激辯的主題，也是市井小民茶餘飯後熱烈討論的話題。在這樣的氛圍下，這本書幾乎像是一部預言。無論如何，台灣政府發現自己無法輕易打發中國的潛在威脅。此時李登輝不再忍氣吞聲，指控中共高層惡意誹謗他。李登輝也再次聲明早先的承諾，期望有朝一日能打造一個「大台灣」。李登輝指出，中華民國是民主國家，而中國的飛彈演習「已激起台灣民眾的反感」。李登輝也向國民大會表示，台灣應該「重新評估」發展核武的可能性；[26]他希望引起軒然大波。針對李登輝的言論，民進黨立法委員張旭成極力附和並指出：「我們（台灣）正在將我們的獨立現狀制度化，而中國必須接受這個事實。」[27]

然而，李登輝反擊的時間點並不理想。當時正值多位總統候選人躍躍欲試投入競選之際，而媒體也頻頻報導他們支持或反對李登輝的言論。民進黨認為，中國沒有充足的船艦進犯台灣，而無論發生什麼事，美國一定會出兵保護台灣。民進黨發言人也指控國民黨政府刻意炒作來自中國的威脅，而削弱獨派勢力的地位。諷刺的是，民進黨和北京都認為美國不願讓台灣回歸中國，因為兩岸統一不符合華盛頓的國家戰略利益。然而，一旦論及台灣的歷史和法律地位，民進黨和北京的看法可謂南轅北轍。民進黨高層斥責北京無視歷史事實和現實狀態。另一方面，新黨拒絕連署支持李登輝，因為新黨高層認為李登輝「毫無必要地製造」這場危機。以反對李登輝著稱的《聯合報》也加入批評的行列，指控李登輝「嚴重地挑起民眾的焦慮」，並帶來可能使台灣陷入政治混亂的「經濟震盪」。其他的報紙也未隨官方說法起舞。

這回台灣外交部不像以往一向支持李登輝，他們對於總統從頭到尾將他們排除在訪美計畫外（策劃這趟訪美的辦公室就在總統府內，靠近李登輝的辦公室）相當不滿。小道消息流出，讓總統和外交部之間的齟齬廣為流傳。媒體根據一則流出的消息報導，李登輝為了順利成行而做了一些「特別的努力」——國民黨以四百五十萬美金的價碼，與位於華盛頓的卡西迪公關公司（Cassidy and Associates）簽了一紙三年合約。卡西迪是華盛頓當地規模最大的公關公司，其頂尖的遊說團隊眾所周知。李登輝委任卡西迪安排訪美行程，包括對國會採取緊迫盯人的戰術，以取得立法部門的支持。有趣的是，許多自由派民主黨員同時也在卡西迪任職。例如，喬治・麥戈文（George McGovern）的前助手是卡西迪的董事長，卡特總統的前新聞秘書喬迪・鮑威爾（Jody Powell）和政治顧問鮑伯・畢寇（Bob Beckel）都在這家公司內擔任要角，而參議員克蘭斯頓（Alan Cranston）的前助理喬治・沃伯格（George Warburg）則任公司會計。[28]卡西迪非常成功地影響國會，替李登輝取得簽證，並在訪美行展開前敲鑼打鼓，爭取到許多鎂光燈的關注。卡西迪甚至在李登輝抵達美國後替他的行程做了許多細節安排。

李登輝的支持者為他的行為辯護，認為動用台灣龐大的財政資源拚外交並無可厚非。然而，批評者則指出李登輝的訪美之行所費不貲，台灣不聰明地陷入「金錢外交」的泥淖。關於李登輝訪美是否明智的激辯延續了很長一段時間，民眾才逐漸把目光轉移到兩岸其他的問題上。例如，台灣能否抵擋解放軍的進犯或經濟圍堵？對此，國防部表示有信心能抵禦來自中國的威脅。但有些評論家卻認為國防部只是在粉飾太平，並試圖藉由當下情勢爭取更多的預算。雖然國防部對外支持李登輝，但是軍中高層私下對李登輝的觀感則不得而知。

十一月，當北京於大選前夕宣布舉行軍演時，台灣股市下跌五十四點（約占總值的百分之一・一八）。此外，民眾大量拋售新台幣、買進美金。當北京宣布將於隔年三月的大選期間舉行更大規模的軍演時，拋售台幣的情形再次重演。台股又下跌六十六點（約占總值的百分之一・三八）。有些評論家指出，大選將讓台灣人民有機會解開長期爭論不休的問題：究竟台灣想與中美分別維持何種關係？

當時台灣許多機構在競選期間進行民調，大部分結果表示人民傾向維持兩岸現狀——國民黨和李登輝的立場。另一方面，大選結果清楚地指出，北京如願地影響台灣的選情。民進黨的表現遠低於預期。民進黨高層曾在一九八九年選後信心滿滿地表示，倘若立法院全面改選，民進黨成為多數黨的日子指日可待；一九九二年，民進黨發言人認為再過四年，民進黨即可取得政權；然而，一九九五年的立法院選舉讓民進黨大失所望，許多黨內的激進領袖——尤其是那些大力主張台獨的候選人——都在選戰中慘遭滑鐵盧。相較於堅持台獨的新潮流系，立場較溫和的美麗島系則較受選民青睞。國民黨的表現也不佳。相較於一九九二年獲得百分之五十三選民支持的成績，國民黨在這次選舉僅囊括百分之四十六的選票，在立法院喪失七席，讓黨內高層在開票期間一度考慮與他黨組成聯合政府。[29]代表「保守勢力」、主張兩岸統一的新黨卻表現亮眼，該黨在立法院的席次增加三倍之多。雖然北京拿下這一局，但這場戰局仍未分出勝負，談「勝負已定」還言之過早。然而，當時無法預見，北京「憑恫嚇取得的勝利」，已為未來台海衝突埋下伏筆。

---

1 參見Mann, *About Face*, 326.

2 「霧谷」是華府政策圈內用以指涉國務院的俚語，用來形容國務院坐落之地常籠罩在大霧之中。此外，「霧谷」一詞也用以影射國務院思維封閉，缺乏政策創意。

3 參見Clough, *Cooperation or Conflict in the Taiwan Strait*, 2.

4 關於事件的生動描述，可見Tyler, *A Great Wall*, 271-73。克里斯多福也對事件表達自身看法，參見Warren Christopher, *Chances of a Lifetime*, New York: Scribner Publisher, 2001, 92.

5 參見Andrew J. Nathan and Robert S. Ross, *The Great Wall and the Empty Fortress: China's Search for Security*, New York: W.W. Norton, 1997, 130-31.

6 參見"Lee's U.S. Entry Visa Protested," *Beijing Review*, June 12-18, 1995, 7.

7 參見Steven Strasser et al., "This Is Not the Right Way to Treat Others," *Newsweek*, October 23, 1995, 12。另一方面，克里斯多福透露，他和國家安全顧問雷克（Anthony Lake）和國防部長佩里（William Perry）等人，都建議柯林頓發予李登輝簽證，因為他們擔心「若不如此，國會可能會透過台灣關係法作亂。」參見Christopher, *Chances of a Lifetime*, 243。

8 "China Issues Strong Protest to U.S.," *Beijing Review*, June 12-18, 1995, 18.

9 《海峽時報》，一九九五年十月一日。轉引自Lijun Sheng, *China's Dilemma: The Taiwan Issue*, Singapore: Institute of Southeast Asian Studies, 2003, 66.

10 Li Jiaquan, "Lee's U.S. Visit Defies Agreement," *Beijing Review*, June 24-July 2, 1996, 19.

11 參見Sheng, *China's Dilemma*, 26.

12 參見Julian Baum, "Up and Running," *Far Eastern Economic Review*, September 7, 1995, 14.

13 Ren Xin, "Speech Exposes Lee's Real Aim," *Beijing Review*, July 3-9, 1995, 27.

14 參見Suisheng Zhao, "Changing Leadership Perceptions: The Adoption of a Coercive Strategy," in Suisheng Zhao, *Across the Taiwan Strait: Mainland China, Taiwan, and the 1995-1996 Crisis*, London: Routledge, 1999, 110.

15 細節參見Zhao, "Changing Leadership Perceptions," 110.

16 Sheng, *China's Dilemma*, 27.

17 Philip C. Saunders, "China's America Watchers: Changing Attitudes towards the United States," *China Quarterly*, March 2000, 55.

18 Garver, *Face Off*, 74.

19 同前註。

20 參見David Shambaugh, "Taiwan's Security: Maintaining Deterrence amid Political Accountability," *China Quarterly*, December 1996, 1304.

21 參見"China Military Exercise Planned for before Election," *China News*, November 26, 1995, 1.

22 Lampton, *Same Bed Different Dreams*, 52.

23 參見China Post, February 28, 1996。轉引自Clough, Cooperation or Conflict, 3.

24 Mann, *About Face*, 334.

25 同前註。

26 James Kynge, "Taiwan to Study Need for Nuclear Weapons," *Reuters*, July 28, 1995.

27 Patrick E. Tyler, "Tough Stance toward China Pays Off for Taiwan Leader," New York Times, August 29, 1995, A8.

28 Sheng, *China's Dilemma*, 24-25.

29 細節參見John F. Copper, *Taiwan's Mid-1990s Elections: Taking the Final Steps to Democracy, Westport*, CT: Praeger, 1998, chapter 3.

第五章
中美為敵，「威脅論」引發激辯

在一九八九年的天安門事件後，中國成了世人眼中的邪惡國家，尤其在美國更遭人唾棄。然而，早已疲態畢露的蘇聯於一九九一年垮台一事，徹底改變美國外交決策者的戰略思考——華盛頓不再需要中國。這個結論在決策圈、媒體和學術圈內引起激辯，各界關切中國是否會成為美國的新對手。雖然辯論剛浮現時只是茶餘飯後的話題，但隨著國際情勢的轉變，中國威脅不再像是天方夜譚。

同時，中國逾十年的經濟崛起也帶來挑戰，而一九九〇年代如野火燎原般蔓延的中國民族主義和反美主義，使得挑戰看來更為嚴峻。此外，中國不斷增加軍事預算，在東亞展現的侵略野心，也讓美國坐立難安。上述發展所帶來的巨大影響是，中國在美國的眼裡徹底改變，從朋友轉變為挑戰，進而成為敵人。華盛頓一些人開始視中國為新兩極體系裡的另一極；習慣以兩極觀點思考國際政治的觀察家喜歡這套說法。有些觀察家認為美國需要一個敵人，而美國軍方也不加以否認。對中國保持戒心也正合現實主義者的胃口。

另一方面，這時中國對美國的看法也改變了。北京高層反覆宣稱，美國已成為中國的敵人，進而為中國威脅論加添薪火。許多人認為台灣問題——位於中美衝突的核心——變得更重要。台灣是兩國之間唯一無法協商的議題。上述情勢是如何形成？它又帶來什麼影響？

改革開放與伴隨而來的經濟預言

中國自一九七九年開始的經濟發展，無疑是促使美國敵視中國的主要原因。中國的「經濟成長奇蹟」挑戰了美國的全球領導地位。美國的霸權地位很大程度來自經濟實力，而中國的經濟崛起讓美國的未來地位打上問號。

中國的經濟奇蹟也帶來許多不祥的副作用。例如，美國企業對中國的市場潛力趨之若鶩，進而讓北京透過前者在華盛頓建立遊說勢力。親中勢力和美國企業所提供的鉅額政治獻金則意味著，中國能「買通」華盛頓並腐化美國的政治。[1]貿易盈餘讓中國人能大量投資美國的債券、房地產和企業，導致美國人開始害怕中國會仿效一九八〇年代的日本，大肆搜括美國的財產。另一方面，對中貿易赤字和勞工失業也刺激美國工會更有動力抵制中國。工會能形成輿論，並且掌控一票支持民主黨的團體；它們愈來愈不喜歡中國。最後，中國的經濟發展讓北京更有能力增加軍事預算，進而挑戰美國在蘇聯瓦解後的全球霸權地位。再加上當時美國正減少軍事開支——冷戰結束的措施，使得中國的威脅相形劇增。另一方面，北京認為美國對中國又妒又怕，正設法讓中國無法成為大國。後冷戰中美之間的嫌隙究竟從何而來？

回顧一九七六年毛澤東過世時，華國鋒接任主席，在毛澤東死前被逐出共產黨的鄧小平結束下放生涯，重返北京並奪回大權。一九七八年底，鄧小平已鞏固其在北京的領導地位。鄧小平厭惡毛澤東所提倡的激進（鄧小平私下稱毛澤東的路線近乎「瘋狂」）左翼共產主義路線和主張——極端的平等主義、全面性的中央計畫、打造「社會主義人」（socialist man）、政治運動、權力鬥爭和迫害等。然而，鄧小平最反對毛澤東以官僚主導經濟政策。

毛澤東的自主政策造成孤立主義和經濟停滯，嚴重地傷害中國。鄧小平並非孤鳥，他獲得黨內和政府內部廣泛的支持，尤其是那些曾經在文革期間慘遭整肅的人。鄧小平的支持者希望改變中國的經濟政策並捨棄共產主義，將經濟成長設定為優先目標。鄧小平宣稱，在毛澤東的統治下，中國的經濟水平遠落後一般國家，愈來愈趕不上世界上其他國家的腳步。貧窮的中國只會愈來愈窮，變得積弱不振且不受尊重。

一九四九年，共產黨擊敗國民黨後，毛澤東落實一套令人印象深刻的國家重建計畫。然而在短短幾年間，毛澤東的經濟計畫和掌控模式弄巧成拙，為中國帶來許多災難。就重建中國的經濟發展與繁榮而言，毛澤東的成績慘不忍睹。以國民生產毛額來看，在毛澤東的領導下，二戰後中國的經濟成長速度比印度和多數第三世界國家還慢。中國在全球貿易、對外投資和商務關係上幾乎沒有影響力。全世界人口最多的國家卻不在全球前二十大貿易國的行列。[2]

鄧小平希望扭轉中國的處境。從一九七九年開始，他逐步推動能讓中國脫胎換骨的經濟改革。鄧小平的發展政策經過深思熟慮——先以農業發展為基礎，建立自由市場，開放外國投資，最後落實雙邊貿易。鄧小平認為經濟發展可能帶來政治變革，但必須由前者驅動後者，不能反客為主。鄧小平偏好所謂的新加坡模式——有朝一日民主可能會蒞臨中國，也可能永遠不會實現。此一模式也造就南韓和台灣的成功。相反的，在一些西方學者錯誤的建言下，蘇聯走的是另一種發展模式。

鄧小平循序漸進從中國農村開始著手。儘管農民是將毛澤東推上權力高峰的重要推手，但他們也是最不滿毛式共產主義的社會群體。農民迅速擁抱自由市場，並向鄧小平要求開放私有財產權——馬克思說中的資本主義精髓。[3]鄧小平接著把目光投向工業改革，他成功抑制軍方高層（如第三章所提及，藉由中越戰爭讓他們出盡洋相）並降低國防預算，讓財源導向經濟發展。當鄧小平的改革政策獲得鄰近亞洲國家、海外華人和其他國家的認可，中國在許多人眼裡成了全球最大的投資勝地，宛如一個巨大的磁鐵，吸引鄰近富國的資本源源不絕地流入。根據英國《經濟學人》（The Economist）雜誌的報導，當時香港沉浸於大量的流動資本中，其資本額比富有的德國高出二十到三十倍。香港的資金宛如末日逃亡般湧向中國，東南亞的華人透過香港將大筆資金投入中國。[4]當時擁有全球最多外匯存底的日本也闊綽地投資中國；台灣擁有的外匯存底僅次於日本，其資金則投入海峽對岸福建省的各式產業和發展計畫。此外，台灣投資人也喜歡把錢投入上海，韓國投資人則湧入中國北方。鄧小平的計畫有了耀眼的成績，中國的經濟成長一日千里。

若以國民生產毛額每年增長的幅度做為衡量標準，中國是一九八〇年代全球經濟成長率最高的大國，這個情況也延續到一九九〇年代。許多人開始比較中美兩國。例如，在鄧小平崛起和推動改革開放的二十年間，中國經濟表現最差的一年是一九八九年，天安門事件爆發的那年，中國歷經動盪和政經停擺。儘管如此，中國當年的表現仍優於美國在中國經濟成長初期表現最好的那年。相較於美國引以為傲的一九九〇年代——柯林頓政府和經濟學家稱之為美國經濟「大躍進」的年代，中國成長的速度比美國快五倍以上。在世紀之交，中國已擁有全球第二多外匯存底，僅次於日本。中國購買的美國債券比其他國家還多，導致有些人擔心，倘若中國大量拋售美債，美國經濟將為之動盪。

關於中國未來經濟成長的預測更令人心生畏懼。《經濟學人》雜誌在一九九四年指出，根據改革開放以來的經濟成長率而推估，中國可望在二〇一〇年超越美國，成為全球最大的經濟體，在二〇二〇年，中國的經濟規模將達到同時期美國的百分之一四〇。[5]其他的預測認為，中國甚至可能提前完成目標。一九九五年，《亞洲崛起》（*Asia Rising*）一書的作者吉姆・羅赫（Jim Rohwer）預測，再過三十年（二〇二五年），中國的經濟規模將達到同時期美國的百分之一五〇。許多觀察家也同意羅赫的預測。羅赫認為，中國經濟在不久的將來會超越美國、日本和歐洲經濟的加總規模。[6]我們只要相信北京走在經濟發展的正軌上（似乎極為明顯），在未來能步上台灣和南韓的後塵（三者的文化相近），抑或全球資本主義將弭平全世界的財富差異（如許多西方經濟學家長期的預測，未來發展將有利於有野心的實業家，如華人），就能認同中國將在二十一世紀主宰全球經濟的說法。中國的人口是美國的四到五倍，中國人聰明又勤奮（而現在終於能發揮才能），而北京有強烈的動機使中國再度強大。中國將不負眾望實現以上預測。

尼克森死前曾預言，中國——全球最大的共產國家——會在下世紀成為全球最富有的資本主義經濟體。縱觀當時的國際局勢，尼克森確實有遠見。一九九四年，《紐約時報》（*New York Times*）駐北京記者紀思道（Nicholas Kristof）寫道：「若中國能繼續走在發展的軌道上，它將是人類史上最大的經濟奇蹟。」[7]《亞洲大趨勢》（*Megatrends Asia*）的作者、未來趨勢專家約翰・奈思比（John Naisbitt）也說：「冷戰結束了，而中國也贏了。」[8]即使是努力淡化中國威脅、改善中美關係的美國漢學家也了然於心，中國崛起勢不可擋。[9]雖然許多人歡迎中國崛起，但有更多人對中國保持戒心。美國人不習慣當老二，因此許多人無法接受各方預言。某位觀察家以美式足球賽比喻中美的競爭：在超級盃落敗的球隊雖為全世界第二強的球隊，但依然是技不如人的手下敗將，而美國即將成為落敗的一方。

喚醒中國民族主義，打造國家資本主義

美國不僅擔憂中國經濟奇蹟所帶來的挑戰，同時也顧慮自一九八〇、九〇年代以來，如病毒般四處擴散的中國民族主義。中國民族主義情緒高漲的原因，部分源自中國的經濟發展。對許多中國人來說，中國奇蹟式的經濟成長確實值得自豪。然而，就這股民族主義情緒中排外和反美的性質來看，其根源可追溯到中國歷史的發展。因此，中國民族主義不僅是其人民為國家的經濟和現代化成就感到驕傲，北京所宣揚的「新民族主義」在很大程度上反映的是，人民難以忍受十八世紀中國的衰退及所蒙受的恥辱。對大多數中國人而言，當時中國受到西方恣意和殘暴地虐待、掌控和羞辱，淪為西方帝國主義的俎上肉，正是這股對帝國主義的反彈，把毛澤東和共產黨送上權力的寶座。民族主義在鄧小平時代開始復甦，新一輪的辯論聚焦在中國衰弱的過去、中國如何被剝削，以及鄧小平將如何撥亂反正。鄧小平重新打造中國民族主義者的核心精神。他認為這是一股有利於國家建設的強大力量，也能鞏固他的聲望和政治基礎。

然而，民族主義情緒不僅是支持的力量，也難以駕馭。中國人深深以祖國的歷史和成就為傲，即使有些觀察家認為這份自豪帶著不理性的成分。所有中國人從他們的家庭和學校教育學到這股優越感，有些中國人甚至認為這股優越感與生俱來。中國人自古以來認為中華民族傲視群雄，正如一位美國作家所言，世界上沒有一個國家或民族能世代培育出如此悠遠的優越感。[10] 在一八四〇年鴉片戰爭以前，中國自信滿滿地認為，世界上沒有一個國家能在科學、文化或其他領域與之匹敵。因此，對超過一世紀的中國人而言，其內心始終孕育著一股復興中國國際地位的慾望。我們只需參照其他渴望復興輝煌歷史的國家，再把那股渴望乘上好幾倍，便能理解中國民族主義的情緒有多麼強大。

在民族復興的辯論中，收復失土始終是核心議題。因此，當一九八四年北京高層與英國會晤時，即提出收回香港的要求。與其要求英國漸進地移交香港的主權——對中國的經濟成長計畫絕對有幫助——鄧小平和其他中共高層決定要求英國在短時間內全面歸還香港主權。澳門的情形也一樣。於是，香港和澳門雙雙重返祖國的懷抱。

台灣曾經是中國的領域，人口組成也是以漢人為主，但卻不在這次收復清單上。台灣的戰略地位很重要，一向是中國民族和領土收復主義（irredentism）的焦點。相較於台灣，當時中共高層曾表示（當然，這些意見並未公開）既然俄國轄下的「中國領土」可以被買下，或者透過大批中國移民使失去的故土「再度成為中國的一部分」，那麼時間自然是站在中國這邊。但台灣與俄國的情況截然不同，中國沒有時間優勢。

其他兩個因素可以協助我們解釋，一九八〇年代以降中國民族主義發展的重要性和影響力。首先在此必須再次強調，具有歷史感的中國官員都知道——在中國官場幾乎是無人不知，過去史學家筆下的英雄人物都是一統天下的偉大領袖。他們是中國的英雄，允許國家分裂或喪失國土的人則不是——他們是中國的罪人。因此，當今中共高層在收復台灣問題上的立場，將決定他們是英雄或罪人，是勇敢或懦弱。

其次，後毛澤東時代的領導層基於一個非常好的理由，才煞費苦心地孕育出中國民族主義：一九七九年當鄧小平鞏固權力後，便立即大刀闊斧推動多項改革，中國因此改頭換面，成為實質的資本主義國家。由於改革無可避免地牴觸共產主義的教條，鄧小平努力尋求結合中國民族主義和經濟發展的方法。相對於毛式共產主義所鼓吹的「共同貧困」，鄧小平最廣為人知的名言是「致富光榮」。他不厭其煩地向民眾反覆宣稱，中國在毛澤東的帶領下走上經濟末路，落後全球，而窮困導致中國不受尊重。

鄧小平與支持他的改革派又指出，脆弱的經濟讓中國的國際影響力微乎其微。

因此，鄧小平下定決心改造中國，把中國推上現代化的軌道。雖然鄧小平擁有黨政軍的支持，但他需要填補中國轉向資本主義所留下的精神或意識形態的空缺。反對者指控他背棄共產主義和黨的輝煌歷史，而引進精神空缺和拜金主義。面對批評聲浪，鄧小平抓住民眾的民族和歷史優越感，強調他會讓中國重新壯大，再次受到世界尊敬。有鑑於改革在政治和經濟上所帶來的離心力，鄧小平也需要以民族主義為黏著劑，避免中國分崩離析。

於是，民族主義情緒開始在中國遍地開花。自一九八九年北京鎮壓天安門學運後，愛國主義（民族主義的一種）對中共高層更為重要。事實上，中共更積極地扶植民族主義，並仰賴民眾的激情做為其正當性的來源。鄧小平開始扶植民族主義的一項措施是復甦儒教和中國過去的其他宗教，並指出中共內部激進勢力過於嚴厲批判「中國人引以為傲」的傳統。鄧小平除了使忠孝仁義和五倫等構成儒教骨幹的傳統起死回生，[11]還重新推廣祖先祭祀，同時在北京斥資七十五萬美元打造一座陵寢供百姓祭祖。在鄧小平的宣導下，曾象徵封建主義及以壓榨底層階級而建造的萬里長城，也成為中華民族的驕傲。此外，北京更考慮在四川重慶——鄧小平的故鄉——打造全世界最高的建築物。另一方面，海南島擁有全世界最大的動物園，竣工後的三峽大壩也將成為世界之最。南京大屠殺紀念館吸引許多大人和小孩到訪，館內展示著一九三七年日本陸軍第十軍對當地民眾施暴的證據。

一九九五年，李登輝訪美引爆台海危機的同一年，中國政府出版了《愛國教育指導文選輯》，內容收錄毛澤東、鄧小平和江澤民等人的文字作品和演說。《人民日報》表示，出版該書的用意在於填補中國社會意識形態上的空缺，並使八億農民「熱愛祖國」及「勿忘外侮帶來的恥辱」。此書在中國對台試射飛彈期間廣為流傳，引發熱烈討論。一九九六年，中國政府斥資四百萬美元啟動一項研究計畫，其目的在於追溯中華文明的起源至夏朝——大多數嚴謹的西方歷史學家長期視為帶有神話色彩的古王朝，外國考古學家卻被排除在這項計畫之外。這項計畫致力於讓世人信服中國的「神聖歷史」。有些觀察家將北京的舉動比擬為二戰前日本政府藉由扭曲自身歷史，鼓吹國內民族主義情緒及扶植軍國主義的一系列舉措。[12]

國外觀察家——尤其是來自西方的觀察家——都理解中國的作為與建設國家有關，而其表現與第三世界國家並無二致。然而，許多人無法苟同。因為從某些重要面向來看，中國正在走一條非常不一樣的道路。中國的民族主義——生根於中國偉大的歷史——的救贖就是恢復中國在國際上的「合法」地位，因此中國必須收復失土和擴張疆域。因此，北京厲行民族統一和侵略性的外交政策是自然的結果。當代中國民族主義也帶有排外的元素。由於中國的百年恥辱來自於外國勢力，此時——中國期望扳回一城的關鍵時刻——北京無法相信外國人，因為後者會試圖壓制、分裂和弱化崛起中的中國。北京當局對於在中國居留或工作的外籍人士，以及他們與中國民眾之間的互動更加敏感。顯然中國對待外來者的態度和方式有所改變，而中國民族主義的排外性質也顯而易見。

就另一個角度來看，與其他第三世界國家不同的是，中國民族主義推崇一個強大國家和中央政府的國家民族主義（state-nationalism）。由於中國是一個由不同民族和方言所組成的多民族大國，因此中共必須推動和培育國家民族主義。然而國家民族主義的黑暗面是，政府不歡迎異議——愈是強大的國家愈無法接受任何挑戰。在世界上某些地方，民族主義只是單純的優越感，而在許多發展中國家，政府未積極打壓異議。中國則不然，政府總是有許多理由主導和操弄民族主義情緒，而且在許多時候並非出自理性。

在當時，中國的官方刊物和中央認可的出版品都宣稱：一統中國的黃帝創立了一套做為中華文明道德基礎的人際規範，而所有中國人——無論是否為漢族——在過去幾世紀都落實此規範。當下的政策能從上古時代的歷史找到呼應，另一個在此時出現的怪異說法是，中國境內所有的民族（包括中國西部地區的高加索人）皆出自同一血脈，其血緣可上溯至黃帝。對一些觀察家而言，血緣之說不禁令人想起希特勒的種族與國家論。事實上，許多批評者（尤其是美國的批評者）認為，中國民族主義非常接近希特勒統治下的德國所滋養出來的納粹主義。因此，法西斯主義成為許多西方媒體詮釋新生的中國民族主義和北京一系列侵略行為的詞彙。然而，暴風雨尚未來臨——中國民族主義即將發展成為衝著美國而來的敵對情結。

反美讀物成為九〇年代中國的暢銷書

中國壓抑多時的情緒、敵意和憤懣，為鄧小平提供了滋養民族主義的溫床。隨著民眾情緒的高漲，中國社會益發需要宣洩不滿的目標或窗口。因此，美國成為中國民族主義的代罪羔羊。許多證據顯示，在一九九〇年代初期，反美成為中國民族主義的核心訴求。如前所述，天安門事件大幅改變了中美關係，並讓反美主義成為中共高層衡量是否忠於國家、治國有方的準繩。反美主義在天安門事件落幕後才開始浮現，而北京的世界觀也隨之轉變。北京祭出各式諷刺美國的宣傳，反覆告誡民眾，美國意圖散布「精神汙染」，侵蝕中國的社會和政府。

原本北京顯得過於簡單化的反美言論，在經過一番批判後，迅速發展為更具影響力的想法。中國官員開始攻擊美國，指控華盛頓不僅謀求「全球霸權」的地位，並試圖控制中國，希望中國持續處於衰弱的分裂狀態。北京的用詞瞬間變得更強烈，也更常提及中國的主權問題。在北京的眼裡，「美國的霸權主義」及其試圖分裂中國的陰謀愈來愈有關聯。對中國民族主義的煽動者而言，無論美國提出的批判是否正確——舉凡對中國政治體制、人權紀錄、飛彈與核武擴散等議題的批判，無一不是圖謀不軌衝著中國而來。與此同時，蘇聯的垮台讓中美戰略合作的必要性蕩然無存，並且讓美國躍升為超級強權。在解放軍眼裡，該地位使華盛頓更能把精力放在北京身上，以落實其「和平演變」（peaceful evolution）的策略（透過推廣民主來支配中國）。[13]

波斯灣戰爭對中國決策者的思路帶來震撼性的影響，其結果不僅突顯美國無疑是世界超級強權，而且在北京看來，華盛頓也「更具野心、更危險」，中國必須嚴陣以待。一九九一年底，中共中央宣傳部和中國外交部提出一份十點祕密文件，其內容宣稱，由於華盛頓正計畫削弱中國，北京必須與華盛頓保持距離，避免過從甚密。[14]一九九二年初，鄧小平迴避了黨內「廝殺喊打」的好戰聲浪，並進一步推動中國的經濟改革，但鄧小平卻無法長時間抑制民族主義的洪流。老布希政府承諾對台出售F-16戰機，以及一九九二年柯林頓贏得美國總統大選，都加劇中國的反美主義情緒。柯林頓兌現了老布希的對台軍售承諾，並在競選期間保證不會放任北京的這幫「屠夫」。一九九三年初，柯林頓宣布將對北京採取貿易制裁，藉此要求中國改善人權紀錄並開放民主。不久後，一一六位解放軍高官陳書給鄧小平和江澤民總書記，要求兩人終止對美國的「容忍和妥協」。[15]

一九九三年的銀河號事件——美國海軍「非法」搜索一艘被認定載有化學武器原料的中國籍船隻——讓中國看來像是華盛頓的敵人。銀河號事件挑起中共高層的怒火，也加深北京對美國的猜忌，進而煽動反美主義的熊熊烈火。一九九四年初，中共召集全國所有的高階黨員到北京開會，並告誡所有與會的地方書記和負責宣傳工作的官員，由於美國是中國的主要對手，北京必須建立一條「全球反霸權主義聯合陣線」，以對抗華盛頓的野心。解放軍總參謀長張萬年在會中指出，「霸道的美國人公然插手台灣問題」，並援助國內和國外的「反動勢力」，因此中國必須提升軍力，以備不時之需。[16]

幾個月後，美軍和解放軍狹路相逢，在黃海地區發生摩擦。美國尖端航空母艦小鷹號（U.S.S. Kitty Hawk）率領戰鬥群進入黃海，藉此向北韓展示美國強大的軍事實力，以說服平壤放棄其核武發展計畫。中國史無前例地派遣F-6戰機群到黃海上空盤查，並派出潛艦尾隨小鷹號，監視其一舉一動。中美劍拔弩張，讓許多觀察家不禁想起美蘇在冷戰時期的戰爭遊戲。事件落幕後，一位中國官員表示，美軍不應該在黃海地區出沒——儘管中國心知肚明黃海是公海，而華盛頓一向支持航行自由。另一位官員則聲稱，若類似的情形再發生，中國將毫不遲疑地「先發制人」。[17]中國官員的言論和中美的軍事摩擦似乎都反映北京已經把美國視為敵人，而中國軍方和許多政府高層顯然是把美國妖魔化並貼上敵人標籤的幕後黑手。

中共高層大約在此時指出，美國正透過與越南關係正常化、在新加坡取得海軍的駐港權，以及與台灣增進雙邊關係等策略，落實「圍堵（中國）政策」。[18]一九九四年七月十日，一份由中共中央軍事委員會發表的文件以非常強硬的語氣表示，中國必須對台灣動用武力。對台動武的想法早已在北京的決策圈甚囂塵上，而多數言論都透露中國採取行動的時間不會晚於一九九六年。[19]值得關注的是，每當北京提到對台採取軍事威脅或行動時，總會一併提到美國；另一方面，北京也明確地為解決台灣問題訂下時間表。許多觀察家都認為，在李登輝前往康乃爾大學前幾個月，北京早已計畫舉行軍演，因此中國的憤怒是佯裝出來的。此說並非空穴來風。一九九四年九月，解放軍海軍在睽違數年後首次於南海舉行大規模軍演。美國海軍情報局的分析師認為，這次演習可能與其侵台計畫有所關聯。[20]

一九九五年初，在中國根據先前通過的《領海法》（Territorial Waters Act）宣稱南海為中華人民共和國「主權所及之處」後，北京派遣軍艦包圍並占領鄰近菲律賓的美濟島（Mischief Reef）。一些觀察家指出，北京在明知美菲擁有協防條約的情形下，刻意挑戰美國的底線。由此可見，北京在李登輝訪美和飛彈試射後所發表的反美言論，可視為中國一貫「政策」的延伸。中國視美國為仇敵，並認為台美關係適足以構成北京為台海衝突備戰的理由。一篇刊載於某中國軍事雜誌的文章指出，台灣是中國進入太平洋的「門戶」，而中國未來的繁榮與發展則繫於太平洋地區。[21]

美中兩強在一九九六年台海危機中的對峙也與中國高漲的反美情緒有關 that created the crisis that permanently changed the landscape of Washington-Beijing relations。在飛彈射向台灣的同時，某中國期刊的一篇文章（文章可能在出版前經過中共軍方和文人高層檢閱）描述，台灣是「寶貴的軍事基地……有助於中國突破東部沿岸民主島鏈的封鎖。」[22]一個月後，由幾位反美立場堅定的愛國作家共同執筆的暢銷書《中國可以說不：後冷戰時代的政治與情感抉擇》在北京問世。該書顯然獲得中共高層的支持，其內容將美國描述為中國的勁敵。作者在書中指控美國中情局試圖破壞中國的社會秩序，而中情局和好萊塢正是美國「文化入侵」中國的工具[B1]。書中盡是類似的指控。作者在討論美國對中國提出的智慧財產權的控訴時，認為美國應該支付中國使用費，以彌補中國幾個世紀以來提供其發明——紙和火藥——的損失。極端的民族主義和反美主義合而為一的作用，從書中荒謬的內容可見一斑。作者接續批評中國的「軟弱」，並建議以武力強取台灣，還要聯合俄國抵抗「美帝」。在《中國可以說不》問世後不久，其中一位作者在接受外國記者採訪時表示，美國是「令人作嘔」的國家。相較於早先同樣鼓吹中國針對美國備戰、但公眾關注度較低且未成為暢銷書的《中國能否打贏下一場戰爭？》，北京大力支持《中國可以說不》，甚至以後者為腳本拍攝電視劇。[23]某位中國學者向其西方友人透露，他不敢批評這本書，而在民族主義情緒高漲的當下，擁抱左翼民族主義比擁抱國際主義來得安全多了。[24]前美國中情局局長伍爾西（James Woolsey）則指出，當時中國政府「似乎已落入某些希望與美國大打出手的人手中」。[25]

一九九七年，隸屬解放軍的國防大學趁勢追擊，推出《高科技環境下的作戰指揮》（*On Commanding Warfighting Under High-Tech Conditions*）戰略報告，並在報告中指出，中國在作戰時應該宛如點穴般，猛攻對手的弱點（指揮、控制、溝通和資訊中心）。[26]該報告顯然再次以美國為假想敵。當時剛接掌美軍太平洋司令部的普理赫上將指出，解放軍「特別重視點穴式作戰」，因為北京希望「能威脅對手在乎的東西，再以此做為談判籌碼。」美國的相關報導揭露，中國已在太平洋地區的塔拉瓦環礁（Tarawa）設立軍事基地，而該基地能以對空雷射[B2]鎖定並擊落美國的軍事衛星。與此同時，解放軍也開始在演習中模擬以電腦病毒為武器的網路作戰。某位中國將領甚至宣稱他發明了「資訊戰」一詞。另一方面，某位通曉西方和中國軍事科技的專家指出，中國軍事科技的「週期性突破總是讓人驚豔」，包括一九六四年中國晉升核武俱樂部的成員[B3]、一九七〇年把衛星送上太空，以及一九八〇年成功地測試洲際導彈。該專家也指出，綜觀科技史的發展，後進者往往在典範轉移（paradigm shift）時迎頭趕上。[27]

一九九九年，另一本反美書籍《超限戰》在中國問世，其內容鉅細靡遺地描述中國的作戰計畫，由解放軍上校喬良和王湘穗合著。一九九六年飛彈危機時兩人在福建省前線，對於中國如何更有效率地對美國備戰感到興趣。他們建議以恐怖主義、走私毒品、破壞環境、散播細菌和病毒，以及瓦解全球金融秩序等手段打擊美國，並宣稱超限戰「打破所有疆界和限制」。作者羅列出二十四種戰爭，建議在面對不同敵人和情況時，以不同組合展開攻擊，例如以恐怖主義結合媒體或金融戰。由於美國在傳統戰上的能力遠高於中國，因此作者認為中國必須靈活運用各式戰爭手段來對抗美國。兩位作者將他們的想法與中國歷史和民族主義情緒連結，表示「超限戰」（unrestricted war）就是現代版的《孫子兵法》，並認為他們的想法應該付諸實行。喬良在接受中國某報紙採訪時指出，在南斯拉夫遭北約空襲時，米洛塞維奇（Slobodan Milosevic）總統應該派遣恐怖團體襲擊北約在義大利的空軍基地，並考慮對德國、法國和比利時等國的城市發動恐怖攻擊。[28]

在一九九九年五月美國誤炸中國駐貝爾格勒大使館後，《全球化陰影下的中國之路》出現在北京等中國各大城市的書店。其中一位作者宣稱，美國希望藉由轟炸中國駐外大使館，「測試」北京對西藏和台灣動武的決心。此外，他說美國不會允許像中國這樣有潛力成為強權的非西方國家納入國際秩序中，因此中國需要做好與美國正面衝突的準備。這本書中放了一張東突厥斯坦、西藏和滿州國等三個新國家與中國分道揚鑣的地圖，並斷言這是西方媒體為展現如何分裂中國而下的功夫。另一方面，該書作者也指出，哈佛學者杭廷頓（Samuel Huntington）的「文明衝突論」是「一個號召西方國家以種族為基礎而團結一致的學說，其目的在排擠唯一能夠挑戰西方領導地位的非白人強權——中國」。其中一位作者甚至指控美國正在研發可辨識種族的生物武器，意圖對中國進行種族滅絕。[29]

中國威脅論引發正反激辯

當反美情緒在中國日漸升高，美國的反中情緒也如野火燎原般散播。自一九八九年的天安門事件後，美國對中輿論有了大幅轉變，尤其是媒體、學界和國會對中國的看法。在屠殺和後續追捕事件爆發前，許多的民調顯示，美國人對中國的觀感頗佳，其評價甚至比日本、台灣、南韓和蘇聯還高。[30]但好景不常，中國在美國人心中的地位自天安門事件後跌落谷底，在上述國家中敬陪末座。美國人對中國的看法忽然變了。當時，近九成的美國民眾認為解放軍做了錯誤和不正當的決定。僅有百分之二十二的美國民眾認為中國終究會擁抱多黨政體，高達百分之六十八的美國民眾質疑中國能否變得更民主。[31]

如第二章所提，美國媒體對中國感到無比失望，因為中國曾被看好將走向民主，結果卻倒退為「共產主義獨裁」。在許多美國媒體眼中，中國成了國際上一頭怪物或流氓國家；西方自由媒體稱共產黨內以正統自居的強硬派分子為「保守派」，他們透過以自身意識形態形塑的世界觀，來解釋或合理化中國的反應。美國媒體的認知是，這群人試圖違逆歷史的發展。然而，對報章雜誌的讀者和電視機前的觀眾而言，媒體的指控令人匪夷所思，因為中國的改革者正將國家帶往資本主義自由市場、貿易和外資開放等道路上。對許多美國人來說，北京已放棄共產主義，開始歌頌勤奮、受教育的人民，並允許貧富差距逐漸擴大。在中國，這些改革派人士也被稱為保守派。因此，一位觀察家尖刻地指出：為什麼西方媒體未將試圖延續一九六〇年代政策的愛德華・甘迺迪（Teddy Kennedy）打入保守派陣營？畢竟甘迺迪在許多方面與中國的強硬派人士相仿。總之，這些言詞上的交鋒反映出情況已轉變：在美國，中國已失去所有的政治擁護者。

長期以來，美國的左派勢力支持中國，他們不僅聲援中國加入聯合國，甚至鼓吹美國拋棄台灣、與中國建交。但左派人士此時也拋棄了中國，因為中共顯然是殘暴的「法西斯」政權。儘管北京採納資本主義並保障一些基本的政治自由，但美國保守的右派勢力卻不領情，因為他們認為中國依然是共產國家。在反思這微妙又非常令人不快的情勢後，一位頗負盛名的政治評論家認為，無論自由派或保守派，美國和所有西方國家的政治勢力應該聯手對抗中國。[32]另一方面，學界也幾乎口徑一致批判中國，譴責北京反對民主和漠視人權，而依然公開支持中國的學者則成為眾矢之的。換句話說，多數學者不再鼓吹中美交好，從先前對中友好的態度轉為強力譴責中國。某位因天安門事件而對北京改觀的馬克斯主義學者，自此開始頻繁地以「法西斯」政權來稱呼北京，並引起仿效。[33]一度非常親中的美國學界不復存在，而中國似乎也成為學者口中邪惡的法西斯政權或納粹國家。

如前所述，美國國會是反映社會輿論的主要場所，而其對北京的敵意自一九八九年後也自然加深。各個利益團體透過國會殿堂宣洩情緒和發揮影響力。無論是對那場屠殺感到憤怒，或基於特殊理由不滿「共產中國」的利益團體，全都加入叫囂和批判的行列。在天安門事件前，當人們批評中國的人權紀錄時會有所節制，此時不復以往。每當媒體提及中國，北京的人權紀錄幾乎總是被直接或間接地引述。面對來自各方的批評，中國不甘示弱地表示，唯有透過一國的歷史和文化脈絡來觀察其人權狀況，得出的結論才有意義（此一說法應該吸引許多推崇多元文化主義的美國自由派學者）。然而，多數西方國家民眾不太聽信中國的觀點。同時，美國媒體和國會也批評中國與恐怖主義國家交好、兜售武器並導致核擴散等問題。雖然中國在世界軍火市場的分量遠不及美、俄、法等國家，許多人愈來愈習慣把北京冠上「軍火販子」的頭銜。簡言之，美國的反中情緒高漲，唯有奇蹟才能扭轉情勢。

一九九一年是個轉捩點——所謂「天安門事件症候群」可能已逐漸退燒，或許中國在美國人心目中的形象能有所改善。然而事與願違，波斯灣戰爭和蘇聯瓦解更加深美國對北京的敵意和負面印象。對美國而言，中國未搭上民主潮流的列車，儘管此一說法站不住腳——因為在波斯灣戰爭醞釀的過程中，北京能動用聯合國安全理事會的否決權，阻擋華盛頓借國際社會之名所發動以美國利益為出發點的戰爭。許多美國民眾甚至視中國在安理會會議中棄權為不懷好意的舉動。在媒體的渲染下，美國民眾無法認同中國對「沙漠之盾」（Desert Shield）和「沙漠風暴」（Desert Storm）行動的批評，儘管北京的說詞像是依據其拉攏阿拉伯國家的長遠政策而做出的泛泛之談。

更重要的是，根據頗負盛名的未來趨勢專家托佛勒（Alvin Toffler）的看法，美國的勝利徹底改變戰爭的本質。托佛勒認為戰爭在歷史上可歸納為三個階段：第一階段，勇敢的戰士在沙場上廝殺；第二階段，物質決定戰爭的勝負，國家工業化的程度決定贏家；第三階段，「知識戰爭」的時代來臨。[34]美國在當下知識戰爭的時代獨領風騷、技壓群雄。另一方面，波斯灣戰爭在很大程度上也抹去美國在越戰後的罪惡感、疲倦和自卑。誠如某位評論家所說，美國政府和民眾「已準備挑戰全世界……美國的信心源源不絕」。

此時日本的經濟正好進入一段嚴重的衰退期。在一九八〇年代，許多人認為日本是美國的天敵，而對那些以經濟實力論天下的美國人而言，日本才是美國的敵人，不是蘇聯。此一說法在一九八九年共產集團頹勢漸露之時及之後廣為流傳。某位作家指出：「冷戰結束了，日本贏了。」然而，隨著日本經濟急轉直下、中國經濟扶搖而上，看好日本的評論立即煙消雲散。事實上，日本的經濟衰退也放大中國對美國經濟和軍事的挑戰。

一九九一年蘇聯瓦解是另一個歷史轉捩點。蘇聯瓦解代表美國無庸置疑是世界霸主，畢竟兩極體系瞬間少了一極。在今後的單極世界裡，美國不需要聽任何國家對它說教，美國可以依自身想法打造新世界、制定道德標準、定義流行文化，並評斷好國家和壞國家。唯一的反對聲音來自中國——北京認為世界應該往多極發展。北京未貶低俄國的強權地位，並認為歐洲、日本和自己與美國平起平坐。如前所述，中國的經濟正在狂飆，中共高層的民族主義情緒高漲，全國沉浸在反美主義的氛圍中。在中共高層的字典裡找不到「次等國家」一詞。此外，中國的經濟榮景大幅影響美國對北京的看法。對華盛頓而言，經濟騰飛的中國宛如豺狼虎豹。當所有大國（包括美國）在冷戰結束後陸續縮減軍事預算時，中國反而將經濟成長轉化為更高的國防開支。美國媒體大肆報導中國每年兩位數成長的軍事預算，以及北京向莫斯科購買昂貴的俄製武器。美國人不明白中國為何背道而馳，它肯定不懷好意。

在一九九三年前後，許多觀察家開始把中國視為美國的軍事威脅。雖然中國還無法與美國旗鼓相當，但它正在努力追趕中，有朝一日能與美國一決雌雄。[35]同年，五角大廈的淨評估辦公室（Office of

Net Assessment）提出警告：近年中國在軍事科技上的重大成就讓它更具信心也更自負。一九九五年初，一份由美國國防部發布的東亞戰略報告指出，亞洲國家「可能會覺得有必要回應中國軍事力量的成長」。[36]該說法似乎為美國提供正當理由，允許華盛頓在東亞地區爭取盟友以制衡中國。一九九五和一九九六年兩次飛彈危機正好為美國的戰略布署提供更充足和直接的辯護。

一九九七年，美國國內出現一場圍繞著中國的「大辯論」，各方就中國是否為美國的敵人展開激辯。白禮博（Richard Bernstein）和孟儒（Ross Munro）於同年推出的《即將到來的中美衝突》（*The Coming Conflict with China*）一書，引起許多人深入討論中國的實力，以及中國視美國為未來勁敵的看法。兩人的觀點也引起許多人共鳴。例如，知名評論家喬治．威爾（George Will）即宣稱：「美國外交政策的戰略目標必須是顛覆北京政權。」[37]威爾道出許多美國民眾對中國的看法：中共政權的「邪惡」本質、其成長的經濟和軍事力量，以及對美國發表的仇視言論。美國的戰略決策者和所有的軍方人士都開始認為，來自中國的挑戰正把世界推回兩極體系，使各國更容易制訂軍事戰略和提升國防預算。然而，許多人只是出於小心謹慎而擁護「威脅論」；由於落後的中國正在急起直追，因此美國的最佳政策應該是未雨綢繆，「做好萬全的準備」。

對白禮博和孟儒的批評者而言，所謂的中國威脅論漏洞百出，因為中國在經濟、軍事和其他方面的發展遠不及美國，即使數十年的時間也不足以弭平兩國之間的差距。有些觀察家甚至認為，與其說中國正在追趕美國，不如說中國的軍事力量反而愈來愈不如美國。[38]然而，沒有太多人認同此說，某位觀察家認為這個論點簡直不可思議，而且反映出「和平主義者的孤注一擲」。反對威脅論的人也指出威脅論極其危險，因為可能導致自我應驗預言（self-fulfilling prophecy）發生——假如美國將中國當成敵人，那麼中國有朝一日就可能成為威脅。然而威脅論者也予以反擊，認為批評者無異於支持綏靖主義，其態度和一九三〇年代歐洲諸國對希特勒的姑息如出一轍。有些威脅論者甚至指控批評者有「種族歧視」，透過有色眼鏡斷定中國無法在未來成為令人畏懼的強權。接下來的幾個月，這兩派人士變得更加水火不容，關於中國威脅的爭議也愈演愈烈。

此時，辯論也擴及到國務院。國務院的立場是：中國不是美國的敵人，因此華盛頓必須善待北京；不同意的人應該保持沉默或自動離開。然而，國會的立場幾乎與其大相逕庭，使得原本形同陌路的行政和立法部門的關係更加惡化。另一方面，美國民眾和媒體的論調與威脅論者一致。北京的言行舉止和中美關係的發展在在印證他們的論點。

《考克斯報告》證實中國威脅非空穴來風

當一九九〇年代步入尾聲，許多棘手的議題和偶發的危機不但持續放大美國眼中的中國威脅，也讓中國認定美國的敵視態度。一九九九年三月六日，《紐約時報》對李文和洩密案做了精彩的報導。李文和是一位在新墨西哥洛斯阿拉莫斯國家實驗室（Los Alamos National Laboratory）——美國最尖端和隱密的核武[B4]研發機構——服務的華裔研究員。根據《紐約時報》的報導，美國政府指控李文和是「中國間諜」，並懷疑他把美國幾乎所有關於核武和導彈技術的機密洩漏給北京。華盛頓聲稱，透過中國情報單位與李文和裡應外合，中國得以快速提升其戰略武器的水準；若少了李文和的配合，其技術升級的時間將拉長好幾年且所費不貲。李文和所竊取的美國最高軍事機密，協助中國提升其武器精密化的研發能力，進而發展出多目標彈頭和潛射彈道飛彈（submarine launched ballistic missiles）。新技術使得中國能以核武攻擊美國的城市，讓美國民眾置身於危險之中。

對美國而言，李文和案明確地顯示中國就是敵對國，並在許多人的腦海中重新喚起冷戰時期美蘇對峙、人類面臨核子末日的情景。有些觀察家認為中美的情形比美蘇危險，因為美國至少在某程度上理解俄國，但完全不瞭解「位於東方的中國」。許多報告陸續揭露中國情報網絡長期鎖定美國，派遣特務人員到美國竊取機密。媒體也指出，中國是全球最大的間諜國家，由此可見中國早已視美國為敵，因此美國應該以牙還牙。某些人則說，冷戰彷彿又重新開始。

中國矢口否認竊取美國情資；北京宣稱中國不需要美國的軍事機密，也沒興趣做見不得人的勾當。美國官員對北京的回應嗤之以鼻，因為多年來全世界所有的國家都在相互滲透，而證據顯示，中國比任何國家都熱中此道。有些觀察家指出，北京的說詞不僅反映中國的矛盾心理——試圖以高傲的形象掩飾其薄弱的研發能力，也顯示中國能很不在乎地對美國撒謊（大量的證據支持此說）。北京則宣稱，美國政府透過李文和案指控中國，不僅是某種「來自官方的種族歧視」，也反映出美國忌憚中國在科學和武器研發上的成就。此外，中共高層也認為美國的指控是「威脅論」的延伸，美國希望藉此「持續壓制中國」。

一九九九年四月，朱鎔基訪問美國，此行的目的是爭取中國加入世界貿易組織（World Trade Organization, WTO）。在李文和案及《考克斯報告》（Cox Report，一份由國會起草、對於中國情蒐的研究報告）的驅使下，柯林頓決定讓朱鎔基「碰一鼻子灰」。西方觀察家和中國政府都指出，儘管朱鎔基為了換取美國的支持而做出許多貿易上的讓步，但他仍慘遭華盛頓的冷落和羞辱。有些觀察家甚至認為，美國輕蔑的回應對朱鎔基的政治地位造成嚴重的傷害，導致朱鎔基的政治生命幾乎在返回北京後結束。此次訪美讓朱鎔基完全無地自容；他和許多親美的改革派高層因此喪失話語權，並且無法諒解柯林頓政府的作為。批評者認為，柯林頓要不是不在乎或不瞭解中國國內的政治情勢，就是過於擔憂美國國內的輿論。與此同時，在美國的軍事領導下，一九九九年春天北約干預科索沃戰爭，讓許多中國官員視美國為「對中國懷有敵意的凶殘霸權」。在觀察美國的轟炸和軍事行動後，中共高層敲響警鐘。他們發現北韓和台灣之間的連結：美軍可能以類似的理由（認知到平壤是一個欺壓人民、威脅世界和平的流氓政權）對北韓採取軍事行動，也可能基於類似的原則出兵保護台灣。[39]

在上述背景和中美關係緊繃的情形下，一九九九年五月七日美國戰鬥機轟炸中國駐貝爾格勒大使館——至少北京如此認為，而中央宣傳部和官媒也如此宣傳。他們指控美國刻意對中國採取戰爭行為。首先，北京對不幸罹難的記者大做文章。有些官員甚至認為華盛頓的襲擊是衝著使館人員而來，從美國記者未對殉職的中國記者表示哀悼的現象，即可發現早已深植於美國社會的排華情緒，更不用說種族歧視。北京每天對使館攻擊事件敲鑼打鼓。某位觀察家指出，中國官媒透過不斷播放使館燒成灰燼的畫面，讓全中國和一些第三世界國家的民眾留下深刻的印象，其手法與西方媒體在一九八九年天安門事件前夕反覆播放某位示威者站在坦克車前挑釁的畫面如出一轍。[40]中國媒體認為使館遇襲絕非意外，因為美國的軍事科技不可能犯下如此錯誤。由於大多數的亞洲和第三世界國家都支持中國的說法，北京拒絕接受柯林頓的道歉和解釋。在爭議平息前，北京向美國提出許多艱難的條件[BS]，並試圖讓世人記得美國戰鬥機攻擊無辜民眾的事實。北京讓事件繼續發酵。

美國認為誤炸事件是戰場上常有的事——起因於錯誤的地理資訊，因此該事件應該在美國致歉和同意賠償後劃下句點。從北京拒絕接受華盛頓的說法和此「意外事件」補償的反應，可證明北京高層發現該事件能呼應國內高漲的民族主義和反美情緒，進而加深民眾對美國的敵意。然而多數美國媒體認為，中國只不過想掩人耳目，透過誤炸事件減少外界對其不名譽事跡的指控。有鑑於天安門事件的十週年紀念日即將來臨，中共高層預期六月時國內民眾將展開示威，便藉機以貝爾格勒誤炸事件進行監視和管制，並策畫在北京和全國各地美國大使館前舉行示威活動。美國民眾和官員對此難以苟同，畢竟誤炸事件純粹是無心之過。

美國官員也指出，實際上空襲行動是由北約主導的，但中國幾乎僅譴責美國。[41]有些觀察家則認為，北京的反應只是針對在「間諜案醜聞」中美國輿論和白宮的指控以牙還牙。某位美國政策制訂者認為中國「宛如三歲小孩般幼稚」，試圖以這種方式報復美國對其在美從事情報工作的合法控訴。同月，考克斯委員會發布一份長達七百頁的調查報告，鉅細靡遺地詳述中國在美國的間諜活動。該報告指出，中國成功竊取美國所有的「遺留代碼」(legacy code)——美國累積五十年的核子研究成果——以及核武、衛星和導航系統等相關科技。許多觀察家認為，透過竊取美國最珍貴的軍事機密，中國得以最先進的熱核武科技取代一九五〇年代老舊的核武技術。《考克斯報告》宣稱，中國利用自美國竊取來的科技製造氫彈、改善飛彈的準確度（進而威脅台灣和其他亞洲國家），並生產能透過洲際導彈發射的迷你核子彈頭，讓中國能從內陸地區直接攻擊美國城市。

該報告進一步指出，中國派赴美國的間諜數量居所有國家之冠，並透過逾三千家「空殼公司」和在美國高科技公司服務的太空研究人員進行滲透。北京也試圖命中國特務以旅遊名義入境美國（每年約有八萬名中國人入境美國）。北京長期以來採取所謂的「吸塵器」策略，試圖無所不用其極地竊取美國所有的軍事科技和機密。[42]根據《考克斯報告》，美國的國家安全早已「分崩離析」。

美國官員和全美民眾在得知後一片譁然，並對中國的行為感到不恥和憤怒。然而北京的回應宛如火上澆油，以致中美關係更加惡化。中國國務院新聞辦公室發布一份題為「事實勝於雄辯，謊言不攻自破」的新聞稿予以反駁，其內容指出中國早已自食其力地駕馭製造氫彈的技術，完全沒有依賴美國的軍事機密。關於考克斯委員會的指控——一名向美國中情局「自首」的中國間諜承認，他在接獲中國某情報單位的指令後，赴美竊取最先進的熱核武核子彈頭技術——北京透過一份報告澄清，美國沒搞清楚狀況。有些觀察家認為，北京希望讓華盛頓知道中美是旗鼓相當的核武國家，而台灣是脆弱的小國；若華盛頓試著阻擋兩岸統一，就必須承擔面臨一場毀滅性戰爭的風險。43

另一件發生在二〇〇一年四月的事件突顯中美互看不順眼。當時，一架美軍偵察機與解放軍戰鬥機於半空中擦撞，導致中國戰鬥機墜毀，美軍偵察機則緊急迫降海南島。北京隨即指責美國製造事端，並將軍機擦撞事件與美軍其他的誤擊事件類比；一九九八年，一架美國海軍陸戰隊戰鬥機於義大利擊中一台滑雪纜車，導致纜車上的乘客全數罹難，而在該事件發生的數週前，一艘美國潛艇才剛擊沉一艘日本漁船。美國是兩次事件的肇事者。有鑑於此，中國外交部長唐家璇在軍機擦撞事件後召來美國駐華大使普理赫，在會談中強調「美國再三犯錯」。江澤民指稱，美國應該向中國道歉並負起全責。根據美國媒體的報導，江澤民曾狂妄地透露他不擔心該事件的影響，因為「若小布希有眼不識泰山，老布希會為他兒子好好地上一課」。

中國媒體也展開反擊，宣稱美國是「高傲自大的國家」。在一幅刊載於報紙的漫畫中，一位美軍飛行員正在失事現場觀看地圖，而圖下方的標題則寫著「又是一次地圖標示錯誤」（藉此諷刺一九九九年美國對誤炸中國駐貝爾格勒大使館所提出的解釋）。軍方報刊對美國的批評更強烈，而中國的網路民調則顯示，不到四個百分點的回覆者希望北京釋放飛行員並立即和解。「殺掉飛行員，殺掉小布希」等仇美言論占據了網路聊天室。

中共中央政治局偕同軍事委員會對此事件召開協商會議。根據外交部的報告，軍方多次阻撓外交部求和的提議，拒絕釋放迫降的美國飛行員，並要求華盛頓提出正式道歉。雖然北京在十一天後釋放美方人員，但仍扣留下美國軍機。解放軍要求美國停止監視中國，並指責華盛頓侵犯中國的隱私和領土。最後，雖然北京當局含糊地接受華盛頓的道歉（在過程中刻意曲解一些用詞），同意歸還解體後的軍機，但仍不忘在事件落幕前告誡美國「正在鋌而走險」。

儘管美國的解讀與中國大異其趣，但華盛頓的反應卻與北京相同——不僅憤恨不平，也把矛頭指向對方。小布希政府認為美軍偵察機合法在國際領空飛行，而中國F-8戰機則未依照國際慣例駕駛——體積較小的飛機應該主動避開，以免雙方碰撞。美國官員也指出，中國飛行員惡名遠播，曾屢次與美國軍機險些發生擦撞，而近期中國軍機更多次在國際領空和公海地區干擾美軍的偵察任務。華盛頓也認為，該跡象顯示當前中國國內的政治混亂和不理性。例如，北京當時正在擴大對國內宗教勢力（法輪功）的迫害行動，並以間諜罪強行拘留美籍華人。此外，中國軍方對近期情報人員叛逃一事十分惱怒，因為該員證實中國曾向伊拉克的海珊政府提供技術援助。

然而，小布希也不是省油的燈。他強硬地要求北京釋放美方人員和軍機，並宣稱不會向中國道歉。絕大多數的美國民眾認同小布希的立場。另一方面，國會留意到民眾普遍對中國觀感不佳，而對北京採取更強硬的立場。參議員尼古斯（Robert Nichols）取消訪中行程；參議員麥坎（John McCain）宣稱中國的行徑應受「嚴厲譴責」；參議員達施樂（Tom Daschle）認為北京嚴重破壞兩國之間的信任；眾議員蓋法特（Richard Gephardt）批評中國不遵守國際法。多位議員建議以軍售來對抗中國，要求出售更多武器給台灣。

在中美軍機擦撞事件落幕不久，小布希同意出售高達一百四十億美元的武器給台灣，包括攻擊性武器（潛艦）。此次軍售是自一九九二年老布希總統同意出售F-16戰機以來，美台之間最大筆軍事交易案。更重要的是，這次軍售也打破先例，因為《台灣關係法》規定美國只能出售「防禦性武器」給台灣。

1 此論點在美國被大肆報導，自由派報刊更是不遺餘力地報導。

2 有關中國在二戰後的經濟規模和影響力，以及兩者如何加強其國際影響力，參見John F. Copper, *China's Global Role*, Stanford: Hoover Institution Press, 1980.

3 參見William Overholt, *The Rise of China: How Economic Reform is Creating a New Superpower*, New York: W. W. Norton, 1993.

4 參見Sterling Seagrave, *The Lord of the Rim: The Invisible Empire of the Overseas Chinese*, New York: Putnam, 1995.

5 "War of the Worlds," *Economist, Global Economy section*, October 1, 1994, 4.

6 Jim Rohwer, Asia Rising: Why America Will Prosper as Asia's Economies Boom, New York: Simon and Schuster, 1995, 117. 許多其他作者也做出類似的預測，甚至連世界銀行也對中國的經濟前景感到非常樂觀。參見*The East Asia Miracle*, London: Oxford University Press, 1993.

7 Kristof and WuDunn, *China Wakes*, 14.

8 John Naisbitt, *Megatrends Asia: Eight Asian Megatrends That Are Reshaping Our World*, New York: Touchstone Books, 1997.

9 兩位堅決否定中國威脅論的作者，形容中國是「歷史上最大、經濟最多元的新興強權。」參見Nathan and Ross, The Great Wall and the Empty Fortress, xi. 另外兩位被公認為友中並試圖改善美中關係的作者則寫道，「歷史上沒有任何一個國家的改變能比擬中國在一九七二到一九九七年這段期間所歷經的徹底改變。」參見Orville Schell and David Shambaugh (eds.), *The China Reader*, New York: Vintage, 1999, xvii.

10 Daniel Burstein and Arne de Keijzer, *Big Dragon China's Future: What It Means for Business, the Economy and the Global Order*, New York: Simon and Schuster, 1998.

11 關於中國民族主義以及內容中的相關論點，參見Maria Hsia Chang, *The Labors of Sisyphus: The Economic Development of Communist China*, New Brunswick: Transaction Publishers, 1998, chapter 8。

12 參見Bruce Gilley, "Digging into the Future," *Far Eastern Economic Review*, July 2, 2000, 74-77.

13 Mel Gurtov and Byong-Moo Hwang, *China's Security: The New Roles of the Military*, Boulder, CO: Lynne Rienner, 1998, 70-73.

14 Richard Berstein and Ross H. Munro, *The Coming Conflict with China*, New York: Alfred A. Knopf, 1997, 44.

15 同註十四，頁四五。

16 同註十四，頁二二一二三。

17 同註十四，頁二七一二八。

18 Gurtov and Hwang, *China's Security*, 73.

19 Ross H. Munro, "Taiwan: What China Really Wants," *National Review*, October 11, 1999, 47.

20 同前註，頁四八。

21 同前註，頁四八。轉引自《海軍》雜誌。

22 同前註，頁四八。

23 Chang, *The Labors of Sisyphus*, 210.

24 Saunders, "China's America Watchers: Changing Attitudes towards the United States," 45.（瀏覽自網站 www.lexis-nexis.com）

25 轉引自Bernstein and Munro, The Coming Conflict with China, 49.

26 Barbara Opal-Rome, "PLA Pursues Acupuncture Warfare," *Defense News*, March 1, 1999, 4.

27 Chong-pin Lin, "Info Warfare Latecomer," *Defense News*, April 12, 1999, 23.

28 參見John Pomfret, "China Ponders New Rules of 'Unrestricted War," *Washington Post*, August 8, 1999, 1.

29 細節參見John W. Garver, "More from the 'Say No Club,", *The China Journal*, January 2001, 151-58.

30 根據蓋洛普的調查。轉引自Steven W. Mosher, *China Misperceived: American Illusions and Chinese Reality*, New York: New Republic, 1990, 210.

31 同前註。

32 此處提到的評論家是《華盛頓郵報》的梅格．葛林菲（Meg Greenfield）。轉引自Mosher, *China Misperceived*, 208.

33 前者是里奧．奧爾良（Leo Orleans），後者是威廉．辛頓（William Hinton）。參見Mosher, *China Misperceived*, 208-210.

34 Alvin Toffler and Heidi Toffler, *War and Anti-War: Survival at the Dawn of the 21s Century*, Boston: Little Brown and Co., 1993.

35 Mann, *About Face*, 333.

36 同前註。

37 Geroge Will, "China's Turn," *Washington Post*, April 17, 1997, 10.

38 Robert Ross, "Why Our Hardliners Are Wrong," *The National Interest*, Fall 1997, 42-52.

39 參見 Susan V. Lawrence, "Brave New World," *Far Eastern Economic Review*, June 17, 1999, 13.

40 同前註。

41 Lorien Holland, "Selective Targeting," *Far Eastern Economic Review*, June 17, 1999, 14.

42 參見Daniel Klaidman and Mark Hosenball, "The Chinese Puzzle," *Newsweek*, June 7, 1999, 44-47; and Adam Cohen, "When Companies Leak," *Time*, June 7, 1999, 44.

43 參見Vernon Loeb and Walter Pincus, "Planted Document Sows Seeds of Doubt; Spy Experts Wonder What China Hoped to Reap," *Washington Post*, May 28, 1999 (from lexis-nexis.com).

三、危機過後

第六章
總統直選，北京指控外國勢力分裂中國

在一九九六年台灣舉行總統直選之前，北京實施極具威脅性的飛彈試射與軍事演習。中共高層成功地傳出警訊，甚至造成台灣恐慌。事實上，中國的做法適得其反地幫李登輝贏得總統大位。許多台灣人對此觀點深信不疑，並認為北京十分愚蠢。

撇開國際社會不談，美國此時大幅改變原本對台灣的看法。一位專家指出，從此刻開始台灣被視為一個羽翼豐滿的民主國家，享有「伴隨而來的好處」。西方媒體普遍將這次選舉視為一次民主化的歷史事件，而此一結果也導致台灣與中國漸行漸遠。根據當時民調顯示，飛彈試射讓更多台灣人支持獨立，大家的底線是：台灣已走向民主，自然愈來愈不傾向與「不民主的中國」達成任何協議。北京與華盛頓也漸行漸遠，政治上的摩擦讓雙方愈來愈難達成外交政策的妥協。雙方的互信也遠比在這場大選前，甚至比此前任何時候，還要匱乏。

李登輝贏得風光

三月二十三日，李登輝與他的副總統搭檔連戰在台灣首次總統直選中大獲全勝。他們在這場總計有四組人馬參選、累計一千萬選民參與的選舉中獲得五八一萬三六九九張選票，支持率高達百分之五十四。[1]這次選戰中，李登輝攻下台灣二十五個縣市中的二十四個。除了南投縣、台北縣與兩座離島，李登輝在全台各縣市都贏得壓倒性的勝利。李登輝的得票數甚至比高人氣的宋楚瑜兩年前當選省長時的得票數還多。同時，李登輝與連戰的得票數也高出得票數第二高的參選人彭明敏與謝長廷整整兩倍。這是壓倒性的勝利，這場選舉廣受世人關注——不僅因為是台灣史上首次的總統直選，也因為中國試射飛彈而打亂了這場選舉。

超過百分之七十六的選民在這次選舉中投票，比前一次立法委員選舉多出十個百分點，也比民調中心及中央選舉委員會所預估的投票率高出六個百分點。開票結束後，台灣最大一家報紙指出，李登輝贏得一場「轟轟烈烈的勝利」。台灣所有的報章、廣播與電視新聞也都持類似看法。在開票完成以前，身為反對黨民進黨的總統參選人彭明敏表示，李登輝毫無疑問贏得選舉。在這次選舉中獲得第三高票、擁有高度群眾魅力且被視為台灣最傑出政治家的林洋港，聲明他尊重人民的選擇，而獲得第四高票的陳履安也承認李登輝贏得決定性的勝利。李登輝在他的當選感言中明白表示，台灣兩千一百萬人民「在中國歷史上寫下嶄新的一頁」，接著他進一步指出「民主的大門在台灣已經完全敞開」，並讚揚「這是台灣史上最珍貴的時刻」。對台灣來說的確是充滿喜悅的時刻。

但對中國則不然。一位觀察家表示，選舉期間他在一棟大型建築的壁畫中，看到李登輝被描繪成身披披風、赤手對抗解放軍飛彈的十字軍。這意味著他在輕鬆贏得總統大選後，將成為北京的麻煩人物。另一名觀察家則指出：「接下來四年，李登輝有足夠的民意抗拒北京的提議及拒絕統一。」還有一名觀察家表示：「他將成為北京宣傳中的反派人物。」李登輝在選後的第二天公開表示：「他當選的結果意味著台灣人民已發出他們不願意被中國統一、主張維持現狀的聲音。」此一言論完全印證這些觀察家的看法。

很多因素讓李登輝贏得這次大選，但最重要的是他與北京，乃至華盛頓—北京—台北之間的三角關係。美國在李登輝的勝選中扮演至關重要的推手角色。這樣的幫助既不直接，也不構成干預內政，但卻很重要。白宮憂慮，若由主張台獨的民進黨勝選，將可能使中美關係更加惡化。美國的官員也不再視反對黨得到多少選票為台灣民主化的指標。美國過去在台灣推廣民主，並因此偏袒反對黨。現在一切都不一樣了，民進黨無法繼續打「民主牌」。換句話說，華盛頓已拋棄民進黨。這點也成為日後影響台灣選舉新的因素。大部分的台灣選民尊重美國，而且普遍同意美國的觀點。不過，李登輝勝選最重要的因素可能來自中共高層。飛彈危機及北京對李登輝的強烈敵意，都讓他在選民中更受歡迎。一位國民黨官員指出，北京是李登輝的最佳助選員。李登輝的一位競選幹部甚至公開炫耀「北京因素」（指飛彈試射）如何拉大李登輝與對手的差距；[2]另一位則表示：「解放軍為李登輝多爭取到百分之五的選票。」一位反對李登輝、喜歡挖苦人的評論家則指出：「那些北京笨驢真的幫了李登輝；他們幫他贏得選舉，還給了他求之不得的廣大民意。」

台灣民眾深感驚恐，也更加生氣。第一種情緒在一九九五年的飛彈試射中占了上風，但這次的情況卻不一樣。這次北京的舉動像在破壞台灣的民主進程，但台灣民眾並不買單。更重要的是，第二次飛彈試射無法像第一次那樣製造強烈震撼的心理效果，這次台灣人有備而來，回應的方式也大不相同。更精確地說，台灣的主流民意做出以下回應：選舉結果強烈支持維持現狀，並且希望政府照做，而李登輝的政府也不負選民的期望。北京的舉動非但未造成民眾對政府的疑慮與不信任，反而讓他們相信必須攜手共度危機。

李登輝充分瞭解民眾的情緒，並在投票日來臨前一個月不斷安撫民眾不要驚慌，民眾也聽了他的建議。在危機最高峰時，李登輝成為民心安定的泉源。有些人甚至認為李登輝扮演了「戰時領袖」的角色。李登輝表示，北京的舉動是要阻止台灣民主化並干預這次的「歷史性」選舉。他經常在公開發言中批判北京的舉動是干擾台灣的內部事務。他與他的支持者抨擊北京的話語正好是美國或其他國家對中國的人權議題提出批判時，北京用來反擊的話語。中共高層認為美國這些對人權議題的批判，惡意且非法介入中國的內部事務、侵害中國的主權。一位觀察家批評北京的偽善，認為北京搞雙重標準——中國不也介入了台灣的內部事務？儘管從北京的角度來看，台灣問題本身就是中國的內部事務，但當時大部分的人選擇接受台灣的觀點。

台灣民眾對北京的批評置之不理，尤其是北京對李登輝所使用的惡毒言詞（儘管台灣民眾對一九八〇年代鄙俗的政治競選場合，以及立法院會期的言語中傷和誹謗早已司空見慣），看在以保存中國傳統文化自居的台灣人眼中，實在難以接受。選民不僅無法接受北京以惡毒字眼咒罵他們選出來的總統，更無法接受北京對其家人的攻擊。於是，台灣民眾也創造出如「共狗」、「沒受教育的流氓」與「人渣」等不堪入目的字眼來形容中共高層。為了證明台灣人不是中國人，有些台灣人甚至用「中國豬」這樣輕蔑的字眼。一位台灣人表示，台灣人本來就不是中國人，他抗議道：「DNA的研究指出，幾世紀以前，中國禁止女人渡海來台，使得台灣人成為種族多元的民族……我們不是中國人。」因此，北京根本無權宣稱台灣人是中國人。他接著說：「台灣人獨一無二，並且需要有一個自己的國家。」

至於中國批評李登輝的父親為日本總督府做事是「漢奸」，對許多台灣人來說更不痛不癢。畢竟從占台灣總人口百分之八十五的本省人角度來看，日治時期不是一段黑暗的歷史。相反地，他們喜歡用進步的日本來對比落後的中國。台灣人認為，北京的宣傳部門沒有明確認知到日治時期為台灣帶來各方面的進步。至於北京指控李登輝搞台獨一事，更不被大部分的台灣人所認可。人們普遍相信李登輝是一位溫和謹慎的領袖，無論他是否主張台灣是中國的一部分，大部分的人都認同他的立場，也就是兩岸應該維持現狀。同時，台灣人也瞭解到美國的立場，相信美國會在必要時出兵保衛台灣的安全。他們確信美國會捍衛台灣和民主進程，這是他們投給李登輝的另一個理由。

連民進黨人都普遍相信，李登輝的勝利就是台灣獨立運動的勝利。一位民進黨發言人表示，彭明敏與李登輝兩人的選票加起來占總票數的百分之七十五。若依照中國的指控將李登輝算成台獨分子的話，那就代表只有百分之二十五的選民反對台獨。許多民進黨支持者因為認同李登輝對中國的立場而將票投給他，他們大部分不認為彭明敏有機會勝選。有些專家認同所謂「四分之三」（支持獨立）的說法。此一論點似乎有事實基礎：因為民進黨在國民大會選舉中大勝，而在其黨綱中有一條便是主張台灣獨立。這代表大部分的選民支持台灣「最終經由合法程序與中國分離」。因此，無論李登輝是否支持台獨，他都受廣大民意之託，讓台灣走向分離之路。台灣主流民意認為李登輝的勝選讓北京挫敗，並相信台灣在可見的未來能維持實質上的獨立。

選舉期間，很多人質疑李登輝能否贏得「可信的」勝利。大家不懷疑李登輝能擊敗其他總統參選人，但認為他不會贏得太漂亮。如果他的得票率低於百分之五十，就無法取得真正的民意。甚至有憲法專家與政治學權威認為，若無人能得到過半的選民支持，就有必要發起第二輪投票。然而，李登輝與連戰出乎意料地大獲全勝，讓他得以在未來四年成為有空前民意支持的國家元首。這帶給北京很大的警惕，並讓他們更發自內心地厭惡李登輝。此種厭惡隨著選舉日逼近而提升。如今，中共高層已認定李登輝百分之百是台獨的支持者。

一場寧靜革命

在此浮現兩個重要的問題：什麼原因導致中國如此厭惡李登輝？長期來看，這又意味著什麼？原本身為副總統的李登輝在蔣介石的長子——在一九七八到一九八八年間當了十年總統的蔣經國——過世後繼任總統。李登輝是蔣經國的親信，向來是忠貞的國民黨員。他支持蔣經國的政策，但在那時不被北京重視。國民黨內的保守派人士質疑李登輝的能力和民意基礎，這些黨內保守派都是堅決的反共人士（但此刻已無關緊要），卻堅持擁抱一個中國的信念。他們綁架了李登輝，因此北京剛開始對他並無異議。不過由於李登輝的台灣人身分，有些中國官員對他有所警惕。「族群意義上」的台灣人向來被認為傾向支持台獨，因為在一九四五年以前的兩個世代，台灣曾是日本的一部分。他們接受了「皇民化」的統治。

北京低估李登輝，因為他在幾個月內就掌握黨內最高權力。一九九〇年，透過國民大會的間接選舉，李登輝順利「連任」，或被賦予另一段總統新任期，這是他崛起的前兆。然而，此時的國大代表絕大多數是在國民黨統治全中國時選出的，因此從美國的角度來看，李登輝的連任完全不符合民主程序。一九九一年，李登輝宣告終止《動員戡亂時期臨時條款》，中華民國與中華人民共和國的內戰從此結束。看在有些觀察家眼中，這只是李登輝向分離主義靠攏的第一步。接著，李登輝又在一九九二年完成修憲，為台灣及中國歷史上首次直選國家領導人鋪路。對北京而言，從某方面來看台灣民主化就是走向台獨。這不僅讓台灣看起來像是一個擁有獨立主權的國家，而且加深兩岸在政治制度上的差異。如果台灣不是主權獨立的國家，那為何會有總統直選這檔子事？中共高層與美國都瞭解總統直選在政治上代表什麼意義。「這不是好現象。」一位中共官員如此表示。

北京認為，李登輝透過所謂的「彈性外交政策」為台灣爭取「國際空間」的行為，以另一種方式偏離國民黨長期以來所主張的一個中國路線。李登輝在一九九五年一月未對「江八點」提出正面回應，讓江澤民大失顏面。隨後李登輝的訪美之行更成為壓垮中國對他信任的「最後一根稻草」。北京高層從此判定，李登輝走的是永遠與中國分離的路線。否則李登輝在美國的言行又代表什麼意思？看在他們眼中，李登輝成了一位狡詐、不誠實與魯莽的政治人物。他是中國的敵人。

於是，當李登輝在一九九六年贏得選舉，並得到國際社會——尤其是美國的熱烈肯定，北京宛如挨了一記重重的巴掌。取得廣大民意的李登輝讓北京既鄙視又恐懼。從此刻開始，李登輝再也不受制於國民大會，因為他和歷任美國總統一樣是靠人民的選票選出來的。有些人將李登輝視為救星，有些人則將他視為「台灣史上最偉大的人」。假如北京對李登輝搞台獨的指控是正確的，那麼台灣最終勢必走向與中國永久分離的路線。如同中國的指控，李登輝成了讓他們頭痛的人物。不過從另一個角度來看，是北京自己製造出李登輝這樣的敵人。他們將他妖魔化、狠狠地羞辱他，並試圖讓他失敗。因此，中國又能期待李登輝給他們什麼好臉色看呢？

雖然這僅是一場賦予總統權力的選舉，然而國家領導人直選不僅象徵總統的權力來自人民，也代表台灣的政治體制向真正的總統制前進一步。此外，李登輝藉此次勝選所取得的無比威望與名聲，意味著他的政治權力大幅提升。從另一個角度來看，國民黨本身在最近的兩次選舉——一九九二年與一九九五年的立委選舉——表現不佳，而李登輝在一九九六年的表現，毫無疑問地拉高國民黨的支持率。過去時常有人質疑李登輝是否能完全掌握國民黨，但這質疑的聲音在此刻已完全消失。

在北京看來，國民黨成了一個「重新改造過」的政黨——強調本土利益、由台灣人組成、反映「台灣認同」，而且大部分黨員不再支持兩岸統一。李登輝的勝選確實賦予國民黨全新的生命。李登輝在黨內的反對者早已離開，另組新黨。新黨在一九九五年的立委選舉中表現亮眼，但在一九九六年的總統選舉卻一敗塗地。從中共高層的角度來看，李登輝在台灣已大權在握。他們從一黨專政體制的角度分析，認為國民黨有許多本錢維持權力：人才、金錢和其他優勢；只要李登輝有心，他可以繼續掌權。

北京的決策者試圖找尋替代方案，而中共領導層也陷入一場激烈的政治辯論中。李登輝從總統大選的勝出得到更大的權力，若民進黨在下次選舉中獲勝呢？民進黨長期主張總統直選，並相信自己會在下次選舉中取得執政權。此時一些民進黨官員表示，他們希望台灣能由民進黨當家，以實現他們欲建立「台灣共和國」，讓台灣成為一個獨立國家的願景。

雖然民進黨無法勝出，但在台灣仍有不少傳聞指出李登輝與民進黨的互動良好。對於這樣的傳聞，北京無疑也掌握到了。大選後，李登輝的批評者甚至散播國民黨與民進黨將合併成一個政黨的傳聞。事實上，民進黨確實助李登輝一臂之力，至少他們未試圖阻止支持者投票給李登輝。許多民進黨高層與李登輝相處非常融洽，還把他當成好友。至少從許多民進黨支持者的發言來看，李登輝的勝選未在根本上毀掉該黨未來的發展，畢竟是李登輝讓民進黨成為合法又有高支持度的政黨。有些人則認為「李登輝的國民黨」無異於民進黨，兩者都是台灣人的政黨。李登輝驅逐了許多國民黨內的外省人，於是他們另組新黨。一位民進黨高層甚至問道：「兩黨何不攜手推動台灣獨立？」

這次選舉的結果讓大部分的台灣人深感驕傲。選後受訪的民眾大多都將這次選舉視為「值得紀念的一刻」。他們向外國媒體在內的記者喊出國民黨的競選主軸——「這是中國五千年歷史上首次出現的國家領導人選舉！」從他們的聲調可判斷，持此一論點的人多少有意羞辱北京。他們認為這次選舉讓台灣與中國在政治、社會和其他方面都出現巨大差異，因此兩岸不能強行走上統一之路。也有人認為，在北京高層開始實施同樣的民主政治以前，台灣將成為照亮中國的典範，因此兩岸更不能貿然統一。另有人表示，全世界都看到台灣空前地選出國家的領導人，而台灣決定自己未來的權力已獲得全球的支持。這次選舉為台灣的國家認同帶來新的詮釋，值得進一步討論。

打造民族意識

這場選舉不僅讓李登輝這位令北京頭痛的人物當選，也使得台灣民族主義與自覺意識攀升到最高峰。看在中共高層與其他人眼裡，這兩點意味著台灣將更往與中國永久分離的道路前進。[3] 李登輝與這次的選舉為上述兩個概念注入靈魂。

為何這是一個開端呢？台灣的歷史證明，早期這塊土地上的人沒有像世界其他地方一樣發展出國家認同。數千年以前，先是來自東南亞與其他地區的移民成為這座島嶼最早的居民。這些人被視為台灣的原住民，但他們缺乏共同的語言與文化，無法在漢人抵達前形成一個民族。他們的處境與歐洲人抵達美洲大陸以前的印地安人沒有兩樣。至於數千年前出現在台灣的漢人則有兩大族群，一支是閩南人，另一支是客家人；他們使用的也是彼此無法對話的中國方言。他們彼此也沒有頻繁的交流，未形成一個共同的文化、語言或認同。諸多高山阻礙了島上居民之間的流通，而貫穿全島的道路也未曾出現。島上的一切政治事務則由幾個有權勢的大家族決定，行使的完全是封建的政治體制。[4]

從十七世紀中葉開始，台灣成為荷蘭的殖民地。在四十年荷蘭統治時期，無論是原住民、漢人或任何其他的族群都沒有像許多被外國勢力統治的地方一樣形成民族意識；除非台灣受西方國家殖民的時間夠長，否則很難產生民族意識。直到一六八三年，台灣出現一個自主性的政府。該政權由一群來自中國、誓言效忠明朝的人所組成。事實上，當時的台灣政府專注於推翻一六四四年征服中國的滿人政權，故未推動以漢人為主的本土認同。無論如何，來自中國的地方政權在島上的統治時間非常短暫。在接下來兩世紀，台灣接受中國的直接統治（或許用「不當統治」一詞更能切合當時的狀況）。雖然島上的漢人對於來自中國的「入侵者和酷吏」不滿，而經常造反，不過除了厭惡中國的統治，從本土或島嶼出發的觀點仍未誕生。

之後台灣又在一八九五年到一九四五年成為日本的殖民地，一種民族意識在這段時間開始發芽。然而，受到漢人之間的族群分歧、日本人卓有成效的統治（其實許多漢人對此感到滿意並逐漸適應），以及中國文化中強調忠於家族的觀念的壓制，剛萌芽的意識最後無法發展茁壯。另一個台灣無法形成民族意識的原因，可能因為島上的漢人無法自外界吸收去殖民化運動或獨立建國的相關資訊。當時民主尚未成為驅使台灣人走上街頭的號召。

二戰結束後，台灣再度成為中國的一部分，但此時島上自稱「台灣人」的漢人已不會講祖國的國語，而且有將近兩個世代的台灣人對中國的法律與習俗毫無所知。一九四五年，當時大部分的台灣人對蔣介石政權打擊共產主義，或其他施加在他們身上的政策一無所知。在台灣的漢人雖支持蔣介石的政權，卻因為陌生而無法發自內心地認同。隨後他們的支持很快便煙消雲散。一九四七年二月，台灣島上的中國人和台灣人集體反抗政府，導致軍隊的大規模鎮壓，未來可能成為地方政治領袖的一整個世代台灣精英慘遭滅絕。「二二八事件」在島上的族群間留下嚴重的傷痕與仇恨。這起事件也延遲台灣人發展出民族意識的時間。國民黨政府為了減緩族群仇恨，開始致力於發展台灣的經濟。「台灣經濟奇蹟」一度成為島民尋找驕傲的象徵與民族團結的根源，而數十年的經濟發展無可避免地促使台灣追求政治民主化的變革。於是，民主取代了經濟發展，成為一種所謂新台灣意識的基礎。

台灣的反對勢力希望台灣走向「全面民主化」，因為在台灣人口中，本省人與其他族群的比例為六比一（台灣百分之八十五的人口為本省人，百分之二為原住民，外省人則占百分之十四）。他們推廣台灣認同，希望台灣能正式及合法地與中國分離。不過在一九九一年的選舉時，他們因為盲目主張激進的台獨路線而失敗，並從中學到教訓。較早移民到台灣的客家人痛恨閩南人的大福佬沙文主義，以及他們敵視外省人的態度。同時，客家人也反對閩南語成為台灣的國語，因為他們大都不會講閩南語。商人對於廢除國語，乃至各種排外的激進主張提高警覺（許多人說這是台灣政治人物面對中國的典型心態），以防止外商從台灣撤資。有人則指出，面對來自中國的威脅，台灣人應該不分族群團結起來。

然而，此時大部分的國民黨員為台灣人。從一九八八年開始，該黨的黨主席，乃至國家元首都由本省人擔任。這是執政黨發起的一場寧靜革命，而李登輝則為台灣意識的總代表。李登輝是台灣客家人，但他也是中國國民黨的主席與堅定不移的統派。只是在建構台灣意識的過程中，他也希望含括台灣民族主義。直到這時，台灣的民族認同才開始成形，由李登輝一手打造；他透過具啟發性的手段實現這個計畫。

一九九二年，在李登輝的指示下，台灣官方出版一九四七年二二八事件的調查報告。該報告指出，台灣人在反抗行政長官陳儀的鬥爭中，共有一萬八千到兩萬八千人死亡。為此，他代表中華民國政府向受難者道歉，敦促立法院通過法案賠償受難者家屬，並豎立一座紀念碑。隨後，台灣的歷史教科書開始偏重本土教育，而不像過去那般著重發生在中國的歷史。重視教育的李登輝親自主導這些史觀與認同上的改變。他還透過推行憲政改革使總統成為一個由民眾直接選出的官員，而總統只代表台灣和台灣的民主。如前幾章所述，在一九九〇年代前期，李登輝開始向世界宣傳台灣的民主，以及台灣在國際社會中應有的空間和地位。

在一九九四年的省長選舉中，李登輝支持在中國出生的外省人宋楚瑜。在這場激烈的選戰中，李登輝為拉近省籍間的距離而公開表示，任何熱愛台灣這塊土地的人都是台灣人。此外，他多次反覆使用「新台灣人」這詞來象徵在台灣出生以及在台灣待了相當長的時間並認同台灣（他特別強調不是認同中國）的所有國民。李登輝成功地塑造出基於包容而非族群的台灣認同。一九九五到九六年間，台灣民眾心中的民族主義情緒不斷升高，民族認同也開始朝不同的方向發展——強調台灣民主化的成就，以及中國對台灣民主的敵意。對許多台灣人來說，一個民主的台灣很有可能是一個獨立的台灣。

李登輝一方面挑起台灣人心中的民族主義情緒，另一方面他本人對中國的敵意也不斷升高，並逐漸往贊成獨立的方向靠攏。在他當選總統的演說中，他大聲強調台灣在政治變革上取得的重大成就。他驕傲地指出，這是華人歷史上第一次的國家領導人直選。李登輝的一位幕僚調侃道：「中國就做不到這一點。」另一位則說：「這正是台灣與中國分離的原因。」李登輝傳達出台灣是一個國家的訊息（否則怎麼可能曾舉行選舉），而台灣與中國的關係將從此不同。在接受美國《新聞週刊》訪問時，李登輝表示北京「深感挫敗，卻有口難言」。他同時也反對新加坡總理李光耀讚揚台灣是亞洲民主模範的說法，明確指出台灣是「中國民主的燈塔」。[5]

另一次接受美國有線電視新聞網（Cable News Network, CNN）訪問時，李登輝除了明確強調中國境內「有兩個政治實體存在」，並且認為卡特政府與中共建交時重申的一中政策已經「過時」。他將其比喻為長大的小孩穿著不合身的衣服。另外，他也以納粹主義形容中國的民族主義，並表示台灣有尋求聯合國席位的資格。[6]李登輝的幕僚在許多其他場合強調世人不應該再將台灣視為中國的一部分，應該把台灣視為供中國模仿的一個典範。當中國開始仿效台灣的民主時，兩岸或許才能找到更多的合作方向，組成「聯邦」或「中華共同體」。然而，這些條件的前提是台灣能夠捍衛自己的主權。

在就職演說中，李登輝宣稱台灣已邁入「一個『主權在民』的新時代」。他強調台灣對國際民主陣營的貢獻，還有為了爭取自由與民主所付出的代價。提到台灣的驕傲，李登輝表示台灣是獨一無二的，而一個擁有自己土地的獨特族群，應該是一個主權國家。台灣絕不會臣服於中國，也絕不接受北京把台灣視為離家的小孩或叛亂的一省。一位李登輝陣營的人士套了毛澤東在一九四九年十月一日宣布成立中華人民共和國時喊出的口號：「台灣已經站起來了。」因此在李登輝上台後不久，他撤換了強烈主張一個中國政策的外交部長錢復，取而代之的新任外交部長（蔣孝嚴）更能接受李登輝所主張的台灣認同，並積極推動其「南向」政策，展開與東南亞國家的經貿交流。他向許多大型和一些中小企業施壓，要求他們不要到中國投資。

一九九六年十二月，李登輝邀請學者、官員與反對黨領袖召開國家發展會議。在這場民進黨代表充分參與的會議上，大家達成裁撤台灣省政府的共識。與會者一致認為，省政府的存在象徵著台灣仍是中國的一省。此舉十分具有爭議性，因為省政府在不久前才落實民主化的措施。但在李登輝的堅持下，台灣省政府仍遭到大幅「精簡」。李登輝這麼做的目的，就是要破除所謂台灣屬於中國一個省的「神話」。在這方面，民進黨與李登輝緊密合作。

到了一九九七年二月，二二八和平紀念日正式成為台灣的國定假日。此舉等於是向中國宣示，中國人早期對台灣採取的威權統治不是一件讓人愉快的回憶，如果台灣與中國統一，同樣的悲劇將重新上演。接下來李登輝所發表的一系列官方言論，更強調台灣的國家認同、主權、地位，以及民主價值。上述所有他的論點都可以巧妙的連繫起來。

中國成為超級助選員

對於台灣的首次總統直選及李登輝的勝選，北京極度震驚。中國官媒新華社不帶評語地報導大選結果，顯然想貶低台灣總統直選的重要性。新華社僅輕描淡寫地指出，由於李登輝掌握不同資源的優勢，選舉結果屬預料之事。[7] 國台辦忿忿不平地表示選舉並未改變台灣的地位。某位發言人更指出：「無論台灣如何改變其產生領導人的方式以及選舉結果為何，兩者都無法改變台灣隸屬於中國的事實。」無論在台灣選舉開票時或選舉結束之後，中國國營國際新聞雜誌《北京周報》對台灣總統大選隻字未提，在選舉過後的首份刊號對台灣也沒任何報導。《北京周報》僅在四月初的刊號裡，以一篇不顯眼的半頁報導重述國務院總理李鵬在選舉前的發言，其梗概是無論總統大選結果如何，台灣領導人都必須避免會衍生出兩個中國的活動，而台灣問題仍舊是中國的內部事務。[8] 一位台灣的評論家表示這是「老調重彈」。另一位在台北的觀察家引述天安門屠夫李鵬的話：「中國想藉此警告台灣，其民主化的下場就是重現一九八九年春天民主運動遭到鎮壓的天安門事件。」中國外交部官員在接下來的例行記者會指出，軍事演習和中美關係的緊繃，導因於柯林頓政府派遣航空母艦到台灣海峽。中國外交部完全沒提到台灣的選舉和民主。

在中國政治局的會議上，中國官員一致認為飛彈試射成功地減少民進黨的選票，並且「教訓了驕傲自大的掌權者」（明顯指向李登輝）。中國官員也認定，選舉的結果證明台灣民眾不傾向走台獨路線。他們的邏輯是：主張台獨的民進黨只得到百分之二十一的選票，而支持一中政策的黨派加總起來共有百分之七十九的選票。此自欺欺人的結論看來很愚蠢。事實上，這個結論根本是自我矛盾，因為中國媒體指控李登輝支持台獨已有時日，尤其是在選戰最激烈的時刻。進一步來看，這個結論也忽略民進黨在同時間舉行的國民大會選舉中，比上次選舉獲得更高的支持率。選舉結果暗示許多民進黨支持者投給李登輝，因為在他們屬意的候選人無法勝選的情況下，支持台獨的李登輝是次佳選項。

至於總統直選是否意味著台灣從此與中國分離，北京高層未置一詞，對於西方媒體認為這次選舉是「台灣民主化最後的里程碑」，也未做回應。對於以漢人及中華文化為主體的台灣能發展出西方式民主這一點，也沒有任何一位北京官員出面評論。凡是與民主有關或西方媒體側重報導的部分，中國官方一律消音。然而，對西方觀察家來說，這場選舉已充分證明西方民主體制在東亞社會行得通。在這地區許多人提倡的「亞洲式民主」，還不如台灣發展出來的真民主。

中共高層也無法承認，這場選舉帶給李登輝鞏固其領導地位的民意基礎，而他將在未來與北京的交流中採取更強硬的姿態。北京也同樣未提及這次選舉讓台灣產生一種獨特和分離的國家認同；而台灣和西方媒體都在選舉期間和選後對此現象有充分的評論。北京甚至沒有對台灣的黑金政治多做評論。但在選舉前，北京當局的發言人曾多次批評這場選舉是「由金錢與黑道所操控」。沒有任何一個中國官員或媒體報導指出，事實上北京的舉動幫助李登輝贏得大選。無論是台灣或西方媒體和學者都已多次討論這件事。許多人都認為，如果沒有「中國因素」，李登輝的得票數將減少百分之五，有人甚至認為可能減少百分之十。若少了這關鍵的百分之五，至少需要過半民意才能與中國對抗的李登輝可能因此難施拳腳。所以十分諷刺的是，李登輝夢寐以求的民意基礎其實是北京造成的。一位國民黨官員甚至表示，他們應該為這次的勝選頒發一枚超級助選員的勳章給江澤民。

沒有一位中國學者撰文討論此事，或在海外媒體上提出自己的看法，就連在公開場合上，北京對台灣民主化的影響也從未被討論。而台灣媒體早已發現，中國的飛彈試射導致民進黨與新黨的結盟破局。[9]若沒有飛彈試射，國民黨在這場選舉的表現會很糟糕，李登輝也不可能取得過半的民意支持。但中國對此事始終不願回應。北京不願意從政治體系變革的角度來看待台灣的總統大選，也不對自己干預台灣內部事務的錯誤決策有任何回應。北京不但無視於這次選舉所帶來的影響，並且希望扭轉國際輿論對於這場大選的前途一片看好。一位來自中國社會科學院的學者指出：「許多國家對中國的軍事演習抱持溫和、可理解，甚至正面的立場。」他還引用聯合國秘書長包特羅斯—蓋里（Boutros Boutros-Ghali）要求西方國家不要干預中國內政的言論。他聲稱此一觀點為所有亞太地區國家與世界上大多數國家的共同觀點。[10]由於飛彈試射激發了中國民眾的愛國主義情緒，北京高層對這次台海軍演結果十分滿意。許多中國官員甚至將這次演習解讀為「對台獨漢奸適時的懲戒」。[11]

大選結束後一段時日，一位中國外交部官員以美國的南北戰爭比擬中國對台灣的看法。他指出美國政府當時以維護國家領土完整為由，反對歐洲國家向南方軍出售武器。在一份延遲發出的警告中，中國指責美國「涉險」向「台灣當局」送出錯誤的訊號。尤其是派遣航空母艦到台灣海峽一事，更被解讀為美國對台獨運動的支持。[12]選舉之後三個月，國台辦發言人甚至宣布飛彈試射「圓滿成功」。[13]北京高層的想法及中國媒體的宣傳，顯然與台灣民眾的看法以及美國媒體的報導大相逕庭，而這樣的「理解差距」也為美中台三邊關係帶來嚴重的問題。

東亞民主的典範

儘管美國與世界輿論對台灣劃時代的總統直選之反應有別於北京，甚至天差地別，但國務院與白宮的反應卻十分謹慎。由於美國與台灣沒有正式的外交關係，因此國務院在李登輝勝選後未給予正式的祝賀。[14]國務院官員被要求不得在公開場合讚揚台灣史上首次的總統直選。即使如此，國務卿克里斯多福仍發表看法：「我希望伴隨著台灣選舉的落幕，該地區周邊的衝突能逐漸化解。我們也樂見中國與台灣恢復聯繫與對話。」[15]在上述的發言中，克里斯多福完全忽視台灣「在民主上取得的重大突破」。一位觀察家對此表示：「他將這場選舉視為破壞中美穩定關係的大麻煩。」白宮一位發言人格林（Mary Glynn）則恭賀台灣人民「向民主邁進一大步」，同時呼籲並期盼台海緊張情勢的減緩「早日到來」。[16]

然而，國會的反應明顯與國務院和白宮不同。議員稱讚台灣總統大選是一場「歷史性」且毫無爭議的勝利，因為這不僅證明台灣成為真正的民主國家，而且對照出良善台灣與邪惡中國之間的差異。有些議員甚至建議以官方名義邀請李登輝訪美，有些則建議與台北恢復外交關係。三月二十八日，也就是選舉落幕數天後，美國參議院通過《對外關係授權法》（Foreign Relations Authorization Act），法案內容包括邀請李總統訪問美國、改善與台灣的關係，以及在人權議題上加強對北京施壓等。該法案甚至建議美國對西藏流亡政府派遣代表，並且在中國播放「自由亞洲電台」（Radio Free Asia）所製作的節目。該法案在參議院與眾議院都順利通過。[17]

所有美國的主要報紙都詳細地報導台灣總統大選的經過，並一致給予正面的評價。他們認為這次選舉「對台灣民主化的發展有重大貢獻」。許多美國媒體都使用「歷史性」、「劃時代」與「里程碑」這些字眼來描述這次的總統大選。大多數人表示，這是台灣邁向民主化的最後一步。此外，幾乎所有的媒體都認為這次是李登輝的勝利與北京和解放軍的挫敗。多家媒體也指出這是北京的「挫敗」，而且是台灣民眾面對中國恫嚇的「回絕與抗拒」。

《紐約時報》頭條將這次選舉形容為對北京的一記「當頭棒喝」，給予李登輝充足的民意基礎，並且得到東亞鄰國的喝采。[18]該報導並指出，選舉結果「不僅在來勢洶洶又充滿敵意的中國面前保住台灣，而且影響了整個亞洲和美國」。[19]對於美國派遣航空母艦到台灣海峽的決定，該報導也非常肯定。《華爾街日報》（*Wall Street Journal*）則認為這次選舉「展現出台灣人非凡的毅力與沉穩，是一個激勵人心的故事」。該報除了讚揚台灣「正朝民主的道路前進」，也批判美國對中和對台政策的曖昧不明；另一篇社論則公開指出台灣「需要美國的支持」。還有一位報刊的編輯稱李登輝是一位「天生的民主人士」，並認為「台灣最終將會引領中國走向民主，而非後者引領前者」。[20]《今日美國報》（*USA Today*）刊登了兩篇報導，標題分別為「中國威脅助李登輝成功突破年齡與省籍矛盾」與「台灣選民渴望獨立」。前者強調北京幫助李登輝取得勝利，後者則指出這場選舉代表台灣已往分離主義的道路愈行愈遠。[21]《華盛頓郵報》（*Washington Post*）也報導：「李登輝贏得一次壓倒性勝利，成功將台灣由原先的獨裁體制轉型為民主政治，並藉此突顯台北與北京不同之處。」由於李登輝拿下北京所不樂見的過半支持率，選舉結果因此被該報形容為「中共高層的一次挫敗」。[22]

其他國家的媒體同樣也對選舉結果持正面態度。倫敦《泰晤士報》（*The Times*）以李登輝的「壓倒性勝利」、對北京的「打擊」及「獨立的渴求」來形容這場選舉。[23]《金融時報》（*Financial Times*）報導李登輝獲得「全面的勝利」，並讚揚台灣選民「反抗的勇氣」。該報也指出這次選舉反映出台灣的溫和克制，並建議北京必須與台灣對話。[24]《衛報》（*Guardian*）則諷刺北京意圖以恫嚇手段威逼台灣選民就範，卻換來全然不一樣的結果，並對於北京選前攻擊李登輝為台獨分子、選後又聲稱統派贏得勝利的矛盾態度也予以批判。[25]由於李登輝已經由民主直選方式成為國家領導人，東京《讀賣新聞》則談到李登輝在這次選舉中所獲得的民意「意義深遠」。新加坡《海峽時報》（*Straits Times*）則讚揚李登輝在中國的文攻武嚇下獲得重大的「歷史性」勝利。[26]香港《南華早報》指出台灣已透過這次選舉成為「實踐共和政府理念的民主典範」，同時也批判北京的軍事威脅。[27]

這次歷史性選舉充分展現了台灣的民主化，在美國與其他國家廣泛贏得好評。相較之下，北京顯得十分難堪。就美國未來的對台政策而言，台灣大選提供了許多清楚的線索：國會、媒體與民間毫不吝惜地讚揚台灣的「民主成就」，但國務院卻不以為然。

1 參見John F. Copper, *Taiwan's Mid-1990s Elections: Taking the Final Step to Democracy*, Westport, CT: Praeger, 1998, chapter 4.

2 實際上，北京的一連串舉動很可能幫助李登輝提高百分之五的支持率。

3 詳情參見Christopher Hughes, *Taiwan and Chinese Nationalism: National Identity and States in International Society*, London: Routledge, 1997; Alan W. Wachman, *Taiwan: National Identity and Democratization*, Armonk, NY: Sharpe, 1994.

4 參見John F. Copper, *Taiwan: National State or Province?* Boulder, CO: Westview Press, 1999.

5 "We Must Defend Ourselves," *Newsweek*, May 20, 1996, 38-39.

6 "Taiwan's President Challenges China on Eve of Inauguration," *Cable News Network*, May 17, 1996. (found at www.cnn.com)

7 參見"Quarterly Chronicle and Documentation," *China Quarterly*, June 1996, 693.

8 "Policy on Taiwan Hard and Fast," *Beijing Review*, April 1-7, 1996, 4.

9 Garver, *About Face*, 153.

10 同前註，頁一五六。

11 同前註。

12 "News Briefing by Chinese Foreign Ministry," *Beijing Review*, April 1-7, 1996, 4.

13 Garver, *About Face*, 153.

14 參見Patrick Tyler, "Taiwan's Leader Wins Its Election and a Mandate,"*New York Times*, March 24, 1996, Section 1, 1.

15 Times-Picayune, March 24, 1996.(found at www.lexis-nexis.com)

16 St. Louis Post-Dispatch, March 24, 1996. (found at www.lexis-nexis.com)

17 Lasater, *The Taiwan Conundrum*, 270.

18 Tyler, "Taiwan Leader Wins."

19 *New York Times*, March 24, 1996, Section 1, 14.

20 *Wall Street Journal,* March 25, 27 and 29, 1996. (found at www.lexis-nexis.com)

21 兩篇報導的作者皆為考克斯，參見*USA Today,* March 25, 1996, 4A, 6A.

22 Keith B. Richburg, "China Fails to Sway Election in Taiwan's President Lee Wins Big Despite Threat," *Washington Post,* March 24, 1996, A1.

23 Nick Rufford, "Taiwan Defines Peking Fury as "Traitor" Lee Wins Poll," *Sunday Times,* March 24, 1996. (found at www.lexis-nexis.com)

24 "China Must Talk to Lee," *Financial Times,* March 25, 1996. (found at www.lexis-nexis.com)

25 "Martial Make-Believe; The Chinese Need to Live with Reality," *Guardian,* March 25, 1996, 10. (found at lexis-nexis.com)

26 Choo Li Meng, "Impressive Voter Turnout of 76% in Historic Election," *Strait Times,* March 24, 1996, 13.

27 Christine Loh, "Taiwan Shows Mainland the Way," *South China Morning Post,* March 25, 1996, 20. (found at www.lexis-nexis.com)

第七章 柯林頓訪問中國，台灣問題兩極化

一九九八年六月，柯林頓訪問中國。這趟訪問是重要的里程碑，但也突顯華盛頓—台北—北京的三方關係中，各自的主要與次要主事者對於同一事件呈現截然不同的解讀。根據白宮政治公關顧問（spin doctors）的回憶，柯林頓在美國發表一項關於人權的聲明，讓人權議題首度在中國廣泛流傳。他在武器擴散、環保及其他重要議題上與中共領導人取得共識，並帶回可為美國勞工增加就業機會的貿易協定。另外，他也以自己的魅力，在中共高層和中國民眾心中留下深刻的印象。

對中國來說，柯林頓消除了中美因一九八九年天安門事件而引起的摩擦，並突顯自己的愚蠢——他完全依照中共高層所希望的那樣讚揚他們，也在台灣問題上對中國讓步，卻只換回中共高層不會兌現的承諾。在台灣，許多人認為美國總統出賣了台灣。不過看在許多台灣政府官員眼裡，這只是一趟展現善意的外交之旅，目的是挫挫台獨分子的銳氣。總體而言，他們認為這趟訪問對台灣的影響微乎其微。

在美國國會，尤其是柯林頓批評者的眼中，這次訪問的目的是把焦點從柯林頓的私人與其他問題上

轉移。這點也反映出柯林頓的對中政策混亂無章，而國會的反對當然非常激烈。大部分的東亞國家認為，這次訪問似乎反映了美國由原來的親近日本和東南亞轉向親近中國，這些國家之中有的困惑不已，有的則戒慎恐懼。但看在長期關注兩岸事務的觀察家眼中，這趟訪問的成果不切實際，儘管當時人們需要的是實際作為。這次訪問不僅導致兩國的立場呈現兩極化並加深誤解，而且也與美國先前宣布的政策發生矛盾。

柯林頓對中外交的突破

一九九八年六月二十四日，柯林頓、他的夫人希拉蕊（Hillary）與女兒雀兒喜（Chelsea）啟程前往中國。他們於六月二十五日抵達，展開長達九天的旅程（整個行程共計十一天）。根據許多媒體的報導，這是印象中歷任美國總統出訪天數最長的，也是美國總統出訪規模最盛大的一次，包括數名內閣成員、兩百二十五名幕僚、數百名軍人與安全人員，加上四百多位新聞工作者，跟著他一同前往中國。白宮希望這次訪問的媒體曝光度越高越好。在出訪前幾週甚至數月前，白宮的公關人員和國務院刻意對外宣傳議程、訪問目的、私人興趣等各種周邊花絮。柯林頓一改過去其國內總統的形象，試圖向世人證明自己也是一個關注外交事務的總統。

事實上，柯林頓這次訪問是對中國這個重要性僅次於美國的世界大國進行回訪；一九九七年江澤民訪問美國時，柯林頓接受對方的邀請。此後，他的公關人員與白宮幕僚一再對世人強調，中美關係是世界上最重要的外交關係，兩國關係必須妥善經營，世界也會因為這趟旅程而趨向和平。一位國務院發言人表示，柯林頓此次訪中的目的是「讓中國去妖魔化」。這段發言的背景是：中國的形象在美國相當惡劣。當時中美關係正處於歷史的最低點，雙方極有可能演變成公開的敵人。

從上演一場好戲的角度來看，此次訪問非常成功，不僅展現了柯林頓的表演天分與精明的外交能力，也贏得國內外媒體的盛讚。有些媒體甚至認為，柯林頓的中國之行未來將成為歷史學者筆下其總統生涯的最高峰。各家民調也顯示這趟旅程相當成功，而且超乎預期；他的確達到所有預期的目標。他成功地走到街上與中國民眾互動，此前沒有任何一位西方政治人物能做到這點。中國政府並未禁止或干擾柯林頓大部分的發言，讓他得以成功地向大眾推廣他自己與美國人對人權、民主、良好政府、環保和其他議題的看法。他還特別提到香港。他的所有言論都透過國家廣播電台與電視台向全中國放送。過去從來沒有一位美國領導人能在中國政府的允許下對中國人民喊話。憑著個人魅力，柯林頓與江澤民卸下歷史包袱，如朋友般地對話。一位同行的美國學者指出，那場對話給予人一種「事情可能已出現變化」的「振奮感」和信號。[1]

而更重要的是，除了與江澤民的關係有所突破外，柯林頓說服中共高層加入世界許多重要國家都已簽署的《飛彈技術管制協定》（Missile Technology Control Regime），以防止近年飛彈擴散對國際和平所造成的威脅。透過此一協定，柯林頓得到中國不會提供飛彈給巴基斯坦的特別承諾。在柯林頓做出不將飛彈瞄準中國的承諾後，中共高層甚至承諾，中國的飛彈絕對不會瞄準美國的城市。從此以後，美國民眾可以安穩入睡，不用擔心有人會以核彈瞄準自己。中國也同意柯林頓對生化武器的看法，並答應所有賣到中國的美國高科技不會落入解放軍手中。更重要的是，當時柯林頓在面對南亞國家發展核武的問題上得到中國這個幫手。在柯林頓訪問中國的前幾天，印度與巴基斯坦雙雙進行核武試爆。唯有得到中國的幫助，白宮才能對外宣告令人恐懼的南亞核武擴散的態勢平安落幕。北京還默默加碼，順便答應終止自己的核武試爆。不過，對於是否停止生產中程彈道飛彈以因應印度的核武威脅，中共高層則迴避做出承諾。

為了慶祝他們的勝利，柯林頓與江澤民宣布建立中美「戰略夥伴關係」。這項新政策象徵柯林頓的勝利，就如白宮發言人所說，他讓中美關係有了一個令人開心的進展，「世界上最重要的國家」從此成為美國維護世界安全與穩定的朋友。他的一位幕僚表示：「柯林頓朝世界和平的目標跨出歷史性的一步。」甚至還有人建議他應該獲頒諾貝爾和平獎。

柯林頓還為美國企業與員工帶回許多重大協定。畢竟他一開始就強調，這趟旅程是為了增進中美的經貿交流。他甚至讓北京同意美國有權監督中國是否有違反任何與美國簽署的貿易協定。也許這回在經貿上的最大成就，是中國答應不會讓人民幣貶值。經濟學家反覆警告，一旦中國宣布人民幣貶值，就會引發全球貨幣貶值的連鎖效應。受到一九九七年金融風暴的影響，亞洲國家的經濟已處於崩盤邊緣。若情勢持續惡化，就會影響到全球經濟的發展。此前日圓已受到金融風暴的影響而貶值，因此在出口貿易上更能與中國競爭，引發中國報復之心。柯林頓還討論中國參加世界貿易組織的相關事宜，其背後隱藏著兩個重要的目的：一是他試圖將中國轉變為國際社會的合作者，二是解決中美之間每年所遇到的貿易逆差問題。最後，諸多細節在這場會議上遭雙方擱置，有待日後解決。

柯林頓獲得巨大的成就。許多人可能想知道更多關於柯林頓訪中的細節，以及此事件在歷史上的地位究竟有多麼重要。一九九七年十月江澤民訪問華府，他給主人留下良好的印象，並逐漸被視為全世界一號人物。柯林頓回訪中國也讓他重拾世界領袖的地位，順便沖淡媒體早先對他的負面報導。稍早前，中國剛簽署聯合國《經濟、社會及文化權利國際公約》（International Covenant on Economic, Social and Cultural Rights），並邀請美國一些宗教領袖到中國討論宗教自由的問題。此一局勢發展助柯林頓一臂之力。江澤民甚至答應，只要他有機會訪問華府，就會重啟人權議題相關的討論。就連美國眾議院議長金瑞契也受江澤民邀請到西藏訪問。江澤民還給美國帶來其他好處：包括以三十億美元購買五十架波音客機，在二〇〇〇年以前將美國電腦的進口關稅降到零，並購入大批美製發電設備。

許多美國人都還記得那次江澤民的訪問，並認知到中國是又大又重要的國家。在許多美國人看來，柯林頓邀請江澤民訪美並接受回訪北京的邀請，是再正確不過的決定。那些對中國局勢瞭解有限的人被告知，一九九七年二月鄧小平去世後，江澤民無疑掌握國家的生殺大權。此前一直有質疑他的聲浪，在中共領導層接班的疑慮解除後，柯林頓訪中的時機被認為恰到好處。柯林頓的幕僚也對記者表示，這次訪問是中美關係一大「轉捩點」。柯林頓的訪問將改變兩國原先緊張的關係。此外，他們還提到柯林頓對中國的外交政策，遠比之前的模糊政策及不受歡迎的孤立政策更符合國家利益。他們也暗示那些反對美國對中政策及批評柯林頓訪中的人士，實際上是要讓美國從國際舞台撤退。顯然柯林頓的訪中之行被打造得十分出色。誠如一位觀察家所言：「整場戲編排得相當專業。」

中國式的報導評論

從北京的觀點來看柯林頓的來訪，我們得到的解讀卻完全不同。原因在於中共高層有自己的世界觀，而且他們想達到的目的與柯林頓不盡相同。北京對於這趟訪問也編造了自己的版本。一如美國媒體，中國官媒不斷強調柯林頓此行是他總統任內天數最長的一次出訪，只是兩者的結論完全不同。這次訪問的重要性不在於柯林頓做了許多事，而在於中國實在是一個不容小覷的國家。中國的報章雜誌不斷強調，柯林頓從非常繁忙的行程中抽出兩週的時間訪中。他們注意到柯林頓參訪團的規模浩大，也看到白宮批准哪些重要人士隨行。另外他們也吹噓，柯林頓在中共高層的要求下，前往中國與返回美國的行程中沒有順道造訪其他國家。[2]柯林頓也確實依中共高層的要求取消日本的訪問行程。當時日本是中國在東亞的主要競爭對手，也是許多中共高層討厭的國家。所以柯林頓決定不在東京停留，對北京是出乎意料的勝利。此外，中國媒體還注意到柯林頓提前了這次訪問的時間，他們將此視為美國重視中美關係的證明，卻沒注意到該時程變動其實與寶拉．瓊斯（Paula Jones）指控柯林頓性騷擾案的開庭日期有關。

與華盛頓一樣，北京對這次訪問有自己的解讀，而且顯然與華盛頓大相逕庭。江澤民在一年前訪問美國，並與柯林頓達成建立一段「具建設性的長遠夥伴」關係的共識。因此，柯林頓必須回訪中國，以「鞏固」這個夥伴關係。中國官方的發言人表示，中國在世界上扮演的角色愈來愈重要，已不再是美國可以否定或控制的事實。有些人認為經濟的蓬勃發展將使中國成為全球最大的市場，有些人則注意到中國最新的軍事實力。不過一位中國官員提出另一個世人沒注意到的角度，那就是中美關係的改善能提升「亞太地區與全世界各國之間的福祉」。他特別提到，美國過去五十年參與的戰爭全都發生在亞洲。此外，他還表示亞洲的貿易量達世界之最（將近歐洲的兩倍）且不斷提升。針對貿易議題，中國官員與媒體還特別強調在亞洲金融風暴時，中國如何扮演維持亞洲經濟穩定的角色。中國的重要性再度被放大。中國官員與媒體都不斷強調美國（不少西方媒體證實）正想方設法阻止中國操縱匯率（讓人民幣貶值），因為這將引發一場經濟危機。此舉除了會造成全球貿易的不穩定，更有可能癱瘓美國的股票市場，進而導致美國經濟衰退，甚至出現大蕭條的情況。

中國的政治公關顧問注意到柯林頓的「隨行人員」有大批經貿專家與企業老闆等人，他們找到了中國新興經濟之重要性的印證。這些專家與老闆在中國媒體上通通被形容成尋求與中國經貿合作或其他好處的懇求者，甚至是乞求者。一位作家甚至斷言，倘若美國取消給中國的最惠國待遇，美國的損失會比中國還要多（這點與華盛頓及世界上大多數國家的看法完全相反）。[3]中國媒體如實陳述柯林頓訪中的先決條件，舉例來說，中國媒體報導美國政府認知到台獨運動將危及中美關係，因此在出訪數月前派遣前高級官員訪問台灣，向「台灣當局」傳達「相關訊息」。還有一本雜誌指出，過去美國「模糊的對台政策看來即將走向清晰」。[4]

中國媒體特別關注，並且報導柯林頓出席中共高層在天安門廣場上所舉行的歡迎儀式。雖然沒提到一九八九年在此發生的屠殺事件，中國媒體卻利用該報導傳遞了清晰的訊息：美國曾大聲譴責天安門事件並拒絕派遣高階官員訪中（連低階官員也不願意出現在天安門），但現在連總統都親自來了。這象徵中國的重要性得到美國的認可。甚至還有官員指出，柯林頓現身於天安門廣場上的歡迎儀式，即代表美國政府為一九八九年的錯誤譴責向中國致歉。還有人指出柯林頓已接受中國的說法，將當年的民主運動視為一場反革命叛亂。

北京官員在這趟訪問成行前，對中美之間可能產生分歧的議題進行審慎勾勒，以防止一切超出其預期範圍之外。中國一位高階外交官指出：「美國是一個想以自身文化與價值觀改變並征服東亞與世界的『霸權』國家。」可能是對美國人的政治正確有所瞭解，中國官員伺機調侃了華盛頓：「中國反而想尋求多元性。」他們強調中國希望見到一個多元的世界，並且真誠追求世界各國之間的平等關係，而不是一個由美國支配的世界。無論是中國官員、學者還是媒體，都強調中國有義務推動一個「均勢、相互制衡又多極化的世界架構」。[5]

中國媒體將中美關係出現的一切障礙都怪罪到美國國會，指責他們破壞白宮與中國修補關係的努力，尤其是國會所通過的諸多友台法案，更被一一指出並嚴詞批判。同時，中國媒體也抨擊國會議員對中國竊取美國機密、並試圖以金錢非法影響美國選舉的指控。當柯林頓抵達中國時，中國媒體的相關報導比許多人想像的還要收斂。但隨著他的訪問順利進行，中國媒體在確認不會有天搖地動的混亂情形發生後，便開始發表評論。如果有人對此狀況還不瞭解，在此得強調一個事實，那就是中國的所有媒體都在官方的掌控之中。當柯林頓還在中國訪問時，中國媒體加強對香港回歸一週年的報導。除了讚揚一國兩制在香港順利實施，中國媒體還建議此套制度可適用於未來台灣的回歸。柯林頓與江澤民談論的重要問題都有媒體報導，當然是從北京的角度出發。

六月二十七日，柯林頓重申華盛頓將繼續堅定推行一中政策。中國媒體理所當然抓住機會，對此廣泛又詳盡地報導。在引述江澤民的發言指出「中美將依據三個聯合公報處理台灣問題」時，他們絕口不提《台灣關係法》。中國媒體也指出，柯林頓在與江澤民會談時同意「西藏是中國的自治區」。但柯林頓的原話其實是：他「認知到」承認西藏為中國的自治區，是中國與達賴喇嘛重啟對話的先決條件。

江澤民強調，美國與中國都是聯合國安全理事會的成員，雙方應該在重要戰略議題上保持合作。由於雙方在經濟上扮演互補的角色，江澤民表示推動兩國的貿易交流至為重要。只是江澤民在談到人權議題時，仍指出這一切都要依據中國的歷史、社會、制度與文化來決定。至於柯林頓與江澤民歧異的看法，則很少得到中國媒體的關注。[6]柯林頓被允許探討人權議題，但官媒機構未允許地方電視台或報紙散播這些消息，就連柯林頓的發言稿也沒提供給他們。中國的分析家表示，柯林頓發言所帶來的影響微乎其微，因為政府沒有提供任何的評論與分析。中國學者甚至表示，柯林頓對人權的發言無關緊要，因為民主與民權在中國早已不再有爭論。民調則顯示，沒有多少中國人相信抗議是人類與生俱來的權利。更重要的是，批判中國的人權問題可能導致中國的民族主義升溫，而這卻是中共高層所樂見的。[7]

在事後針對這趟訪問的報導中，中國媒體不是強調中美簽署哪些合約，就是著重於柯林頓在中國停留的天數、訪問團的人數。江澤民處理這議題的手段也得到媒體的特別關注。一位觀察家還特別為江澤民取了「洋鬼子處理者」（barbarian handler）的外號。與美國簽署的貿易協定獲得不少報導，但中國媒體更喜歡用「推銷員」來形容柯林頓。有些研究者刻意將中國媒體使用該詞的狀況，與一九七〇、八〇年代西方媒體用來貶抑日本首相出訪時的狀況做比較。柯林頓針對台灣所發表的對台「三不」政策完全附和中國的立場，這點更被中國媒體形容成向「中國皇帝」朝拜。在一份報紙刊登的諷刺漫畫中，柯林頓被描繪成江澤民用繩索操縱的傀儡。這篇諷刺漫畫後來被其他報紙和電視台轉載，在全中國各地刊登與播放。

凡是柯林頓造訪的地方，中國媒體都透過隱喻解讀其涵義：到西安是向中國古代皇帝致敬；到天安門無疑是為美國過去的「失言」致歉；到上海是強調中美經貿關係的重要性；到桂林是體會中國之美；到香港則是表達美國對兩岸統一的支持。[8]當時一位北京大學的歷史系教授還撰文指出，在中國媒體間盛傳的一則故事提到，柯林頓之所以先去西安（而不是北京），此一安排的意義是遵循蠻夷人到天朝朝貢的傳統，瞻仰中國歷代皇帝的陵寢。作為中國古代皇帝的陵寢，西安在中國人心目中本來就不是一座吉祥的城市。由於平常會去的人不多，柯林頓被安排去西安的目的正是刻意羞辱他，如同美國過去羞辱中國的情況。柯林頓除了有意無意被形容成一位來自蠻夷的懇求者，還被按時羞辱；中國媒體甚至詳細報導柯林頓在中國的伙食——尤其是那些亞洲人知道會讓外國人感到反胃的食物，而這些就是當時給柯林頓先生的中國式禮遇。

就在柯林頓訪中之行結束後不久，大約一個月後，中國出版了國防與國家安全白皮書，將北京高層對美國的看法毫無保留地寫出來。該報告書將美國形容為以權力政治威脅世界安全的霸權國家。很明顯的，該報告書抨擊的主要對象為建立在《北大西洋公約》和《美日安保條約》的同盟體系。一位評論員表示，該報告書的結論證明柯林頓想與中國建立「戰略夥伴關係」的想法「若不是愚蠢，就是極度天真」，還強調中國應取代美國、成為亞洲強權的想法。[9]另一位評論員指出：「看來柯林頓的魅力在中國失靈了，或者未維持太久。」總之，中國對這趟訪問的觀點幾乎與白宮的版本完全對立。然而，雙方都將客觀事實操縱成對自己有利的內容。在許多嚴謹的觀察家看來，顯然他們不同意柯林頓此行有取得任何具體成果。訪問結束後，這些異議分子持續批判柯林頓。在他們眼中，這趟外交之旅絕非用一句「當東方遇見西方」（between East and West）就可以概括論定。

亞洲國家對柯林頓訪中冷眼旁觀

其他亞洲國家對柯林頓的訪中所持的見解也與白宮的版本非常不同。相較於將柯林頓視為一位完美圓滑的政客與外交家，他們更傾向將他視為一個讓中國予取予求的糊塗蛋。他的一言一行不但破壞美國的亞洲政策，而且敗壞了美國在該地區的聲譽。

首先，柯林頓針對在天安門廣場與江澤民會見一事，他告訴早先來訪白宮的南韓總統金大中，他只是受中國政府邀請的客人，因此必須遵從主人的安排。隨後，雖然柯林頓為前往天安門廣場一事道歉，但仍表示這只是從事外交活動的正常手段。提到中國在天安門廣場上歡迎自己一事，他仍堅持：「那是他們的權利。」但看在亞洲國家眼中，柯林頓代表的是全世界最強大的國家，拒絕中國的不合理要求應該是輕而易舉的事。柯林頓選在大屠殺週年紀念日剛過不久現身天安門，[10]並譁眾取寵地花了幾分鐘指揮解放軍樂隊，無論是否刻意，柯林頓的舉動形同認可中國再次成為偉大的國家——主宰亞洲的強權，而其必須擁有符合如此地位的尊嚴。造訪天安門等同放棄美國在該地區的優勢地位，而且傳遞出美國將撤出東亞，並由中國填補空缺的強烈訊息。換句話說，柯林頓的舉止等於宣告「美國世紀」的結束與「中國世紀」的崛起。一份亞洲報紙引述某位中國外交官的發言指出，美國媒體大亨亨利．魯斯（Henry Luce）曾預言二戰後將是美國人的世紀，但他認為這個預言只「說對一半」。對於柯林頓現身天安門廣場一事，亞洲國家媒體批判他的虛偽。因為他在競選總統期間及就任的第一年，曾不斷對中國的人權問題大聲斥責。他們發現他的立場已有改變，並認為美國其實不如亞洲民眾所想的那般在乎亞洲國家的人權問題。

其次，柯林頓接受中國主人的建議，在前往中國與返回美國的行程中不在日本停留，柯林頓倒是取得美國民眾的支持與大部分亞洲民眾的諒解。畢竟日本人在一九八〇年代一度以較優秀的商業敏銳度、高品質的產品，以及科技能力和教育水準狠狠羞辱過美國人，如今日本不再受到上帝眷顧，西方與中國媒體倒是一同樂見柯林頓冷落東京。很少有美國人看出柯林頓犯了什麼大錯，但在亞洲國家看來，這卻意味著柯林頓改變美國原本的外交策略。就在十多年前，前美國駐日本大使曼斯菲爾德（Mike Mansfield）曾強調日本是美國在世界最重要的盟友。對亞洲觀察家而言，柯林頓的行為等於告知全世界，日本在美國戰略規劃中的重要地位已被中國取代。先不討論美日已簽署的防禦條約，也不管根據官方數據日本的國防預算是中國的四到五倍（實際的情況可能是兩者差不多），他完全忽略一個遭威脅與拋棄的日本可能決定發展核武，進而使東亞陷入嚴重動盪的局面。同時，他還在美國最歡迎也最需要日本發揮其影響力的時刻，傳遞出要拋棄它的訊息。

從亞洲國家的角度來看，在柯林頓的心目中，日本在經濟上的顯要地位已讓位給中國。顯然柯林頓認為比起日本，維持亞洲經濟穩定更為事關重大——只要確保中共高層不讓人民幣貶值。然而，大部分的亞洲國家認為這個看法非常荒唐。當時日本仍是亞洲最大經濟體，這點可藉由日本是世界上最大的對外援助國，乃至世界第一的對外投資國的事實來證明。從各方面來看，日本仍是亞洲最強大的經濟巨人。亞洲國家即使不對此憂慮，也十分關注日圓貶值所引發的後果（反而不太關注人民幣的匯率）。儘管中國不斷吹噓的經濟成長率普遍遭亞洲國家質疑，但柯林頓卻對此深信不疑。

第三，柯林頓自作聰明地公開表態，不支持台灣加入任何「以主權國家身分為資格限制」的國際組織。他認為，如此表態可遏止台獨分子惹麻煩，並推動兩岸之間的建設性對話。他相信透過這個方法，類似一九九六年飛彈試射那樣的危機便不會在台海重演。美國也不需要再冒與中國翻臉的風險，派出航空母艦馳援台海。然而在亞洲國家看來，柯林頓又在沒得到相應報酬的情況下對江澤民做出讓步。更糟糕的是，他等於認可中國將領土擴張到歷史版圖上最大的範圍（是現有領土範圍的兩倍）。這意味著柯林頓完全無意對抗中國的民族統一論，亞洲國家因此質疑他可能在南海主權問題上做出不必要的讓步，並讓中國持續欺凌聲稱擁有該地區主權的東南亞國家。對長期反對大國沙文主義、主張透過和平談判解決問題的美國而言，這樣的讓步也未免太多了。

柯林頓的聲明也讓亞洲國家認定，他認定台灣不是擁有主權的國家。然而，全世界絕大部分的國家僅認知到，並未「承認（必要的法律條件）」北京對台灣所宣稱的主權。一位東南亞國家的領袖表示，顯然美國已放棄威爾遜（Woodrow Wilson）式的外交精神，轉而向政治現實低頭，而後者也操作得不好。台灣才在不久前因為快速實現民主化轉型，並以擁有全東亞最徹底的新聞自由而得到全世界的掌聲（與在柯林頓訪中期間禁止不友善記者隨行的北京形成強烈對比），但這些在柯林頓眼裡似乎都無關緊要。一位台灣評論家寫道：「顯然討好大中國比捍衛民主（即使是由美國協助建立的）還要重要。」許多亞洲人認為，這又是另一個突顯美國式偽善的例子，同時也大大脫離美國傳統的外交政策。一位亞洲記者則質疑，協助弱者對抗暴政的美國精神究竟在哪裡？

第四，柯林頓在公開演說中強調，中國有辦法遏止核武與常規武器的擴散，並阻止流氓國家破壞國際秩序的穩定。他相信透過與中國領導人簽署的合約，可為世界帶來更多的安全、穩定與和平。至少從表面上來看，這確實是柯林頓希望見到的。西方權威人士對此大都沒有意見，或至少未大力反彈。但在亞洲國家看來，這是柯林頓再次對民主價值的背叛，因為他與實行威權統治的中國及其同樣實施威權統治的盟友巴基斯坦站在一起，對付實施民主政治的印度。他認為中國太重要了，因此如同犧牲台灣一樣犧牲了印度。

再一次，柯林頓在滿腦子想征服整個區域的中國面前，放棄美國在亞洲維持權力平衡的原則。亞洲軍事專家表示，根據一九九五年二月美國國防部出版的《美國亞太地區戰略》（U.S. Strategy for the East Asia-Pacific Region）報告，美國將全力捍衛以日本為主的亞太聯盟體系，同時致力於與東南亞國家發展一套多邊合作的架構，並從「強勢地位」對付中國。但如今中國搖身一變，成了美國不可或缺的戰略夥伴。柯林頓的作為給予世人「中國無法被加以限制」的印象，而先前他制訂的一系列被亞洲國家認真看待的政策，到此全然失效。

亞洲人與美國人對中國為柯林頓舉辦的歡迎儀式也抱持不同的看法。在亞洲人眼裡，柯林頓的主人讓他在中國的言行看起來滑稽可笑。雖然從表面上來看，中國把他當成一個莊重的客人看待，但暗地裡卻又不是那麼真誠。一位中國人說道：「他們誆了他。」一張諷刺漫畫將江澤民手中牽的狗換成柯林頓的臉。一位地方的評論員則指出：「柯林頓是傻瓜，他顯然沒發現自己上當了。」還有一人指出，中國人依靠《孫子兵法》中的策略，不戰而勝地擊敗柯林頓。一群亞洲作家則懷疑中國軍方給了柯林頓一筆錢做為競選經費，他們表示：「他大概已經被收買了。」有些專家對此做出結論：即使是柯林頓本人與他精明的幕僚，也難以想像亞洲人會以何種角度看待如這趟訪問類似的事件。也許他們未曾預先評估，也許他們不在乎亞洲人有什麼想法。其中一位觀察家諷刺道：「亞洲人才不在乎柯林頓背叛他的亞裔募款人（指黃建南等人）時會怎麼說明這一切。」還有人指出：「柯林頓在國內已惹出夠多麻煩，因此對他而言，美國人如何看待這次訪問才是最重要的。」

禁不起檢視的外交政策

國會與柯林頓的批評者對這次訪中之行有更不一樣的看法。國會裡的反對者對柯林頓政府，甚至對他個人行為提出質疑，認為他有時間出訪中國，居然沒辦法抽空出席瓊斯女士性騷擾案的開庭。這場訂於一九九八年六月的審判，注定將為柯林頓帶來難堪。遭到諸多指控的柯林頓似乎就是為了這唯一的原因，將訪中之行由原本的十一月提前到六月。換句話說，柯林頓是逃往中國。有些人甚至將他的訪中之行與通緝犯潛逃到中國的情況相提並論。他們同時也提及曾為柯林頓與民主黨向解放軍募款的華裔人士黃建南與崔亞琳當時在中國失蹤一事。

也有人從不同角度批判柯林頓的中國之行。國會內外的人權鬥士從柯林頓在中國沒說什麼與做了什麼，來對照他過去針對中國侵犯人權所做的強硬發言。許多政治立場偏左的人權團體認為，柯林頓根本不該訪問中國。還有很多人批判柯林頓偽善。有些人則表示，他們對柯林頓在被「鮮血染過的天安門廣場」上出席中共高層為他舉辦的歡迎儀式感到作嘔。南希·裴洛西（Nancy Pelosi）這位人權團體在國會的指標人物，也是抨擊柯林頓對中政策最有力的評論家之一，悲憤地表示：「比爾·柯林頓給了中國一次大搞公關秀的機會。」[11]

人權團體與一位國會議員也指出，三位自由亞洲電台的記者因為在出發前一刻遭中國外交部駁回簽證申請，而無法依計畫陪同柯林頓訪中。由國會贊助的自由亞洲電台本來就是天安門事件後針對中國威權體制下的人權問題而成立的。許多國會議員對中國政府駁回自由亞洲電台記者簽證一事十分不滿。他們認為，這不僅是中國政府對人權的無情踐踏，也是它拒絕一切外部關切時所採取的一貫作風。更具爭議的是，有香港人權團體表示，中國政府在柯林頓訪問期間逮捕一批政治異議人士，除了確保其訪問的過程平順，也預防任何讓江澤民難堪的狀況發生。事實上，所有柯林頓到訪城市中的異議人士都在事先遭到逮捕。[12] 柯林頓的國家安全顧問柏格（Sandy Berger）坦承，中國此舉「與為了歡迎遠道而來的客人，而必須先把灰塵清理掉的道理一樣」。[13] 在國會與人權團體裡抨擊柯林頓的批評者認為，這是一起由白宮策劃公然的犯罪行為。

另有批評者認為，柯林頓此行花了四千萬美元，但他實際工作的時間卻只有幾小時，大部分的時間都花在玩樂和觀光。所以他們的結論是柯林頓在「作秀」，一切都是為了公關宣傳，未謹慎使用政府的預算。還有人拿柯林頓這趟外交之旅的花費總額，與因偵辦白水事件（Whitewater scandal）[14] 而在白宮引發一系列風暴的檢察官斯塔爾（Kenneth Starr）的花費相提並論。此外，柯林頓的批評者也質疑此次訪問是否真如白宮所宣稱的那樣成功。雖然柯林頓確實對全中國人民發表有關人權的演說，但他們仍質疑這些內容沒有出現在地方的報紙與電視台，就連柯林頓的一些演說內容也有翻譯錯誤的問題。[15] 因此，這場向中國民眾發表的演說只達到表面上的影響力。

大部分的國會議員質疑白宮所提社會輿論對此次訪問持正面看法的論點。國會議員表示，無論從選民寫給他們的信件或民調來看，白宮的說法都站不住腳。根據其中一份調查顯示，只有百分之三十的民眾對柯林頓的訪中之行感到滿意（從如此大規模的出訪陣仗來看，這樣的滿意度很低）。有將近六成的民眾認為，此次訪問不但未對中美關係帶來根本的改變，反而帶來更糟的結果。[16]

批評者與國會議員回想起過去美國聯合中國對抗蘇聯的歷史，而質疑將中國視為「戰略夥伴」，是否還停留在過去的冷戰思維。還有人主張，有鑑於當時中國與蘇聯（俄羅斯聯邦）的關係相當不錯，那麼美國的戰略夥伴非日本莫屬——顯然中國才是最具威脅的敵人。若循此邏輯，華盛頓豈不背叛了一個與美國有正式防禦條約的盟友——一個許多人相信是美國最重要的盟友。不過，仍有不少人感嘆柯林頓幾乎「像魔術師一般」，把世界上許多國家變成美國的戰略夥伴，其中居然還包括俄國，及一票對國際局勢無關緊要的小國家。因此，柯林頓的批評者指出，「戰略夥伴」一詞根本毫無意義，其中一位批評者說這只是柯林頓政府玩的另一種「外交小把戲」。一位觀察家指出，國務卿克里斯多福曾在一場於中國舉行的會議上，把「戰略夥伴」一詞從會議名稱中劃掉。混沌又重新流行，外交決策再次陷入游移不定和混亂的狀態。

六月三十日，柯林頓在上海發表的演說更讓國會支持台灣的人士，及主張向世界推廣民主的威爾遜主義者感到困擾。柯林頓明確表態：「美國不支持台灣獨立，不支持兩國中國或一中一台，也不支持台灣參加任何以主權國家身分為資格限制的國際組織。」許多人認為這是對台灣——一個長期忠於美國的盟友——的背叛。有人認為，美國形同拋棄一個在經濟與政治上締造奇蹟的國家——這奇蹟不僅直接造福它的人民，也讓世界許多國家的人民稱羨——台灣向來被視為第三世界國家政經發展的典範。他們還注意到，美國是台灣民主化的關鍵推手，台灣正是在華盛頓以各種哄騙、施壓與協助下走上民主的道路。一位觀察家指出：「台灣是民主的優等生，應該得到對等的待遇。」上述團體中的台灣支持者也表示，柯林頓將對台三不政策列為美國外交政策方針的做法極不適當。其中一位甚至失望地指出：「江澤民要什麼，柯林頓就給他什麼。」還有人認為，柯林頓被中共提供的競選經費收買了。也有人從法治的觀點出發，指出柯林頓制訂外交政策的做法已違反《台灣關係法》。事實上，《台灣關係法》

明確表示美國支持台灣參與國際組織。

更重要的是，柯林頓聲稱獲得的外交成就令人質疑。譬如，柯林頓得到中共高層簽署《飛彈技術管制協定》的承諾，但中共高層依舊公開批判該協定為「西方國家所制訂的遊戲規則」，其中包含對特定國家的「歧視條款」。中共高層還強調，只要美國持續向台灣販售武器，中國就沒有必要遵守該協定。至於在防止核武擴散的議題上與美國合作一事，持懷疑論者認為中國才剛充分完成核武試爆，因此不需要再進行試爆。他們還指控，中國才要為近三十年來許多史無前例且最危險的核武擴散行為負責，巴基斯坦就是在中國的協助下發展核武。國會反對人士認為柯林頓政府完全忽視中國向巴基斯坦輸出核武技術和重要零件的事實。在他們看來，這是促使印度在該年五月推動一系列核子試爆的真正原因。印度官方也對此提出證據，強調他們是受到中國協助巴基斯坦發展核武的刺激才進行核武試爆。

國會議員質疑柯林頓所謂讓北京不再以戰略導彈瞄準美國城市的「重大突破」，他們指出此前柯林頓曾在公開演說中提及，世界上沒有任何一個國家以戰略導彈瞄準美國城市。若中國曾以導彈瞄準美國城市，那麼便表示柯林頓先前的聲明是在說謊。其實這樣的承諾從各方面來看都毫無意義，因為任何未瞄準美國城市的導彈（中共不會依約這麼做），只需幾分鐘的時間就可以重新瞄準美國人口密集的中心。

七月三日，美國外交政策的權威（尤其是對中政策）克里斯多福・考克斯（Christopher Cox）對於六月三十日柯林頓演說中「我們認為兩岸必須以和平手段完成統一」的發言，寫了一封給柯林頓的公開信。信中表示，根據《台灣關係法》，這個發言正確的說法應該是「台灣的未來將由和平手段來決定」。對於「台灣的未來」與柯林頓所提到的「統一」，考克斯以諷刺的口吻說道：「兩者的差別可大了。」與絕大多數的國會議員一樣，考克斯認為台灣的未來應該走向統一、獨立或其他路線，目前還是一個懸而未決的命題。但柯林頓卻讓人產生錯誤的印象，那就是美國與中國「已安排好台灣的未來就是走向統一」。考克斯建議，美國的外交政策應該「明確表態支持台灣民眾決定自己未來的權利」。[17]根據他對事實的掌握，考克斯後來發表《考克斯報告》，其中揭發了中國間諜滲透美國，並試圖以金錢操縱美國選舉的陰謀。

其實早在柯林頓返美前，國會已開始醞釀反制訪中之行所造成的衝擊。國會先通過《台灣關係法》的加強法案，接著又通過推動飛彈防禦系統（針對中國）的法案。伴隨而來的還有許多其他措施。國會之所以重新檢視台灣與飛彈防禦系統的議題，是為了與剛結束訪問中國的柯林頓對幹——此觀察絕非誇大其辭。此外，我們同樣可毫不誇張地說，國會、柯林頓大部分的批評者及其他觀察家都認為，這趟白宮大肆渲染並宣稱取得豐碩成果的外交之旅，已對台灣造成不利和威脅。在此之前，美國立法和行政部門之間即處於緊繃的關係，這趟訪問更讓白宮與國會的關係雪上加霜。

台灣靜觀其變

台灣的反應令人對柯林頓的訪中之行有了不一樣的看法。台北官員很早就對柯林頓調整對中政策和訪問北京的舉動感到憂慮，尤其這趟訪問更讓他們擔心柯林頓在制訂外交政策時，將個人政治考量置於美國國家整體利益之上。就連台北的政治人物也猜測柯林頓可能欠了北京提供其競選經費的人情。國民黨投資事業管理委員會的主委劉泰英指出，柯林頓曾在一九九六年派遣一位名叫馬克．密道頓（Mark Middleton）的特使到台灣尋求大筆競選經費，但遭到拒絕。有些媒體甚至認為柯林頓可能為此出賣台灣。

但真正衝擊台灣的寒流是六月三十日在上海舉行的圓桌會議，柯林頓當著一群學者與宗教領袖面前表示：「美國不支持台灣獨立，不支持兩個中國或一中一台，也不支持台灣參加任何以主權國家身分為資格限制的國際組織。」柯林頓還在週六的一場官方會議上明確表態他已告知江澤民，三不政策將成為美國對台政策的「核心」。台灣外交部旋即發表聲明，指出美國不該將台灣當成與北京談判的籌碼。更準確而言，這份嚴聲厲色的官方聲明指出：「美國與中共沒有權力和立場透過雙邊談判做出任何與我方（中華民國）有關的決議。」該聲明接著表示，美國應該諮詢台北，否則兩岸關係將受到負面衝擊。[18]同時，外交部也指出柯林頓的做法毫無必要，並暗指美國總統有不可告人的動機，而且此一動機既不符合台灣的利益，對促進台北與北京的交往也沒有幫助。

台灣主流報紙的社論作家群起批判柯林頓的言論，並認為柯林頓否定了中華民國或台灣的主權。一位作家語帶諷刺地質問：「未來美台雙邊的聯繫，是否也該被視為對中國內政的干預？」[19]還有一位作家幽默地問道，位於台北的美國在台協會應該更名為美國駐中華人民共和國領事館。另外還有作家指出，美國對台軍售可能站不住腳，因為在沒得到中央政府的批准下銷售武器給某國的一省顯然不妥。柯林頓的發言也讓許多人想到《台灣關係法》，都認為柯林頓公然違反這項法案。根據《台灣關係法》，美國將持續對台販售防禦性武器，並支持台灣參加國際組織。同時，美國也違背其不直接干預台灣問題的（白宮與國務院官員所制訂）傳統政策——應該由「中國人自己解決」——柯林頓的三不政策聲明不就已干預台灣問題？

台灣民眾也憂慮柯林頓不支持台獨的聲明。自一九七九年以來，美國僅「認知到」北京對台灣問題的立場，但從未表態支持或不支持台獨。[20]台灣的官員也抱怨道，柯林頓塑造自己在世界上扶持民主國家抵抗專制獨裁的形象。然而，當這形象塑造完成，柯林頓便對台灣在推動政治改革與發展民主政治上取得的巨大成就，以及中國缺乏進步的事實視若無睹。這讓他們不禁懷疑柯林頓是否會言出必行、致力推行美國支持民主世界的傳統政策。台灣各大黨派紛紛對柯林頓的訪中之行發表看法。民進黨主席許信良指出，台灣已是一個實質獨立的國家，將不斷追求與中國的永久分離，直到建立台灣共和國為止。他表示，這是民進黨不變的基本原則。參選當年年底台北市長的候選人也對柯林頓的言行提出不同程度的批判。時任台北市長的陳水扁顯得克制許多，僅提出他不贊成柯林頓的發言。專精外交事務的民進黨立委張旭成指出，台灣在「發展民主的成就上超越任何其他的亞洲國家」。接著他表示，柯林頓應該為自己在中國的言行感到羞恥。因為美國向來堅守民主精神，但柯林頓卻與共產黨獨裁者同謀傷害台灣。[21]

在此危機時刻，民進黨針對台獨議題推出一份新民調。根據這份民調顯示，台灣有百分之四十的人支持台獨，同時卻只有百分之二十五的人主張與中國統一，那是該黨所做過的民調中支持台獨比例最高的一次。[22]一位民進黨忠貞黨員說道：「這是柯林頓造成的，在他的幫助下，台獨在台灣獲得空前的支持。」另一位反對黨高層指出，前美國國務卿歐布萊特（Madeleine Albright）關於台灣民眾「反應過度」的發言助長了台獨的發展，他並且批評歐布萊特「愚蠢、天真又熱愛共產黨獨裁者」。由此可見，柯林頓充滿爭議性的對台三不政策聲明，為當時接近選舉日的台灣製造更多的不安。

李登輝並未馬上評論柯林頓的訪中之行及其六月三十日的發言。然而，與李登輝親近的人士指出，他顯然對此非常不悅。當李登輝公開發言時，他首先感謝柯林頓沒有「妨害」到中華民國的利益。他也表示自己注意到柯林頓會繼續推動對台軍售，並維持現行對台政策的相關發言。李登輝也指出，柯林頓呼籲以和平手段解決兩岸問題，並鼓勵北京走向民主化與尊重人權的道路。[23]顯然李登輝試圖在極惡劣的局勢中強顏歡笑。至少在當下，他極力避免直接與美國撕破臉。不過，他已經在為他即將在一九九九年七月投出的震撼彈做準備。

李登輝也沒有禁止其他官員對柯林頓的言行發表意見。當時的外交部長胡志強建議，美國應該重申其對台承諾，包括雷根時代制訂的「六項保證」（Six Assurances）。他指出，這些保證美國不會在北京與台北之間扮演中間人的角色，也不會在涉及台灣主權的相關議題上改變立場。更重要的是，美國不會逼迫台北與北京進行任何性質的談判（柯林頓政府表面上一一遵從上述保證）。台北始終將雷根在一九八二年制訂的「六項保證」與《台灣關係法》並列為推展美中台三邊關係的基石。因此對台北官員而言，柯林頓否認這些保證是很嚴重的事。一位觀察家表示，就連尼克森在認定世界上是否只有一個中國時，都採取模稜兩可的態度，但柯林頓則不然，這意味著美國在政策上的轉變。

結果，台北就此認定柯林頓的對中政策已盲目傾向北京。有些官員發表言論，指出柯林頓不喜歡台灣，也與過去他在競選總統期間所說的話，以及將自己打造成民主、人權擁護者的形象有所出入。他們表示他將不再受到信任，甚至還有人稱他為「台灣的敵人」。不過，台灣官員也注意到柯林頓的言行在國會引發大規模反彈，那幾個月美國行政與立法部門的關係極為惡劣。有人建議台灣應該冷靜下來，並妥善運用此一矛盾。

---

1 Orville Schell, "Communicating with China," in Paul H. Tai ed., *United States, China and Taiwan: Bridges for a new Millennium*, Carbondale, IL: South Illinois University Press, 1999, 153.

2 Ni Feng, "Recent Development in Sino-American Relations," *Beijing Review*, June 29-July 5, 1998, 7-9.

3 Li Haibo, "Harmony Benefits Both Sides," *Beijing Review*, June 29-July 5, 1998, 4.

4 Ni Feng, "Recent Development in Sino-American Relations," *Beijing Review*, June 29-July 5, 1998, 7-9.

5 Li Jinhui, "China and the U.S.: Seek a Real Strategic Partnership," *Beijing Review*, June 29-July 5, 1998, 11.

6 "China, US Vow Further Cooperation," *Beijing Review*, July 13-19, 1998, 4.

7 Ming Wang, "Human Rights and Democracy," in Deng and Wang ed., *In the Eyes of the Dragon*, 108.

8 "Fruit of Clinton's Visit," *Beijing Review*, July 20-26, 1998, 15.

9 參見Robert A. Manning, "A PRC Style Monroe Doctrine?" *China Post*, August 20, 1998, 2 (originally published in the *Los Angeles Times*).

10 編註：時間是一九九八年六月二十七日早上九點。

11 Bruce W. Nelan, "Did the Summit Matter?" *Time*, July 13, 1998, 15.

12 Nancy Bernkopf Tucker, "Dangerous Liaisons: China, Taiwan, Hong Kong, and the United States at the Turn of the Century," in Tyrene White ed., *China Briefing 2000: The Continuing Transformation*, Armonk, NY: M. E. Sharpe, 2000, 244.

13 Jay Branegan, "China Photo-op Diplomacy," *Time*, July 6, 1998, 66.

14 編註：這裡指的是柯林頓在擔任阿肯色州州長期間涉及房地產投資詐欺的事件，柯林頓夫婦牽扯其中（擁有該公司百分之五十的股權），並被指控非法獲利，最後在律師團的努力下全身而退。該案全名為「白水開發公司案」，自一九九二年在總統大選期間被《紐約時報》揭發以來，共耗費七年的時間調查、取證、訊問、召開公聽會，估計消耗美國政府幾千萬美元的預算。

15 Bruce W. Nelan, "Did the Summit Matter?" *Time*, July 13, 1998, 50.

16 Jay Branegan, "China Photo-op Diplomacy," *Time*, July 6, 1998, 66.

17 參見Jay Chen and Deborah Kuo, "Congressman Urges Clinton to Clarify Policy on Taiwan," *China Post*, July 6, 1998, 3.

18 參見Stephanie Low, "Gov't: US Should Not Discuss Taiwan with PRC," *China Post*, July, 1998, 1.

19 參見Bernard T. K. Joei, "US Must Not Become a 'Trouble Maker'," *China Post* (International edition), July 3, 1998, 2.

20 參見 Jaw-ling Joanne Chang, "Lessons from the Taiwan Relations Act," *Orbis*, winter 2000, 68.

21 Jeffrey Parker, "Taiwan Has Changed, Not U.S. PRC Policy," *China Post*, July 6, 1998, 4.

22 Sofia Wu, "Nearly 40% Back an Independent Taiwan: DPP Poll," *China Post*, July 24, 1998, 3. 同一份民調顯示，只有百分之一・一的民眾支持統一。

23 Stephanie Low, "Lee Thanks U.S. for Keeping Promise," *China Post*, July 3, 1998, 1.

第八章
國會重申《台灣關係法》，保護台灣

一九九八年七月十日，也就是柯林頓結束訪中行程後不久，美國參議院以九十二比〇的票數通過重申《台灣關係法》的決議案。七月二十日，美國眾議院也通過一項類似的決議案。該投票結果意味著美國國會拒絕承認柯林頓的對中政策，同時也反映出行政與立法部門之間的嫌隙持續惡化。《台灣關係法》是目前用來規範美中台三方關係最正式的文件。該法案是一九七九年卡特宣布與台北斷絕外交關係時，為了重新定義台美關係而通過的。它在不同程度上規範了美國對台的各項保證（經濟與政治上），並在白宮推動與中國關係正常化的過程中，繼續視台灣為一個實質的主權國家。當時國會通過此一法案的目的，完全是為了制衡國務院。

在一九八九年之後，《台灣關係法》在美國的對中政策大辯論上扮演的角色日益吃重，媒體和國會也愈來愈常引用該法。一九九六年台海飛彈危機過後，該法又有了更亮眼的表現。許多人質疑，《台灣關係法》未規範「假如」台灣遭到中國攻擊，美國必須為了保護台灣而對中國宣戰。中共高層向來瞧不起這項法令，然而台灣高層將它視為能夠得到美國馳援的保證。陳水扁就相信，這項法令賦予他不斷挑釁中國到瀕臨戰爭邊緣的權利。

《台灣關係法》的由來

一九七八年十二月十五日，卡特在一段倉促的電視演說中，向美國人民宣布美國將與中華人民共和國建立正式的外交關係，同時與台灣斷絕一切官方上的往來。兩個星期後的一九七九年一月一日，華盛頓與北京共同發表一份宣告兩國「關係正常化」的《中美建交公報》（Normalization Communique）。這份公報表明，美國依據北京的要求，「認知到中國聲稱世界上只有一個中國，而台灣是中國一部分的立場」。此一公報馬上引起世人的關切，咸認為該公報無疑出賣台灣。台灣在美國眼中的政治或法理地位（尤其台灣是否為一個主權國家），也無法從該公報上找到明確的答案。該文件僅表示，美國未來會與台灣「維繫文化、商業及其他一切非官方往來」。如同卡特政府所預料，國會決定為這項對中政策的空白處提供答案。美國社會與國會的多數人都認為，白宮如此對待一個老朋友與盟國是不恰當的。但必須留意的是，美國與台灣仍維持著大規模的貿易與其他往來，遠遠超過表面上所看到的。

此刻卡特在國會的支持度很低，他使盡渾身解數說服參議院通過《巴拿馬運河條約》（Panama Canal Treaty），該法案以一票之差闖關成功。他一度因為一項限制重點武器的條約而與參議院的關係緊張，最終在得知該法案不會通過的情況下主動將它撤銷。阿富汗與伊朗爆發的危機[1]也不禁讓人質疑他的政府在處理外交事務上的能力。同時，卡特之所以急迫與北京建交的原因也被媒體揭露。真相讓人十分尷尬，因為卡特的政策顧問告訴他，當年尼克森就是靠突破對中關係來調整形象（贏得好總統的名聲，並且塑造連水門案也無法動搖的歷史定位），他們建議卡特可以這麼做。

卡特在國家安全會議裡的中國事務顧問奧森柏格（Michel Oksenberg）指出，美國遲早要與北京建交，而他建議卡特應該爭取成為完成這件事的那一人。只是他的這段話被解讀為卡特政府將不顧美國的原則與利益，也要在所不惜地與中國建交。亞太事務助理國務卿郝爾布魯克（Richard Holbrooke）則認為，美國應該同時與北京及河內建交。郝爾布魯克對越南一直有特殊的感情，他在稍早曾一度因為抗議美國的越戰政策而辭去外交官的職務，因此被貼上反戰者的標籤，在國務院裡是不受歡迎的人物。[2]國家安全顧問布里辛斯基（Zbigniew Brzezinski）是卡特最仰賴的幕僚。他積極主張追隨尼克森的腳步，利用中國來牽制蘇聯。事實上，這也是布里辛斯基勤於推動與北京建交的主要原因。

布里辛斯基掌管了美國對中政策的走向，並且拒絕任何人挑戰自己權威。他經常公然羞辱奧森柏格與郝爾布魯克兩人，想盡辦法不讓他們掌握重要的訊息。他還與國務卿范錫（Cyrus Vance）打了一場權位爭奪戰，並贏得最後的勝利。無論如何，北京都強烈反對華盛頓與河內建立外交關係。當時中國與越南已翻臉，成了幾乎大打出手的敵人。據傳北京將中止「雙重交易」。中國官員喜歡國家安全顧問的觀點，無論從各種角度來看，北京想與卡特政府最主要的外交政策制訂者打交道，而那個人無疑是布里辛斯基，北京幫助他將范錫、奧森柏格與郝爾布魯克等人一一剷除。[3]此一激烈內部鬥爭的細節被媒體掌握後，更讓卡特的對中政策顯得一團混亂。

看在眾多國會議員眼裡，這點加深他們對卡特無力處理外交政策的印象。就在此時，向來支持台灣的參議員高華德，也從憲政上對卡特的對中政策提出質疑。早在一九七八年的夏天，高華德就已掌握卡特與中國密談的情況。高華德將一切公諸於世，指出卡特無權片面取消與台灣簽署的防禦條約。依據《美國憲法》，如此重大的決定必須得到國會的「諮詢與同意」才能進行，但卡特卻選擇忽略高華德與憲法爭議，跳過國會繼續與中國祕密談判。此舉引起小規模的憲政危機，國會對此感到不悅。而卡特為了避免來自國會的阻擾，特別選在聖誕節假期的休會期間宣布與北京建交，也讓自己與國會的關係更加疏遠，卡特接著對外表示，這項決定已成既定事實。他堅稱這是制訂外交政策一種必要的手段，但國會卻持不同的看法——白宮不恰當地以隱蔽的方式制訂外交政策，並且迴避了就重大議題進行民主辯論。

由於卡特的公開失言，讓他與國會的關係更加緊張。卡特在電視上宣布與北京建交的消息後，他馬上跟旁邊的人講美國民眾會樂意支持他的決定（暗指國會將不支持），而當時他完全不曉得電視轉播還沒有結束。受到惡劣情緒的影響，國會更加厭惡卡特本人、白宮與國務院，於是一項前所未見、公共法律代號九六—八的《台灣關係法》因而誕生。這是一次跨黨派的合作，但推動者是掌握國會多數席次的民主黨。由參議員甘迺迪（Ted Kennedy）與賈維茨（Jacob Javits）率先發難，格倫（John Glenn）與丘奇（Frank Church）扮演要角，接著再由共和黨參議員貝克（Howard Baker）與魯加（Richard Lugar）補上最後的臨門一腳。一九七九年三月，該法案在國會通過，四月時由卡特總統親自簽署。《台灣關係法》是美國史上第一項由國會制訂、針對單一特定國家的外交政策而立下原則與界線的法案。這在國會的歷史上是一個重要的里程碑，因為《台灣關係法》讓國會在制訂對中政策上有了前所未有的責任與權力，至少針對台灣的部分是如此。

卡特在國會審議《台灣關係法》期間曾經威脅，如果《台灣關係法》與《中美建交公報》有所牴觸，他將予以否決。事實上，該法案確實與《中美建交公報》相互矛盾，但支持《台灣關係法》的兩院議員實在太多，若貿然動用否決權，肯定被兩院推翻。為了不遭國會羞辱，卡特做出讓步。《台灣關係法》於軍事、經濟與政治三個層面保障台灣的利益。

第一，在軍事上恢復美國保護台灣安全的承諾。根據與北京建交時做出的決議，卡特政府也同時告知台北，將於一九七九年一月一日的隔年終止《中美共同防禦條約》——該條約是在一九五四年解放軍砲轟金門與馬祖後簽署的。而《台灣關係法》裡的「安全承諾」在本質上形同接替《中美共同防禦條約》，這也是該法案最具爭議性的地方。此外，該法案承諾將繼續對台出售武器，並暗示台灣的地位是美國國家利益的一部分。有些人甚至認為，《台灣關係法》在質量上還優於《中美共同防禦條約》，一旦台灣遭到抵制與包圍（還不用到真正的入侵），根據該法案，美國必須有所回應。該法案還承諾，美國將在此區域維持一定程度的軍事力量以協防台灣。

第二，美國將與台灣維持既有的經濟關係：包括貿易、投資和其他的商業聯繫。此一措施是為了避免島內出現永久的恐慌局面，進而影響台灣的經濟發展與成長。卡特宣布與台灣斷交的消息，當時帶給台灣經濟不小衝擊。因此，《台灣關係法》的關鍵作用就是維持台灣經濟的穩定。因為這項法令，日後台灣的經濟才能夠不斷成長，並有足夠的資本拒絕與北京進行和平統一的政治談判。

第三，《台灣關係法》還要求台北當局改善其人權紀錄。強調此點的用意在於，美國要求台灣最終必須走上民主的道路。美國議員曾經為了是否應該鼓勵台灣由威權政治轉型到民主政治一事進行辯論，最後他們同意在《台灣關係法》裡正式加入這項條件。《台灣關係法》還特別指出，美國將協助台灣對抗一切「對其社會制度的威脅」。這代表美國將盡一切努力避免台灣赤化。最後，《台灣關係法》還規範美國應協助台灣參與國際組織。

從上述情況來看，《台灣關係法》在美國制訂對中政策時確實引發兩極對立。有人認為，該法等同宣告美國有兩套對中政策——一套由行政部門制訂，另一套則由立法部門制訂；前者認為台灣是中國的一部分，後者則予以否定。雖然這兩套對中政策看似矛盾，但也帶來不少便利性，讓美國外交官將台美之間緊密互動（有些甚至是官方上的往來）的責任推給國會，至少國務院的確經常這麼做。

不過對白宮來說，《台灣關係法》仍製造不少問題。有些人認為它徹底破壞行政與立法部門的關係——尤其在國務院引發相當大的爭論——有時甚至引起不快。自一九七九年後，國務院將一九七二年尼克森訪問北京時所簽署的《上海公報》(Shanghai Communique)、《中美建交公報》，及《台灣關係法》視為制訂對中政策的三份基本文件。國務院後來也把《八一七公報》——一九八二年備受爭議的協商成果——納入其中。國務院一直對於是否應該將《台灣關係法》與三個聯合公報列為同等地位而爭論不休。國會始終認定《台灣關係法》有特殊地位，因為那就是一條美國法律，而三個聯合公報卻不是，因此許多國會議員多次主張，《台灣關係法》應該擁有超越三個聯合公報的法律地位。雖然國會的觀點比較正確，但議員卻沒有立場去推動自己的主張，或時時關注對中政策的議題。國務院與白宮深諳此道，而且向來擅於運用自己在推行政策上的這點優勢。不過，國會也有其反制的方法，總是能與行政部門打成平手。

這項對台政策的制訂過程也對北京與台北當局透露，美國行政與立法部門關於對中和對台政策的歧見有多深。然而，這樣的歧見是否有助於北京或台北？回顧《台灣關係法》，一位外交官指出：「《台灣關係法》改變了許多政策制訂者操短線的意圖——讓台灣對北京屈服前擁有一段『喘息空間』，將情形變成美國直接為台海和平做出長期擔保。」[4]前者比較符合中國的觀點與期待，台灣則傾向後者。

鄧小平的兩難

回到一九七九年，當時的權威觀點一致認為北京有的是時間與機會，在接下來幾個月或幾年內讓《台灣關係法》弱化、邊緣化，甚至失效。[5]當國會正為《台灣關係法》激烈辯論時，北京居然對此毫無反應。儘管中國駐華府大使館人員出席了聽證會，但他們從頭到尾絕少發表意見，幾乎完全沒提出看法。有兩個很重要的理由讓當時的中共高層幾乎未做任何的批評和評論：首先，中國與越南正處於戰爭狀態。再者，鄧小平也在積極推動一系列對台友好的政策。鄧小平利用美國國會關注台灣問題的時候，下令解放軍進攻越南——讓聲稱以《中美建交公報》為亞洲帶來和平的卡特顏面掃地。由於戰事的進展沒有開始預想的那麼順利，於視這場衝突占據了中國決策者一切思緒，並削弱中國對台灣問題的興趣。

當卡特完成與北京建交、與台北斷交時，鄧小平也發起一系列對台友善的外交攻勢。他不僅希望能建立兩岸經貿與相互援助的往來，還要給予台灣客機在北京與上海機場起降的特殊權利。最後但非無關緊要的是，他保證中國「不會推行侵略性的對台政策」。鄧小平相信，美國與北京建交導致台北處於一個十分艱困的處境中，台灣政府最終會因為沒有選擇，而接受與北京談判的條件。即使如此，他仍希望在外塑造一種台灣主動「求和」、與中國進行統一談判的印象，一方面能夠讓北京與美國建立的外交關係正當化，另一方面又能讓鄧小平免於被指責放棄收復台灣的「統一大業」。

一九七九年一月，北京與美國建立邦交不久後發表了《告台灣同胞書》，明確提出台灣終將「回歸祖國」、「兩岸合作致力民族復興大業」的願景。[6]同時，該文件還表示北京會考量到台灣「當前的現況」並尊重現狀。中國的全國人民代表大會（所謂的代議與民主機構）更趁機提出兩岸之間建立通航、通郵與通商的「三通政策」。北京還同時展現出前所未見的友善姿態，宣布終止一九五八年以來連續砲擊金門的政策，這是北京伸出的另一根橄欖枝。

當卡特在四月簽署《台灣關係法》時，中國政府向美國首任駐北京大使伍德科克（Leonard Woodcock）抗議，措辭沒有特別強烈，除了表明「無法接受」《台灣關係法》，其實沒有多說什麼。[7]不過，中國媒體卻對此提出尖銳的批判。這顯示出中共內部控制媒體的左派與支持鄧小平改革開放的右派在對台政策上意見分歧。同時，鄧小平也面臨來自軍方的壓力。解放軍不喜歡《台灣關係法》，對此採取強硬的姿態。為了安撫反對者，鄧小平對《台灣關係法》提出遲來的批判，指出該法已違反《中美建交公報》，將為中美關係帶來不利的影響。在其他的場合中，他也對美國國會的措施提出不同程度的批評。然而，接下來的幾個月，黨內左派仍不時批評他「背叛」對台灣立場的堅持。其一系列的友台政策不但未得到對等的回應，而且他推動「與美國和解的政策」，也被視為「在台灣問題上退讓」。由於台灣問題在中國政治事務上非常關鍵，當時鄧小平顯然走在一條危險的鋼絲上，而台灣問題也為未來的中美關係帶來麻煩。

在一九七九年結束以前，北京的對台政策又出現巨大且耐人尋味的轉變。一九七九年十二月，當台獨人士在高雄發起反政府示威遊行時，鄧小平突然決定支持國民黨。多年來，北京一直譴責國民黨的國內政策，並支持所謂的台灣本省人起義推翻政府。但到了此刻，鄧小平居然出於對一中政策的堅持，轉而力挺在意識形態上仍強烈批判共產主義的國民黨。

這個決定聰明嗎？至少從表面上來看，這代表中國政府反對台灣民主化。在美國看來，這無意間塑造了北京反對台灣推動政治變革以脫離現有威權體制的形象。此一對國民黨的支持換來什麼樣的回應？始終讓人質疑。鄧小平與他的幕僚似乎還沒發現自己將愈來愈難、甚至不可能與國民黨高層打交道。他們嚴重忽略一個事實，那就是推動台灣走向民主化的幕後主要力量不是別人，而是國民黨。國民黨高層與台獨分子會面協商，達成了基本共識：台灣不應該由共產黨中國治理。此外，各種關於台灣的未來及兩岸關係的想法正迅速凝聚共識。早先，台灣的反對勢力主張透過任何手段推翻國民黨政府。但從此刻開始，他們極力反對與中國進行任何可能出賣台灣主權的交易。在過去相當長的一段時間，反對勢力認為只要趕走國民黨，中國就不會找台灣麻煩。現在所有人都認知到這個想法錯得很離譜。

這時，鄧小平試圖從更大的格局來解決台灣問題。一九八〇年一月，鄧小平將台灣問題列為中共將在一九八〇年代推動完成的「大事」之一。隨後，他又將該議題與整個亞洲的和平聯繫在一起。[8]鄧小平試圖將台灣問題納入中國整體外交的戰略，來平息內部的爭論。可惜他的努力沒有發揮作用。到了一九八〇年夏天，左派人士在台灣問題上取得更多攻擊鄧小平的子彈。該年年中，卡特宣布恢復對台軍售（一度在中美建交時凍結）。這讓鄧小平的反對者找到抨擊其對台政策的著力點，為了緩解這次爭議，鄧小平也只能對台灣發表數篇強硬的發言。白宮與國務院瞭解到鄧小平的立場，因此未做出任何回應與批判。當時國會則聚焦在其他議題上。到了十月，由於美國同意讓台灣在華府設立「駐美經濟文化代表處」，此事又引發北京左派人士的激烈攻訐。《人民日報》指出，此舉是在推行兩個中國政策，將「逆轉與破壞原先中美關係友好的趨勢」。

雷根當選美國總統後，整個情勢變得更為險惡。在過去競選總統期間，雷根採取對台友善的姿態，並譴責卡特「出賣」台灣。他甚至還提出他當選後要與台北恢復邦交的主張。受到雷根親台情緒的影響，掌控中國媒體的左派在措辭上變得更加粗暴。中國媒體指控雷根的政見「破壞」中美關係，也嚴詞抨擊美國對台軍售，以及國會針對台灣問題的觀點。總之，所有華盛頓與台北之間的互動幾乎都被中國媒體批得體無完膚。這次國會注意到中國官媒的批判，大為光火，但未立即採取行動。一九八二年春天，美國國務卿海格訪中，中國媒體趁機對他發難，指出對台軍售形同實質恢復「美國與台灣的防禦條約」，但他們也小心迴避對台軍售其實已納入《台灣關係法》的事實。

一九八二年六月，共和黨前參議院領袖貝克訪問中國，鄧小平向他傾訴自己推行「資本主義」改革以來所遭遇的種種困難。他提到台灣問題，並向貝克建議國會應修改《台灣關係法》。七月，在中國共產黨紀念創黨六十週年的活動時，中共總書記胡耀邦公開批判美國「未察覺到《台灣關係法》與《中美建交公報》之間的矛盾」。[9]公開提出這個問題，代表鄧小平與黨內強硬派的關係十分緊張。

當時鄧小平的處境相當艱困，他必須向國內反對者證明自己有能力改變美國的對中政策，進而幫助北京「收復台灣這塊失土」。但事實上，他完全沒有能力說服美國國會依照自己的期望廢除或修訂《台灣關係法》。該法將繼續留存在世界上，成為強硬派用來攻擊他的理由。左派人士指出，《台灣關係法》「推翻了」《中美建交公報》的內容，將台灣不該擁有的主權還給了台灣。他們還強調，該法的安全條款形同恢復《中美共同防禦條約》，甚至優於後者，因為《台灣關係法》明訂對台灣的威脅不限於直接的軍事攻擊。國務卿海格想挽救鄧小平，遂決定說服雷根發表一份新的公報，以限制對台軍售。

於是有了一九八二年的《八一七公報》。根據前面的介紹，《八一七公報》明確規定美國「不打算實行長期對台軍售的政策」，而且販售給台灣的武器數量將逐年減少，最後完全終止。該公報還強調華盛頓堅守「不侵犯中國領土主權」及「不推動兩個中國政策」的原則。只是最終中美未簽署這份公報，因此它從一開始就不具備法律效力。但不可否認，《八一七公報》的確協助鄧小平度過危機。[10]後來中共高層便一直批判美國政府沒有信守《八一七公報》的承諾。一位外交部發言人甚至指出，《台灣關係法》裡關於安全承諾的條款早就被《八一七公報》抵銷。但中國從未對此嚴詞抗議，即使美國國會一直在等待證據顯示自己錯了。

最終，對修訂或削弱《台灣關係法》一事，鄧小平與其他中共高層放棄了對美國國會施壓。北京希望透過在尼克森與福特時代結交到的好友與親北京學者的幫助——包括季辛吉在內，逐步腐蝕《台灣關係法》。事實上，中國也相信唯有透過這種方式，三個聯合公報才能戰勝一項法案。中國官員也相信，美國國務院與自己站在同一陣線（即使雷根領導下的白宮並不是）。他們也希望在審議外交政策時美國國會一覺不醒，不會注意到《台灣關係法》的存在。北京表示《台灣關係法》是美國的國內法，因此在定義中美關係時應該置於三個公報之下。這點再度顯示，中國外交官及其外交政策與美國國會完全沒有交集。中國外交官也一直在推動中美雙方簽署「第四聯合公報」，試圖削弱《台灣關係法》，甚至讓它失去效力。他們始終等待這個機會的到來。

《台灣關係法》催生民主台灣

對於美國國會的辯論與《台灣關係法》的誕生，台北的反應與北京截然不同。台北默默地支持最終結果。欲瞭解台灣的立場，就必須從台灣對美國宣布與北京建交同時與台北斷交時的反應講起。在卡特宣布將與中華人民共和國建交的那一刻，台北的反應是大為吃驚。大部分台灣的民眾認為，自己的國家被拋棄、背叛了。[11]台北呈現出憤怒中帶著訝異的反應，即使早在數年前就已傳出美國將與北京建交的風聲。起初，大多數的台灣人相信卡特不會向北京叩頭，因為他在制訂外交政策時向來十分強調道德作用（他曾表示「人權是美國對外政策的靈魂」），而此觀點有利於台灣。不過，他們錯得離譜。蔣經國在這讓人震驚的消息宣布前的數小時才收到訊息，他在沒多少時間準備下命令三軍進入警戒狀態、關閉股市，並取消一場即將舉行的全國性大選。由於台灣即將面臨政經衝擊，蔣經國所採取的措施顯然有其必要。

幾天後，台北正式發表聲明，對此局勢的發展表示「遺憾」，盼華盛頓「回心轉意」。該聲明還強調中華民國「在任何情況下」都不會與中共談判，台北官員也強調將持續推動（與北京）不接觸、不談判、不妥協的三不政策。為了因應美國廢止《中美共同防禦條約》後的局勢，台北宣布成立國防工業「發展基金」，同時向民間請求捐獻。過了幾天，當美國派遣副國務卿克里斯多福造訪台北，商量如何維持華盛頓與台北非正式外交的關係時，他的座車在街上遭到憤怒的民眾蛋洗。有觀察家認為，即使台北當局沒有組織那場示威，也會私底下給予鼓動。可見卡特的決定輕視了台灣政府在民眾心中的信任度，也激怒許多官員。[12]就連民間對此也產生極大的憂慮與不滿。關於民眾抗議美國的示威行動，有人認為政府在暗中操弄民意以為己用。也有人認為，民眾只是自發地表達怒火。事實上兩者都有。

直到不安的情緒逐漸消退後，蔣經國才在十二月二十八日提出對美關係五原則——持續不變、事實基礎、安全保障、妥定法律、政府關係。這五項看似模糊的原則，其實是台北方面經過深思熟慮後才做出的決定。儘管這五原則遭到國務院拒絕，卻得到國會的檢視，並在最後成為接下來幾個月制訂《台灣關係法》過程中的核心精神。在隔年一月到三月，國會為了制訂該法案而努力的期間，台北並未發表太多評論。面對未來與美國的關係，台灣的官方立場是美國「犯了錯」，而雙方應立即恢復正式的外交關係。在當時的環境下，這種不切實際的表態其實可以理解：台灣官員必須設法避免民眾將對美關係挫敗的恐懼與失望情緒轉移到政府身上。當時政府高層也擔心，反對黨會利用此一局勢發展壯大。

當卡特正式簽署《台灣關係法》後，美國國會基本上恢復了台灣的主權，並確保了台灣的國家安全和健全的經濟發展。然而，台北仍未在公開場合中傳達任何正面的訊息。許多官員指出《台灣關係法》自始至終使用「台灣」一詞，而非正式名稱「中華民國」。由於《台灣關係法》提到「在台灣島上的人民」（the people on Taiwan），一位批評者指出，內容更應該提及「台灣人民」（the people of Taiwan）或「在台灣的人民」（the people in Taiwan），以暗示雙方更永久而正當的關係。有些人卻認為這是一種用字遣詞上的侮辱。然而，在台美斷交後的緊張氣氛中，這一切仍然得到雙方的接受。

台北駐華府代表密切關注《台灣關係法》的辯論與制訂過程，並仔細從不同的角度分析立法過程。他們在幕後發揮影響力。當美國國會通過該法案時，他們表示支持——但沒有大張旗鼓地慶祝。在台北，包括蔣經國與行政院長孫運璿在內的多數政府高層，發自內心感謝美國國會所做的決定，但他們對美國的公開發言仍十分強硬。台灣的基層官員與民眾也很快地接受「現實」。許多人覺得情形可能更糟。他們對於《台灣關係法》感到十分滿意，並認為內容有效地提供台灣所需的各項保證。

接著，台北開始釋放不同的訊息。高層官員研判，若一直維持對美國不滿的姿態，可能產生反效果。尤其是面對北京的「和平」攻勢，台灣也想表現得理性。於是台灣逐漸降低過去反共宣傳的音量，官方與報紙不再以「匪偽政權」這類名稱來形容北京。接下來幾個月，政府官員發現外國媒體超乎想像地「了解」台灣現況。事實上，大多數西方媒體不認為台灣就此失去主權，也不認為美國宣布與台灣斷交將為台灣的反對勢力帶來任何幫助。一位台灣官員注意到，雖然在白宮與國務院的對台政策中，美國只能與台灣「非官方」往來，但在《台灣關係法》卻不見這樣的字眼。於是，台北開始依據《台灣關係法》所規範的美國政策來發表政策聲明，並做出符合邏輯的言論。台灣高層也開始宣稱《台灣關係法》保護了台灣。有人認為該法是台灣的「盾牌」，也有人認為這是台灣「對付北京的武器」。

台灣也以該法為依據，對北京的統一戰略做出針鋒相對的回應。由於北京表示兩岸統一後台灣仍可繼續保留軍隊，台北官員據此質疑北京為何反對美國依據《台灣關係法》對台軍售？如果中國希望台灣能夠繁榮（《台灣關係法》的另一項條款），又何必設法孤立台灣，將台北排除在國際組織之外？（即使這些組織大部分屬經濟性質）又為何北京不斷以軍事力量威脅台灣，進而挑戰《台灣關係法》？於是，一項低調支持《台灣關係法》的政策誕生了。多位台北官員指出，這背後的邏輯實在讓人難以樂觀看待；台灣不應該讓外界有其依靠美國國會生存的印象。[13]台北官員當然也明瞭國會只是立法部門，沒有真正制訂或執行美國外交政策的權力。他們認為，美國的行政部門將繼續主導對中政策，《台灣關係法》只是政策指導方針或制衡行政部門的法令而已。

掌權的國民黨很快便發現，無論美國的對中政策多麼讓人不快，卻有助於其達成某些政治目的。一九八〇年，隨著許多危機宣告解除，有些政府官員不斷強調《台灣關係法》（若與《中美建交公報》一起看）不僅沒有支持，而且還反對兩個中國政策。因此他們希望利用該公報來冷卻獨派人士的熱情，告訴他們北京不會允許台灣獨立。而美國也會出於維護與中國的關係，不會對主張台獨的人士提供幫助。另一批人則認為，台灣必須認知到，自一九七八年以來，在鄧小平領導下中國已經走上改革開放的道路，甚至締造了中國的「經濟奇蹟」，或許與北京和解是可能發生且令人嚮往的選項。然而更重要的是，台北朝野普遍的共識是：台灣必須民主化。《台灣關係法》提出這項條件，美國國會也依此做出要求。

政治改革必須不落後經濟現代化的步伐太遠。學者也經常提到，經濟與政治變革最忌諱兩者之間出現「危險差距」（或過度偏重前者，卻忽略後者）。更有聲音指出，民主化可以讓台灣獲得來自美國——尤其是國會、媒體及民間更多的支持。唯有這麼做，台灣才可能摧折白宮和國務院內親北京的勢力。在國會的鼓勵下，國民黨也瞭解發展民主的必要性，進而與反對勢力建立共識。許多評論家甚至官員也公開表示，台灣能否生存下去的關鍵在於民主化能否成功推行。

一九八〇年底，也就是《台灣關係法》通過一年半後，台灣舉行有史以來第一次全國立法委員的選舉。到了一九八三年，又舉行第二次立委選舉。接著，蔣經國又在一九八六年提出解除黨禁的聲明，隨即促成民主進步黨的誕生——在當年十二月的選舉中開始挑戰國民黨。這是台灣或整個中國歷史上首次出現兩黨競爭的選舉。然後，台灣的國民黨官員——北京積極爭取與其進行黨對黨談判的對象——明確答覆北京，台灣將終結一黨獨大的政治制度，因此兩岸之間一切政治談判只能透過政府對政府的協商模式來進行。他們開始學習「多元論」等西方媒體慣用的詞彙，也開始關注民意調查。一九八七年，台灣解除戒嚴，並開放民眾前往中國探親。國民黨也在一九八八年中召開的第十三次全國代表大會上，決定黨內民主化。緊接著在年底解除報禁。

一九八一年九月，葉劍英發表關於兩岸統一的「葉九條」聲明。台灣行政院長孫運璿指出，唯有「在孫中山的三民主義原則下」（暗示在民主的基礎上），兩岸才可能實現統一。相較於過去的三不政策，這個主張展現了台北高層前所未有的自信與決心。一九八九年，民進黨在立法委員與縣市長選舉中獲得重大勝利，在中央和地方都有斬獲。到了一九九一、九二年，台灣又舉行國大代表與立法委員的全面改選，以淘汰當年在中國選出的老國代與老立委，終結所謂的「萬年國會」，對許多人而言，這意味著切斷台灣與中國的關係。

提到台灣何以如此快速邁向民主，台灣官員坦承《台灣關係法》有催化的作用。該法案要求推行民主，台灣就跟著照做。台灣也遵從《台灣關係法》的要求，大幅改善其人權環境。在《台灣關係法》頒布後不久，台灣隨即成立人權機構，在改善人權環境方面有重大進展。[14]從此，每當中國提出統一的問題時，台北官員的標準回應就是抨擊中國的人權問題，而且時常提及西藏。原因很簡單，因為西藏是中華人民共和國轄下的「自治區」，這也是中共答應在兩岸統一後將賦予台灣的政治地位。他們義正詞嚴地質問中國，若兩岸統一，台灣面對的是什麼樣的人權環境。

一九八〇年代末開始，台北開始公開讚揚《台灣關係法》「協助台灣度過一九七九年那場外交危機」，也立下「美國持續保障台灣安全的法律基礎」。根據台灣官方的出版品，此時中華民國已成為世界十大出口國家；不僅解除外匯管制，也完成幾場意義重大的選舉，就連前往中華人民共和國旅遊也予以批准。該出版品甚至以「開啟一個新時代」來評價《台灣關係法》。[15]觀察家認為，《台灣關係法》提供一九九一年台灣政府宣告終止動員戡亂、正式結束與中國內戰狀態的條件。還有人認為，李登輝之所以廢除了凍結人民的公民權與政治權利的《動員戡亂時期臨時條款》，進而帶領台灣走向民主化的主要動力，也是來自《台灣關係法》。[16]這些事實一再顯示，台灣是《台灣關係法》的強烈支持者，為此台灣政府特別感謝美國國會在制訂《台灣關係法》及推動台灣民主化的努力。一位台灣官員表示：「不僅如此，這項法案拯救了台灣！」

外交公報與國內專法

美國國會因為天安門屠殺及蘇聯解體，而對制訂對中政策產生興趣並發揮影響力。在此之前相當長的一段時間，《台灣關係法》在美國國內一度看似被遺忘及邊緣化。北京竭盡所能要求季辛吉等美國的顧問和朋友「消滅」《台灣關係法》。從當時的情況來看，這是可能發生的事。國務院多次私底下甚至在公開場合表現出對《台灣關係法》的厭惡。無論在哪裡，國務院對《台灣關係法》的厭惡人盡皆知，顯然其希望削弱其效力。每當國務院發言時，只要提到《台灣關係法》，就會提到三個聯合公報，以暗示兩者地位同等重要。當他們提及《台灣關係法》時，往往將它排在公報之後。他們幾乎不提《台灣關係法》中的特殊條款，也不認為其中的保證即代表美國真正的承諾。

大部分的時候，國會也沒有太多心力放在外交政策上。國會在一九八九年以前未對國務院試圖將《台灣關係法》邊緣化的舉動給予任何關切。而在《台灣關係法》通過十年內，北京對美國的影響大幅提升，台灣則大幅衰退。很多人懷疑《台灣關係法》能否繼續存在。這樣的局勢在一九八九年突然遭遇劇烈的變化。一位觀察家直言，北京在美國心目中的地位就如同一九二九年經濟大蕭條時的股市那般瘋狂跌落。美國厭惡中國，而國會也伺機採取行動，許多國會議員透過批判中國增加民眾的支持度。冷戰的終結和人權議題的抬頭也賦予國會制訂對中政策的正當性。此刻，《台灣關係法》成為國會扮演新角色的法律基礎。台灣的民主化提升了《台灣關係法》的重要性。時間剛好落在一九八九年台灣重要的選舉，許多國會議員認知到《台灣關係法》對台灣民主化具有推波助瀾的效果。參與制訂《台灣關係法》的議員及其他喜歡台灣多於中國的人士也自豪地宣稱，從另一個角度來看，《台灣關係法》直接催化了台灣威權主義的死亡。

台灣的民主也拉近共和黨與民主黨議員看待兩岸問題的差距，他們都為國會在其中所扮演的重要角色感到高興。還有人認為，民主化也為美國保證台灣的安全提供正當性。從此以後，在美國官員討論中國軍事擴張時便會直接或間接提及《台灣關係法》。事實上，該法中的防禦條款似乎衍生出新的意義。隨後有人指出，它已成為美國對台政策的「核心價值」，以及華盛頓與北京一連串外交糾紛背後的主要爭端。北京瞭解只要台北還有自我防衛的能力，就不可能被逼上談判桌，而《台灣關係法》的存在等於提供這樣的保證。

當一九九二年美國對台灣出售F-16戰機時，《台灣關係法》又被提及，雖然這次不是出自老布希本人之口。觀察家發現，此時美國政府是依據《台灣關係法》，而不是《八一七公報》來制訂對台軍售的政策。隨著白宮與國會關於對中政策的辯論愈演愈烈，後者也愈頻繁提到《台灣關係法》。即使老布希下台、柯林頓上台，《台灣關係法》在國會裡的號召力仍不斷地提升，而且進展十分迅速。一九九三年中，當柯林頓欲推行不利於台灣的對中政策時（儘管當時已有人質疑），參議院外交委員會便立即以《台灣關係法》為基礎，推動一項修正法案；阿拉斯加州的參議員穆考斯基（Lisa Murkowski）首先指出，

《台灣關係法》中持續提供台灣武器的承諾「應凌駕於《八一七公報》中任何條款之上」。這項修正案在參議院馬上就通過了，但在與眾議院溝通時產生一些爭執。最後，這項修正案是以國會公告的形式發布，並未成為一項正式的法案。[17]

一九九四年四月，一項包含先前修正案內容的法案在國會順利通過。猶豫不決的柯林頓最後還是簽署該法案。不過國務院在總統簽字前一刻提出異議，指出「取代」這個字將使所有中美聯合發表的公報作廢。於是，該法案的用詞改成將《台灣關係法》列入「首要考量」。在做出這樣的改變後，國務卿克里斯多福還特別寫信給穆考斯基，「重申《台灣關係法》的法律地位高於《八一七公報》」。[18]有了國務卿的背書後，《台灣關係法》與《八一七公報》的關係最終是以《台灣關係法》為優先。克里斯多福寫給穆考斯基的信後來被媒體公布，並多次被國會議員適時引用。只是在柯林頓政府出版《對台政策檢討》報告書後不久，國會對此大表失望。這次關心台灣問題的大多數議員認為，所謂的重新檢討只有象徵而無實質意義。[19]有些議員對此憤怒不已，表示政府高層未依循《台灣關係法》的精神施政。當時已有聲音指出，國會打算往有利於台北的方向修訂《台灣關係法》，而這樣的行為無疑會讓北京非常不開心。

為了避免波及中美關係，白宮與國務院也展開反擊。柯林頓政府開始推動一系列親北京的外交政策，這些政策沒有在字面上，卻在精神上嚴重違背《台灣關係法》。比方說，一九九四年柯林頓在與北京討論《飛彈技術管制協定》時，就有意在對台出售F-16的問題上讓步。《台灣關係法》確實賦予白宮和國會相互制衡的力量，但柯林頓在給江澤民的信中卻明確表示，美國有義務支持一個「統一的中國」。然而，美國的兩岸政策向來僅主張「台灣問題」應以和平方式解決，並未支持任何特定結果。有些國會議員覺得遭到冒犯，開始在公開場合再三強調以上的事實。其中幾個人失去冷靜，對柯林頓說了一些不堪入耳的話。大多數人對政府產生懷疑。火上加油的是，國務院發言人麥柯里（Mike McCurry）居然表示美國「接受」中國宣稱台灣是中國一部分的說法，而不是用「認知到」這個詞。[20]在許多國會議員看來，行政部門向中國示好的行為（有些人認為行政部門已超出這個範圍）透露出柯林頓政府對台政策轉向的警訊，而導致國會在台灣問題上難以信任總統。政府高層顯然相信自己可以趁國會不注意時重新奪回對中政策的主導權。這個判斷事後證明錯得離譜，進而加深行政與立法部門之間的敵意。

一九九四年，共和黨贏得國會大選，甚至是一九九五年解放軍實施飛彈試射後的一段時間，國會是推動美國對台政策的主導者。掌控國會的共和黨高層迫不及待想為台灣做些貢獻。儘管他們未能修訂《台灣關係法》，也沒有任何重大的變動（有些動作確實是往修訂的方向前進），但該法在這段期間扮演著前所未見的角色。該法在談及台灣和美國對台政策的發言中比以往更常被提及，也更為國會與媒體注意。從這時候開始，它無疑成為美國發展對台與對中關係重要的參考依據。

此時，再也沒有人質疑《台灣關係法》是否有被邊緣化的問題。柯林頓、白宮與國務院欲變更它，或迎合北京之意改變其內容的種種作法都遭到國會阻止。一位觀察家還指出，在遭到「多次鞭撻」後，連國務院也「從善如流地」接受《台灣關係法》。在歷次正式發言中，《台灣關係法》至少取得與三個聯合公報同等的地位，或者至少是一份美國關於保障台灣「主權獨立地位」的真正承諾。一九九五年十二月，國務院發言人伯恩斯（Nicholas Burns）公開表示，依據《台灣關係法》，美國承諾將保證台灣的安全，並視任何意圖改變台灣未來的非和平手段為對西太平洋地區和平穩定的威脅。[21]由此可見，白宮與國務院完全改變他們先前對《台灣關係法》的立場。在短短幾個月前，他們還竭盡所能想廢止它，但他們的新立場能否長久維持，多數國會議員始終持質疑的立場。

新法案再度掀起波瀾

當一九九六年三月美國海軍派遣航空母艦戰鬥群赴台海時，柯林頓政府的官員試圖讓人相信，此舉完全是「依法授權」——指的是《台灣關係法》——以應對來自北京的威脅。白宮國家安全顧問雷克（Anthony Lake）在警告北京時，就引用《台灣關係法》中「嚴重後果」的字句：「任何企圖以非和平手段解決台灣問題的行為，都將被視為破壞西太平洋地區和平及安定的威脅，進而引來美國嚴重關切。」[22]東亞暨太平洋事務助理國務卿羅德在一九九六年出席眾議院的聽證會時也表示，《台灣關係法》「賦予美國維護台灣安全的法律基礎」。最值得注意的地方是，他居然完全沒提及三個聯合公報。羅德進一步提到：「《台灣關係法》的前提是台灣擁有足夠的防衛能力，如此一來才可能維持該區域的和平穩定。」[23]

接著，這位助理國務卿還表示，他反對美國在對中政策上持模糊立場。他相信，基於《台灣關係法》美國有義務保衛台灣，並讓台北繼續擁有主權。這個觀點顯然與行政部門——尤其是國務院絕大多數官員——的看法大相逕庭。時任東亞暨太平洋事務副國務卿的貝德（Jeffrey A. Bader）也在國會的聽證會上指出，《台灣關係法》「為維護我們在和平穩定局勢下的台灣與西太平洋地區的長遠利益鋪路」。他繼續強調，美國對台軍售有助於維持兩岸的軍事平衡。[24]他與羅德都認為，依據《台灣關係法》，美國有義務協防台灣。但在行政部門始終有挑戰此一論述的官員，白宮與國務院即多次表示，《台灣關係法》並沒有硬性規定美國必須協防台灣。

不久後，國會一致決議，譴責中華人民共和國試射飛彈，並宣稱美國會「確保台海不會起戰端」。該決議指出，美國總統應該「依據《台灣關係法》，與國會協調做出相應的回應（關於飛彈試射對台灣的和平穩定所造成的威脅）」。[25]國會也指出，依據《台灣關係法》，美國的政策建立在未來台北與北京以和平方式解決分歧的預期上。議員甚至認為，中華人民共和國應該儘早與台北達成和平談判的共識（當然不是北京尋求的那種共識）。[26]

一九九七年，眾議院議長金瑞契訪問東亞，他在造訪香港時明確表示，《台灣關係法》「是由國會通過、總統簽署生效的法案，所以應該比沒有成為正式條約的三個聯合公報更具優先地位」。[27]他也很明確提及，美國將在台灣遭到攻擊的情況下以軍事介入。隨後白宮對此回應，指出那只是金瑞契的「個人言論」，但又立即發表聲明，強調美國「有遵守《台灣關係法》的義務」。[28]

很明顯地，未來《台灣關係法》不大可能被貶低、削弱或忽視；相反的，它似乎將成為美國對中政策的指導原則。然而，白宮與國會之間的衝突依舊存在。觀察家認為，白宮和國務院刻意「遵守」《台灣關係法》，以防止國會提出比派遣兩個航空母艦戰鬥群更積極的要求。他們擔心國會可能立法以制裁北京。台海危機結束後，美國行政部門又恢復先前親中反台的立場，這個轉變在一九九七年江澤民訪美及一九九八年柯林頓訪中時最為明顯。

如同第七章所述，柯林頓在訪中期間發表令美國的台灣支持者及不少國會議員十分困擾的聲明；尤其是他的「三不」言論，更讓國會認定柯林頓「違反了」《台灣關係法》。有人認為，這是在稍早發表一連串強烈支持《台灣關係法》的言論後，政府高層為了取得平衡而不得不做的表態。一九九八年七月十日，也就是柯林頓返美幾天後，參議院針對上述一連串事件，以九十二比〇的票數通過重申《台灣關係法》的決議案。眾議院也在七月二十日做出類似的決議。當時參議院的多數黨領袖洛特（Trent Lott）表示，對於柯林頓訪中期間某些發言，國會有必要向他「傳達強烈的訊息」。這次投票雖未束縛柯林頓，卻成功遏制其對中政策。在美國發展對台和對中關係的問題上，也持續突顯行政與立法部門之間的爭論。此一長期爭論促使國會再度採取另一個立法行動，以確保行政部門信守對《台灣關係法》的承諾。該法案的部分條款將使柯林頓難以否決或忽視，但對一些國會議員來說，即使如此仍遠不如預期。

一九九九年，一個由德州眾議員戴利（Tom DeLay）領頭的十四人跨黨派小組，在眾議院提交第一八三八號決議案，或稱《台灣安全加強法》（Taiwan Security Enhancement Act, TSEA）。一個星期內，有七十七名議員在該法案上簽字。同時，參議員赫爾姆斯與托里西里（Robert Torricelli）也在參議院提交相同的法案。過了幾個月，眾議院國際關係委員又提交《台灣安全加強法》的修訂版，這次是由來自紐約的共和黨籍眾議員、國際關係委員會主席吉爾曼（Benjamin Gilman）和康乃狄克州民主黨眾議員蓋登森（Sam Gejdenson）所主導。結果，國際關係委員會以三十二比六的票數通過《台灣安全加強法》。該法案的制訂是為了防止《台灣關係法》中的第三條款——提供台灣國防用品和服務以確保台灣「維持足夠的防衛能力」——遭到損害，而該條款也強調：「總統與國會可決定國防用品和服務的性質與數量。」

國會認為歷屆美國總統——尤其是柯林頓——不但未與國會合作確認台灣的防禦需求，也未依據《台灣關係法》向國會提出報告。議員甚至認為，柯林頓有意在排除國會的情況下，在對台軍售問題上「非法地」與北京私下妥協。他們還認定柯林頓根本不把台灣的安全需求當一回事，特別是他在制訂對中政策上。參議院最具影響力的對外關係委員會主席赫爾姆斯就批評，政府以犧牲台灣的方式來「討好北京」。柯林頓在一九九七年江澤民訪美，以及自己一九九八年訪中時的公開發言，已將行政當局的態度生動地展現在議員面前。

但在推行《台灣關係法》時，出現了美國軍方無法與台灣國防部或國軍有效聯繫的障礙。這個問題在一九九六年台海飛彈危機期間被公諸於世，因為美國海軍人員顯然無法與台灣國防部的官員直接對話。美國議員推動《台灣安全加強法》的目的，就是要修正這個問題。這項法案讓台美能推動正式的軍事交流（維持雙方的軍事往來、聯繫，以及共同制訂政策，在一九九六年的飛彈危機期間，因缺乏這些台美之間的軍事交流，使得美軍無法全面防衛台灣）。眼見柯林頓對於對台政策的調整，美國議員相信《台灣安全加強法》可以彌補過去諸多盲點。最後，《台灣安全加強法》幾乎保證台灣與日本和南韓一樣，會被納入華盛頓的飛彈防禦體系計畫內。吉爾曼議員在質詢一位五角大廈的亞洲政策顧問時尖銳地問道，為什麼美國不向台灣提供其所需的飛彈防禦系統。[29]無論如何，從此《台灣安全加強法》與飛彈防禦系統的議題以及台灣國防能力不足的報告書脫離不了關係。

白宮與國務院本能地反對《台灣安全加強法》，柯林頓的幕僚抨擊該法案「毫無必要」，並且「可能將無意間引發嚴重的後果」。東亞暨太平洋事務副國務卿謝淑麗（Susan Shirk）則指出，此舉將被視為對《台灣關係法》的一次修訂；雖然她反對《台灣安全加強法》，但肯定《台灣關係法》過去協助美國管控兩岸問題時所發揮的正面作用。[30]國務卿歐布萊特則表示，《台灣安全加強法》不應該成為正式法令，美國只需強化與鞏固《台灣關係法》。柯林頓政府的行政團隊一致認為，這項法案不會帶給當前局勢任何正面結果，因此主張總統應該撒手不管——意思是想盡辦法迴避、拖延，甚至將這個問題丟給下一任執政者處理。北京外交部對該法案強烈抗議，認為它侵犯中國的主權並粗暴地干涉中國的內部事務。一位外交部發言人表示，該法案讓美國「找到對台軍售的理由，並且擴展與台灣直接的軍事交流」。他接著表示，《台灣安全加強法》是「美國暗中鼓勵台獨分子、妨礙中國統一藍圖的政治陰謀」。[31]

當二〇〇一年小布希上台時，《台灣安全加強法》便不再是亟待解決的議題。事實上，它很快就失去眾人的關注。一位觀察家表示，因為該法案完成時成為柯林頓政府的難題，此刻當然不再需要它了。

小布希在競選總統時誓言捍衛《台灣關係法》，他當選後一度被外界視為唯一遵守這項法令精神的國家元首。問題是，他願意為此不惜推動《台灣安全加強法》這項更為強硬、可能與中國走向衝突的外交政策嗎？

---

1 編註：這裡分別指一九七八到一九七九年伊朗推翻巴勒維王朝的伊斯蘭革命，以及一九七九年蘇聯入侵阿富汗的戰爭。

2 參見John F. Cooper, *China Diplomacy: The Washington-Taipei-Beijing Triangle*, Boulder, CO: Westview Press, 1992, 44-45.

3 詳細參見Patrick Tyler, "The (Ab)normalization of US-China Relations," *Foreign Affairs*, September/October 1999.

4 Nat Bellocchi, "U.S. Policy Toward a Changing Taiwan," in *The Legacy of Taiwan Relations Act: A Compendium of Authoritative Assessments*, Taipei Government Information Office, 1999, 2.

5 詳情參見June Teufel Dreyer, "China's Attitude toward the Taiwan Relations Act," in Fred Steiner and Chu-lien Yaneds, *The TRA at Twenty: The Legacy of the Taiwan Relations Act*, Taipei: Government Information Office, 1999, 92-133.

6 Copper, *China Diplomacy*, 75-78.

7 同前註。

8 參見Robert G. Sutter, Chinese Foreign Policy Development after Mao, New York: Praeger, 1986, 99.

9 參見Copper, *China Diplomacy*, 70-71.

10 同前註，頁四六—五六

11 詳情參見同上，頁八八—九五。

12 同前註，頁八八。

13 同前註，頁九〇。

14 實際上有兩個人權團體在此時誕生，一個既關心台灣也關心中國的人權狀態，另一個則是由黨外人士發起，將焦點完全集中在台灣。

15 請參閱每年由新聞局（編按：二〇一二年改組並更名為行政院新聞傳播處）出版的《中華民國年鑑》。

16 台灣的官員如此告訴我。

17 Martin L. Lasater, *The Changing of the Guard: President Clinton and the Security of Taiwan*, Boulder, CO: Westview Press, 1995, 139-41.

18 同前註，頁一四二－一四三。

19 同前註，頁一四五－一四九。

20 同前註，頁一四九－一五二。

21 “Nations Condemn Chinese Missile Tests,” CNN, March 8, 1996 (on the Internet at www.cnn.com)

22 “US Navy Ships to Sail Near Taiwan,” CNN, March 10, 1996 (on the Internet at www.cnn.com).

23 “Crisis in the Taiwan Strait: Implication for US Foreign Policy”是一九九六年三月十四日眾議院外交事務委員會亞太小組的聽證會所做的簡報標題。Washington, DC: U.S. Government Printing Office, 6.

24 N. K. Han, “CNA on U.S. Official's Congressional Testimony on China,” *China News Agency*, April 24, 1997 (from Foreign Broadcast Information Service on the Internet at www.lexis-nexis.com).

25 這些資料來自於一九九六年三月十九日通過的眾議院H2342號決議案與參議院一九九六年三月二十一日通過的S2622號決議案。這是由美國兩院共同發佈的決議，想瞭解完整內容可參考國會相關紀錄，或者上www.policy.com網站（Taiwan Policy下方）。

26 同前註。

27 “Gingrich's Freedom to Disagree Eludes Ministry Spokesman,” *The Nikkei Weekly*, April 14, 1997, 6.

28 Seth Faison, “Gingrich: U.S. Would Come to Aid of Taiwan,” *Palm Beach Post*, March 31 1997, 1A.

29 Jim Abrams, “U.S.-Taiwan Security Act Criticized,” *Associated Press*, October 26, 1999 (on the Internet at www.lexis-nexis.com).

30 “White House Opposes Bill Aimed to Boost Taiwan Security,” *Agence France-Presse*, September 16, 1999 (on the Internet at www.lexis-nexis.com).

31 “China Opposes US Bill to Strength Military Ties with Taiwan,” *Agence France-Presse*, October 28, 1999 (on the Internet at www.lexis-nexis.com).

第九章
飛彈防禦系統介入台灣問題

先不提其他效應，一九九六年的台海飛彈危機讓世人知道台灣在中國的飛彈威脅下，需要自我防衛的能力。台灣的回應是，必須採購及製造更多的武器，其中以反彈道飛彈為首要考量。

柯林頓政府熱中販賣武器，售予台灣所需大量武器。台灣因此獲得更多更好的武器——尤其是飛彈防禦系統，令北京憂慮。因為這意味著北京將喪失對台的飛彈優勢。讓中國官員更加憤怒的是，台灣還可能與亞洲地區其他國家連成一氣。北京不希望其他國家支持台灣的防衛，尤其擔憂台日連線。台灣與日本有著讓北京難以忍受的歷史淵源，而且日本也是中國在東亞拓展勢力的競爭對手。台灣取得自我防衛武器也在中國內部造成政治分歧，不但助長北京強硬派和軍方的勢力，也預告一場軍備競賽的到來。

該事件所衍生的另一段情節，除了軍售案，台灣的替代方案為研發可攻擊中國城市的大規模毀滅性武器，使得台灣問題在中美關係中更具爆發性。

攻台與鎖台戰略

一九九五年，李登輝受邀訪美，中國解放軍第一次試射飛彈。三天裡，他們每天發射兩枚東風－十五飛彈（東風一名源自毛澤東生前所說的「東風壓倒西風」，即中國擊垮西方國家的影響力，尤其是美國）。東風－十五為一款公路機動型的短程彈道飛彈，射程達六百英里。[1] 在設計上，東風－十五飛彈與伊拉克軍隊在波斯灣戰爭期間使用的飛毛腿飛彈極為類似。兩款飛彈都由車輛載運，可快速布署，也具備高度隱匿性，不容易被敵人的空中偵察機捕捉。但就如同海珊的飛毛腿飛彈，東風－十五飛彈也有不太精準的缺點。

在一九九五年中國發射的幾枚東風－十五飛彈中，有一枚因導引系統故障而在半空中引爆，另外兩枚落到靶區外。即使有三枚打進靶區，但都沒有打到中心點。解放軍立即從這次失敗的演習中記取教訓。一九九六年他們為了干擾台灣總統大選而第二次試射飛彈時，就很精準地擊中兩個目標。據一位觀察家所言，中共僅以八個月的時間就達成美國和蘇聯花費二十五年才達到的目標。[2]

一九五〇年代，無論是美國或蘇聯的飛彈，在試射時都與目標有將近一英里的「誤差距離」，與中國在一九九五年試射飛彈時的情況一樣。到了一九八〇年代，美蘇的飛彈試射都只與目標偏離幾百公尺。而在一九九六年，也就是距第一次台海飛彈試射不到一年的時間，北京就已展現出一九八〇年代華盛頓與莫斯科的軍事實力。中國如何在這麼短的時間內提升其飛彈導引系統和其他軍事科技，至今仍是個謎。顯然北京得到一些幫助，可能是透過潛伏在美國武器製造商的間諜竊取而來，也可能取自俄國，中國憑一己實力修正技術問題的可能性顯然不高。但無論如何，北京以公開聲明的方式設法讓台灣（及其他國家）得知其飛快的軍事進展，以防台北軍方不向政府高層匯報，或台灣媒體不報導這則消息。

北京中共高層希望透過宣傳其軍事科技的進展，迫使台北屈服，就統一問題進行談判，至少中共高層如此期盼。幾個非常特別的理由顯示，東風飛彈確實是北京最理想的武器。首先，在一九九六年三月試射飛彈時，北京宣布三月十日到二十日期間任何船隻不得進入演習海域。最終沒有任何船隻敢挑戰北京的聲明，而台灣在近兩星期的時間裡完全與世隔絕。北京透過這種方式向台灣發出以下的訊息：中國有能力隨心所欲延長封鎖台灣的港口與海上運輸線的時間。飛彈恫嚇可以扼殺台灣的經濟，而台灣只能在有利於北京的情況下接受和談。其次，在過去相當長的一段時間，台灣軍方未曾將飛彈防禦系統列為整軍備戰的優先考量。這個問題歸因於歷史和其他各方面的因素。然而，一切都太遲了！

此一局勢背後還有一段有趣的歷史。一九五〇年春天，毛澤東計畫以搭載數千名士兵的小船進犯台灣。這些小船將載運士兵到距離岸邊一英里處，接著讓他們帶著子彈與槍械游泳上岸。由於國民黨在一九四九年將中國海軍的大型船艦與登陸艦全部帶來台灣，因此毛澤東只能依靠這種原始的戰術。後來韓戰爆發及美國的介入，阻礙了毛澤東解放台灣的計畫。不過毛澤東未因此放棄，他仍採用這套一九五〇年代初期所提出的計畫：以便捷小船載運大批士兵。為了因應這套戰術，台灣購入許多射程可達台灣海峽、以小型金屬碎片激起浪花的遠程火炮。這對想游泳上岸的士兵而言是十分致命的威脅。此外，台灣軍方還可使用凝固汽油彈在水面上炸出一片火海，並在海灘埋下地雷。最後，國軍還在灘頭上建立頑強的防線，迫使北京必須另尋其他軍事戰略。

以核武攻擊台灣是一種手段，但中國官員已多次強調「絕對不會以核武攻擊自己的同胞」。當他們講這句話時很可能出自真心，因為以核武轟炸台灣的負面效應實在太大了。首先，核武將造成數十萬人——甚至百萬人——死亡並讓台灣徹底成為一座廢墟，將其對中國有利可圖的經濟價值破壞殆盡。其次，北京可能在未來的一世紀被全世界視為怪物。中共高層——尤其是所謂的改革派人士——非常在乎中國在全球的形象。雖然使用中國研發出的中子彈（或許又是從美國偷來的技術）能避免摧毀台灣和其基礎建設，但攻擊台灣仍會「重創形象」並在其他方面招致負面影響——包括台灣經濟立基於高品質的人力資源，因此摧毀台灣也等於消滅人才和技術的事實。

因此，北京最佳的戰略是封鎖或隔離台灣，以切斷這座島嶼的經濟命脈。這套戰略可透過潛艦與水面艦隊聯合實施，但先決條件是取得台海上方的制空權。值得注意的是，台灣的國防建軍特別著重於提升戰鬥機性能與反潛能力。然而，後者能否執行成功往往取決於前者的配合。一九七〇到八〇年代，台北在掌握制空權遇到一些困難，不過在一九九二年購入美國與法國的先進戰鬥機後，此一能力已顯著提升。由於這筆軍購案，加上台灣自身飛彈科技的提升，再度迫使北京調整戰略。因此，解放軍在一九九五和九六年選擇以飛彈為武器。事實上，自一九九六年以後，種種跡象都暗示未來無論是恫嚇台灣或向美國或其他國家展現自己的怒火，中國都會選擇使用飛彈。

解放軍不斷擴張的軍備，他們只需發動一場飛彈演習或對外宣稱即將發動演習，便能立即嚇阻外國的飛機與船隻到台灣。這將使台灣的港口無法正常運作而導致經濟崩盤，同時得面對能源短缺的危機，並陷入恐慌。假如美國不介入，解放軍即可趁機升高衝突。他們將攻擊軍事目標，以大量的飛機與船艦打一場消耗戰，徹底摧毀台灣的海軍和空軍。未來美國可能轉移注意力去處理其他地區的問題，而無法在每次北京威脅或軍事恫嚇時馳援台灣。美國也可能因為擔憂大批軍人傷亡、內部意見分歧，或孤立主義政策等原因，對台灣見死不救。到了那個時候，台北幾乎只能選擇投降。這是一部很可能在現實中演出的腳本，台北對此非常憂心。

軍購不是唯一的良方

台灣的回應不是認輸，而是加速生產與購買反彈道武器。早在一九九五年解放軍對台灣沿海試射飛彈之前，台灣就已開始生產與布署飛彈。一九八〇年代，台灣已製造了天劍空對空飛彈，可用於與諾斯洛普公司（Northrop Corporation）合作開發的國產F-5E戰機。此外，台灣也製造了天弓地對空飛彈。天劍和天弓飛彈都是由位於桃園龍潭的中山科學研究院研發而成。後來天弓飛彈又被提升為天弓二型飛彈，據說這款飛彈能攔截一百公里遠、速度超過四馬赫的飛行目標。在一九九八年的試射中，它被證明能夠擊落另一枚飛行中的飛彈。那次試射是從屏東發射一枚天弓二型飛彈，將另一枚從東南部某基地發射的飛彈擊毀，讓台灣的戰略規劃者印象深刻。

基於政治上的考量，台北官員致力於研發國產武器。經國號戰機就是由台灣國防工業研發生產。這讓美國在與北京的中共高層協商時可以此為理由，表明這些武器是由台灣獨立研發而成，並強調美國無權阻止台灣追求自我防衛的決心。或者，若未來又出現一個敵視或不關心台灣的美國政府時，台北有更多的選擇。其實從台灣決策者的角度來看，美國對台軍售政策向來「難以預測」，甚至反覆無常。如同冷戰期間法國積極發展核武，許多人認為台灣可透過自己生產武器以確保美國對台履行協防的承諾。

同時，台北也購入相當數量的美國飛彈和飛彈防禦相關技術。事實上，許多國防專家與政府高層寧願購買美製武器，他們認為這些武器既造價便宜、質量精良，又可以強化華盛頓對台的協防承諾——以防止美國武器的聲勢掉落。而在中國一九九六年的飛彈恫嚇不久後，美國也「開始關注」飛彈防禦——尤其是建立戰區飛彈防禦系統的議題。這對台灣顯然是好消息。多年來，美國外交政策專家和輿論都支持建立全國飛彈防禦系統與戰區飛彈防禦系統，以保衛美國海外駐軍。科技的進步及來自流氓國家的新威脅都促成此一趨勢。

一九九二年，隨著蘇聯集團的垮台，老布希調整雷根遺留下來的「戰略防禦計畫」（SDI，俗稱星戰計畫），將原先局部抵抗蘇聯上千枚飛彈與上千架飛機大規模攻擊的構想，修正為「全面防禦」敵人發射兩百枚以下的飛彈。該計畫的保衛範圍不僅止於美國本土，也涵蓋美國的海外駐軍與盟國，台灣也受惠於這項政策。在美國政府的同意下，美國的大型武器製造商雷神公司（Raytheon Corporation）參與提升天弓飛彈性能的計畫。隔年，德國政府又同意出售一批與美國合作生產的愛國者飛彈給台灣。[3]接著，雷神公司響應台灣需要更多武器的需求，又與台灣簽下一筆高達十億美元的合約，協助國軍汰換所有老舊的勝利女神防空飛彈。於是，台灣又從美國買進更多飛彈，也繼續布署自己的天弓飛彈。這些武器都是用來抵禦北京的飛彈與空中攻勢。[4]

一九九五年七月，中國對台灣沿海試射飛彈後，台灣國防部官員立即提出更多的武器採購需求，希望能從美國購買更「全面」的飛彈防禦系統，包括一套高空防禦系統，能在距離台灣遙遠處攔截敵人所發射的飛彈。八月，台灣正式宣布布署美製改良型防空系統，該系統屬於為台灣量身製作的愛國者飛彈系統，用於攔截類似一九九五年中國飛彈試射時所使用的短程彈道飛彈。柯林頓政府不反對出售低階的防禦飛彈。於是，這次軍售在美國民眾及樂見台灣強化軍事能力的國會支持下過關。北京對此沒多說什麼。

同年十月，台北官員宣布台灣對於加入美國戰區飛彈防禦系統有興趣，台海局勢又緊張起來。北京對此非常憤怒。接下來幾個月，北京官員制訂新政策，以反制此一他們所謂的「恐怖趨勢」。有些人甚至表示，如果台灣真的被納入戰區飛彈防禦系統，就要讓美國本土感受到威脅。到了年底，又有媒體報導台灣將花費一百億美元採購及建造新武器，其中以反彈道飛彈為最優先考量：這些飛彈有些由台灣的國防工業生產，有些則購自美國。[5]

在一九九六年三月解放軍試射飛彈後，台灣又將取得反彈道飛彈列為最優先的考量。台灣的軍事採購人員開始在全球各地尋求更多賣家，甚至包括俄國。他們很可能希望透過展現這種「到處看看」的態度，迫使美國軍火商與國會向柯林頓施壓，讓台灣買到更多武器。到了五月，國防部宣布愛國者飛彈已運抵台灣，並將布署於台北周圍地區以保衛首都安全。即使有些政治人物——包括時任台北市長的陳水扁——都認為如此布署對首都帶來的傷害程度將超過其防禦能力。[6]一九九七年初，更多的愛國者飛彈伴隨復仇者防空系統（搭載刺針便攜式防空飛彈）從美國運抵台灣。一九九八年一月，台灣又接到了一批愛國者飛彈。兩個月後的三月，台北宣告成功測試可依賴全球衛星定位系統追蹤目標的雄風二型飛彈。到了該年年底，台北與美國展開採購四艘神盾驅逐艦的談判。這些搭載高精密飛彈防禦系統的軍艦每艘造價十億美元。若能得到華盛頓批准而購得這批武器，就意味著台灣得到加入戰區飛彈防禦系統的入場券，可謂一大突破。

一九九九年三月，國防部長唐飛評估台灣得花費九十億兩千三百萬美元，才能建立起足以摧毀七成來襲飛彈的低空飛彈防禦網。[7]他建議台灣應該立即執行此一計畫，否則「我們將來不及加入戰區飛彈防禦系統」。根據當時的民調，百分之八十六的受訪者感到自己被中國飛彈威脅，支持台灣加入區域性的飛彈防禦體系。[8]九月，唐飛再度表示，戰區飛彈防禦系統為台灣國防的「最優先需求」。該年年底，國防部甚至宣布將自己動手建立「台灣飛彈防禦系統」，但其背後目的還是希望台灣被納入由美國建立的任何防禦系統。隨後，李登輝也強調台灣致力於飛彈防禦系統。與此同時，身為反對黨總統參選人的陳水扁也首度對該計畫表達支持。

二〇〇〇年四月，柯林頓政府回絕台灣取得神盾驅逐艦的採購需求。一個月後，台灣新任國防部長伍世文宣布，台灣將自主研發飛彈防禦系統。他表示，這將是「一個制衡中國飛彈攻擊的必要行動」。[9]由此可見，台灣有足夠的自我防衛決心，也不在乎是否挑起新一波的軍備競賽。

後冷戰中國的軍事變革

中國在冷戰時期製造飛彈的目的是為了投射核彈，這一切（包括研發核武）都是在一九五〇年代末與一九六〇年代初中蘇關係破裂後發生的。北京幾乎將所有的遠程彈道飛彈瞄準蘇聯。中國未將洲際彈道飛彈與潛射彈道飛彈等可攻擊美國本土的武器納入優先發展的項目中，因為當時蘇聯是其「主要敵人」。隨著冷戰終結，北京調整了這項戰略，開始製造可攻擊美國的洲際彈道飛彈，同時也致力於生產更多可打擊東亞周邊國家（尤其是美國盟友）或區域內美軍設施與人員的短程飛彈。台灣在這些目標的序列上排名第一。如前所述，在北京高層的授意下，中國從蘇聯進口武器，或透過網路購買，或竊取美國飛彈相關科技。因此，北京能夠在非常短的時間內取得更好的遠程與短程飛彈。

事實上，早從一九九〇年代開始，解放軍便將兵力與武器大量集中於東南各省。在與莫斯科達成降低邊界衝突的共識後，北京立即將大批兵力與武器等軍事力量由華北轉移到福建省或其他可襲擊台灣的內陸地區。一九九四年，解放軍在接近台灣的地區發動兩場軍事演習：一場命名為「征服九六」，另一場則為「航母毀滅日」。「九六」的意思是指這場軍事行動將在九十六小時內拿下台灣，至於「航母」則代表台灣（二戰時的日本以及日後麥克阿瑟將軍都曾稱呼台灣為不沉的航空母艦）。這兩場軍事刻意安排扮演「進攻隊伍」的部隊，在距離金門不到七十海里的一座小島上演習，北京並未採取任何避免台灣瞭解這次演習情況的措施。[10]

除了陸軍與空軍從中國的一個地方調到另一個地方（離台灣更近），海軍設施也一樣被轉移或重新搭建。一部分原因是北京調整了原來的國防布局，為了征服南海而將發展海軍，是最優先考量。有人認為，北京宣稱對南海的主權是為了在「實際解放」台灣前，將台灣海峽變成中國的領海。無論在什麼情況下，在中共高層心中，南海與台灣問題緊密相連。隨後北京還創建新單位，嘗試整合陸海空三軍——布署於福建省或駐紮於南京軍區的其他轄區——包含飛彈部隊在內，這些單位全由中共中央軍事委員會指揮。該地區被標示為交戰地區。[11]

對許多觀察家而言，一九九五與九六年發生的事情，是中國以台灣為目標所做的軍事擴張之必然結果。在一九九六年以後，這類軍事擴張的行動仍不間斷地進行。美國國防情報局在一九九九年一月發表的一份報告指出，中國在一九九八年底所舉行的數場軍事演習中，模擬以東風—三與東風—四（比一九九六年使用的飛彈先進）攻擊台灣的情況。[12]一個月後，一份由國會公布的五角大廈報告指出，中國正在快速強化進攻台灣的能力，並準備以各型「精準導引武器」——尤其是各式飛彈——投入戰鬥。該報告也指出，台海的權力平衡已開始朝北京傾斜。該報告的作者還指出，到了二〇〇五年，解放軍將具備以飛機和飛彈進攻台灣，進而「摧毀島上重要軍事設施與基礎建設」的能力。[13]

一九九九年十一月，一份美國報紙指出，中國準備在台灣對岸布署一百枚最先進的短程飛彈。該報導引用美國太平洋司令部指揮官布萊爾（Dennis Blair）的發言指出，最終中國將在該地區布署五百到六百枚飛彈。該報導還引用一份五角大廈的研究為佐證：六年內中國將在該地區布署六百五十枚飛彈。[14]面對這股劫數難逃的壓力，任何人都不難做出一致的結論：無論台灣多麼努力嘗試建立一套牢靠的飛彈防禦系統，終將難以抵抗中國的飛彈攻勢。事實上，早在解放軍在靠近台灣的東南各省展開布署前，北京已開始嘗試阻擋美國發展飛彈防禦系統，尤其是任何能幫助台灣抵擋中國最新武器的系統。早在一九九五年七月飛彈試射前，北京外交官就主張，若華盛頓與莫斯科都不遵守《反彈道飛彈條約》（Anti-Ballistic Missile Treaty）中對成立飛彈防禦系統的限制，「將導致東亞局勢不穩，不但引發各國之間的軍備競賽，也會讓更多國家嘗試發展核武」。

在美國完成首次飛彈防禦系統的測試後，中國外交部發言人表示，戰區飛彈防禦系統（具備高空打擊能力）將對中國造成威脅。為了抵抗這樣的威脅，北京將被迫強化其核武攻擊能力。在一九九六年台海飛彈危機剛結束、美國開始設法強化台灣飛彈防禦系統之際，北京宣稱「戰區飛彈防禦系統將導致一場軍備競賽」。因為這種防禦系統將讓特定強權（指美國）的核武優勢大幅提升。至於美國與日本以防範北韓為由建立戰區飛彈防禦系統的說法，也遭中共高層斥為一派謊言，指控兩國的舉動顯然是針對中國而來。在一九九八年北京與華盛頓談判時，北京試圖以不讓台灣加入戰區飛彈防禦系統為條件，來換取中國與伊朗的飛彈技術合作。不過當時華盛頓未接受這個條件。

一九九九年初，解放軍的報紙形容台灣加入由美國主導的飛彈防禦系統，等於「嚴重損害中國的主權和領土完整」。[15]不久後，《中國日報》也對美國邀請台灣加入戰區飛彈防禦系統的計畫提出警告。該報特別強調：「任何行動都會引起相應的回應。」北京接著宣稱：「一旦台灣被納入此一系統，美國就等於與台灣建立起實質的軍事同盟，那麼美國所關注的反大規模毀滅性武器擴散行動可能會陷入遭逆轉的危機。」[16]若美國執意將台灣納入戰區飛彈防禦系統，那麼北京也會自行解除不得向美國列為恐怖分子的國家出售核子武器的限制。兩個月後，中國外交部軍控司司長也對將台灣納入戰區飛彈防禦系統一事發表看法，他明確表示：「如果將台灣納入該系統，我的天啊，那真叫人難以接受。」美國的舉動「將激怒全中國人民，並引發許多嚴重後果」。[17]

後天打造的命運共同體

由於技術、價格及北京的飛彈遠高於國軍能防衛的數量等現實，台北深知無法獨自建立一套有效的飛彈防禦系統。台北官員也注意到，加入區域性的戰區飛彈防禦系統在政治上能帶來極大的好處。問題是該如何執行？由於美國正透過與日本和南韓合作建立戰區飛彈防禦系統，台灣想加入並非全無機會。這個議題在台灣與美國已引起不少討論。日本出於許多原因——包括日本的和平外交政策，以及加入飛彈防禦系統可能被北京高層視為嚴重挑釁的行為——對於加入戰區飛彈防禦系統一事一直猶豫不決。然而，這項政策隨著東京在軍事戰略上開始將中國視為日本的主要對手而改變了。

這個趨勢自一九八九年後開始明朗，直到一九九六年後才顯著提升。一九九六年台海飛彈危機直接導致《美日安保條約》的條款升級。東京調整了與美國的軍事合作綱領，將其防禦範圍擴大到台灣海峽。七月，北京注意到日本的政策有所調整，馬上再點燃尖閣群島（中文稱為釣魚台）的主權糾紛——該群島只是位於台灣北面很小的列島，但中國與日本因其海底可能蘊藏豐富的石油而發生主權糾紛。在日本高層看來，中國的舉動是對日本的公然恐嚇。在東京的解讀中，北京藉由這次的「尖閣群島危機」釋出一則訊息，那就是東京的盲動將引起嚴重爭端，進而讓兩國關係陷入危機。東京也認為，中國對台灣的威脅將波及日本。幾個月後，一位日本政府發言人公開指正稍早一位國會議員關於台灣與台海「在日本視野外」的言論。有些人認為，這是日本對北京挑起尖閣群島爭議的一次還擊。[18]

如前所述，一九九八年八月北韓舉行一場讓日本舉國震驚的飛彈試射演習。這枚飛彈飛越人口眾多的日本上空，最後墜入日本東方的太平洋海域。那枚飛彈上極可能載有核彈頭，這對日本來說有如天啟般的暗示。這場演習徹底改變了日本防禦計畫制訂者眼中的藍圖，而日本民眾對飛彈防禦的認知也有所轉變。同一時間，日本國會也通過一項決議案，要求政府「用盡一切手段保障日本人民的安全」。[19]日本人普遍認為，北韓發射的飛彈裝載了核彈頭（此一研判從各方面來看似乎都有所依據）。而這樣的飛彈具有摧毀日本城市、大規模殺傷日本平民的能力。二十世紀初，日本迫使朝鮮成為殖民地，接著實施殘酷的統治，韓國人因此普遍對日本及二戰期間的不愉快的回憶有著強烈的恨意（包括迫使朝鮮人參軍或成為廉價勞工，甚至於強迫徵召慰安婦），這也讓大多數日本人相信北韓高層可能對日本實施致命攻擊。

不過，一些日本軍官在私下坦承未認真看待北韓的飛彈試射，但這次飛彈試射卻讓他們找到對付真正敵人——也就是中國——的最佳藉口。日本防衛大學教授西原雅史（Masashi Nishihara）表示：「即使北韓的威脅無足輕重，我們也必須對中國提高警覺。」[20]之後，日本政府「簽署」或接受華盛頓的提案，開始建立戰區飛彈防禦系統。欲加入此一系統，東京就得撥出高達兩億八千萬美元的預算，日本三菱重工（Mitsubishi Heavy Industries）與美國雷神公司為此簽署了一份合約。[21]

這個轉變對台灣是幸運的，因為日本在政策上的調整為台灣帶來明顯的優勢。「與日本的特殊關係」若真的存在，那麼這對於期盼加入戰區飛彈防禦系統的台北政府與軍方高層助益良多。然而，由於北京強烈反對台日之間發展任何聯繫，因此這是一條充滿坑洞與危機的道路。事實上，中共高層極其憤怒地斥責這個構想，因為這讓他們想起台灣曾受日本統治的過去，並以為歷史可能重演。

對東京來說，由於日本通往中東的石油的重要航線會經過台灣海峽，他們也無法眼睜睜看著台灣「落入敵人之手」。台海對於日本其他海外貿易也同等重要。權威人士也表示，如果日本想恢復昔日在東亞的軍事上的影響力（有些人則說政治或經濟上的影響力），台灣就必須與中國保持分離狀態。這意味著想盡辦法維持一個獨立的台灣事關日本的國家利益。但鑑於美國仍控制著台灣的命運，日本一直很少表現對台灣的興趣。實際的情況是：台灣的未來掌握在華盛頓手中，而東京只能遵從美國的對台政策。日本高層也想避免與北京發生不必要的糾紛。他們知道台灣在中日之間是一個非常敏感的議題，但仍有相當數量的日本政壇領袖（獲得不同程度的民意支持）與台灣政壇領袖維持密切的關係。他們也時常含蓄地（有時也不是那麼含蓄）表達對兩岸維持現狀的支持（實質上與中國分離）。媒體也曾報導，日本國會有上百位議員暗中支持台灣與中國分離。至少很少人對此提出過異議，因此外界屢次推測東京暗中對台灣問題已有安排。

中國對於日本輿論逐漸傾向支持台灣一事也很不滿。自一九九六年的台海飛彈危機後，百分之五十一的日本人覺得中國不是一個友善的國家（相較於一九八五年僅有百分之十八）；[22]認為台灣是一個「獨立國家」的日本人比美國人還多。[23]同時，台灣的政治人物——包括李登輝——也支持與日本進一步發展政治和軍事交流。李登輝曾提出台灣與日本是命運共同體的觀點，他認為無論在政治和軍事上，台日都應該建立更緊密的聯繫。其他台北的政治人物也表示，日本與美國所簽屬的《美日安保條約》正式且非常重要，而且防衛範圍極可能涵蓋台灣，因此他們相信日本會確保台灣的安全。根據一九七〇年尼克森與佐藤榮作的協定，台灣在美日軍事合作下被納入日本的「防衛範圍」，而繼任的日本首相從未公開反駁這項「協定」。

在北京發動第二次飛彈試射不久後，日本前內閣官房長官梶山　六表示，《美日安保條約》規定日本的防禦範圍「確實包括台灣」。日本外務省也表示，將菲律賓以北地區納入防衛範圍的指導原是由前首相岸信介在一九六〇年時訂立的。

轉守為攻，日本重返東亞戰局

北京認真看待台灣可能取得反彈道飛彈的能力，進而加入東北亞戰區飛彈防禦系統，也反映了中共高層對日本的痛恨，以及對日本重整軍備的恐懼。許多觀察家認為，中共高層以前所未有「氣極敗壞」的態度，討論台日之間的軍事協防。對於中共高層而言——尤其是軍方的強硬派人士，日本與台灣一同加入東北亞戰區飛彈防禦系統，將對「統一大業帶來最壞的影響」。

若想瞭解中共高層的觀點，及飛彈防禦系統與華盛頓—台北—東京三邊關係所引發的問題，就必須先理解「中國的中國人」與「台灣的中國人」或「台灣人」在面對日本時的態度大不相同。在一八九四到一八九五年的甲午戰爭中，日本狠狠地羞辱中國（簽署和平條約並奪下台灣），並於一九一〇年開始對曾經是中國藩屬國的朝鮮實施殖民統治。在一戰結束後，日本企圖實質殖民中國的其他地區，同時對中國施加各種「帝國主義式」的控制。一九三一年，日本進一步從中國手中奪下滿洲，將其納入大日本帝國的勢力範圍。到了一九三七年，日本又對中國本土展開侵略，在強迫中國加入以東京為首的「大東亞共榮圈」（日本對東亞進行殖民）時，在中國造成慘烈的傷亡與大規模的破壞。

在蔣介石的領導下，中國軍隊抵抗日本人對中國的征服行為，但在面對日本優越的戰爭機器，國民黨部隊難有進展。於是，蔣介石在執行戰略性撤退時，以「焦土政策」拉長日軍的補給線。而毛澤東領導的共產黨部隊則與日軍打游擊戰。日本人視兩支中國軍隊所採取的抵抗策略為懦夫的表現。為了迫使中國人屈服，日軍在面對「如海水一樣多的中國人」時，習慣採取各種令人髮指的恐怖手段。

日本人在戰爭中的暴行很少被西方媒體報導，但在中國卻是人盡皆知且歷歷在目。南京大屠殺是近代最嚴重的人權侵犯事件之一，日本人在此殘酷又嗜血，是中國與中國人最仇視的敵人。大部分（在中國）的中國人都忍不住為此咒罵日本和日本人。然而，由於日本在海上遭到美國海軍擊敗，而且戰爭的終結主要歸功於美國對日本本土的戰略轟炸，包括使用原子彈，因此蔣介石和毛澤東都無法享受真正的勝利成果。又由於日軍是主動撤出，而非被趕出中國，即使戰後日本幾乎成了一片廢墟，但在中國民眾心目中，日本仍是一個潛在的侵略者，許多人擔憂日本有朝一日捲土重來。

毛澤東統治中國後與蘇聯簽署《中蘇友好同盟互助條約》，即使當時日本已遭摧毀，處於託管的狀態下，但日本仍在條約中被當作假想敵，可見中國對日本潛藏恐懼。日本的軍事力量及對中國的殘忍征服，在中國人的集體記憶裡難以消泯。接下來幾年，中共高層與大多數底層人民一樣，擔心日本重新發動軍事行動。但在許多西方人眼中，這樣的擔憂沒有根據，因為日本已被解除武裝、去勢，轉而主張和平主義。他們的領導層與平民都致力於推動經濟建設，希望在國際社會中扮演推動和平的角色（如果有機會的話）。

不過，中國人仍有足夠的理由堅持自己的看法。首先，大多數的中國人不認為日本人會像德國人那樣，為二戰的侵略行為真心道歉。在日本文部省批准出版的中小學教科書裡，日本竄改侵略中國的歷史，將日本對中國的「侵略」寫成「進出」（暗示不是日本單方面的錯誤），也將其暴行輕描淡寫為帶給中國「困擾」。包括政府高層在內的許多日本人，甚至公然否認日軍在中國曾製造類似南京大屠殺的暴行。此外，日本的國家領導人每隔一段時間就會造訪祭祀戰亡者的神社，包括以供奉甲級戰犯而聞名的東京靖國神社——一九九六年，日本首相橋本龍太郎曾造訪此地。中國將日本首相的行為解讀為向世人所唾棄的東條英機致敬，同時也代表了日本軍國主義復甦的跡象。而且在日本晚近出版的書籍裡，將東條英機這樣的人描寫為英雄，是民族主義精神的展現，都讓中國感到不安。

一九九八年柯林頓訪問中國不久後，江澤民啟程前往日本。在出發前，中國外交部長唐家璇強調中日未來的關係取決於日本對以下兩件事情的態度：一是歷史問題，二是台灣問題。江澤民期望如先前柯林頓造訪中國時，利用媒體報導來強化他在國內的形象。一年前橋本龍太郎訪問中國，慶祝一九七二年中日簽署《中日和平友好條約》二十五週年。一切都準備就緒，江澤民相信自己能得到日本人對二戰罪行的正式道歉，也預期日本政府如同柯林頓一樣，對台灣問題做出類似「三不」那樣的政治承諾。

然而，日本首相小淵惠三不願就戰爭議題向中國正式道歉，即使他才在一年前向韓國發表道歉聲明。他也拒絕為「三不」政策背書。這對中國而言是很嚴重的拒絕。無論從國內或國際媒體的角度來看，江澤民這趟訪問像是被狠狠打了一巴掌。剛被任命為外交部長的日本專家唐家璇的政治形象，因為這次失敗的訪問深受打擊，江澤民也是。他們在未簽署任何公報的情況下離開東京。為何中國會遭遇如此嚴重的外交打擊？原來江澤民的兩項要求在日本社會引起激烈的反彈。早在一九七二年中日雙方簽署共同聲明時，中國就已接受日本的道歉。因此日本高層認為，北京反覆要求日本道歉的行為「傷害了日本民眾」。很多日本人也認為，中國「不斷重提過去日本的醜事」是一種政治勒索，因為中國需要金援。[24]

江澤民以中國各地發生洪災為由，故意將其訪日行程延後兩個月。他想對日本施壓，結果鑄下大錯，因為柯林頓搶先他一步造訪日本，與日本高層討論戰區飛彈防禦的議題，並且在離開前簽署一份聯合公報。該公報表示，柯林頓與小淵惠三已就俄國與中國在內的國際問題交換意見。兩天後，五角大廈出版了第四本《美國的亞太安全戰略》（U.S. Security Strategy for the East Asia-Pacific Region），報告中賦予日本一個全新而重要的戰略地位，遠勝於柯林頓在夏天造訪北京時所展現的親中傾向。有些觀察家表示，在柯林頓來訪前（而非訪問後），日本原本打算對中國讓步。[25]

這時，面臨執政危機的中國共產黨也認知到，自己需要一個炮口一致的議題或敵人來維持內部團結，這個敵人就是日本。江澤民訪日的挫敗成為更多反日宣言的理由。隨後黨內高層開始煽動起驚駭與惡意的仇日情緒，並透過媒體發起一系列毀謗日本的輿論。許多人認為，這是事先寫好的腳本。日本與中國原是天敵，雙方一直在角逐東亞（包括軍事與政治上）的主導權。自一九七八年中國經濟起飛以來，兩國也成為經濟上的對手。一九八九年之後，中國的軍事預算大幅提高，雙方又變成或即將成為軍事上的對手。

對於那些認為日本的軍事力量弱小、大多數日本人為和平主義者的質疑聲浪，中共高層也做出回應，指出日本在軍事力量上是位居美國之後第二強的國家。他們還特別強調，日本未如美國與許多歐洲國家那樣在冷戰結束後減少軍事開支。然而，在回應日本是和平主義國家且非核武強權的質疑時，中國分析家則表示，日本人的和平主義是「膚淺」的偽裝。他們還指控日本在一夜之間便可發展出完整的核武軍火庫，中共高層的依據是，大多數日本的核電廠是以「增殖反應爐」（breeder reactors）運作。甚至還有人主張，當日本有了飛彈防禦系統後，即使沒有核武，也能成為世界級的軍事強國。還有其他原因致使中國近年對日本軍事實力的憂慮不斷提升。其中最主要的是，日本在美國的防衛體系中扮演更吃重的角色。尤其在華盛頓逐漸自東亞軍事布署「撤離」時，日本甚至可能取而代之。

值得注意的是，第一次台海危機後發生的一連串事件，「徹底改變中共高層對日本的看法」。此一「從裡到外的改變」與日本對台灣的動機有很大的關係。但這背後還有更大的脈絡可循。自一九九五年初美國政府發表《奈伊報告》（Nye report，又稱《東亞戰略報告》）之後，中國的態度有了戲劇性的轉變；該報告前所未見地強調美日同盟和戰區飛彈防禦系統的重要性，而美日共同建立戰區飛彈防禦系統的決策徹底激怒中共高層。

中共高層在認知到如此重大的變化後，以充滿警惕的口吻指出，他們不認為飛彈防禦系統能夠如同美國和其他戰略專家所宣稱的帶來真正的穩定。相反的，他們認為這套系統會把日本從「原來的自我克制中釋放」，並全面提升日本的軍事實力，進而造成區域的不穩定與危險，而美國在這當中扮演了「共謀者」的角色。如果這個說法成立，那麼中國在一九九五與九六年試射飛彈便可能不是背後促成美日推動戰區飛彈防禦系統的原因。或許華盛頓與東京已預料到這兩次軍事行動。無論如何，美日在一九九七年已同意根據「防衛大綱」推行雙邊防衛合作，並「依情勢所需」建立戰區飛彈防禦系統（將日本納入未來美國支援台灣時可能提供協助的角色）。對於美日協防體系的變化，江澤民宣布中國已進入「高度警戒狀態」。

因此，當一九九八年日本開始為加入戰區飛彈防禦系統而編列採購經費時，北京不相信其目的是為了牽制北韓。中共高層強調這一切都是針對中國，進而抵銷北京對付台灣最有效的武器，而台灣對此防禦系統感興趣又讓北京的懷疑加深。部分原因來自中共高層對李登輝的偏見和不信任。他們注意到李登輝畢業自京都大學，能講流利的日語（事實上，許多台灣人也發現他的日語講得比北京話流利，而且他每天早上讀的第一份報紙是日文報紙）。更重要的是，李登輝曾在日本軍中服役。北京將以上兩點和以下兩點結合在一起：一是李登輝的親日觀點，二是他主張台獨並推動台灣加入戰區飛彈防禦系統。在北京看來，原本可藉由特別武器迫使台灣上談判桌的局勢有了重大逆轉，而中國對此的回應是製造更多的飛彈。

美國輿論催生戰區飛彈防禦系統

關於建立可能包含台灣在內的戰略飛彈防禦系統的議題，讓柯林頓政府進退維谷，因為這顯然將對中美關係造成傷害——或許是不可挽回的傷害。當時人們對飛彈防禦系統的強烈支持讓白宮措手不及，而柯林頓政府最早想出來的解套方法是先簽署同意發展飛彈防禦系統，再設法以拖待變，結果這個方法都未奏效，而台灣是其中原因之一。

一九九六年的飛彈危機結束後，美國媒體不斷報導中國正在與台灣僅一海之隔的省分集結兵力。他們注意到，中國正將大批人員和武器（包括飛彈）運到鄰近台灣的省分。過去這類新聞從未被如此密集報導。美國媒體報導了中國鄰近台灣海峽的基地所布署的飛彈數量，還表示將有更新的一批飛彈進駐。有些報導還注意到，飛彈不僅數量與日俱增，其攻擊速度還在短時間內提升四倍。對此，台灣有權也必須提升防衛能力，而且美國應該提供協助。台灣遭遇的威脅日益升高，迫使美國國會更加關注這個問題，而柯林頓政府必須對此回應。相較於極權中國，美國輿論顯然更喜歡民主台灣，也支持美國對台軍售。

一九九六年七月，在台海飛彈危機爆發四個月後，柯林頓在《全國飛彈防禦法》（National Missile Defense Act）簽字。依據這項法令，美國必須「儘早在技術可行的情況下」，提出建立飛彈防禦系統的計畫。從字面上來看，這項法案像是推託之辭。果真如此嗎？柯林頓總統終究還是簽署了。

當柯林頓剛當上總統時，全國飛彈防禦系統的構想幾乎胎死腹中。後來因為受到科技上的突破，以及流氓國家愈來愈容易取得大規模毀滅性武器的影響，這項計畫才起死回生。另外還因為美國對中國威脅論（中共高層曾威脅將以核彈攻擊洛杉磯）展開激辯，加上中國試圖以飛彈封鎖台灣的恫嚇行為，這幾個原因串連起來，在北京於台灣沿海試射飛彈之際，形成了一股主張建立飛彈防禦系統的強大輿論。因此在飛彈試射結束後，柯林頓宣布成立一項「三加三」（three plus three）計畫。按照這個計畫，美國以三年為一個階段，研發並布署一套新型的全國飛彈防禦系統，但這也表示，每次美國至少花上三年的時間，才能研發出足以對抗敵人的洲際彈道飛彈威脅的飛彈防禦系統。中國顯然是這項計畫主要對象之一。之後，輿論又支持美國基於政治與軍事上的考量，重新發展一套完整的「星戰」計畫。

一九九八年夏天，一個由前國防部長倫斯斐（Donald Rumsfeld）主導的國會跨黨派委員會，發表了一份關於美國受彈道飛彈威脅情況的調查報告。該報告的結論是：五年內某個流氓國家將發展出可搭載大規模毀滅性武器的飛彈，在幾乎無預警的情況下攻擊美國本土。在這樣的背景下，同年八月北韓朝日本上空試射三節型的白頭山一號彈道飛彈。一九九九年一月，柯林頓政府宣布美國將在二〇〇〇年夏天布署飛彈防禦系統。同時評估，此飛彈防禦系統足以對抗那些比已解體蘇聯的飛彈數量還少的小國家之攻擊（隨著蘇聯瓦解，兩極對立的心理狀態也逐漸消失），因此「飛彈防禦系統會引發危機」的說法並不成立。

小型流氓國家及世界上的武器擴散管道是一項嚴重的問題，而問題來自中國。許多人認為，中國與這些流氓國家是一夥的，因為中國曾協助幾個流氓國家取得大規模毀滅性武器，有相當多的證據可以證明。如果今天有一個或一群敵對國能以比美國生產防禦性武器更快的速度及更便宜的價格生產攻擊性武器，那麼柯林頓就很難對飛彈防禦系統提出反對意見。那些小型流氓國家的確做不到這點，但人們無法確定中國可否做到。對此，北京曾聲明不會在有利於美國的情況下從事軍備競賽，會嘗試打非傳統戰爭。

無論如何，有哪位瞭解實情的美國總統不將資源投入一個可以拯救更多美國人與海外駐軍人員（在南韓有三萬人，在日本和沖繩則更多）的武器研發呢？柯林頓的顧問告訴他，伊拉克部隊的飛毛腿飛彈讓美軍在波斯灣戰爭中遭遇最大的損失。國會開始反覆談論這些案例，強調駐紮在東亞地區的美軍面對飛彈攻擊時十分脆弱，許多美國城市的情況可能也一樣。當時的民調顯示，飛彈防禦系統頗受美國民眾歡迎。中國對美國的威脅與日俱增，因此美國民眾認為飛彈防禦系統與中國威脅是相關的。[26]

此時發生了一件事，進一步解除了人們對於飛彈防禦系統的質疑。一九九九年十月，一枚從爪加林環礁（Kwajalein）發射的「外太空摧毀飛行器」（Exoatmospheric kill vehicle, EKV）在一次試驗中，成功攔截並摧毀一枚從加州發射的民兵型彈道飛彈，當時這枚飛彈在太平洋上空飛行了四千英里，正朝中國方向前進。這枚外太空摧毀飛行器以一萬六千英里的時速，在一百四十英里的高空攔截以超音速飛行的民兵彈道飛彈。由於外太空摧毀飛行器的飛行速度實在太快了，以致它不需要配備任何炸彈，就可以製造摧毀目標的大規模爆炸；單單靠這樣的撞擊，便能產生如此巨大的毀滅。這次演習大大提升了主張發展飛彈防禦系統者的士氣。同時有愈來愈多的跡象顯示，美國未來遭遇重大戰略問題的地區在亞洲，不在歐洲。關於這樣的論點，可以從五角大廈對世界各地主要衝突的研究找到論證。可以確定的是，世界上幾個主要衝突點（包括台灣海峽與朝鮮半島）都位於東亞。

另一個原因讓東北亞的戰區飛彈防禦系統置於首要考量：一九七二年華盛頓與莫斯科簽署的《反彈道飛彈條約》，限制了美國飛彈防禦系統的發展。不過美國未被限制發展防禦性武器，或者將武器布署於海上或其他國家，這就是戰區飛彈防禦系統會落在東北亞的原因。然而，還有另一個考量。雖然把台灣納入戰區飛彈防禦系統有助於美國對台履行《台灣關係法》中的協防「義務」，但缺點是此舉可能曝露，甚至明白宣告，美國建立飛彈防禦系統的目的就是要防範中國的飛彈，不僅針對北韓的飛彈而已。這將引爆新一波的政治危機。

最後還牽涉到金錢問題。台灣有大筆現金可投注於研發武器系統：既能提升其性能，又不會面臨經費短缺的問題。一些五角大廈的官員表示，基於財務上的考量，美國非得「讓台灣上船」不可。對柯林頓領導的白宮而言，眼前的選擇可能是，建立大範圍且效能更佳的戰區飛彈防禦系統。另一個選擇是，增加美國國防預算來打造東北亞戰區飛彈防禦系統，或直接向台北要錢。究竟柯林頓政府會選擇走哪條路？什麼因素會影響協議的走向？

這時有好幾個想與日本和台灣做生意及大發利市的美國公司向柯林頓施壓。遊說團體為此展開運作，甚至論及選舉募款。不過北京對台灣加入飛彈防禦系統始終有政治上的不祥預感，認為這將讓台灣不想與中國進行統一的談判，並直接支持台獨分子。中共高層對此防禦系統的構想充滿敵意，進而決定以生產更多飛彈的方式來打擊它。當然此舉自然會被外界解讀為，中美在此區域展開一場軍備競賽。北京宣稱將採取非傳統型戰爭來對抗美國，有些華盛頓的國防政策制訂者認為，美國有足夠能力也應該持續與中國進行軍備競賽，迫使中國專注於西方世界的戰爭思維。換句話說，此舉反而讓北京與華盛頓之間的關係穩定下來。還有人認為，倘若中國一直專注於戰區飛彈防禦系統與台灣問題，美國就更容易建立起全國飛彈防禦系統。重要的是，美國有很多正面的理由支持發展東北亞戰區飛彈防禦系統，並將台灣納入其中。在柯林頓卸任前夕，美國又完成另一次反彈道飛彈試驗。不過在實際發射前又出現新的問題，讓柯林頓有了拖延做最後決定的合適理由，把飛彈防禦系統這顆燙手山芋留給下一任政府。

台灣的戰略盤算

自一九五〇年代初開始，台灣在島上發展出一系列嚇阻解放軍入侵的手段。台灣擁有一支強大的軍隊，足以拖延中國進攻的速度，並給美國足夠的時間思考該如何行動。另外，台灣還有一支精銳的空軍，在一九五四到五五年及一九五八年和其他時間，在離島上空與解放軍的空軍戰鬥，並贏得決定性的「擊殺紀錄」。對北京高層而言，台灣的軍隊當然能在島嶼爭奪戰中大量殲滅中國戰鬥機、船艦與士兵的力量。由於這樣的損失將削弱中國北方與南方邊疆的防禦力量，因此解放軍對於進犯台灣一向採取十分審慎的態度。

然而，一九九六年中國試射飛彈所展現的飛彈科技「突破」開創了新局勢。台北再也沒有能力應付中國的威脅，而中俄關係的改善，也讓中國決策者不再像一九八〇年代末期那樣擔心北方邊界的安全。這大幅削弱台灣的嚇阻能力，因為中國再也不用像過去那樣擔心部隊的嚴重損失。台灣必須未雨綢繆。假如飛彈防禦系統無法實現呢？台灣必須想出其他方案來面對這個威脅，而發展能攻擊中國本土，並造成嚴重人員死傷與大規模毀滅的「攻勢嚇阻」武器，是一個主要選項。

台灣的確有若干選項。許多觀察家首先想到的是，台灣可能已擁有或正在發展足以取代飛彈防禦系統的核子武器。自一九六四年中國首次進行核武試驗後，台灣非常擔心中國的核武威脅，於是展開一系列製造核子武器的計畫。一位知情人士透露，連蔣介石本人也不知道台灣在祕密研發核武，因為後來繼任總統的蔣經國未告知父親就批准了發展核武的計畫。[27]

美國中央情報局一九七四年的報告指出，台灣擁有五年內能發展出核彈的「先進」核武計畫，[28]但據傳後來在美國強大的壓力下，被迫終止研發核彈的計畫。當時有傳聞指出，美國以保證會在中國進犯台灣時——無論中國使用核武或傳統武器——提供協防做為交換條件。然而，我們有足夠的理由相信，即使台灣關閉了核子研發設施，而華盛頓也得到台灣不生產核武的承諾，但台灣仍持續發展大規模毀滅性武器。

一九八八年，華盛頓「綁架了」一位來自台灣的核能物理學家（張憲義）；這起引發騷動的事件突顯了美國最終仍不接受台灣否認其希望擁有核武的說詞。[29]後來有報導指出，在李登輝執政期間，台灣仍試圖研發核武，或至少發展出相關的核子技術。有鑑於北京對李登輝的敵意，他有理由維持該計畫，甚至將它升級。無論如何，自一九九五年第一次台海飛彈危機之後，李登輝便向美國國會主張台灣「應該考慮把發展核武設定為長期選項」。[30]

前參謀總長、國防部長和行政院長郝柏村後來在回憶錄中寫道，台灣已發展出和以色列相當的核武能力，但研發工作遭到中斷。一些專家認為郝柏村的意思是，台灣已製造出核子武器，只差沒有實際試爆而已（電腦模擬除外），或者台灣能夠在很短的時間內製造出核子武器。台灣擁有核電廠，而且能從中轉移核分裂原料來打造核彈。中國指出台灣能打造出十顆核彈，這進一步強化了台灣擁有「核武選項」的可信度。[31]

事實上，台灣似乎還有若干選項。首先，台北可以承諾不發展核武為由，要求美國兌現協防承諾。台灣甚至還可以拿出祕密文件，證明當年雙方做了協議。台灣的官員只要以台灣沒有核彈為理由，就可以說服國會與美國民眾相信台灣正受一個核武強權的威脅。在強大的輿論壓力下，華盛頓將被迫營救台灣。其次，台灣可宣布自己暗中製造核武，將於中國進犯時使用。如此一來，包括美國在內的國際社會便不至於忽視北京對台灣的威脅，華盛頓很可能介入，台灣將得到保護，繼續維持其主權。第三，台灣還可以試爆核彈，或直接對中國（在人煙稀少之處或海上）或某座城市投擲核彈以為警告。

台灣還有其他的籌碼，就是以傳統炸彈轟炸中國的城市。香港與廣州距離台灣不到五百英里，中國最大的城市上海也在台灣配備炸彈的戰鬥機攻擊的範圍內。其實早在一九九六年台海飛彈危機期間，台灣高層就曾討論進攻中國城市的可能性。到了二〇〇〇年台灣總統大選期間，這個問題又在中國再度威脅台灣的前後引起討論。當時國民黨的總統候選人連戰建議，台灣應該發展以中國西部為目標的長程飛彈。[32]

多年前台灣的軍方將領即建議，台灣應提升對中國城市與軍事基地的攻擊能力，以維持有效的嚇阻。許多人也認為，台灣無法完全仰賴只守不攻的軍事戰略。不難想像台灣曾嘗試研發生物與化學武器（台灣否認有此事，但包括北京在內的許多國家皆對此提出懷疑），或者從其他國家與軍火商取得大規模毀滅性武器。就中國因為東部沿岸地區人口密集而難以承受生化攻擊的角度而言，台灣的舉動非常合理。化學與細菌武器可由情報人員或觀光客攜入中國，或以氣球投放。不過，最令人擔憂的還是台灣長期在中國各地潛伏的間諜，因為一旦中國對台灣發動威脅其生存的攻擊行動，他們就會在三峽大壩或周遭其他地區引爆炸彈。台灣也可能以飛彈攻擊大壩。在中蘇交惡時，一些中國的領導人曾經說過，若發生這樣的攻擊行動，將在中國的心臟地帶引發大規模洪水，而造成一億人死亡。經過幾個世紀的泥沙淤積及堤防不斷增高，挾帶大量河水的河床比周圍居住區域還高，這也是為何洪水爆發時中國如此脆弱的原因。

台灣也有能力與中國打其他形式的非傳統戰爭，台灣軍方高層曾經公開討論過，為了防衛會毫不猶豫地採用這些戰術。事實上，台灣早就對非傳統型武器進行測試——台灣一度破壞中國的電腦並毀損其網路系統，以報復中國稍早前對台灣採取的類似行動。身為全球最大的電腦生產國，並擁有上千名的軟體人才，台灣確實有這方面的能力。

上述所有的情況都為主張不提供台灣飛彈防禦系統的人帶來困擾。似乎除了提供飛彈防禦系統，其他的防禦手段都只會帶來更糟的結果，於是這自然提高了支持台灣擁有飛彈防禦系統，或加入美日韓聯合防禦系統的聲音。然而，北京宣稱將阻撓這個計畫，也為華盛頓帶來同樣困擾的難題。

---

1 Paul Bracken, *Fire in the East: The Rise of Asian Military Power and the Second Nuclear Age*, New York: Harper Collins Publisher, 1999, 56.

2 同前註，頁四十七。

3 "Arms Deal Reportedly Approved," *Proliferation Issue*, March 22, 1993, 53.

4 "US Reported to Back Taiwan Missile Project," *Washington Times*, March 3, 1993, A2.

5 "Source: Military Interested in Joining TMD," *China Times*, October 23, 1995, p, 1, cited in Foreign Broadcast Information Service, October 23, 1995.

6 "Taiwan: Military Defends Decisions to Deploy Patriot Missiles," *AFP* (Hong Kong), May 30, 1996, cited in Foreign Broadcast Information Service, May 30, 1996.

7 Bear Lee, "Defense Minister Says TMD to Cost Taiwan $9.23 billion," *Central News Agency*, March 24, 1999, cited in Foreign Broadcast Information Service, March 24, 1999.

8 "Poll Supports Taiwanese Missile Defense," *Janes Defense Weekly*, March 24, 1999, 14.

9 "Taiwan Will Not Fire First in Any Clash with China: Defense Minister," *Agence France-Presse*, July 2, 2000.

10 Taifa Yu, "Taiwanese Democracy under Threat: Impact and Limit of Chinese Military Coercion," *Pacific Affairs*, Spring 1997, 7-36.

11 Kwan Weng Kin, "China 'Massing Troops, Planes in Fujian," *Strait Times*, January 25, 1996, 26.

12 Bill Gertz, "Chinese Exercise Targets Taiwan, US Troops," *Washington Times*, January 26, 1999, 1.

13 Bill Gertz, *Betryal: How the Clinton Administration Undermined American Security*, Washington, DC: Regnery Publishing 1999, 102-03.

14 Bill Gertz, "China Deploys New Missiles, Increasing Threat to Taiwan," *Washington Times* (weekly edition), November 29-December 5, 1999, 1.

15 Gao Junmin and Lu Dehong, "A Dangerous Move," *People's Liberation Army Daily*, January 24, 1999, 4, cited in Foreign Broadcast Information Service, January 24, 1999.

16 Chen Yali, "TMD Issue Detrimental to Sino-US Relations," *China Daily*, (on the Internet at www.lexis-nexis.com), January 27, 1999.

17 *Defense News*, February 1, 1999, 22 (on the Internet at www.lexis-nexis.com).

18 Milton Ezrati, *Kawari, Reading*, MA: Perseus Book, 1999, 237.

19 Chester Dawson, "Blueprint for Controversy," *Far Eastern Economic Review*, July 13, 2000, 19-20.

20 同前註。

21 同前註。

22 Michael J. Green, "The Forgotten Player," *National Interest*, Summer 2000, 45.

23 參見Lampton, *Same Bed Different Dream*, 107. 百分之六十四・三的日本人與百分之五十九・九的美國人認為台灣是國家。

24 Ching Cheong, *Will Taiwan Break? The Rise of Taiwanese Nationalism*, Singapore: World Scientific, 2000, 251.

25 同前註，頁二五七。

26 根據一九九八年的民調顯示，百分之五十七的美國人認為中國發展為世界強權將對美國帶來威脅，遠比蘇聯（百分之三十四）、伊斯蘭基本教義派（百分之三十八）或全球暖化（百分之四十五）還要高。二〇〇〇年三月，認為中國核武將對或不對美國造成威脅的受訪者比例為百分之八十一與百分之十六。請參見蓋洛普民調（at www.lexis-nexis.com）。

27 David Albright and Corey Gay, "Nuclear Nightmare Averted," *Bulletin of Atomic Scientists*, January-February 1998, 57.

28 "Prospects for Future Proliferation of Nuclear Weapons", *Memorandum from Director of Central Intelligence*, September 4, 1974.

29 David Albright and Corey Gay, "Nuclear Nightmare Averted," *Bulletin of Atomic Scientists*, January-February 1998, 59.

30 同前註，頁五四。

31 David Tanks, "Theater Missile Defense in East Asia," *Theater Missile Defense and U. S. Foreign Policy Interest in Asia*, Washington, DC: Woodrow Wilson Center, 2000, 12.

32 Brian Hsu, "Lien Says Taiwan Needs New Long-Range Missile," *Taipei Times*, December 9, 1999 (on the Internet at www.taipeitimes.com).

四、當下的對峙

第十章 李登輝「兩國論」激怒北京

一九九九年七月九日，李登輝宣稱今後台北與北京之間的談判必須在「特殊的國與國關係」的基礎上進行，點燃了激烈而持久的爭論。李登輝等於告訴北京，必須認知到「台灣的中華民國」是一個主權獨立的國家這個事實。北京與華盛頓高層頓時感到心煩意亂。一位評論家指出，中共高層氣到「口出穢言」，憤怒地說道，解放軍已做好進攻台灣的準備。隨著中國媒體威脅與批判的力度不斷升高，柯林頓政府斥責李登輝製造衝突。不出所料，國務院也提出類似的看法。國會的反應卻截然不同，兩院議員與二〇〇〇年所有的美國總統參選人都表達對李登輝的支持。美國媒體也普遍支持。

李登輝的本意是要在北京的反對立場與美國的一中政策下，強調台灣是主權獨立的國家。李登輝堅稱世界上有兩個中國政府，其中一個在台灣，而且有自己的主權。華盛頓與台北、北京與台北的關係因此變得緊張。美國行政和立法部門在對中政策上的分歧也日益加深，中國的改革派與強硬派之間的對立也隨之升溫。李登輝的一席言論完全突顯華盛頓—台北—北京的關係有多麼脆弱。各方該如何因應李登輝可能宣布獨立的緊張情勢？

一九九九年《德國之聲》專訪

一九九九年七月九日，全球媒體報導李登輝接受德國國營媒體《德國之聲》（*Deutsche Welle*）記者的專訪，訪談中他強調台北與北京的關係應為「特殊的國與國關係」，今後雙方的一切談判，包括正在密切的接觸，都應該建立在這樣的認知上。北京、華盛頓、西方媒體及一些台灣報紙當下將李登輝描述成破壞脆弱的兩岸協商機制的舵手。李登輝在很短的時間內製造了一場名留青史、可能引發台海軍事衝突的騷動。其實李登輝想要表達的意思遠比媒體所報導的還要複雜，如《德國之聲》這段專訪：

《德國之聲》記者：「北京當局將台灣視為『叛亂的一省』，這似乎是目前您的小島所面臨的主要衝突與威脅，請問您將如何因應眼前的危機？」李登輝回答他會從歷史與法理的角度來看這個問題：當今「歷史的真相」是：「中共政權」從未統治目前中華民國政府轄下的地區——台灣、澎湖、金門與馬祖。

這個看法不僅是對事實的描述，而且早就出現在許多台北官員的言論和文字當中，更廣受台灣與西方學者採納。一九四九年國共內戰結束，毛澤東從此掌握現今中華人民共和國版圖下的政治裁決權（直到一九五〇年解放軍入侵，西藏才納入中國版圖）。但是，毛澤東的軍隊從未征服中華民國現今的統治地區；他的政府也從未在中華民國現有主權所及地區行使過統治權。自一九四五年以來，台灣所有的領土就一直在中華民國政府的掌控下，如此看來，這段論述到底有何爭議？

一九四九年，毛澤東聲稱自己繼承了在內戰中被擊敗和驅逐的中華民國政府，而這也是今日北京宣稱擁有台灣主權的法理基礎。不過該論點的問題在於，台灣至今仍存在。此外，毛澤東成立新政權並改國號為「中華人民共和國」，與他所謂繼承中華民國政府的說法相牴觸。一位台北的觀察家指出，台灣和澎湖的主權在二戰結束前半世紀並不屬於中國，他接著表示：「事實上，台灣接受中國統治的時間可能比中國統治蒙古的時間還要短，但北京卻沒有宣稱蒙古是中國的領土。」重要的是，一八九五年中日戰爭結束後，台灣和澎湖被中國「永久」割讓給日本，而這寫在《馬關條約》的條文裡。日本得到台灣的永久主權，當時西方國家與國際體系也認可此次割讓行為的合法性。然而二戰結束後，日本統治的兩塊領土都被收回，並依《開羅宣言》與《波茨坦宣言》的協議移交給蔣介石統治的中華民國。它們不可能被移交給中華人民共和國，因為當時這個國家並不存在。

事情複雜的程度遠超過此。由於這些移交都是「戰時聲明」，有些學者因此質疑其合法性。台灣和澎湖的領土移交作業也被描述成「不完整」，因為它未出現在戰後同盟國與日本簽署的投降文件或更晚簽訂的和平條約上。還有人發現，《開羅宣言》中沒有任何領袖的簽字，其中兩位主要與會者更未嚴肅地看待該宣言（羅斯福單方面把中國列為四強的行為惹來史達林與邱吉爾的嘲笑）。二戰結束後，戰勝國也未討論過台灣的法理地位。這些都讓台灣的未來因為沒有經過法律程序的決定而引起爭議，於是宣稱台灣接受中華民國占領與管轄的論點更具說服力，而且對台北更有利。

毛澤東本人甚至曾做過台灣不屬於中國的發言。一九三〇年代末，他曾就奪回中國失土一事向美國記者史諾（Edgar Snow）表示：「但我們不把朝鮮包括在內……這也適用於台灣。」[1]毛澤東曾對更改國號一事表示「後悔」，若沒有更改國號，北京就比較可以宣稱對台灣擁有主權。這等於他承認自己在現實上製造兩個中國，因此李登輝的兩國論也能從歷史中找到依據。事實上，未見任何嚴謹的西方歷史學者或法學專家對此提出異議。因此，大多數歷史學者與法學專家都認為，中華民國（台灣）宣稱對轄下地區擁有主權是有效力的。然而，李登輝提到的還不只這些。他提及一九九一年通過的一項憲法修正案——明確將國家疆域限制於目前政府實際管轄的地區。台灣不再宣稱對中華人民共和國統治的領土擁有主權，並承認北京當局在其統治範圍內為一個合法政府的存在。此外，他還宣布今後台灣的國大代表與立法委員只能從「台灣地區」選出。

在這一切發生的當下，北京沒有反應，可能是因為當時他們認為這件事不重要，或中共高層根本不知道該如何反應，或不想讓自己為此顏面盡失。西方媒體對此則持樂觀態度，認為台北當局在順應民意下（實際上也是）「終止與中國的內戰」。由於這一切是和平進行的，西方媒體都給予肯定。相較於蔣介石主張全中國都歸屬於國民黨政府並實踐反攻大陸，這項改變啟發了新的政策。有些西方媒體甚至建議北京要有所回應，宣布放棄以武力手段解決台灣問題（華盛頓長期的訴求）。

李登輝在接受《德國之聲》專訪時，還介紹了一九九二年的憲政改革（為總統與副總統的直選鋪平道路），讓台灣政府更具備民意基礎，從此與中國的政府和人民毫無瓜葛。這項變革又進一步切斷台灣與中國的關聯，也是台灣完成民主化的必要手段。北京對於台灣的憲改給予負面評價，並表示無論如何台灣終究還是一個地方政府。這回西方媒體沒有忽視或嘲笑北京的立場，卻公開讚揚「台灣又向民主邁進一步」。

李登輝還表示，台灣或中華民國的主權立基於四項傳統要件上：領土、人民、政府、外交關係。儘管台灣不大，卻與世上國家的平均面積差不多，其人口甚至還在平均之上。台灣的政府還非常穩定，都是透過和平手段轉移政權。雖然台灣的邦交國很少，但當時許多聯合國會員國在其首都的外國大使館數量與台灣的不相上下，甚至更少。從這些角度來看，說台灣擁有主權絕對是成立的。由於受到當代去殖民化運動的影響，無論是國家在法理上擁有主權的要求或成為民族國家的資格，都變得寬鬆；冷戰結束後，為了讓許多體制脆弱的新生國家都能享有主權，國際社會對於國家的定義更加寬鬆。然而，近年對於國際法的新詮釋或外交慣例的轉變，卻不太可能影響台灣的身分地位。

雖然李登輝曾提示上述觀點，但他最主要的思考方向似乎是：在台灣已成為一個民主政體的情形下，其（民選）政府擁有執政的正當性，因此國際社會必須將台灣視為正常國家，並以主權國家對待台灣。他強調，台灣經過憲改後，兩岸已轉變為國與國之間的關係，或至少是特殊的國與國關係。他強調兩岸關係「已不再是合法政府與叛亂集團或中央與地方政府之間的內部關係」。因此他下了結論：無論從法理或歷史的角度來看，北京當局視台灣為「叛亂省分」的論述，並非事實。

李登輝還對《德國之聲》發表其他論點，包括一些北京當局想聽到的內容。比方說，他表示台灣沒有宣布獨立的必要，並希望強化兩岸之間的交流和對話（呼應北京高層的要求）等等。不過這些論點似乎都沒被其他人聽到。當然，他也講了許多北京當局不愛聽的話。他反擊北京的汙衊宣傳及不願意放棄對台動武，也明確反對北京提出解決台灣問題的「一國兩制」政策——他認為這項政策不但「有本質上的矛盾且違背民主政治的原則，同時也威脅中華民國的存在」。

他甚至討論到台灣的國防、中國市場、兩岸經貿往來及購買潛艦的問題。上述內容未激起爭論，但他的「兩國論」卻引發強烈反應，即使它不是新的觀點，字面上也不具爭議性。不過，李登輝在北京眼裡的形象和意圖及當時的政治氛圍（敏感的華盛頓—台北—北京關係），都讓他的言論變得極富爭議。

精心布局的兩國論

李登輝接受《德國之聲》的專訪之後，許多人質疑他的發言未經過深思熟慮，他只是胡言亂語而已。但顯然這不是事實，大部分的分析家事後推斷，李登輝的發言是經過思考的。一切都經過審慎的思考與策劃（有些人認為早已策劃多時），而且選在適當的時間發表。[2]唯一的問題是，為何李登輝要如此發言？他一定知道即使這些話不會讓北京—華盛頓—台北三邊關係陷入嚴重的危機，也勢必引起騷動。事實上，李登輝基於很多理由，要求將台北與北京的關係視為國與國的關係。有人指出此前台北與北京之間一項非正式協議，至少台北單方面認為這項協議讓台灣享有一定的「國際空間」，中國不會完全摧毀台灣的外交地位。[3]台北認為，這項協議或「談判中的共識」至少從一九八〇年代延續至今。當時北京也堅守此一共識，並認為是改善兩岸關係、吸引台灣龐大的投資以積極推動經貿往來的必要之舉。

鄧小平早先曾設想，經貿往來與友善的外交關係可抑制島內的台獨認同，兩岸終將重回統一的道路。事實上，多年來這是促使兩岸平穩交流的一種合理模式，鄧小平也一直以此論點回應國內批評他以放棄統一來提升中美關係的聲音。不過，隨著一九九〇年代初民族情緒逐漸高漲，中國國內愈來愈不滿這種交流模式。有些人表示這無法奏效，有些人則失去耐心，認為中國是「崛起中的強權」，自然有理由採取更具侵略性的外交政策。還有些人對台灣「展示」民主的行為感到不悅，尤其是軍方對於這種等待的策略愈來愈不滿。重要的是，軍方高層開始相信時間站在台北那邊，兩岸重新統一永遠無法實現，台灣甚至可能成為外國的軍事基地。

於是，北京開始透過「壓縮其國際空間」或「扼殺其外交地位」的方式對台北施壓。一九九一年，北京從台北手裡奪走沙烏地阿拉伯；南韓也在一九九二年宣布與台灣斷絕邦交；一九九六年是南非。失去這幾個國家後，台灣再也無法與世界上重要的國家維持正式的外交關係。二〇一七年六月以前，巴拿馬與台灣維持外交關係超過一世紀（一九一〇—二〇一七，台灣邦交國中最久），而且是具有深遠戰略意義的國家。擁有一千一百萬人口的馬拉威則是二〇〇七年時台灣邦交國中面積最大的一個（編按：馬拉威與巴拿馬分別在二〇〇八年一月十四日、二〇一七年六月十三日與台灣斷交，同時與中華人民共和國建交）。台北設有大使館的國家降到低於三十個的水平線（編按：二〇一七年六月降至二十個），與台北建交的國家大都是在國際政治上影響力有限的小國，其中多數邦交國的總人口不到兩百萬。北京也拒絕任何雙邊承認的外交形式，而且在很多時候一邊收買其他國家，一邊道貌岸然地指責台北當局大搞「金錢外交」。以從台北轉而承認北京的大國南非為例，北京提供其商業利益，甚至賄賂，最後南非不惜在尚未與台北建立非正式關係的情況下，提前推出斷交時程表。[4]同時，北京不擇手段在國際組織中排擠台灣，包括聯合國與世界銀行在內的國際組織，被迫不得發布與台灣相關的經濟與社會數據。

在台灣，許多人認為，這是一種剝奪台灣的國家地位，將台灣孤立於國際社會之外的「骯髒手段」。很多人認為，對一個經濟（台灣長久以來聞名於世的「經濟奇蹟」）與政治典範（進展神速又不流血的民主化）的國家做這種事很可恥。台灣媒體也充分反映輿論與反對黨的看法，廣泛報導當前台灣所遭遇的困境。這時，包括李登輝本人在內的台北官員不得不重新檢驗台灣與中國的經貿關係，開始對赴中投資設限，並停止一切增進兩岸貿易的措施。一切兩岸財務上的流通和其他貿易投資都豎起新的障礙，或至少維持原本設下的障礙。一九九三年在李登輝的要求下，台北當局發布「南向」政策：對東南亞國家加強投資，而非中國。

台灣不斷申請加入聯合國，讓北京與國際社會難堪。在友台國家的協助下，台灣每年向聯合國提出「入會」申請。畢竟在「新世界秩序」的思維下，聯合國應該更開放多元，對所有的「國家」敞開大門。雖然北京身為安全理事會常任理事國，享有確保將台北排除在外的否決權（可決定是否賦予申請國會員資格），但無法平息台灣應該在國際社會占一席之地的觀點。至今，北京仍持續虛構著台灣並不存在

（正如同早期中華人民共和國不存在的傳說）。

此時，兩岸原已建立的「相互諒解」不復存在，取而代之的是激烈的新型「外交戰」。這場戰事因一九九五年李登輝訪美而升高，並引發後來的兩次飛彈危機。李登輝與許多台北官員進而認知到，一九九一年國民大會通過的以一個中國（兩個「政治實體」）政策為基礎、分三階段推動兩岸統一的《國統綱領》是一大錯誤。在台灣看來，北京狡猾地利用台灣的一中政策，而宣稱（此為中國官員多年來不斷宣稱的立場，但過去沒有經常強調，語氣也比較緩和）「中國」是指中華人民共和國，台灣不過是一個不具主權或國家身分的地方政府。然而，從台灣的角度來看，「中國」代表的是歷史與文化上的中國，而不是中華人民共和國。李登輝試圖在這樣的論述上推動台灣的一中政策，同時否定北京對「中國」的定義。重要的是，他試圖對北京否定台灣的國家地位的行徑展開反擊。

李登輝顯然還有其他動機，他在發言前一定已就整體情勢、時機和潛在機會做過通盤考量；比方說，李登輝在一九九六年的大選中所取得的民意基礎。或許當時李登輝有足夠的信心，確信自己知道什麼對台灣最有利，或者他察覺到台灣的輿論希望他發表這樣的言論。當時李登輝的任期即將結束，因此他想為自己卸任後的台灣打造全新的外交藍圖，好在離開前留下絕響。長期貶損李登輝的人則認為，他似乎想透過這種方式在台灣歷史上留下名聲和地位。另一種可能是，李登輝希望為未來的兩岸政策擘劃長期的架構。該年八月，李登輝成功地將兩國論的架構列入國民黨的黨綱，另外有很多跡象顯示，李登輝在推動兩國論入憲的計畫。

台灣的新聞分析家指出，在李登輝的支持下，副總統連戰已獲得黨內提名，成為執政黨的總統參選人。雖然連戰是李登輝欽點的繼承人及第二屆民選總統的參選人，但他在民調中的人氣始終不高，而他的主要挑戰者——前台灣省主席宋楚瑜則擁有非常高的支持率（是所有候選人中勝選機率最高的）。

但宋楚瑜予人過度親中的印象，李登輝非常討厭他。李登輝的行動對宋楚瑜勝選的機會產生了不良影響（其言論是在宋楚瑜宣布參選總統的時候發表的）。

此外，李登輝也可能想改善他所領導的國民黨和反對黨（民進黨）的關係，也可能想在輿論上藉著奪取一項長期由民進黨主導的議題或觸怒北京，以削弱民眾對民進黨的好感（若兩位國民黨參選人分散選票，民進黨便可能在二〇〇〇年的大選中勝出），或者製造更多與北京之間的矛盾。還有一種可能是，李登輝有意幫獨派總統參選人陳水扁勝選。一位統派的新黨觀察家表示，這樣的言論對國民黨參選人連戰帶來很大的傷害，他的理由是，李登輝在一定程度上因為證明國民黨是最有能力維護兩岸關係與和平的政黨，才在一九九六年總統大選中勝出，如今他卻改變了這種狀態。值得注意的是，代表民進黨參選的陳水扁也曾在一九九九年四月訪美時指出，中國與台灣是「特殊的國與國關係」。當李登輝發表兩國論時，民進黨內部一致認為這是他送給陳水扁的一份「大禮」。[5]

另一個可能則是，或許李登輝已預見中國海協會會長汪道涵十月訪台的計畫——接續一九九八年秋季兩會會談——不會成行，因此他認為這種冒險不會有什麼損失。或許李登輝甚至已預想到，由於一九九九年十月非常接近二〇〇〇年三月的總統大選，北京將透過延後汪道涵訪台的行程，來維持其影響力至總統大選前夕。無論這次訪問是否成行，李登輝都希望為此次協商設好架構，以確保台灣國家主權的地位不會受到損害。李登輝認為，所謂的「談判」應該是在國際法認可且雙方外交待遇平等的基礎獲得確保的條件下才能展開。若台北要參加談判，就應該參加符合真正意義的談判，意即台北必須得到對等的尊嚴與待遇，否則一切免談。另外一個不能排除的可能性是，李登輝希望為今後兩岸之間各種對話設下議程。當時其他議題也被拿出來討論。

最後，幾乎沒有人懷疑李登輝刻意向一家德國媒體吐露自己心聲。他顯然有意以「德國模式」做為兩岸最終統一的參考範本。在兩德正式統一前，東西德的主權在國際社會上得到平等的承認。雙方還承認彼此，以分離的主權獨立國家相互看待（與南北韓最大的不同是，兩德之間未曾爆發兄弟相殘的血腥戰爭）。因此，兩德能進行有意義的政治協商，最後成功地找到「德國問題」的解決方案。

毫無疑問地，李登輝對自己發言的時機已做過充分的考量。當時華盛頓與北京的關係非常明顯處於歷史上的低點。雙方就美國出兵科索沃一事發生嚴重的意見紛歧。華盛頓宣稱該軍事行動是為了杜絕「種族清洗」的惡行，而北京則將之視為人權凌駕於主權的案例之一，並動用否決權來阻止美國以聯合國的名義出兵。中國嚴厲譴責美國的行為是搞「單邊主義」外交，且認定美國將在西藏推行類似的政策，或為了保衛台灣而打一場「沒有傷亡的戰爭」。另一個爭議是，五月時美軍「誤炸」中國駐貝爾格勒大使館，中國便「策劃」一系列反美示威做為回應，美國駐北京大使館理所當然地成了目標。一位觀察家表示，就連美國國務院也徹底被激怒，開始在政策上尋求改變。

此外，揭露北京竊取美國核武機密的《考克斯報告》正好在兩國關係緊張之際問世。因此，柯林頓政府決定延遲中國加入世界貿易組織的時間（讓四月時訪問華府的朱鎔基非常尷尬），而美國社會——包括國會——對中國人權狀況的批判也愈來愈尖銳。西方媒體爭相報導宗教團體法輪功在中國遭殘暴迫害的情況，創始人李洪志因此定居美國。一位前中央情報局局長表示，北京對待宗教團體的方式「削弱了藉由接觸來提升人權的概念」。白宮與國會的緊張關係也升到最高。《考克斯報告》的出版導致國會對中國非法金援民主黨，以及柯林頓訪問中國等種種事件召開聽證會。柯林頓以往最信賴的顧問莫瑞斯（Dick Morris）指控，中國竊取美國機密的行為是一場公然的「外來侵略」。他甚至表示，此一「間諜活動可與珍珠港事變等同視之」。他認為整個事件與「過度依賴海外金主以至於無法依國家利益行事的政客」有關，美國沒有面對挑戰的骨氣。[6] 此刻國會議員正為即將到來的國會和總統大選做準備，來自各黨的總統參選人也對包括外交政策在內的許多事務表達看法。兩黨正在遴選總統候選人，而對中政策是最能反映民意的核心議題。台灣能夠抓住這個議題。

李登輝很可能留意到，由於美國長年所堅守的「戰略模糊」政策被視為導致一九九六年台海飛彈危機的罪魁禍首，而逐漸被揚棄，因此他必須藉此機會釐清與北京的關係（或至少從美國國會與民意中找到推動此政策的同情者）。李登輝還想向白宮與國務院發出一個訊息，即台灣不樂見其推動兩岸簽署「臨時協議」。而在李登輝發表兩國論的前兩天，陸委會主委蘇起正在華府聽取東亞暨太平洋事務助理國務卿說明推動兩岸簽署「臨時協議」政策相關細節。[7]

還有個更重要的背景，李登輝可能也預測到，中國會採取像一九九六年飛彈危機那樣的軍事威脅。或許北京將有更激進的行動，包括直接與美軍爆發武裝衝突。中美關係將受到嚴重破壞，以致無法修補。在此情況下，台灣便能如同南韓與科索沃得到美國戰略上的全面支持，並像南韓一樣獲美國承認為主權獨立國家。[8]李登輝一定知道美軍航母群正在台海附近巡弋，隨時可反制北京過激的行為，幾個月前它們還未被調遣到亞洲。

北京恫嚇更勝當年

北京以出人意表且少見的憤怒回應李登輝的言論。江澤民的親信、海協會會長汪道涵表示，李登輝的言論讓「雙方對話的基礎徹底消失」。負責與台北海基會談判的海協會副會長唐樹備則嚴厲指責李登輝「玩火自焚」。他進一步聲明，李登輝的言論已「粗魯地破壞」一中原則。他稱李登輝是「頑固的分離主義分子」，還表示其言論已導致台北與北京瀕臨「戰爭邊緣」。[9]

中國官媒大肆攻擊，在香港及各地的報紙傳播駭人聽聞的消息。接下來的兩個月內，中國的主要報紙共出現兩百多則抨擊李登輝與「兩國論」的報導。有些報紙還刊登解放軍模擬登台作戰，以及軍人集體高喊「我們將解放台灣」的照片。[10]海外出版的《北京周報》表示，李登輝的言論「暴露他惡意撕裂中國領土與主權的政治手段，及他企圖將台灣自中國領土分裂的陰謀」。[11]《人民日報》則指控李登輝被「貪念所蒙蔽」，另一篇文章則直接以「企圖分裂祖國的民族敗類」來稱呼李登輝，並表示他的名聲將遺臭萬年。解放軍的主要報刊則表示，李登輝「完全卸下偽裝」，以一種「自以為是的愚蠢暴露其台獨分子的醜陋面貌」。該報還強調，中國解放軍「不會允許任何一寸領土被分割」。[12]作者還指控李登輝「藐視國際輿論」，因為過去二十年台北是全球最大的武器進口國（根據斯德哥爾摩國際和平研究所提供的數據）。他表示這一切最終將遭到中國的軍事力量和中國民眾的集體意志所擊潰。香港的報紙則指出，涉台事務的高層官員在北京召開緊急會議，商討是否需要發動一場「規模超過一九九六年」的軍事演習。當這場會議還在進行時，中國官媒強調「台灣民眾將因此付出慘痛的代價」。[13]

一家西方媒體報導，中國軍方強硬派的高層指控江澤民與朱鎔基等人「出賣中國」。事實上，許多解放軍的高級軍官戲稱外交部為「賣國部」。這似乎重演過去以非理性和具侵略性的行動癱瘓外交政策的政治鬥爭。[14]一位觀察家指出，可能是出於自我保護，或至少可避免被扣上沒有骨氣的帽子，中國外交部不得不採取強硬姿態。在這個節骨眼上，外交部不可能與當時籠罩全國的憤怒情緒對抗，故公開批判李登輝的言論是「朝獨立之路邁出極危險的一步」。[15]西方媒體也報導中共高層「充滿偏激敵意」的發言，指出相較於一九九五年他的訪美之行——隨後引發台海飛彈危機——李登輝這番言論更讓北京怒不可遏。

七月十二日，中共中央政治局針對「惡化中的台灣政治局勢」召開會議。兩天後，國務院、中共中央委員會與中央軍事委員會複述會議的結論，各自向下級單位發送訊息。[16]會議的結論明確將李登輝「特殊國與國的關係」言論定調為「意圖推動台獨及分裂中國」，並說「這是一個以整個國家與軍隊力量為其背書的戰爭宣言」。政治局常委則認為，這番言論揭露了誰是幕後分裂祖國的「可憎煽動者」，並誓言「堅決粉碎」台獨運動。

李登輝受訪一週後，中國首度宣布自己擁有生產中子彈的技術。幾位觀察家認為，這種武器可在不破壞建築物與基礎設施的情況下造成大規模傷亡，因而被北京視為解決台灣問題的首選。[17]與此同時，台灣報導了領空遭中國戰鬥機入侵的事件。解放軍還火上加油地宣稱這項行動與台灣被認定為「叛亂之島」有關。兩週後，解放軍海軍在馬祖海域查扣一艘台籍船隻。而在一九五四年與一九五八年，國共曾在該海域激烈交鋒，引來美國的介入。被查扣的船隻是為馬祖一萬名國軍運送物資的運補船。[18]

八月二日，親中的香港報紙《大公報》報導中國正考慮對台實施經濟封鎖。[19]同一天，解放軍試射一枚可裝載核彈頭攻擊美國本土的遠程彈道飛彈。西方媒體報導了這則新聞，在美國國會引起軒然大波。一位觀察家忍不住提出疑問：「難道中國已準備好與美國打一場核武戰爭了嗎？」這時，台海上空又爆發衝突，解放軍空軍的兩架俄製Su-27戰機以雷達鎖定一架台灣的法製幻象2000-5戰機，這波衝突在台灣的空軍內部引起騷動。於是，兩岸都增加了戰鬥機升空的次數，不斷飛越分隔中國與台灣領空、雙方允諾且甚少逾越的海峽中線，這迫使美國官員不得不對此表達強烈的關切。[20]八月四日，北京宣布今後不再允許美國軍機降落香港，但沒給予合理的原因。為了對美國向台灣出售武器一事表達抗議立場，中國政府召見美國駐華大使館官員。幾天後，有報導指出中國「已準備好對台發動戰爭」。[21]

八月中旬，中國官員又向柯林頓政府提出警告，北京可能採取軍事行動，以懲罰台灣走向獨立。[22]此刻，香港媒體報導解放軍布署在台海的潛艦已在「戰鬥位置」，包括後備軍人在內的軍事人員與武器裝備也陸續從中國各地調到接近台海的省分。[23]八月底，《北京周報》又以長文攻擊陸委會為李登輝兩國論所做的辯護。該文在簡單介紹中國領土問題的歷史後，表示台北與北京曾就維繫中國領土完整一事達成共識，最後在結論中批評李登輝的言論「刻意破壞兩岸關係及亞太地區的和平與穩定」。[24]九月一日，北京嚴重警告台北，一旦特殊國與國關係的文字入憲，中國將視之為宣告獨立，軍事行動也將隨即啟動。北京還指出「和平統一的先決條件也將不復存在」。[25]然後中國共產黨又警告，若李登輝不懂得知所進退，「將發動一場毀滅性的攻擊」。[26]還有人留意到，十月時中華人民共和國將慶祝建政五十週年，對於台灣可能趁機「分裂」的舉動十分敏感。

中國官員指出，李登輝刻意選擇北約在美國協助下於塞爾維亞勝戰的數週後發表兩國論。對北京的中共高層而言，台灣似乎從這場戰事中得到啟發。此時中國正準備在十二月從葡萄牙手中收回殖民地澳門——除了台灣以外散落於海外的最後一塊中國失土。中國利用這個機會宣傳專為收復失土而設計的「一國兩制」模式，但遭到李登輝公開否定。

九月上旬，解放軍出動三軍在南海舉行大規模軍事演習。事實上，解放軍在對台動武的軍區內，已模擬演習進攻台灣。該軍區指揮官表示，必要時他們將動員十萬艘船隻（包括民船），投入可能爆發的「大規模兩棲登陸作戰」。一位軍方高層也批判了李登輝企圖分裂中國的言行。[27]接下來的幾個月，北京對李登輝的言論依舊怒氣難消，威脅持續存在。可見短時間內李登輝的聲明不會被輕易放過。事實上，這起事件將被牢記在心，並持續腐化與毒害北京與台美之間的關係。

台北掀起輿論戰

李登輝在發表「轟動全世界」的兩國論之後，為了安撫被他激怒的人，他做了若干「解釋性的註解」，強調台灣將繼續追求統一並提升台北與北京的關係。但沒持續多久，台北又展開新一波攻勢。短短幾天後，陸委會主委蘇起即發言：「我們感覺已沒有繼續使用『一個中國』術語的必要。」[28]其他官員也陸續跟進發言，蘇起又在七月十四日指出「一中框架長期阻礙及破壞兩岸關係的進展」。外交部長胡志強則指出，李登輝的論點給了「中華民國派駐全世界的外交官很大的啟發」。[29]隔天，行政院長蕭萬長表示台北有必要「根據現實清楚定義台灣與大陸的關係」。他呼籲「中國大陸當局應理性面對兩岸關係的政治與法理現實」。

顯然台北早已計劃，先採取短暫的守勢以免成為挑釁者，接著再發起攻勢。李登輝藉著七月二十日在台灣扶輪社演講的機會重申他的兩國論。他甚至表明在北京的一中框架下，「中國」指的就是中華人民共和國，而台灣只是「叛亂的一省」，在他看來這樣的邏輯是「導致兩岸關係始終無法推進的主因」。七月三十日，海基會董事長辜振甫表示，李登輝只是「澄清中華民國是一個主權獨立國家的現實」。他指出，「北京發展一中原則的目的就是否定我方的存在」。這意味著中共認為中國早已完成統一，而中華民國不過是一個地方政府。他反駁道，根據雙方在一九九二年所達成的共識，兩岸可以就「一個中國」的定義各自表述；因此，李登輝只是依據這項共識表達台北的觀點。[30]

七月二十五日，李登輝的資深幕僚劉泰英也強勢回應了香港媒體對於解放軍在台海軍事演習的報導。他告訴國際媒體，台灣應該「朝香港附近海域發射幾枚飛彈」，因為這將引起恐慌並導致外資全面撤出，甚至可能讓中國政府垮台。[31]隨後李登輝告訴記者，他的兩國論已引起全世界的注意，這是好事。假如這樣的論點能吸引全球高度關注，「台灣的國際形象必然提升」。他接著指出，他的目的是希望清楚定義台灣的地位，好讓未來的繼承者不會「受到地位模糊的困擾」。接著李登輝又向北京的中共高層喊話，他的終極目標是改變中國、「讓台灣經驗在那裡遍地開花」。[32]

八月，外交部發言人陳銘政尖銳回應了中國駐美大使李肇星所說台灣「引發糾紛」的言論，他強調，北京不肯放棄以武力解決台灣問題的手段才是「引起糾紛」的行徑。[33]九月，陸委會明確地表示不會收回兩國論。主委蘇起表示，兩國論的目的是確保國家利益與尊嚴，因此沒有撤回的必要。他進一步強調，民調顯示有七成的台灣民眾支持李登輝的論點。他還特別強調，台灣不是在尋求獨立，而是希望得到平等的對待。[34]

後來民調顯示，李登輝得到更多民眾的支持。從陸委會所做的民調可知，百分之八十五的民眾表示，台灣應該堅持李登輝的主張以尋求平等對待，另有百分之八十四的民眾認為，如果兩岸的地位平等，對台北的談判會更佳。陸委會的結論是，台灣民眾對北京宣稱「一國兩制」是解決兩岸問題的唯一模式感到「愈來愈厭惡」。[35]外交部長胡志強緊接著批評美國要為這場騷動負部分責任。他聲稱華盛頓「迎合中國」是導致北京「肆無忌憚」對李登輝的言論激烈回應的主因。這像是對一九九八年柯林頓訪中時所發表的對台三不政策做出不點名批評。[36]

十一月，李登輝在美國《外交》（*Foreign Affairs*）雜誌上發表一篇標題為〈理解台灣〉的文章。這份雜誌對許多美國外交決策精英有著超乎想像的影響力。在文章中，李登輝與其他寫手（該文是李與其他人聯手完成的結晶）發表看法。首先，台灣已完成民主化，並產生有別於中國的自我認同。其次，在制訂一項外交政策的過程中，無論是他或各國領袖，都必須考量輿論是否支持（台灣民意支持他的兩國論）；如果台北與北京打算重啟談判（美國一直積極推動），那麼中華人民共和國就必須承認台灣的平等地位（這是國際外交的基本準則，也是台灣民眾的訴求）；北京的恫嚇適得其反地將台灣的輿論逼向獨立的方向（身為民主國家的台灣，其政府必然會遵循這條路線）；最後，北京孤立台灣的行徑無法維持新世界秩序與東亞的和平與穩定。[37]李登輝接著重申他的兩國論，強調「新台灣人願意為了他的國家的存亡奮鬥下去」。他特別指出，台北與北京在實質意義上早已是一種國與國之間的關係，因此他建議北京應該終止將台灣視為「叛亂一省」的對台政策，並「擁抱（台灣的）民主，而不是一味地加以限制」。該文既反應出李登輝言論背後的邏輯，也讓美國與國際社會依據法律與台灣的民主成就，承認台北有尋求「國際空間」的權利。

《外交》雜誌這篇文章證明了李登輝的言論是經過審慎計劃而發表的，也許在發表前幾個月就已開始策劃。李登輝發表兩國論之後，國民黨針對該議題召開高層會議。一位黨員表示，「兩國論」的概念來自「強化中華民國主權國家地位小組」多年來的研究，這個小組由總統府秘書長黃昆輝負責。[38]這個計畫還有後續。接下來幾個月，李登輝持續重申兩國論的主張，包括在野黨在內的其他政治領袖幾乎毫無異議地支持。這項主張在二〇〇〇年的總統大選中獲得所有參選人——尤其是陳水扁——的支持。

柯林頓不滿李登輝打破現狀

白宮與國務院對李登輝的言論表現出清楚而不加掩飾的敵意。一位知情者指出，兩者都因為沒有事先被告知李登輝會發表這樣的言論（或任何發言），而有種被突襲的感覺。[39]還有人表示，國務院單純在找藉口詆毀台灣。無論如何，許多國務院的官員對李登輝的「傲慢」發表評論。一位國務院官員在記者會上還以「危險的語言」來形容李登輝的發言。據媒體報導，柯林頓本人及其幕僚甚至咒罵李登輝。柯林頓為了表達他的不悅，還下令取消財政部次長蓋特納（Timothy Geithner）的訪台行程。隨後柯林頓又致電江澤民，再次承諾美國會堅守一中政策。兩人通話結束後，他告訴媒體他與江澤民有一段非常具建設性的交談，並強調美國的政策不會改變。柯林頓還指出：「我們會非常嚴正關注《台灣關係法》所強調的和平對話基礎是否有所減損。」[40]國務院發言人魯賓（James Rubin）也跟著重申美國的對台三不政策。許多觀察家認為，這些動作重重打了台灣好幾個耳光。幾天後，國務卿歐布萊特派遣亞太助理國務卿陸士達（Stanley Roth）訪問北京，另外派遣美國在台協會理事主席卜睿哲（Richard Bush）前往台北。而在眾人眼中，陸士達是一位無可救藥的親北京人士。

接下來幾週，柯林頓政府只要一逮到機會，就會順應北京的立場表達憤怒。歐布萊特公開表示，台北的解釋「毫無效力」。[41]當時一位觀察家指出，太平洋司令部指揮官布萊爾的態度反映出美國行政部門將採取的政策和行動，他曾在幾個月前玩世不恭地說道：「台灣好比是中美關係果汁壺裡的殘渣。」[42]九月，為了展現對李登輝的忿懣，美國公開表示自己在該年台灣提出加入聯合國的申請案投下反對票。這是從未發生過的情形，因為過去華盛頓對此很少發表看法，而且總是投下棄權票。對於北京就李登輝的發言所展開的敵視與挑釁行為，白宮或國務院多半置之不理。他們的態度很簡單，那就是這一切都是李登輝一人挑起的。就連面對中國試射可攻擊美國本土的遠程彈道飛彈一事——這件事理應受到嚴重關注，白宮的反應溫和到令人難以想像。這起事件在當時幾乎被漠視，取而代之的是，有人開始討論是否該減少對台軍售，而這項建議是由國務院提出的。[43]

來自國會、政要和媒體的反應顯然不同。然而，整體輿論對台灣的支持不像一九九六年那般熱烈，原因在於李登輝被視為此次衝突的挑釁者，或至少是誘發者。總之，台灣不是無辜的受害者。況且這次矛盾也與台灣政治人物訪美無關。儘管如此，不若白宮與國務院的敵意與責罵，各界仍有不少支持及同情台灣的聲音。事實上，李登輝得到不少有力的支持。七月二十一日，眾議院國際關係委員會主席吉爾曼在得知柯林頓政府將暫緩所有運送武器到台灣的計畫時，他宣布將凍結美國對世界各國的武器輸出，直到這起事件圓滿解決，讓他可以接受。參議院外交委員會主席赫爾姆斯則公開讚揚李登輝「說出事實的勇氣」。他進一步強調，所有人都知道台灣是「實質上擁有主權的國家」。赫爾姆斯還表示，柯林頓政府已「被自己不合時宜的外交綏靖政策所癱瘓」。[44]另一位國會議員更直接譴責美國總統「諂媚北京到了極致，並試著對台灣落井下石」。他強調：「但柯林頓沒有駁斥李登輝的言論，他不敢，因為他知道國會一定會狠狠教訓他一頓。」

與此同時，國會持續就提升對台灣的軍事承諾及加強對台軍售的《台灣安全加強法》展開辯論。即使這個舉動遭到白宮、國務院與北京三方猛烈抨擊，國會仍不打算屈服。八月，吉爾曼以眾議院國際關係委員會主席的身分率領一個國會代表團訪問台北。在台北，他公開表示他與代表團都支持李登輝的發言，同時指出，兩岸應該以「對等地位展開談判」。九月，吉爾曼寫信給柯林頓，希望白宮呼籲中國宣布放棄以武力對付台灣。信中吉爾曼還闡述他個人的觀點，就是美國不應該在兩岸談判中擔任「調停人」的角色。一位觀察家表示，吉爾曼信中的言論充分反映了國會的主流看法，即李登輝正確地認定白宮打算迫使台灣在不符合其利益的情況下坐上談判桌。另一方面，吉爾曼也對柯林頓即將前往紐西蘭，並在此與江澤民發表共同聲明一事表達憂慮。他深深擔心這將帶給外界「錯誤的解讀」，以為美國承認北京是「一個中國」的首都。[45]到了十月二十六日，眾議院國際關係委員會以三十二比六的票數通過一項強化美台軍事合作的提案。依照該提案，台灣軍方可派遣軍官到美國接受軍事訓練。國會對李登輝言論的看法顯然與國務院和白宮不一致。

之後數週，所有正在角逐二〇〇〇年美國總統的候選人都對李登輝的言論產生興趣。除了高爾，他們都陸續發表力挺台灣的正面言論。參選人小布希在愛荷華州的造勢活動上就表示，如果他有幸成為美國總統，他將致力「協助台灣抵抗中國的侵略」。他強調，自己有足夠的「決心信守美國對遠東的承諾」。同時，小布希還抨擊柯林頓把中國視為「戰略夥伴」的做法是一大「失策」。[46]小布希還明確地做出「我將協助保衛台灣」的結論。另一位爭取總統提名的共和黨參議員馬侃則表示，美國有義務「守護亞洲的穩定與自由」。當福布斯（Steve Forbes）被問到如果台灣遭到攻擊是否會提供協防的時候，他只簡單回答一句：「當然會。」隨後還保證自己當選後將在《台灣安全加強法》上簽字。杜爾（Elizabeth Dole）、包爾（Gary Bauer）與布坎南（Pat Buchanan）則比上述三位還要熱烈地支持台灣。布萊德利（Bill Bradley）更強調：「協防台灣是我們的義務。」

美國媒體對此看法分歧，但總體還是站在台灣這方居多。《時代》（*Time*）雜誌發表幾篇立場親中的文章，批判台北挑起衝突，並建議台灣應該繼續堅守一中政策，因為那是維繫和平的不二法門。[47]不過《華盛頓郵報》的社論卻指出，一切的問題起自「不願意追隨台灣的腳步走向民主的中國」。該文同時還指出，柯林頓政府「不斷討好北京」，努力維持所謂「台灣不是獨立國家的假想」。[48]《華盛頓郵報》還談到美國與中國對台政策的「虛偽性」，該報一位社論作者建議，柯林頓與北京打交道時，「應設法讓對方高層瞭解美國支持台灣人民決定自己的未來」。關於台灣的選舉，這位作者建議柯林頓應該告訴中國，「如果他們願意賦予自己的老百姓同等權利，那麼台灣與中國重新接觸的可能性將大幅提升」。[49]《紐約時報》則對李登輝的言論是否開創一個「全新的政治現實」，或僅重複自己過往的觀點來分析。作者指出台海局勢因北京拒絕放棄使用武力而難以平靜。[50]至於《新共和》（*New Republic*）雜誌則在文章中強調「李登輝只是陳述事實」，該文表示：「這個世界上沒有比由柯林頓政府的外交單位所制訂、用於討好中國及其神聖廣大市場還要更教條的教條主義。」[51]在危機落幕兩個月後，《基督科學箴言報》

（*The Christian Science Monitor*）的社論對李登輝勇敢「陳述事實」的言論拍手叫好，並宣稱所謂台灣不是一個國家的論點應該「被納入暢銷小說排行榜之列」。[52]《洛杉磯時報》（*Los Angeles Times*）對事件的來龍去脈也做了許多報導，多數報導對李登輝的言論持正面看法。該報甚至還刊登台北駐華盛頓經濟文化辦事處官員的文章，強調李登輝的發言僅「呈現了構成兩岸關係的歷史、政治和法理事實」。另一篇該報刊登、由總部設在華府的美國傳統基金會（Heritage Foundation）專家撰寫的文章指出，李登輝的發言某種程度上只是對中國稱台灣為「叛亂省分」的回應。[53]

後來一位觀察家回顧整個事件而得出以下結論。他認為美國誤解了李登輝的言論。在台美關係因為柯林頓的「對台三不」言論和各界對兩岸簽署臨時協議的討論而趨於「不健康」的情況下，李登輝的言論「更像是平等的表述，而非獨立宣言」。[54]

---

1 Edgar Snow, *Red Star over China*, New York: Random House, 1938, 88-89.

2 Jane Richards and Anne Meijdam, "Lee's Parting Shot," *Asiaweek*, July 23, 1999, 18-19。作者表示，該政策共花了一年時間才形成。

3 不少來自台北的高層官員表示，兩岸之間有這樣的默契存在，陸委會主委蘇起甚至在七月十二日的發言中提到這樣的默契。相關內容參見*Taipei Speaks Up: Special State-to-State Relationship*, Taipei: Mainland Affairs Council, 1999.

4 外交部長胡志強指出，北京為了斬斷台灣的外交關係，提供東南亞國家八億五千萬美元。Thomas J. Bellows, "Taiwan and Mainland China: Diplomatic Competition and Conflict," *The American Asian Review*, winter 1999, 9.

5 Sheng, *China's Dilemma*, 215.

6 Lampton, *Same Bed Different Dream*, 65.

7 Ching, *Will Taiwan Break Away?*, 174.

8 Sheng, *China's Dilemma*, 216.

9 Li Shin, "Communist China Criticizes and Curses the 'Special State-to-State Relationship," *Exchange*, October 1999, 31.
10 "Fiery Face-Off," (editorial), *Asiaweek*, July 30, 1999, 14.
11 "Taiwan, An Inseparable Part of China," *Beijing Review*, July 26, 1999, 7.
12 "Is it Possible That Li Denghui Can Realize His 'Taiwan Independence' Dream Through the 'Military Consolidation Plan,' " *Liberation Daily*, July 21 1999 (from Foreign Broadcast Information Service-China, July 21, 1999).
13 Linda Griffin, "PRC Mulling War Game: HK Paper," *China Post*, July 14, 1999, 4.
14 John Pomfret, "China on Taiwan, What Comes Next?" *Washington Post*, July 18, 1999.
15 兩岸言論摘自Julian Baum and Shawn W. Crispin, "Upping the Ante," *Far Eastern Economic Review*, July 22 1999.
16 "Political Bureau Studies New Strategy Against Taiwan," *Cheng Ming* (Hong Kong), August 1, 1999, 9-11 (from Foreign Broadcast Information Service-China, August 1, 1999).
17 John Pomfret, "China, Taiwan Battle with Artful Threat," *Washington Post*, July 18, 1999.
18 Julian Baum, "Mind Games," *Far Eastern Economic Review*, August 22, 1999, 22.
19 *Kissing's Record of World Events*, August 1999.
20 Stratfor Special Report entitled "Taiwan Seek to Redefine Cross-Strait Tension by Drawing Chinese Fire," August 5, 1999 (on the Internet at www.lexis-nexis.com)。
21 *Global Times; Kissing's Record of World Events*, August 1999, 12104.
22 Jane Perlez, "China and U.S. Are Reported to Trade Threats on Taiwan," *New York Times*, August 13, 1999 (from the internet at www.lexis-nexis.com).
23 參見Michael Laris and Steven Mufson, "China Mulls Use Force Off Taiwan, Experts Say," *Washington Post*, August 13, 1999 (from the internet at www.lexis-nexis.com).
24 "One China Is an Indisputable Fact," *Beijing Review*, August 30, 1999, 8-10.
25 "China Issues Stern Warning to Taiwan," Reuters, September 1, 1999 (from the internet at www.lexis-nexis.com).
26 David Lague, "Bellicose Perry Beats the Drums of War," *Sydney Morning Herald*, September 15, 1999 (from the internet at www.lexis-nexis.com).
27 "PLA Landing Exercise Successful," *Beijing Review*, September 27, 1999, 5.
28 Todd Crowell, "A Tense Wait for Answers," Asiaweek, July 30, 1999, 16-18.
29 "'All We Need Is Confidence,' Lee Tells Nation," *China Post*, July 15, 1999, 1.

30 Koo Chen-fu, "Establishing Peaceful and Stable Relations Across the Taiwan Strait," *Exchange*, August 1999, 24-28.

31 "Newsmakers," Asiaweek, August 6, 1999, 10.

32 Ching, Will Taiwan Break Away? 144.

33 Christopher Bodeen, "Taiwan Blames China for Instability," Associated Press, August 21, 1999 (from the internet at www.lexis-nexis.com).

34 "Taiwan Refuses to Rescind Statehood Claim Despite China Pressure," Agence France-Press, September 15, 1999 (from the internet at www.lexis-nexis.com).

35 Frank Chang, "Survey Respondents Stand behind ROC's Parity Principle," *Free China Journal*, September 10, 1999, 2.

36 Maniak Mehta, "Taiwan's View of Reality Raises Hackles in Beijing," *Free China Journal*, September 23, 1999, 7.

37 Lee Teng-hui, "Understand Taiwan: Bridging the Perception Gap," *Foreign Affairs*, November/December 1999, 9-14.

38 Ching, *Will Taiwan Break Away?*, 164.

39 Crowell, "A Tense Wait for Answers," *Asiaweek*, July 30, 1999, 16-18.

40 同前註。

41 "US Delegation to Visit Taiwan, Discuss 'Statehood' Claim," Agence France Presse, August 23, 1999 (from the internet at www.lexis-nexis.com).

42 *Washington Times*, July 30, 1999.

43 Julian Baum, "Mind Games," *Far Eastern Economic Review*, August 12, 1999, 22.

44 "Taiwanese President's Comment Inspires GOP to Renew Attack Clinton's 'One-China' Policy, " *CQ Weekly*, July 24, 1999, 1813.

45 Walt Barron, "Gilman: Reject Beijing 's Idea of 'One China,'" *CQ Weekly*, September 11, 1999, 2127.

46 Agence France Presse, August 15, 1999 (from the internet at www.lexis-nexis.com).

47 譬如這篇文章：David Shambaugh, "The Taiwan Tinderbox," *Time*, July 26, 1999.

48 "China's Nervous Rulers," *Washington Post*, July 21, 1999.

49 "Taiwan Threats," *Washington Post*, July 14, 1999, A22.

50 Janes Perlez, "U.S. Asking Taiwan to Explain Its Policy after the Uproar, " *New York Times*, July 13, 1999, A3.

51 Editorial, *New Republic*, August 16, 1999 (from the internet at www.lexis-nexis.com).

52 "Hush Hush Taiwan," *The Christian Science Monitor*, September 9, 1999 (from the internet at www.lexis-nexis.com).

53 NewsBank Info Web, *Los Angeles Times*, July 13, 1999, and August 6, 1999 (from the internet at www.lexis-nexis.com).

54 Greg May, "Mending U.S.- Taiwan Relations after State-to-State," *Taiwan International Review*, November 1999, 44-47.

第十一章
台灣總統大選產生獨派總統

二〇〇〇年三月，台灣舉行了另一次總統大選，這也是台灣史上第二次總統直選。此次選舉——尤其是選舉結果——在台北與北京的關係之外製造了一個險局。從各個角度來看，這次衝突比一九九六年那場讓北京在盛怒下朝台灣沿海試射飛彈的總統大選還要嚴重。

公然主張台獨的反對黨參選人陳水扁在這場選舉中贏得勝利。北京的中共高層唾罵他，認為他的勝選是不祥之兆。中國顯然希望其他候選人勝出；事實上，北京透過一切努力試圖阻撓陳水扁當選。在投票日前不久，國務院總理朱鎔基警告台灣選民萬萬不可投票給陳水扁，但他們仍將選票投給陳水扁。他們這麼做的目的，純粹是希望透過選舉展現自己的反抗心態。他們不受中國的擺布。而在美國，白宮和國務院深怕台灣的選舉讓美國捲入一場對中戰爭之中。至於國會、媒體與大眾則再度表現出不同的態度，認為台灣又朝民主之路邁進一大步，因此樂見其成。

中國內部的政治勢力再度分歧，而軍方顯然比文官高層更嚴肅看待事態的發展。政治光譜位於左端的強硬派也比改革派抱持更強烈的敵意。雖然選舉期間與之後都沒有出現試射飛彈的情況，但中國仍在事後軍演以表達不滿，至此瀰漫了一股風雨欲來的氣氛。

二十一世紀初台灣第二次總統直選

三月十八日下午四點，台灣所有的投票所關閉。島上大街小巷夾雜著興奮與憂慮之情。[1] 許多人認為，反對勢力民進黨的參選人陳水扁將贏得選舉。然而，這對北京意味著什麼？北京又會有什麼反應？

各陣營的競選總部幾乎同時間收到各選區的選票統計。專家開始預測選舉結果，但其實毫無必要，因為電腦很快就計算完票數，並公布結果。事實上，下午五點三十分選戰的最後勝利者便已揭曉。電視與廣播電台大張旗鼓地宣布陳水扁與呂秀蓮將成為下一屆總統與副總統。聚集在陳水扁競選總部的群眾情緒沸騰到最高點，有些人激動到無法言語。他們難以相信眼前發生的事情，有人甚至擔心勝選的結果隨時會被偷走。也有人表示，自己還沒有為勝選做好心理準備。

民進黨的高層、發言人與幹部出面向所有人致謝，並強調這是一場「人民的勝利」。他們表示民進黨從一九八六年成立之後，為了這場勝選策劃、奮鬥與犧牲了十三年。許多人還冒著生命危險支持民進黨，他們付出自己的心力與靈魂。還有人驕傲地表示，國民黨白色恐怖（政治壓迫）的時代宣告結束，一個嶄新的日子、嶄新的時代來臨了。現在台灣自由了，民主終於實現了。

也有聲音表示，此次選舉的結果意味著島上多數族群——也就是台灣人——開始當家作主。這與過去由二戰後陸續遷台的外省人決定一切的情況完全不同。一位民進黨的支持者表示：「從現在開始，外省豬再也無法控制我們了。」陳水扁的支持者表示，從此不會再存在任何將台灣視為中國的一部分的假象。一位歡喜慶祝陳水扁勝利的支持者強調：「這些該死的觀念早該被大水沖走了。」

無論支持或反對陳水扁的台灣媒體，都詳盡報導這次的選舉結果。有的報紙頭條直接以「變天」來形容這次選舉，還有一位廣播電台主持人激動地表示：「政權易手，台灣政治從此不一樣了。」幾乎所有媒體口徑一致地形容選舉結果的影響「巨大」。他們認為這股衝擊會維持很長的時間，並完全改變台灣原來的政治生態，這無疑是一場「歷史性」的選舉。

宋楚瑜在這次選舉雖獲得第二高票，但還是輸了。他承認自己敗選並恭賀勝選者。儘管宋楚瑜勉強保持笑容，但他的支持者卻難掩失望。他們認為宋楚瑜本該贏得這場選舉，最後卻被別人奪走。他們把這次失敗怪罪到國民黨和陳水扁頭上。國民黨參選人副總統連戰在這次選舉中很沒面子地只拿下第三高票。他與他的支持者為此哭泣，許多人陷入極度驚訝的狀態。他們心中產生一個巨大的疑問，為何有這麼多人才、經驗與金錢的國民黨會輸掉選舉？即使競選期間民調顯示連戰會敗選，但他始終相信國民黨會反敗為勝。連戰的一位支持者表示：「我們從未輸過，沒想到這一天會到來。」

當天開票結果公布時，陳水扁只得到五百萬張票，占選票百分之三十九・三。宋楚瑜僅輸給陳水扁三十萬張票，占選票百分之三十六・八。連戰的得票數則少於三百萬，只獲得百分之二十三・一的支持率。[2]這次選舉的投票率超過八成，甚至高過一九九六年的總統選舉。雖然當時中國朝台海試射飛彈，恫嚇台灣，但選民還是湧向投票所投票。然而，這次選民到底把票投給誰？

與其他兩位主要參選人不同，陳水扁是一位土生土長的台灣人。一九五一年出生的他當時還不到五十歲，在華人國家裡是很年輕的候選人。他出生在一個極貧困的南台灣家庭，因為他在學校表現優異而得以進入台大法律系就讀，並以全班最優秀的成績畢業。在一九七九年美麗島事件中，陳水扁挺身為異議人士辯護，他在三十歲前已是家喻戶曉的律師。當面對爭議性事件與政治鬥爭時，他從不迴避。後來他確實也因為毀謗罪而入獄服刑八個月。[3]

陳水扁很清楚知道自己的理念和政治立場。他成長於戒嚴時期，在民進黨剛創立時即入黨。在一九八九到一九九四年間，陳水扁代表民進黨當了兩屆立法委員。一九九四年贏得台北市長選舉，他成為耀眼的政壇明星和民進黨內部公認的領導者。因為從此刻開始，他是國家首都的最高首長。包括李登輝在內，許多國民黨高層都住在陳水扁的管轄區內。他雖贏得市長選舉卻飽受質疑；有些新聞評論家認為，陳水扁沒有真正贏得選舉，是其他參選人輸在自己手中。

一九九三年從國民黨分裂出來的新黨——對於李登輝的領導反感，認為其觀點和立場傾向台獨——推出強勢的參選人趙少康；他既有高知名度，又擅長競選。根據各家民調顯示，趙少康最有可能在那場台北市長選舉中勝出。因此，國民黨的支持者放棄該黨提名的弱勢參選人，把票投給陳水扁，而促成最終結果。大部分的觀察家認為，李登輝在幕後策劃這一切。

陳水扁在市長任內政績斐然，其民調也始終維持七成的滿意度。不過他的批評者認為，他花太多心思在經營自己的公眾形象。然而，陳水扁還是輸掉一九九八年的台北市長選舉。這次國民黨贏回首都，而且雙方得票差距甚大。但陳水扁未因此喪氣，反而將它視為天上掉下來的機會，並隨即投入民進黨內的總統提名選舉。他毫無困難地贏得參選資格。

陳水扁選擇呂秀蓮為他的副總統候選人和競選搭檔。呂秀蓮同樣出生於台灣，也是台獨運動的強烈支持者。她有著令人嘆為觀止的經歷，先是在台灣接受良好的教育，接著遠赴哈佛大學深造。回國後成為積極的政治參與者和台獨主張者，涉入台獨運動的她因為捲入美麗島事件而遭當局逮捕。事實上，陳水扁就是呂秀蓮接受軍事法庭審判時的辯護律師。原本呂秀蓮被判處十二年徒刑，但只坐了五年的牢。她認為關押自己的是國民黨（而非國家），有趣的是，她也指控美國總統卡特要負相當大的責任，因為他無預警與台灣斷交的決策引發高雄大規模的遊行。

一九九二年呂秀蓮選上立法委員，接著擔任李登輝的高級幕僚，兩人因此結為好友。一九九七年她當選桃園縣長。在這裡，她得到難得的行政經驗。呂秀蓮還有其他的資歷，她開創了台灣的女權運動，也是台灣史上首位有機會當上副總統的女性參選人。許多觀察家認為，她能爭取婦女選票。同時還具備英語溝通能力，在這方面陳水扁就沒辦法。她所擁有的海外經驗，也在這場選舉中發揮重要作用。許多人認為，呂秀蓮全身散發的旺盛精力，超越了她本身的信仰。她是一位卓越的演說家與辯論者。她的演說極具攻擊性與煽動力。

宋楚瑜出生於中國，但他對那裡的印象非常模糊。[4]他自幼在台灣長大，後來在柏克萊與喬治城大學攻讀碩士和博士。他比陳水扁年長近十歲，在蔣經國與李登輝的提攜下展開政治生涯。一開始他進入新聞局服務，並因此獲得高知名度。長相帥氣的他後來被任命為國民黨祕書長，是在李登輝當選黨主席且遭到黨內（多數是外省籍）強硬派挑戰時接下這個職務；宋楚瑜決定將自己的未來與李登輝綁在一起，大膽站出來為李登輝辯護。有些黨內大老則認為，年輕的宋楚瑜如此發言十分不妥。後來李登輝任命宋楚瑜出任台灣省省主席作為答謝。隨後，台灣省省主席的職務改為民選。在李登輝的協助下，宋楚瑜在一九九四年的省長選舉中大獲全贏，但兩人的關係卻開始走下坡。

宋楚瑜獲得民間支持，也受到本省族群歡迎。在眾多外省政治人物中，他是少數能夠達到這個目標的人，在所有總統參選人中也最具個人魅力。直到選戰末期，他都大幅領先其他對手。不過後來卻因為興票案而大受影響，背後的操縱者就是李登輝與連戰。此事嚴重打擊宋楚瑜，因為他是靠自己的高民意支持與形象打選戰。他向來被視為廉潔的政治人物，忠於老婆又勤奮工作。

連戰在中國出生，但因為他父親是台灣人，所以被視為本省人。[5]在三位總統參選人中，連戰的年紀最長，但從台灣政壇的角度上來看，他的歲數競選國家元首還不算太老。與宋楚瑜一樣，連戰先在台灣接受基礎教育，接著前往芝加哥大學取得碩士與博士學位。他曾是台灣最年輕的內閣成員，比其他幾位參選人——甚至比所有同齡的政治人物——擁有更多行政經驗。他曾擔任內政部長、外交部長、行政院長等要職。在獲得黨內提名參選時，他已是副總統。他的參選想必獲得李登輝大力支持。

不過連戰在選舉時表現得過於死板。他的反對者指責他目中無人且財大氣粗（暗示他的家族財產來路不明），還有謠傳他經常毆打自己的老婆（前中國小姐）。連戰的友人則認為，他心腸好、聰明又經驗豐富，顯然是總統大任的人選。不過，他們也承認連戰不擅溝通，形象上也有問題。另外兩組參選人（李敖與馮滬祥、許信良與朱惠良）儘管無足輕重，卻能為選戰增添趣味與刺激感。6

開票結束後第二天，分析家開始討論陳水扁如何贏得勝利。宋楚瑜贏得北、中台灣和宜蘭縣以外整個東部選區，在外島也是大獲全勝。包括外省人、客家人與原住民在內的選民（台灣的次族群）都踴躍投票給他。不過陳水扁在南台灣取得重大勝利，獲得台灣主要族群閩南人的大力支持。此外，他還在年輕族群和沒有特定政黨傾向的選民間深受歡迎。選民普遍將陳水扁視為「本省籍參選人」，雖然連戰嚴格來講也是本省人，但選民顯然認為陳水扁在三組參選人中最能代表台獨的力量，即使陳水扁在選舉過程中盡量迴避這個議題。

政治鬥爭與中國威脅

選舉結束後，觀察家開始熱烈討論陳水扁勝選的原因。幕後似乎有一連串的事件幫他們解釋這個問題。如前所述，李登輝在一九九九年七月發表兩國論，不但激起中國的強烈敵意，也讓兩岸關係在接下來數月陷入緊張。受到此一情勢影響，台灣選民比平時更討厭中國。同年九月二十一日，台灣遭七．三級的大地震襲擊，該地震的震央非常靠近台灣正中央、風景優美的觀光勝地日月潭。所有在台灣的人都感受到強烈的搖晃，並將它視為百年來最慘烈的地震。經過激烈的天搖地動，約有兩千多人死亡及兩萬棟以上的建築倒塌，另有十萬人無家可歸，共造成三百一十億美元的經濟損失——等於台灣百分之十的國民生產總額。[7] 剛開始媒體與民眾責罵政府反應遲緩，不久後政府與國民黨便展開行動。救援與災後清理的工作讓競選活動暫停了一陣子。

在這起事件上，中國獲得一片罵聲。北京捐贈台灣震災十萬美元。然而，台灣媒體尖銳指出，許多個人捐款都比這數字高。記者細數台灣過去捐獻給中國震災的金額，得出五千萬美元的總數。[8] 台灣民眾以小氣鬼稱呼北京的中共高層。有些評論家認為台灣不需要這樣的援助，還有人表示這就是未來兩岸若統一後中國對待台灣的態度。更讓台灣民眾憤怒的是，北京介入其他幾個國家的救援工作——北京告訴這些國家須得中國政府的同意才能進入台灣。許多受害者的家屬責怪中國讓他們的親人因遲遲得不到救援而死在瓦礫堆裡。如果他們能在第一時間獲得人道救援，即有可能獲救；北京的小肚雞腸使援助無法即時抵達。一位台北官員形容北京的行為如同「在傷口上撒鹽」。

北京希望藉由誇耀一九九九年澳門回歸中國，讓台灣留下深刻印象。中共高層指出，澳門是台灣以外最後一塊收復的失土。然而，台灣民眾和政府對此不買單，都不約而同地點出澳門與台灣不同之處，前者只是一塊殖民地，未擁有主權或可以保衛自己的武裝力量。台灣的處境與澳門大相逕庭。李登輝與其他官員重申他們面對一九九七年香港回歸時的基調——台灣不是殖民地，不會跟隨香港的腳步——中國想都別想實現一國兩制。

一九九九年初，民調顯示最可能當選總統的宋楚瑜結束了省長的任期。由於李登輝在民進黨的壓力下廢除台灣省政府（其實是大幅度降編），而省長則恢復由總統任命。該措施被視為進一步帶領台灣往獨立道路上前進，因為撤銷省政府之後，中華民國在概念上幾乎與台灣劃上等號，只是仍宣稱中華民國代表中國。於是，李總統與宋省長的關係快速惡化。觀察家認為，這顯示出李登輝對宋楚瑜的厭惡，也不打算讓他成為自己的繼承者。有些人則認為，李登輝不想再讓一個外省人當台灣總統。許多人都認為這牽扯到兩人的私人恩怨。[9]還有傳聞指出，李登輝還想繼續留任。他的某些支持者認為應該再修憲，好讓總統與立委選舉一併舉行。這意味著李登輝的任期將可延長一年半。許多人認為，李登輝可能想藉此延長自己即將結束的任期。但有報導指出，美國政府對此持反對立場。

無論如何，各家民調顯示，超過半數的台灣選民希望李登輝退休，他們支持宋楚瑜擔任下一屆總統（陳水扁的支持率為百分之二十五，連戰則只有百分之十）。宋楚瑜決定加緊腳步，他的支持者也在五月成立「宋楚瑜之友會」。此時態勢很明顯，宋楚瑜不會得到國民黨的正式提名，因為李登輝已擺明黨的立場是提名副總統連戰參選。同時，陳水扁得到民進黨高層的支持，這反映了他在黨內獲得廣泛的支持。十一月，國民黨理所當然地提名連戰擔任總統參選人。宋楚瑜決定獨立參選，此舉引起國民黨高層猛烈攻擊。這些對宋楚瑜的攻擊大都由李登輝在幕後策劃。國民黨指控宋楚瑜獨立參選造成黨的分裂，是極為惡劣的不忠行為。宋楚瑜則回應，昔日的獨裁統治已隨著解嚴在台灣落幕，而在今日的民主時代，他深受民眾的支持，因此他不會打消「獨立參選」的念頭。

接下來四個月，宋楚瑜與國民黨之間的衝突愈演愈烈，轉變成一場毀滅性的鬥爭。宋楚瑜參選總統的資格（此刻他的民調仍然很高）在十二月時遭到嚴重挑戰。國民黨的立法委員楊吉雄指控，宋楚瑜以貪汙得來的一億元新台幣購買中興票券公司的票券。這些票券都掛在宋楚瑜的兒子宋鎮遠的名義下。楊吉雄指出，宋楚瑜在擔任國民黨祕書長時買下這些票券。其他的指控接踵而來，政府立即展開調查。宋楚瑜解釋，這筆有問題的經費自己一毛都沒動，而其他遭指控的不明經費全都用在照顧蔣經國前總統的遺族。[10]李登輝親自出馬指控他一派胡言，甚至以小偷來形容宋楚瑜。這起政治醜聞重創了宋楚瑜的形象，也對國民黨造成傷害。人們開始質疑國民黨何以擁有鉅額財富，還將這些財富用於政治目的。連戰承諾將以國民黨的黨產成立信託基金，但很少有人相信，至少沒人相信他有辦法在選前兌現承諾。這番承諾看來像是一種政治伎倆，而它的確不是一項簡單的任務。

此時，選民也愈來愈多關注「黑金政治」的問題。雖然台灣的經濟在「亞洲金融風暴」的衝擊下仍維持著高度成長，但過去十年來政客與幫派分子勾結，其衍生出政治腐敗已成為社會弊病。這種態勢有利於陳水扁的選情。另外一個重大的競選議題是兩岸關係或台灣與中國的關係。當然這議題背後的癥結是，究竟台灣是否為一個主權獨立的國家。各家民調顯示，連戰可能是最能妥善處理該議題的參選人。陳水扁給人的印象是一位激進的台獨主張者。一旦陳水扁履行自己過去多次的主張而宣布獨立，將可能引起北京的軍事回應，甚至武力進犯。身為外省人的宋楚瑜則被許多人認為其立場是尋求兩岸統一，還會在這過程中出賣台灣的主權與國家地位。過去宋楚瑜確實曾為國民黨傳統的大中國觀點背書，但沒有充足證據顯示他有意把台灣賣給中國。其實問題的核心還是宋楚瑜的「省籍」。無論是陳水扁或宋楚瑜，在選戰期間都盡量走中間路線，以消除民眾對其統獨立場的疑慮。然而，陳水扁在這方面的表現遠比宋楚瑜成功，因為他得到了中國的助力。

一開始，北京傾向支持連戰或宋楚瑜。事實上，中共高層屬意代表國民黨參選的連戰；北京相信連戰若當選，國共兩黨就有機會進行統一談判（當然是在排除李登輝的情況下）。大多數外省籍的政治顧問也力挺連戰，宋楚瑜則得到本省籍人士的鼎力支持，其中許多人從他擔任省長時就一路追隨他。同時，中國內部的政治局勢發展——軍人與文官之間的關係——愈來愈傾向以強硬姿態面對台灣。二月二十一日，也就是台灣官方宣布選戰開始的兩天後，北京對台灣問題發表一份白皮書。其內容強調，如果台北官方無限期拖延兩岸統一的談判，中國將可能以武力犯台。過去北京從未提過這樣的動武條件，只有在宣布台獨、允許外國部隊進駐台灣和發展核武的情況下才會以武力犯台。該白皮書強調，中國政府「將不會允許『台灣問題』無限期地拖延下去」。看在台灣人眼中，這是不折不扣的最後通牒。民調顯示，當時有超過八成的台灣選民在兩岸關係上主張維持現狀，而北京提出的新政策顯然與台灣的主流民意背道而馳。台灣股市的跌幅超過百分之三，人們擔心隨時可能又會發生一連串的飛彈試射或其他軍事行動。大街小巷隨處可聽到「共匪」之類的咒罵言論，但未見恐慌的現象。經歷過中國一連串文攻武嚇後，人們普遍相信台灣會得到美國在道義和軍事上的支持。

由於國會山莊可能採取行動及強烈支持台灣，白宮發言人洛克哈特（John Lockhart）強調美國政府反對任何使用武力或威脅使用武力的手段。時任亞太事務助理國務卿的陸士達（Stanley Roth）則表示，北京的白皮書破壞「美國與兩岸政府發展關係的基石」。一位台北官員表示他懷疑陸士達的真誠，但仍勉強接受其言論代表美國的政策。一位在外交部任職的基層官員還笑裡藏刀的暗諷陸士達「應該和白宮溝通過了」。來自麻州的民主黨高層、後來參選總統的參議員凱瑞（John Kerry）公開表示自己「無法接受」北京在白皮書中所採取的立場。五角大廈則在聲明中提到，如果中國真的採取對台軍事行動，將面臨「無法預料的後果」。從美國對中國威脅的反應來看，台灣選民相信台灣的保護者還算清醒，而且可以依賴。[11]

中國也回應了華盛頓的「威脅」。《解放軍報》表示，兩百五十萬名士兵已「接到命令，為了保衛祖國領土完整做好準備」。來自基層官員與學者的措詞更為嚴厲，使得中美之間的「言詞交鋒」比兩岸之間的攻訐還要精彩。這讓台灣的選民感到安心。同時，陳水扁弱化了自己對中國的立場，宋楚瑜選擇強硬回應，連戰則繼續走他的中間路線。

過了一星期又一天，中央研究院的院長李遠哲公開宣布自己將擔任陳水扁陣營的顧問。李遠哲是歷史上唯一獲頒諾貝爾獎的台灣人，陳水扁陣營對此感到歡欣鼓舞。此時，支持陳水扁路線的聲音水漲船高。李遠哲的支持明顯翻轉原本不利於陳水扁的選情，陳水扁也因潛在選民反對中國的意識日漸升高而得利。而且，他在選民心目中是最可能解決黑金問題的參選人，這個問題對選民來說非常重要。這時幾位大企業家也開始與陳水扁攀關係。而國民黨既未與宋楚瑜和解，也未停止鬥爭，而是持續攻擊他。即使連戰的支持率在選前合法公布期間（選前十天）依然大幅落後，黨內高層仍聲稱連戰有機會翻盤，還強調宋楚瑜沒有勝選的機會。有人甚至暗指，這判斷的根據是來自某些祕密民調。

接下來，中國在選前兩天做了影響整場選舉的驚人之舉。國務院總理朱鎔基在全國人民代表大會所舉辦的一場九十分鐘的記者會上，警告台灣民眾「應該唾棄主張台獨的參選人」。他發言的畫面與聲音透過電視或收音機同步傳達給台灣人。所有人都知道，他在命令台灣民眾不可以把選票投給陳水扁。他語帶威脅地表示台灣「不會得到第二次機會」，還強調中國已經做好「流血的準備」。台灣民眾從電視上看到一位凶惡的中國官員對台灣發出嚴厲的警告。隔日，朱鎔基的照片與其充滿敵意的面容出現在台灣主流報紙的頭條。他的威脅言論也被各家媒體不斷地重複播放。

陳水扁認為中國在「打恐嚇牌」，並表示「台灣不會屈服於武力威脅」。其他幾位參選人也對此強硬回應，但他們的反應顯然沒有像陳水扁一樣受到輿論關注。剛開始人們還不知道朱鎔基的威脅會造成陳水扁當選的反效果。北京似乎誤以為自己的言論將對陳水扁的選情帶來傷害，但開完票後，幾乎所有的人都認為朱鎔基至少幫陳水扁拉了百分之三的選票。就是這百分之三的選票讓陳水扁順利當選。北京鑄下大錯，最明顯支持獨立的參選人將在兩個月後成為台灣總統。對此，北京會如何回應呢？

中國指控李登輝暗助陳水扁

如眾人所料，北京對陳水扁歷史性的勝利做了極負面的回應。中共中央台灣工作辦公室表示，這次選舉的結果沒有改變台灣屬於中國的事實，中國絕不容許「任何形式的台獨」。兩天後，中國國防部長遲浩田視察駐紮於台灣對岸福建省的解放軍部隊。一旦收到命令，這支部隊就會率先登上台灣的海灘。新聞也報導該區域有相當大數量的部隊和軍機。這顯示中共即將對台動武或只是對台灣警告。當然，也可能純粹想發洩怒氣。

幾天後，近百艘中國漁船突然包圍台灣控制下的一座外島。解放軍揚言自己有能力在解放台灣戰爭中動員上千艘船隻。中國持續虛張聲勢，包圍台灣外島的漁船似乎將發起攻勢，或只是模擬訓練。中國文官高層勸軍方克制，提出「聽其言，觀其行」的策略。畢竟陳水扁還不是總統，不妨先聽聽看他要發布什麼政策。有人聽到一位北京官員說要「看看陳水扁骨子裡到底是什麼顏色」。另一位官員則認為，陳水扁的真面目將在就職演說上展現出來，他斷言：「到時我們就知道了。」

中國官媒新華社接著發表一篇文章，深入分析此次選舉的結果。這份報導不僅介紹中國官方對此事的基本立場，也暗示未來北京對待台灣的態度。只是該文的觀點對於改善陳水扁執政下的兩岸關係毫無幫助。新華社指出台灣黑金政治泛濫及台灣民眾「對兩岸關係不瞭解」，是陳水扁當選的兩個主因。該文還不懷好意地強調陳水扁與李登輝的關係，並質疑他是否為「分離主義者」或「分裂主義者」，或者「改變初衷」。文章的結論指出：「李登輝因為陳水扁是台獨運動的主張者，因此暗中支持他當上總統。這背後突顯出北京認為李登輝蒙騙了中國，是表面上談兩岸統一和一中政策、私底下卻推行分離政策的狡詐之徒；現在李登輝又向前跨了一步，確保下一位繼任者將延續他的路線。為了達成這個願望，他甚至無情摧毀國民黨。」中國官方對此還提出「讓人信服的證據」。那就是民進黨在選前視李登輝為「同路人」，還發自內心擁護李登輝的「兩國論」。過去陳水扁也與李登輝多次共進午餐，或在其他場合會面。

在最後關鍵時刻力挺陳水扁的李遠哲是李登輝的好友。假如沒有李登輝的同意，他不會這麼做。更重要的是，李登輝設法凍結省政府，而且不讓國民黨提名宋楚瑜參選總統。雖然宋楚瑜是最受歡迎的總統參選人，在過去也是李登輝親近的友人。李登輝卻以宋楚瑜有問題的資料、但為國民黨內尋常的金融往來，破壞宋楚瑜的選情。北京認為陳水扁是因為國民黨的分裂而贏得大選。北京有強力的證據來證實此觀點，而這些證據絕大多數來自台灣。

早在一九九四年，李登輝就以阻撓國民黨參選人的方法，讓陳水扁當上台北市長。選後新黨提出這個看法，大多數人都相信了。一九九七年，第二次總統直選前三年，李登輝曾告訴一位日本記者，自己最理想的繼承人為陳水扁。[12]在選舉前幾天，李登輝的民間友人、傾向台獨的商人許文龍曾在記者會強調，真正會延續李總統政策的是陳水扁，而不是連戰。他的這番言論影響許多李登輝的支持者，把票投給陳水扁。[13]在選戰期間，親民進黨的《台灣日報》刊登的一篇文章提及李登輝稍早前談到的「和平轉移政權」。李登輝曾提及《聖經》中摩西與約書亞的典故——兩人帶領猶太人重建樂土，並前後成為猶太民族的王。此前李登輝曾將自己比為摩西，並建議陳水扁研讀約書亞的故事——摩西的繼承者。[14]在選後美國商會的聚會裡，陳水扁的政策顧問郭正亮(Julian Kuo)向聽眾表示，民進黨這次勝選要感謝國民黨主席李登輝的推波助瀾。[15]連戰聽信了李登輝暗中支持陳水扁的傳聞，於是選後他在許多氣憤的國民黨忠貞黨員的支持下，逼迫李登輝辭去黨主席職務（即使人們相信李登輝，連戰也會以其他理由逼他下台）。[16]

在理解北京的痛苦與憤怒，以及北京的文官高層可能難以控制軍方採取行動的情況下，這時美國前來救援了。根據來自台北的消息指出，美國官員向陳水扁「建議」並「強烈施壓」，希望他在就職演說做出讓步，以降低中國的敵意。陳水扁做出妥協，有些人表示，他的就職演說稿其實是由美國外交官員擬稿。大部分台北的學者不約而同表示，他們在被允許的範圍內事先讀了陳水扁的就職演說稿，並建議修正。從就職演說的內容來看，陳水扁顯然刻意想讓華盛頓滿意。有些政府官員甚至還向他們的友人與觀察家表示，美國曾向陳水扁提出「建議」，對於新任外交部長的人選之一張旭成「難以接受」。由於張旭成被視為過於挑釁和支持台獨，其最後未擔任外交部長。

事實上，陳水扁採安撫策略，在就職演說中發表新三不政策：不會宣布台獨，不會透過修憲重新定義台灣的地位，也不會以公投模式決定台灣的前途。為了展現誠意，陳水扁還承諾與任何主張台獨的團體保持距離，甚至辭去他在民進黨內的一切職務。他特別強調，自己不會成為某個「政黨的總統」。同時，陳水扁還放棄了李登輝兩項聲名狼藉的政策：禁止「三通」和試圖縮減台商赴中國投資的「戒急用忍」政策。他同意北京的一中政策可以成為未來兩岸「協商的主題之一」。他甚至還談到台灣與中國可以組成類似邦聯政府的政治聯盟。但北京會相信或信任他嗎？

陳水扁在選舉一結束就派遣特使到中國，結果無功而返。北京堅持一切談判必須在一中原則下進行，陳水扁的特使對此條件無法順從。北京國台辦主任表示，在五月二十日陳水扁就職前不會與他或民進黨有任何接觸。一位北京官員注意到，陳水扁在勝選演說中，提到「台灣」二十次，卻只有一次提到「中華民國」——而中華民國總統才是他上台後的正式頭銜。北京也無法相信美國，即使柯林頓政府已勸告陳水扁，不要觸碰台獨議題。無論這樣的態度是否為真，華盛頓也從未推動兩岸統一。一位中國官員回想起，美國中情局曾在一九八八年蔣經國過世前成功阻止蔣與北京高層私下會晤，商討兩岸的統一大業。[17]

白宮與國內輿論不同調

美國對於陳水扁的勝選給予正面的回應。然而，白宮也予以告誡。國會則是反應熱烈。媒體也留下深刻印象，給予非常正面的評價。柯林頓恭賀「新任的陳總統與呂副總統」，並以正面的口吻談到這次選舉結果對民主的貢獻。不過一位評論家表示，柯林頓的一位幕僚告訴他，由於美國學者應該會肯定台灣的民主發展，因此好話應該由柯林頓先說，於是柯林頓就先說了。一位駐白宮觀察員指出，柯林頓曾對一位國務院官員說：「陳水扁比那個莽夫李登輝好太多了……陳水扁比較容易操控。」無人知曉柯林頓當時是否話中有話。

隨後國務院官員也表示，一個分裂的台灣政府更容易被美國操縱。他特別強調：「陳水扁能做的事情不多，他當然也沒有任何實權去推動獨立。」柯林頓也露出真面目，公開表示陳水扁的勝選不會改變美國的對中政策。美國將持續堅守一個中國的立場。他還進一步建議陳水扁，就台灣的未來與中共高層展開談判，並接受北京提倡的一中框架。[18]然而，整個故事還有內幕。一位記者對此評論，柯林頓有很好的理由對中國表達憤怒。柯林頓派遣他的大學同學、副國務卿塔波特（Strobe Talbott）率領一個文官和軍官各半的代表團前往北京。他們此行的目的是討論未來的中美關係與台灣問題。三天後，北京居然沒有通知他們就先發表白皮書，警告台灣如果不坐上談判桌，中國將動用武力。有些媒體人十分納悶，為什麼柯林頓沒對此發怒？是不是北京已在私底下給了柯林頓天大的好處？

國務卿歐布萊特也向陳水扁祝賀，但強調美國的對中政策不會改變。一位台灣問題觀察家認為她「緊緊追隨柯林頓的立場，強調美國的政策是堅守世界上只有一個中國」。歐布萊特對於陳水扁勝選後發表的第一份公開演說，也給予正面評價。華盛頓一位觀察家也認為她確實應該感到開心，畢竟國務院大幅修改了陳水扁的演說內容。

國會的反應卻大不相同；除了對於一中政策的批評以外，全是道賀與讚揚之詞。共和黨參議員賀爾姆斯發了一份電報向陳水扁道賀：「你們的選舉（對中國）是當頭棒喝。台灣人民在本週末清楚地表示，若『一個中國』仍存在，世界上無疑有兩個並存的華人國家。」他還強調：「現在是美國依照現實重新制訂對中政策的時候了。」[19]共和黨眾議員兼黨鞭戴利則更露骨地指責柯林頓政府的一中政策是「姑息主義」，並建議美國應該奉行兩個中國政策。幾天後，民主黨參議員凱瑞表示，美國「絕不允許台灣的民主和自由走回頭路」。幾乎所有的國會議員——無論是共和黨或民主黨籍——都對台灣民主化給予祝賀和支持。眾議院甚至向總統當選人陳水扁發了正式的祝賀信，明確指出：「台灣絕不能在北京壓迫下接受『一國兩制』的框架。」眾議院還以四百一十八比一的票數通過道賀台灣及重申《台灣關係法》的決議案，並奉勸北京放棄對台動武。[20]一位觀察家對該法案的感想是，坐而言不如起而行。另一方面，眾議院也通過建造美國在台協會新居的七千五百萬美元預算。

美國媒體如同國會幾乎一面倒地支持台灣，《華爾街郵報》就表示陳水扁的勝選「讓人信服」，並勸告美國政府不要再視台灣為「令人尷尬的麻煩製造者」。該社論還建議，美國應該在台灣與中國談判時提供台灣強而有力的支持。《紐約時報》將這次選舉稱為「民主演變」（諷刺中國以「和平演變」來描述美國藉由推廣民主來達到分裂中國目的的行徑）。該報指出，北京「已在與陳水扁的鬥爭中敗陣下來」。《泰晤士報》則表示陳水扁的勝利給「中美關係帶來問題」。而《今日美國報》建議美國持續以經濟制裁來回應中國對台灣的恫嚇，並指出台灣將持續引起各方「熱烈討論」。《華盛頓郵報》表示，此次選舉的結果證明台灣往「鞏固民主」的道路再前進一大步。該報指出，「中國一切阻止陳水扁當選的努力最終都適得其反」。《時代》雜誌發表一篇題為「台灣表明立場」（Taiwan Takes a Stand）的專文，該文評價陳水扁的勝選感言是「台灣民主運動史上最偉大的勝利」。《新聞週刊》讚許這場選舉是「中國五千年歷史上首度出現的政權民主轉移」。該刊還不忘指出，陳水扁的勝選「威脅到北京與華盛頓相互允諾、視台灣為叛亂一省的原則」。《美國新聞與世界報導》（*U.S. News and World Reports*）形容這場選舉在「『叛亂一省』內建立了國家認同。」[21]

陳水扁的妥協與不妥協

到了夏天，中美關係已逐漸脫離危險階段，但美國立法與行政部門在對中政策上的分歧卻日趨惡化。在中國，軍方與文官的嫌隙依舊存在。中美兩國的內部分歧顯然比中美之間的對峙更加恆常。此外，台灣總統與立法部門之間的關係急轉直下，讓華盛頓—台北—北京三方關係變得更難經營。事實上，所有人都利用這機會將長久以來戴在臉上的面具卸下，讓台灣政府走向嚴重分裂。

隨著競選期間的狂熱和選舉結果所引發的怒火逐漸降溫，江澤民與其他文官高層得以稍微「冷卻」軍方的情緒。他們強調如果中國想加入世界貿易組織，那就必須維持穩定的經濟發展。即使在軍方內部，支持中國加入世界貿易組織的聲音也是主流。美國國會將在五月底陳水扁宣示就職中華民國總統時，表決是否要與中國建立永久性正常貿易關係。若該案通過，將為中國加入世界貿易組織鋪平道路。

另一個使中美關係陷入緊張的敏感問題是，中國出售飛彈給巴基斯坦。受到先前老布希違背美國逐步減少對台軍售的政策、向台灣出售一百五十架F-16戰機的影響，鄧小平在軍方強烈的壓力下出售東風——十一近程飛彈給巴基斯坦。隨後中情局將此一「中國重大走私事件」洩漏出去，而引發一場與國務院的激烈鬥爭。中情局認為其與國務院的爭執正削弱美國的法律，而對中國睜一隻眼閉一隻眼則對國會造成損害。

向來有「不先生」（Mr. No）的外號、以否決柯林頓政府人事案而聞名的賀爾姆斯參議員，突然與白宮達成協議，同意讓艾宏（Robert Einhorn）與普理赫分別出任管控武器擴散的助理國務卿與駐華大使。交換條件是，白宮將組成一個特別小組調查並做出制裁中國的決定。賀爾姆斯對核武擴散議題很感冒，而他將在這議題上好好教訓柯林頓，在對中政策上更是百般刁難。[22]柯林頓需要北京提供一份讓步聲明，他才能與賀爾姆斯打交道；中國的文官高層則必須向軍方施壓，或是透過一些交易手段才能幫到柯林頓。雖然北京的文官高層最後巧妙地解決問題，但中國軍方也察覺自己被擺了一道。

這時，雖然存在著些許緩衝，兩岸之間依舊存著難以弭平的嫌隙。北京因「分裂主義者」陳水扁當選總統而譴責美國，台北則堅持華盛頓應該支持與保護台灣。國會同意這一點，但白宮則不然。關於這點，從陳水扁當選到他發表就職演說的兩個月期間可看出端倪。他就職演說的風格、當中所提到的政策以及所傳達的訊息，特別引起許多北京分析家的關注；陳水扁提到所謂的「四不」政策：不會宣布獨立，不會更改國號，不會推動兩國論入憲，不會推動改變現狀的統獨公投。另外他還提到「一沒有」，就是沒有廢除一九九一年頒布、推行一中政策的《國家統一綱領》（以及國統會）的問題。

在他的就職演說中，陳水扁為了讓北京與柯林頓政府滿意，一再重申他早先做過的承諾。不過，陳水扁的演說和舉動仍存在著（北京無法接受的）黑暗面。因為陳水扁沒有明白表示願意接受一中原則，他只表示不會變更《國家統一綱領》——其內容表示有兩個分離的政治實體存在。任何會思考的人都會想起《國家統一綱領》是由李登輝拍板定案，而且有他自己的解讀方式。此外，陳水扁也談到擴展台灣的「國際空間」。這段話讓北京嗅到台獨的氣息並對陳水扁心生厭惡。

而陳水扁接下來指派的內閣閣員，也突顯他心目中的一些真實的想法。國防部長唐飛出任新政府的行政院長。唐飛是國民黨黨員，他的出線象徵著陳水扁政府的政策趨於中性，並試圖與國民黨建立合作關係。不過這項人事任命案還有另一個面向，那就是唐飛其實是李登輝推薦的人選。在陳水扁宣布唐飛的人事任命案後，許多政治評論家認為，唐飛組閣其實是「李登輝與陳水扁共治的安排」。然而唐飛未能使藍綠兩黨組成聯合政府。出任外交部長的田弘茂也是李登輝的親信，事實上他曾因協助李登輝推動「務實外交」而聞名——北京稱之為「分離外交」。田弘茂曾擔任國家政策研究中心主任，也就是某些人士口中的「台灣獨立研究中心」。出任經建會主委的陳博志也長期與鼓吹台獨的人士走得很近。他本人也曾就如何實現台獨寫過不少文章，也是李登輝限制台商赴中國投資的「戒急用忍」政策的設計師。

法律學者蔡英文則出任行政院大陸委員會主任委員（負責台灣的對中政策）。她被公認為李登輝特殊國與國關係論的幕後起草人。對北京而言更糟的是，李登輝也把她介紹給陳水扁。不僅如此，在陳水扁任命的四十名閣員當中，只有五位不是本省人。一位評論家指出陳水扁內閣成員的族群單一化，讓他變得「比蔣介石更像獨裁者」。因其台獨主張而支持陳水扁的商業領袖，開始頻繁出現在政府的高級幕僚會議上。雖然陳水扁在就職演說中未說出讓北京不高興的話（畢竟講稿可能出自美國國務院，或在其官員監督下完成），但他同時向台灣與中國民眾送出強烈的信息。

參加就職典禮的貴賓名單中，有被視為「台獨運動之父」的彭明敏。彭明敏在一九六〇年代中期因草擬《台灣自救運動宣言》而被捕，並因叛國罪而被打入大牢。隨後他被釋放，在遭到軟禁一段時間後逃往美國。彭明敏在一九九六年大選前不久返回台灣，隨即成為民進黨的總統參選人且繼續宣揚台獨。彭明敏在選後創立了自己的政黨，比民進黨更強烈地主張台灣應該與中國分離。在陳水扁的就職演說中，他表示應該把一個中國當成一個「議題」，而非原則。他還承諾繼續擴展台灣的國際空間（李登輝的政策），也談到台灣的「四百年史」。換言之，台灣的歷史應該從西方人發現這座島嶼開始算起，之前與中國的聯繫全部不算在內，就連數千年前漢人在島上生活的事實也予以排除。四百年史其實就是獨立運動者的史觀。

獨派人士仿效外國人以「福爾摩沙」稱呼台灣，陳水扁也沿用之。陳水扁還談到台灣與中國有各自的歷史，挑戰中國史觀。演說中，陳水扁使用「台灣」三十五次，使用「中華民國」九次，使用「福爾摩沙」兩次。他完全沒提到「中國」，這讓一位觀察家感覺到「這個國家沒有中國的味道了」。在他的演說結束時，他還高呼「台灣人民萬歲」的口號，就連李登輝也沒走到那麼遠。就職典禮中的表演活動也帶有濃濃的台灣味，台灣著名歌手張惠妹高唱帶有台灣原創風格的〈中華民國國歌〉。[23]難道中國國務院的官員沒有注意到這些細節嗎？有人指出，其實他們驚訝地注意到了。

種種發展讓江澤民進退維谷。就職典禮一個月後的一篇報導指出，中共中央委員會已就民進黨的勝選是否意味江澤民的對台政策「全面失敗」展開討論。接著江澤民也遭黨內強硬派和軍方公開批判，他們認為江澤民過度依賴「大國外交」。言中之意就是指責他太依賴美國，而他們深信美國打從心底不希望台灣再度成為中國的一部分。於是北京只能制訂出對陳水扁展現敵意的對台政策。

有些人指出江澤民與其他文官高層像是被電擊槍擊中般，一時間六神無主。他們唯一能採取的行動就是以強硬的姿態面對陳水扁。由此可見，軍方與民族主義者相當程度上影響了中國的外交路線。於是，中共高層開始將陳水扁劃為台獨分子，並指控他的施政路線是「沒有李登輝的李登輝路線」。他們確立一套不信任陳水扁且拒絕與他合作的政策。中國開始邀請已成為在野黨的國民黨派出代表團訪問北京、上海或任何其他有好理由邀請他們前來的地方，同時也向宋楚瑜成立的新政黨發出邀請函。兩個政黨都接受邀請。如此一來，它們取得對外關係的主導權，或至少是兩岸關係的主導權。對台灣而言，中國也確實是除了美國以外最重要的「外交」對象。而陳水扁在此面臨了另一個「難題」，基於兩個原因他必須留用大多數的外交部官員：一是在公務員保障制度下，陳水扁不能任意開除他們，二是民進黨本身缺乏足夠的外交人才，而且在民進黨內能用英語溝通的人也非常稀有。即使陳水扁任命缺乏經驗的親信為部長，但台灣的外交政策在相當程度上還是由國民黨主掌。

除非陳水扁明確宣布接受一中原則，否則北京還是會繼續將他視為台獨提倡者。北京藉機對在中國從事商務活動的親陳水扁台商實施歧視性的政策。他們因為逃稅或安全檢驗不合格等種種原因而遭到刁難。北京並非暗中打擊，而是公開刁難。[24]中共高層大舉抨擊陳水扁過去主張台獨的言行，並認為他不可能改變想法。他們指控陳水扁的中間路線是一場騙局，還表示他與副總統呂秀蓮合演一齣「黑臉配白臉」的戲碼。由陳水扁講好聽的話，呂秀蓮則相反。

五月二十八日，呂秀蓮在一場公開演說中表示，她認為北京的一中政策是「過時的玩意」。她也指出，「台灣兩千三百萬人民『意志堅定』地否決該政策」。一位中國記者注意到呂秀蓮在一九九五年四月受邀前往日本，參加「慶祝」《馬關條約》一百五十週年的紀念活動，並藉機感謝日本從中國手中接收台灣。為此，北京把「日本走狗」的帽子扣到呂秀蓮頭上。因為這起和其他事件，中共高層兩度以「人渣」辱罵呂秀蓮，並拒絕與呂秀蓮或陳水扁打交道。來到此一交岔口，兩岸關係的發展、台灣與中國的和平前景黯淡無光。

1 想瞭解二〇〇〇年總統大選的細節，請參見John F. Copper, *Taiwan's 2000 Presidential and Vice Presidential Election: Consolidating Democracy and Creating a New Era of Politics*, Baltimore: University of Maryland School of Law, 2000.

2 同前註，頁四三。

3 更多候選人的背景參見John F. Copper, *Historical Dictionary of Taiwan (Republic of China)*, Lanham, MD: Scarecrow Press, 2000.

4 宋楚瑜在中國出生，但七歲就到了台灣。顯然他把台灣視為故鄉。

5 在台灣，人們根據父親的出生來判斷一個人的「省籍」歸屬。另一個判斷方式則是他所說的語言（或方言），而連戰能說台語。

6 前民進黨主席許信良以獨立參選人的身分參選。台灣名評論家李敖則代表新黨出征，雖然到目前為止，他尚未加入過任何黨派。

7 "Killer Quakes Claims over 1700," *China Post* (international edition), September 22, 1999, 1.

8 Desmond Cheung, "Cross-Straits Tremors," *Topics*, November 1999, 47-48.

9 李登輝與宋楚瑜都沒有明確交代他們為何反目成仇，但許多人認為這與李登輝的對中政策有關。還有人認為，他們衝突的原因在兩者都有的強人性格。一位作家表示，兩人衝突的原因在於宋楚瑜曾建議台灣在釣魚台（日本稱尖閣群島）爭議上與中華人民共和國合作。參見Ching, *Will Taiwan Break Away*, 63.

10 顯然李登輝與其他人觀察到蔣經國非常清廉，死後沒有留下太多的遺產可照顧蔣方良。李登輝表示，這些有疑問的資金沒有被正確使用，但對宋楚瑜的控告在數月後就撤銷了，證明了這個案件毫無效力。不過也有人認為，這是國民黨在輸掉選舉後，為了與宋楚瑜和解才主動撤銷告訴。

11 關於上述言論的說明，參見George Gedda, "Chinese Stand on Taiwan, Worries U.S.," Associated Press, February 20, 2000以及Steven Mufson and Helen Dewar, "Pentagon Issues Warning to China," *Washington Post*, February 23, 2000 (on the Internet at www.lexis-nexis.com).

12 Ching, *Will Taiwan Break Away?*, 73.

13 同前註。

14 同前註。

15 同前註，頁六八。

16 二〇〇一年春天，李登輝在出版的一本書中指控連戰攻擊宋楚瑜。

17 參見Sheng, *China's Dilemma*, 92.

18 參見Larry M. Wortzel and Stephen J. Yates, "What the Election in Taiwan Should Mean to Washington and Beijing," *Executive Memorandum* (The Heritage Foundation), March 31, 2000, 2.

19 "Taiwan Stands Up," *Economist*, March 25, 2000, 24.

20 "House Votes to Applaud Taiwan on Elections," *China Post* (international edition), March 30, 2000, 1.

21 關於上述發言的細節參見John F. Copper, *Taiwan's 2000 Presidential and Vice Presidential Election: Consolidating Democracy and Creating a New Era of Politics*, Baltimore: University of Maryland School of Law, 2000.

22 Nayan Chanda and Susan V. Lawrence, "Final Deadline," *Far Eastern Economic Review*, May 18, 2000, 16.

23 Ching, *Will Taiwan Break Away?*, 32.

24 Bruce Gilley and Julian Baum, "Crude Tactics," *Far Eastern Economic Review*, June 29, 2001, 25.

第十二章
陳水扁在爭議中成功連任

二〇〇四年三月與十二月，台灣舉行了兩場重要的選舉：總統和立法委員選舉。兩場大選再度使北京與台北、北京與華盛頓的關係陷入緊張。此時局勢變得愈來愈糟。從總統大選的情況來看，陳水扁與他的政黨陷入了前所未有的危機，因此在言行上變得比以往更激進；他們試圖以公民投票和修憲的方式來推動台獨。與此同時，美國則專注於中東問題，這點讓中國加倍懷疑美國能否保衛台灣。

選舉結束後，台灣因在野黨聲稱選舉結果不公（他們有很好的理由）而陷入政治不穩定的局面中。執政黨與在野黨處於極度緊張的關係，導致台灣社會走向分裂，並失去團結抵禦中國野心與威脅的能力。伴隨而來的混亂局面——也符合中國先前宣布的對台動武三條件之一。十二月的立法委員選舉也無法有效解決台灣的政治癱瘓局面。與此同時，中國在迫使台灣屈服方面更具信心，其嶄新的恫嚇手段即將公諸於世。美國必須同時面對一個更加狂傲的台灣政府和一個更具侵略性的中國政府。在此情勢下，錯誤評估與衝突自是在所難免。

藍綠對立的民主黑暗期

三月二十日，台灣舉行史上第三次的總統與副總統直選。前兩次的總統大選都給台美、中美及兩岸關係帶來災難，而這次選舉帶來的危機也沒有比較小。[1]光是競選期間發生的一系列事件就可說明這一切。

伴隨著二〇〇〇年總統大選後短暫的平靜告終，連戰還是帶領著國民黨與宋楚瑜新成立的親民黨走向和解。他們聯手起來制衡新任總統陳水扁，並指控陳水扁與呂秀蓮未真正贏得選舉。事實上確實如此，因為保守派的選票分散了。他們甚至還進一步指出，如果《中華民國憲法》規定總統選舉為兩輪選舉制，陳水扁當選總統的可能性根本不存在。「泛藍」陣營——國民黨和親民黨組成的聯盟——主張依據《中華民國憲法》，國家應該走向議會制路線。此一觀點大體上無誤。因此他們認為，陳水扁實際上擁有的行政權十分有限，因為立法院才是政府的最高機關。陳水扁對此的回應是：假如憲法明訂台灣走的是議會制或混合議會、總統和內閣制的路線，在他當選前宛如總統制一般運作的制度沒有問題。現在怎麼突然有問題？

陳水扁與他的支持者認為，任何對藍營的讓步都將被視為投降的舉動。陳水扁也不打算這麼做，但他領導的民進黨在立法院卻只占三分之一的席次。於是總統眼前只剩兩個選擇，一是組織聯合政府，二是訴諸民意。剛開始，陳水扁嘗試雙管齊下，一方面指派其他政黨的人士出任自己的閣員，其中擔任行政院長的唐飛就是國民黨員。另一方面，陳水扁也辭去黨內職務，並盡他所能在每個議題上與老百姓取得共識，但他什麼目標都沒有達成。在他執政六個月後，核四議題成為各方關注的焦點。長年以來，民進黨和陳水扁都反對政府興建核四。陳水扁在參選總統時也曾承諾一旦他當選就會停建核四，不過興建核四的規定——包括與外國公司簽署提供零件的相關合約——都已由前政府所簽下且通過立法院的審查，而台灣也確實需要用電。因此陳水扁宣布停建核四的舉動徹底激怒藍營；陳水扁開了第一槍，而他們也決定接受挑戰，將不計一切代價地阻止他。藍營試圖彈劾總統，最終卻得不到足夠的票數將其定罪或驅趕下台。台灣的憲法不讓這種事情輕易發生。

彈劾行動使台灣政壇走向更深的對立，然而近乎癱瘓的僵局還在後頭。台灣企業界擔憂新一波經濟衰退即將到來。二〇〇一年，台灣經濟開始呈現不景氣。當時的台灣人很少經歷過嚴重的經濟蕭條，但現在他們見識到了。整體經濟成長率下滑近百分之二，失業率攀升到很少有人看過的數字，而事前預料到這種情況的人更在少數。[2]反對黨逮到機會抨擊陳水扁，而陳水扁則歸咎藍營接二連三地蓄意阻撓議事，藉此癱瘓政府的決策機能；再加上當時世界各國——尤其是高科技產業——都陷入經濟衰退的困局中，不單只有台灣。[3]

無論是陳水扁或藍營都表示，這場僵局應該交付給選民決定。在該年年底立法委員選舉即將來臨前，李登輝跳了出來，以自己的名義支持一個新成立的政黨——即台灣團結聯盟。李登輝誇口，台聯是唯一一個在黨名上提到「台灣」兩個字的政黨。該黨在支持台獨的立場上比民進黨更激進，因此到了此刻已經沒有人懷疑李登輝的主張就是推動台灣走向分離，並且厭惡台灣應該成為中國一部分的想法。在李登輝的重新詮釋下，（他在擔任總統期間所推廣的）「本土化」路線被明確定義為與中國分離，他向仍支持他的國民黨員招手，歡迎他們脫黨加入台聯。隨後，台聯和民進黨被人稱做「泛綠」陣營（因民進黨黨旗的顏色而得名），兩黨都主張台灣與中國分離。

在二〇〇一年底的立法委員選舉中，民進黨獲得不少選票，而對一個新成立的政黨來說，台聯的表現十分亮眼；國民黨則兵敗如山倒，親民黨相對而言表現出色。[4]民進黨在選舉後成為國會第一大黨，但親民黨的戰果更為豐碩。綠營沒有透過這次選舉成為多數黨。更糟糕的是就如同藍營所指控的，民進黨為求勝選而不擇手段。民進黨採取「混水摸魚」的伎倆，藉由激化與中國的衝突來爭取更多選票。他們還別有目的地挑起省籍衝突，以及與中國之間的口水戰。綠營甚至還極力推動配票制（要求選民投給特定的參選人——尤其是受歡迎、篤定當選的參選人——而非其他人，以最大化該黨的席次），對當時實施單一選票多數制的台灣而言，這種手段其實是非常不民主的行為。藍營稱之為「不誠實的勝利」。真相或許確實如此，但政治真能求事事公平嗎？無論如何，僵局仍持續著。

選舉結束後，藍營幾乎天天對陳水扁施政上的失敗與無能提出批判。他們稱他為「無作為總統」，不顧一切地抵制其意圖推動的所有政策。他們設法挖掘陳水扁的醜聞，而陳水扁也很不爭氣地提供證據給他們。陳水扁透過自己在政治上的影響力，幫兒子在軍法單位物色到一個不錯的職缺——即使他報考該單位的成績根本不及格。支持泛藍的報紙見獵心喜地刊登這則消息，並反覆報導陳水扁的親屬——他們不是公職人員——「非法」使用公務車。此外媒體還指出，陳水扁的夫人與親信透過內線交易在股市賺進大把鈔票。這似乎是非常嚴重的腐敗現象。

隨後，無論是支持或反對陳水扁的報紙，都報導了陳水扁與一位年輕女性幕僚（英文祕書）的曖昧關係。第一夫人對此表示，這件事是子虛烏有，而假如真有此事，那麼她將採取「嚴厲手段對付自己的丈夫」。有些人認為，陳水扁找「婚外情」的原因是第一夫人已經雙腳癱瘓。不過也有人認為，這則醜聞給陳水扁帶來更多難堪，因為他的夫人是遭受國民黨「白色恐怖」迫害而雙腳癱瘓的——即使此一說法沒有真實的根據，也從未得到第一夫人的親口證實。最引人注目的是，《新新聞》周報聲稱，其報導陳水扁「緋聞」的第一手消息正是來自副總統呂秀蓮。當時許多人指出，呂秀蓮被排除於陳水扁的決策圈外，因而心生怨懟。她遭到長期漠視與冷漠對待，甚至還遭陳水扁的幕僚批評「行為幼稚」。

他們為了預防萬一，只有在必要時才讓她「上場」，甚至表示：「她不能得到任何實權，她自己心裡也明白。」還有人用極難聽的言詞辱罵她，認為她「應該去找個男人」。因此推測呂秀蓮有可能跳出來提供緋聞素材。[5]

與此同時，陳水扁為了改善與企業界的關係，準備開啟一系列與中國之間的貿易、投資及其他商務交流。他的政敵指控他想藉此籌措所需的選舉經費。其中一人反覆使用他所謂的「美國政治平庸化」來形容當前的台灣政治——擁有最多選舉經費的參選人有百分之九十的機率贏得大選。陳水扁將目標放在為二〇〇四年總統大選爭取連任，但包括李登輝與呂秀蓮在內的泛綠領袖卻認為，與中國加強經貿聯繫會弱化獨立的訴求。他們認為此舉將增加台灣「上鉤」的危險性。而藍營則不斷強調，台灣的經濟發展取決於與中國的經貿連結，否則台灣無法脫離經濟衰退。藍營認為，陳水扁既想在政治上遠離中國，又想與中國建立經濟連結；關於這點，他們的回答是「不可能」。

藍營還就經濟上的其他問題將矛頭對準陳水扁，並試圖在立法院裡杯葛陳水扁政府的經費。尤其在民生相關議題上，他們竭盡所能地抵制，想藉此重創陳水扁在其大票倉的支持度。他們呼籲政府應透過減稅與控制預算的方式，讓國家的經濟恢復昔日的競爭力。只要一逮到機會，藍營便指控陳水扁將他們一手創造的台灣經濟奇蹟摧毀殆盡。他們指控陳水扁使勞工階級和整個國家陷入萬劫不復的境地，因此應該被免職。

於是，陳水扁只好退回去走激化本土的民族主義情緒、煽動對中國與外省族群的敵意的路線。他頻繁地採用這樣的戰術。隨著族群關係的日益緊張，軍隊與情報單位裡的一票外省籍軍官帶著軍事與其他政府機密投效中國，成為社會上關注的重大新聞。陳水扁政府發言人痛斥這些人是叛徒，一些陳水扁的支持者則認為所有外省人都是叛徒，而藍營則指控陳水扁意圖分裂中國與煽動族群對立。二〇〇四年總統大選期間，一位專家甚至提到台灣的「處境混亂……非常有利於中國接管」。

連宋合璧，捲土重來

隨著二〇〇四年總統大選逐漸逼近，藍營與綠營陸續推出參選人。與上屆的總統大選不同的是，這次沒有其他陣營的候選人。連戰與宋楚瑜聯手參選。他們達成和解。有人甚至說，兩人相處融洽。由於連戰年齡較長，而且國民黨規模也大於親民黨，因此這次由他擔任總統參選人。有報導指出，根據國親雙方協議，連戰將在當選後將權力轉讓給宋楚瑜；大多數人認為宋楚瑜較有政治手腕，也比連戰更有個人魅力與活力。接著，連戰將在擔任完一屆總統後退休，由宋楚瑜接棒參選下屆總統。兩人以自己在二〇〇〇年的「得票總和」推算，相信可以聯手在這次選戰中輕易擊敗陳水扁。他們的分裂讓陳水扁贏得二〇〇〇年的選舉。掌握行政資源的陳水扁則自認有龐大的優勢，讓他與他的政黨不再需要到處去募款，或者想辦法吸引媒體的關注。陳水扁同時也可以操控政治局勢往有利他選情的局面發展，進而順利連任。

在這次選舉中，連戰與宋楚瑜主打經濟牌，並且在所有的造勢活動中強調自己過去一手策劃、卻毀在陳水扁手中的「經濟奇蹟」。他們承諾讓台灣的經濟重新上軌道。儘管與二〇〇一年相較，此時台灣的經濟已漸復甦，但大多數人認為它仍處於不穩定的狀態。雖然連宋兩人知道二〇〇一年的立委選舉主打經濟牌未能奏效，但他們深信這次可以。但他們也因此陷入泥沼。此外，他們還強調社會穩定，民調顯示連宋配獲得高支持率。他們將遏制犯罪，將那些窮凶惡極的罪犯統統處決掉，此一政見根據民調也符合一般大眾的訴求。他們還希望創造一個不同族群和諧共存的多元社會，並聲稱這個訴求遭到陳水扁和綠營刻意忽視。當他們強調避免與中國發生戰爭時，也暗示綠營將挑起兩岸之間的衝突。每次在造勢活動上，連宋在台上都不厭其煩地大打恐嚇牌，並多次質問支持者：你們渴望死亡嗎？你們希望自己的兒子死在戰場上嗎？在泛藍的論述裡，陳水扁被形容成一個來自低層社會、沒受過高等教育、缺乏知識且心胸狹隘的鄉下流氓。他們甚至嘲諷陳水扁沒有海外留學經驗，連一句英文都不會講，而連宋兩人都是從美國頂尖大學取得博士學位。連宋兩人試圖抵銷綠營因主張台灣是主權獨立的政治實體，而在國家認同上享有的優勢。他們甚至放棄或至少暫時擱置兩岸統一的訴求。因此一位觀察家指出，無論在藍營或綠營，中國都難以尋求慰藉。

綠營為了贏得選舉勝利，持續喊出本土民族主義與民主化的口號。陳水扁與綠營高層形容自己是「台灣領袖」，因為他們從民調中發現民眾將自己定位為台灣人，而非中國人的傾向，並且排斥與中國統一。民進黨與陳水扁還強調他們在歷史上推動台灣民主的貢獻，並在造勢場合中不斷強調：「二〇〇〇年大選讓台灣的民主更為穩健。」除了提及自己終結國民黨的威權統治，他們還強調昔日在「外省狗」的統治下，台灣人的地位有多麼低微。他們以終結國民黨的「白色恐怖」自豪，並稱連戰與宋楚瑜為「外國人」。他們以「半山」稱呼連戰，只因為他的母親是中國人。此外，他們還說連戰把中國視為祖國，並大量起用外省人擔任幕僚。宋楚瑜的外省人身分也遭到攻擊，民進黨還特地指出他與毛澤東同樣出生自湖南省；根據記載，遭毛澤東「迫害致死」的人數超過英國與法國人口的總和，讓他成為歷史上頭號人權侵犯者。與毛澤東來自同一「縣」的宋楚瑜則投效於一九四五到二〇〇〇年間統治台灣的國民黨獨裁及恐怖政權。宋楚瑜帶有外省鄉音的台語也屢次遭到他們取笑。陳水扁還指控過去四年來，他的對手從未協助他改善經濟或推動政治改革，而這些都是台灣需迫切推行的政策。在陳水扁看來，這段期間他們唯一做的就是阻撓議事，因此他希望選民再給他一次機會，來實現他的政綱。

正如許多人所想的，大選中的台灣政治、社會和所有其他面向都走向兩極對立。一位政論節目的專家形容「台灣好像被撕成兩半」。為了激化支持者的族群與民族主義情緒，陳水扁還提出「公投綁大選」的主張。陳水扁相信若要求選民在選舉當天抉擇台灣應該成為一個獨立國家，或者與中國統一，那麼選民將同時把票投給前者和他。陳水扁還提出制訂新憲法的主張，認為現有的《中華民國憲法》是「為了中國而寫，而非台灣」。他指出：「這部憲法已經過時，該是將它換掉的時候了。」這兩大議題極具煽動性，因為公投將可能導致台灣走向法理台獨。將台獨議題訴諸公投確實是民進黨推行多年的政見，而新憲法顯然不會再強調台灣是中國的一部分。中國強烈斥責並警告陳水扁不要「挑起衝突」，中國軍方則表示「陳水扁的行徑形同對中國宣戰」。藍營強烈反對公投與制訂新憲法，不過公投議題在民間獲得廣泛支持，畢竟公投也是構成民主政治的重要組成部分。更重要的是，雖然憲法賦予人民公投的權力，卻沒有給予精確的定義。公投所代表的只有諮詢性質嗎？或者具有法律效力？對此沒人能給出答案，因此掌握國會的藍營出手制訂《公投法》。

二〇〇三年十一月，也就是選舉前的四個月，藍營藉由通過《公投法》草案確立相關法律程序。此舉讓未來執政的政府很難（甚至不可能）透過公投來變更國號或國旗，乃至國土範圍。此外，立法院也提高修憲的門檻，未來必須得到超過四分之三的立委支持才能過關。陳水扁因為這個《公投法》而陷入困境，但他還是找到解套的方法。他注意到《公投法》第十七條規定，當國家遭到威脅時，總統可動用權力發起公投。於是陳水扁以中國數百枚布署在華南、射程涵蓋台灣的飛彈為由，發起兩起「防禦性公投」：一是詢問選民是否接受中國所提出的一國兩制做為兩岸統一的模式，二是詢問選民是否要求中國撤除瞄準台灣的飛彈。6

藍營對此提出激烈抗議，斥責「狡猾的」陳水扁違法違憲。當時台灣的安全未受到威脅，但陳水扁依然執意推動公投。觀察家認為，陳水扁這麼做是因為他的選情處於崩潰邊緣。就連藍營也認為，這次公投只會傷害而非幫助陳水扁的選情。事實上，根據當時多數民調顯示，連戰與宋楚瑜將贏得這場大選。不只是民調，就連台灣股市的加權股價指數也同意民調的結果。股票上漲預示著藍軍將獲得勝利，突顯出連戰與宋楚瑜更善於掌管經濟。從特定幾間支持泛藍或泛綠（或是持有部分股票）公司的股票更印證了這個現象——親藍營公司的股票呈上漲趨勢，親綠營公司的股價則下跌。此外，開選舉賭盤的組頭也與民調和股市持同樣的看法。選舉賭盤在台灣是非法的，不過仍有許多人參與。從投注賠率來看，泛藍顯然占盡優勢。在英國的選舉賭盤是合法的，那裡的投注賠率也看好連戰與宋楚瑜。[7]

如此看來，陳水扁似乎注定只能當一屆總統，未來的歷史學家很難不對他做出失敗者以外的評價。不過在大選開始前的十九個小時，一起突發事件戲劇性地逆轉原本由泛藍大幅領先的選情。參加造勢活動的陳呂兩人在拜票的行程中遭到槍擊。就像事前計畫一般，綠營的選舉機器立即在南台灣發起攻勢。這裡是民進黨的主要票倉，但這次南台灣的選民卻因對陳水扁政府大失所望而缺乏投票熱忱。然而，他們的熱忱是可以被激發的。民進黨競選幹部指控中共勾結藍營，意圖行刺陳呂兩人。競選辦公室的幹部刻意隱瞞總統和副總統只受到輕傷的事實，以藉此吸取可觀的同情票。光靠這點就足以翻轉整個選情。最終陳呂以毫釐之差贏得選舉。他們拿到的選票只比連宋多出百分之〇・二。這次中國沒有直接介入選舉，但陳水扁仍靠著「中國威脅」勝出。

外國媒體紛紛質疑陳水扁與呂秀蓮的槍擊案「完美得難以置信」，藍營則質疑這一切都是幕後策劃的。[8]整起事件確實有不少值得懷疑的地方，因為陳水扁與呂秀蓮那天稍早還穿著防彈背心，卻在遭槍擊前夕把背心給脫掉。其次，攻擊他們的是一把殺傷力十分有限的小口徑手槍。由此可知，殺手無意取陳呂兩人的性命。雖然他在光天化日下行兇，而現場也有攝影機拍攝，但警方卻沒有逮到任何人。

陳水扁沒有立即下令關閉台灣的機場與港口，也沒有明確指控有殺手試圖暗殺自己。他要求司機載他去的醫院不是離案發現場最近的，而是另一間由其好友開設的醫院。該醫院一名護士表示，一位「穿著打扮類似官員」的人曾在槍擊案發生的前一天到醫院視察。一位親近陳水扁的友人聲稱，一顆子彈卡在總統的身體裡面，試圖誤導大眾相信他的槍傷有生命危險之虞。實際上，那顆子彈僅卡在他的夾克裡。選舉結束後，藍營指控這場選舉被偷走了。民調也顯示大多數民眾質疑槍擊案的真實性。泛藍的支持者群起抗爭，晝夜包圍台灣的首都與其他城市。他們臉上的表情憤怒，許多人哭了。台灣再度陷入混亂的局面。

中美同聲譴責台灣的麻煩製造者

直到中選會正式宣布陳水扁與呂秀蓮當選的數天後，美國才發出賀電。但賀詞中帶著警告——「期盼台灣能解決憲法上的挑戰」。該賀電中也未提到陳水扁與呂秀蓮的名字。為此，呂秀蓮公開抱怨美國應該按照慣例向當選人祝賀。於是陳水扁政府透過走後門的方式，找上美國在台協會的理事主席夏馨（Therese Shaheen），終於在四月初得到「致陳水扁與呂秀蓮」的正式賀電。隨後夏馨立即被開除。與此同時，陳水扁在接受《華盛頓郵報》專訪時表示，這次選舉的結果給了他足夠的民意「推動台灣成為一個主權獨立的國家」。他公開否定一個中國，並強調中國自一九九七年開始統治香港給了台灣「負面的示範」。陳水扁還承諾將毫不遲疑地推動新憲法的制訂。美國國務院的一位官員表示，他感覺這是「好戰的」陳水扁「出其不意拋出的難題」，國務院官員一向都認為陳水扁很容易馴服。[9]

中國剛接班的胡錦濤政權面臨了極大的挑戰，因為他們不希望軍方介入此事——眼下這劇本非常可能成真。胡錦濤採取的策略是，以中國支持美國對抗恐怖主義與北韓，及共同處理其他重大國際議題，做為交換條件，要求美國出面克制陳水扁。胡錦濤認為美國需要中國，但事實真是如此嗎？十二月，國務院總理溫家寶訪問華盛頓，小布希在兩人共同出席的場合中警告陳水扁「正試圖改變台海現狀」，並暗示陳水扁是一位麻煩製造者。之後，每當陳水扁發表公投與制訂新憲法或台獨等相關言論時，國務院都會拉高分貝提出警告。國務院官員每次的反應既迅速又帶著怒火。二〇〇一年的小布希政府一度被外界貼上對台灣最友善的美國政府的標籤，如今再也不是了。此時陳水扁已被視為不受歡迎的麻煩。

因此在陳水扁接受《華盛頓郵報》的訪問後，國務院立刻做出回應。其官員表示，他們以為陳水扁會信守自己在二〇〇〇年就職總統時所做的不宣布獨立、不制訂新憲法等四不承諾。從他們的語氣可以感受到明顯的敵意。時任美國國務院亞太事務副國務卿的凱利（James Kelly）也發表了許多觀察家所認為的遲來回應。他在國會的聽證會上強調，在台灣一直有一種「誤解」，那就是片面認為美國會「不計代價地提供他們保護」。顯然美國政府質疑台灣大選的結果，並認定陳水扁是靠著占美國便宜才得以連任。有人稱他是「自走炮」，還有人指控他「給美國帶來危險」。甚至一位觀察家將陳水扁與蔣介石相提並論，認為他盼望中美走向戰爭，好讓他從中得利。另一位觀察家指出，陳水扁根本不在乎他是否挑起危機，而危機將確保台灣走向獨立。一位觀察家則強調：「華盛頓應該表明立場，那就是假如中美爆發衝突，美國應該決定介入的時間和地點，而不是陳水扁。」有些人把陳水扁和台灣與第二次世界大戰的引爆點相提並論。

最後，中國也對陳水扁接受《華盛頓郵報》訪問的內容做出回應，認為陳水扁制訂新憲法的計畫無異於「設下我們將不會縱容的獨立時間表」。一位高層官員指出，台灣的行為已「跨越底線」。北京注意到美國在台海局勢上的立場已有明顯轉變。中國的一些人士認為，美國在全球性的議題上需要中國的支持。那麼美國會犧牲台灣嗎？北京打算測試這個假說。兩天後，中國國安單位逮捕兩位替台灣竊取情報的解放軍高級軍官，此事從時間點來看並非巧合。隨後，中國政府也對「意圖在中國賺錢以支援台獨」的台商展開攻勢。奇美集團的董事長許文龍遭到中國官方公開點名，他所開設的醫院在槍擊案期間照顧陳水扁。新聞評論家指出，台灣對中國的投資在中共高層眼中愈來愈無足輕重，因此他們願意犧牲一部分的經濟發展來「對付台灣」。然而，此一發展正好與所謂中國會為了經濟發展而自我克制的觀點相衝突。一位台灣的觀察家表示，這「對該觀點帶來很大的挑戰」。

二〇〇四年七月，中國對美國政策發動大規模的「試探」。解放軍事前宣布，他們將發動一場模擬入侵台灣的大規模軍事演習。同時，中共前領導人江澤民（仍主掌著軍事政策的制訂）為收復台灣定下時間表。這在過去是前所未見的。[10]根據中國媒體報導，共有一萬八千名官兵投入這場演習，而這場演習已準備數月之久。來自海上、空中與地面的部隊聯合在演習地點東山島舉行「模擬登島演練」。從外觀上看來，東山島與台灣十分類似。解放軍空軍也希望利用這次機會傳達新的訊息：中國有能力取得台海上空的制空權，無論對台灣或美國來說，這是全新挑戰。[11]

雖然小布希政府對台灣當局感到憤怒，但又不能坐視中國的挑釁行為。因此，小布希在演習發起前派遣國家安全顧問萊斯（Condoleezza Rice）前往中國予以勸阻，但中共高層卻斷然回絕。[12]他們被選前陳水扁聲稱將制訂新憲法及選後接受《華盛頓郵報》訪問時的發言徹底激怒。他們反對美國對台軍售，指出美國近期打包賣給台灣的愛國者飛彈與潛艦抵銷了中國攻擊台灣的最佳軍事選項：飛彈攻擊和海上封鎖。中共高層也對小布希支持台灣參加世界衛生組織一事氣憤難平，認為這是在替台灣的主權背書。[13]

中國軍方高層顯然自認有威嚇美國的能力。距此不久前，中國才將兩艘俄國製現代級驅逐艦福州號與杭州號投入現役。它們有「航母殺手」的稱號，據說能夠阻止美軍航空母艦過於接近台灣。此外，中國還神不知鬼不覺地將一艘國產潛艦派到外海。美國直到該消息在中國網路上公布後才知情。此舉發生的時間點恰到好處，促使衝擊最大化。[14]這時台灣採購的新武器尚未正式啟用，而美國正因深陷中東泥沼而無法抽出兵力，這些都在中國軍方高層的計算中。

不過小布希未因此退縮，反而接受並想方設法地嚇阻眼前的挑戰。巧合的是，美國居然已事先做好因應中國演習的作戰準備；美國似乎早就料到中國會發動演習，於是發起一場名為「夏季脈動」（Summer Pulse）的軍事演習。該演習的目的是強化美國對全球各地衝突的應變能力。七艘航空母艦戰鬥群麾下的五十艘軍艦、六百架飛機與十五萬名官兵馬上動員起來。根據報導，這是美國近年來所發動規模最大的海上軍事演習。[15]儘管「演習」是在全球各地同時舉行，但從時間點與其他跡象來看，這確實是針對中國而來。一位軍事專家表示，這是「砲艦外交」（gunboat diplomacy）的一部分，目的是警告中國不要踰越台灣議題的「底線」。[16]除了中美衝突，美國國會還通過一項重申將繼續向台灣提供武器的決議案，同時也對中國以飛彈瞄準台灣的現況予以關注。中國官員批判美國的立法部門干預中國的內政。《人民日報》的社論寫道，美國的行為「暴露其掌控世界的野心」。[17]

立法委員選舉再度撕裂台灣

二〇〇四年十二月，台灣舉行了另一場選舉：選出新一屆立法委員。那年春天的選戰及選後發生的一連串事件，讓中美之間的衝突再次升級，而台灣在其中便是扮演挑撥者的角色。

這場選舉反映出台灣選民自三月大選以來深切的痛苦情緒。藍營持續質疑「陳水扁偷走了總統寶座……那起槍擊案是假的……」其中一位死忠支持者表示，一切都是「事前計劃好的」。藍營的發言人還指出，選舉當天有相當數量的選民——尤其是奉陳水扁之命留守崗位的軍人與警察——沒辦法把選票投給連戰與宋楚瑜。他們還指控綠營的宣傳機器在槍擊案發生後立即善用局勢，試圖暗示藍營與中國可能涉案其中。在發生槍擊案後，藍營因擔憂總統與副總統身受重傷，而立即停止一切選舉活動，但綠營卻持續舉辦造勢活動。在發起部分演變為暴力事件的一連串抗爭活動後，泛藍開始挑戰這場選舉的合法性。他們要求重新驗票，並建議司法介入。連宋兩人聲稱陳水扁的勝選有汙點，認為他的連任缺乏正當性。除了指控陳水扁是憑「奧步」勝利的騙子，他們還痛批「獨裁者陳水扁」製造族群分裂。他們指控陳水扁本人和他的政府腐敗，從頭到尾劫持這場選舉——民主早已名存實亡。

陳水扁則稱連宋兩人輸不起。他認為隨著抗議活動的延長，民眾會愈來愈認同其立場。陳水扁的發言人指控，藍營的行為給台灣帶來混亂，讓社會陷入無政府狀態；他們強調，這正是中國過去在許多場合上宣布解放軍武力犯台的正當理由之一，而「藍營似乎希望這件事發生」。他們斷言：「泛藍叛徒將與登陸的解放軍部隊裡應外合。」四月中旬，藍營發表聲明，指出槍擊案當天是「台灣史上最惡名昭彰的一天」。他們提供其他證據質疑綠營的論點。他們總結，陳呂兩人靠著「子虛烏有的槍擊案」贏得大選。[18]隨後，泛藍憑著他們在立法院席次的優勢及敗選後的團結態勢通過一項法案，成立「真相調查委員會」，查明真相。陳水扁卻指出，只有行政機關才有調查權力，並聲稱該委員會的成立違憲。陳水扁允許委員會成立，但隨後又將其凍結。

與此同時，著名的鑑識學專家李昌鈺博士（曾偵辦辛普森案）終於公布各界等待多時的槍擊案調查報告。李昌鈺表示，總統與副總統確實遭到槍擊，但從殺手所使用的小口徑手槍，還有他開槍的位置來看，他採取的手段似乎不太高明。他強調犯案現場已遭到破壞，以致無法做出更進一步的分析。從終結爭議的角度來看，李昌鈺的調查報告沒有任何幫助。事實上，它帶來更多疑問。

正當泛藍的抗議為潛在選民帶來困擾時，國民黨內部也因連戰是否應辭去黨主席一事而分裂，假如連戰真的辭職，那麼該由誰繼任國民黨主席？綠營內部也面臨同樣的問題，因此實在很難預測哪方能贏得緊接而來的立法會選舉。不過有些觀察家指出，陳水扁已激怒美國「一些政府部門」，因此他們不在意做出一些有利藍營選情的事情。顯然這裡提到的部門就是國務院，而且這種情緒似乎已蔓延到白宮。隨後，證實此一觀點的證據浮現，更讓許多台灣民眾深信不疑。

九月，前國務院亞太事務副助卿凱德磊（Donald W. Keyser）在華盛頓郊外的餐廳無預警地遭到聯邦調查局探員逮捕。聯邦調查局指控凱德磊犯下「間諜罪」，他所犯下的事情（沒獲上級批准前往台灣，並提供「談話重點」文件給台灣政府官員）無論多麼無關緊要，都被視為「向陳水扁傳遞重要訊息」。緊接在凱德磊事件之後，美國國務卿鮑爾（Colin Powell）在訪中期間對媒體公開表示台灣「不是獨立國家」。他甚至聲稱，台灣不享有國家主權，並強調「這是我們固有的政策」。對此，台灣高層一如預期地被激怒了，外交部長陳唐山抨擊美國「背信忘義」。鮑爾的言論幾乎嚇壞了所有的台灣人。有些人認為「美國將背叛台灣」。不過多數觀察家認為，鮑爾身為一位素有經驗的外交官，不會犯下如此不可挽回的錯誤。他真實的用意是要陳水扁政府將台獨言論統統收起來，不要為了選舉的政治利益而激怒中國。

從綠營的角度來看，由於美國即將在十一月舉行總統大選，因此其為二〇〇四年底的立法委員選舉擬定策略一事變得格外複雜。陳水扁政府的一些官員非常痛恨小布希對台北施加「壓力」，以及後來他對於陳水扁正在挑釁中國、「先發制人的負面聲明」。有些綠營人士甚至抨擊小布希「與藍營一樣保守」。從稅務、福利與一系列議題來看，他們顯然是正確的。綠營傾向支持民主黨的總統參選人凱瑞，但凱瑞的世界觀與他們想像的有所不同。凱瑞喜歡歐洲，其秉持的觀點接近歐洲中心主義。他似乎不怎麼喜歡或在乎亞洲，這有別於小布希和共和黨員，凱瑞完全不談亞洲對美國不斷增長的重要性。最重要的是，凱瑞曾發言指出美國「不應該為了保護台灣而流血」。因此，某人可能因此推出以下的結論（至少綠營高層肯定認為）：凱瑞政府將不會履行《台灣關係法》中保障台灣安全的承諾，也不會在中國圍困台灣時出兵馳援。在這樣的情況下，若台灣不投降，就只能接受被解放軍打成一片廢墟的命運。如此一來，台灣不僅無法獨立，連維持現狀都有困難。因此對於美國這次的總統大選，陳水扁決定不表態支持任何一方。

他仍持續談論台獨，但更為小心翼翼。他批判反對黨的言詞依舊犀利：過去針對是台灣人民的壓迫，如今則是蓄意阻撓議事，乃至賄選。行政院長游錫堃誓言掃蕩買票行為，並阻止國民黨將黨營媒體轉賣給外國公司。陳水扁再度打族群牌，呼籲「他的子民」把選票投給民進黨。他還藉妖魔化中國來煽動台灣的民族主義情緒。至於藍營則持續主打一貫的政見：國民黨將為台灣帶來經濟成長，維繫法律秩序與社會安定，促進族群和諧，以及避免與中國發生戰爭。

選戰中的重量級議題為，台灣是否接受小布希政府在二〇〇一年所提出的建議——花錢採購高達一百八十二億美元的武器。雖然台灣內閣已接受此軍事採購案，但在立法院遭到藍營立委阻擾。藍營顯然想藉此掣肘陳水扁。他們希望藉由羞辱他來取得政治優勢，而他們也確實做到了。美國對於此軍售案無法通過十分不滿。台灣沒有盡到自己的責任，但美國卻沒有怪罪藍營。華盛頓已徹底被陳水扁激怒，而陳水扁也因推動此軍購案而與民進黨員和支持者陷入緊張的關係。傳統上，民進黨一直反對高額的國防支出。民進黨的支持者普遍認為這些錢應該用於社會福利政策。因此陳水扁不願在這議題上過於明確表達其立場，不過藍營硬是逼他表態。藍營有些人嘲諷地說：「陳水扁口口聲聲說想推動台獨，但他卻不願為台獨而戰。」有人嘲笑他「天真得難以置信」，也有人稱他為「天生的懦夫」。

雖然陳水扁想把防衛議題擺一邊，但事與願違。因為他無法控制台灣的媒體。同年八月，新聞報導指出台美兩國的戰略安全專家共同合作，以電腦模擬中國武力犯台的情況。他們的結論是：台灣只能在這場衝突中堅持六小時，而不是政府之前假定的數週。[19]有些報紙再度提起台灣的核武研發計畫。台灣是否應該重新開始研發核武？有些人做出這番推測。畢竟在中國軍事力量不斷提升，而台灣又難以反制的情況下，研發核武似乎是符合邏輯的必要選項。與此同時，台灣高層官員對發展武器反制中國飛彈威脅一事展開討論。這一切似乎證實了上述報導的真實性。九月，行政院長游錫堃提出「恐怖平衡」戰略，強調「如果你攻擊高雄……我就會對上海展開反擊」。[20]這場討論中甚至出現轟炸三峽大壩的方案。[21]有些人形容該方案簡直像世界末日。更讓人捏把冷汗的是，在投票日來臨前不到一個月，陳水扁飛往澎湖的座機（他本人在機上）居然因解放軍戰機逼近而不得不變更航道。[22]中國是否有意擊落陳水扁的座機？沒有人知道，至少沒人敢斷言。

為了做最後的選前衝刺，陳水扁和民進黨不斷找尋能引起選民迴響的新議題。陳水扁想盡辦法刺激中國，但他卻遭到四面壓制。一位陳水扁的幕僚因此忍不住咒罵「該死的美國」。陳水扁試圖修改教科書，因為過去日本曾因此惹來北京激烈的反應。在一次發言中，陳水扁故意稱呼孫中山（國民政府所尊稱的國父）為「外國人」（強調他是中國人，而非台灣人）。這顯然構成挑釁。接著，陳水扁又發起公投。他還提到要以台灣的憲法取代「中國的憲法」。陳水扁的一連串舉動立即引來美國國務院發言人包潤石（Richard Boucher）的警告。他指出美國強烈反對台灣推動任何以改變現狀為目的的公投，並提到陳水扁在二〇〇〇年上台時所做的四不承諾。包潤石指出：「我們非常認真看待此一承諾。」

《反分裂國家法》讓中國有了自己的《台灣關係法》

立法院改選結果出爐後，藍營宣布勝利，綠營則承認失敗。陳水扁接受批評，宣布自己將辭去民進黨主席的職務，行政院長游錫堃也主動請辭。連戰則表示人民透過這次選舉發聲，因此這次大選的結果是「中華民國的勝利」。宋楚瑜則表示，這次選舉的結果顯示人民不支持台獨。儘管對藍營而言，這不是一場壓倒性的勝利，但總算翻轉了二〇〇〇年以來綠營戰無不勝的形勢。藍營將繼續掌控立法院，除非得到藍營的配合，否則綠營無法通過任何法案。民進黨辜負了選民的期待和黨內高層選前所做的承諾，陳水扁掌控立法院的企圖以失敗收場。既然民調顯示，愈來愈多民眾自認是台灣人而非中國人，為何綠營會輸掉選舉？

有些人認為，綠營敗在選戰策略；其高層過於強調台灣國家認同議題，卻忽略了最重要的奶油與麵包。還有人認為，這回中國保持相對克制的態度，未做出任何激怒選民的行徑，而這點對藍營的選情有利。同時也有人指出，藍營因主張將購買武器的經費用於社會福利與教育項目，而「偷走」不少泛綠支持者的選票。更有人表示，美國在這次選舉中發揮不利於陳水扁的影響力。華盛頓顯然沒有像過去選舉那般支持綠營，而似乎對藍營伸出援手。其對陳水扁挑起衝突的批判來得快又頻繁，有時還十分惡毒。陳水扁也無法有效地煽動台獨議題，來協助他的政黨或綠營勝選。國務院官員也強調，絕不允許由陳水扁來制訂美國對中政策的綱領。更重要的是，他們絕不允許陳水扁挑起中美之間的危機。此時美國已介入中東局勢太深。有些官員還更直白地說，他們「關切」的是中國，而不是台灣。他們不會讓那個「小渾球」（指陳水扁）為了自己的利益而引起糾紛，而且早在選舉前，華府最重要的外交決策者之一，副國務卿阿米塔吉（Richard Armitage）就指出，台灣是中美關係裡的一枚「地雷」；儘管他的這段發言在選後才傳到台灣，但它反映出在國務院內十分普遍的看法，就是台灣「不值一提」。有些人主張美國應該放棄台灣，那麼白宮是否也持同樣的看法？其實有時還真的有這樣的跡象。接下來事情又會如何發展呢？

選舉過後，陳水扁在華盛頓的認知裡反而變得更加危險，許多人認為他可能將表現得如「一頭受傷的野獸」。毫無疑問，陳水扁的確因為這次的挫敗而十分沮喪，他希望能做些事情來彌補。幾天後台灣報刊謠傳小布希在一次於白宮的外交政策高層會議上，辱罵陳水扁是「婊子養的麻煩製造者」。然而，惹麻煩的又豈止陳水扁，北京也沒好到哪裡去。在中共高層眼中，綠營在選舉中的失敗還稱不上值得歡欣慶祝的勝利。顯然中國認為這次的選舉結果值得加以利用，他們打算乘勝追擊。事實上，北京的回應不但沒有滿懷希望，反而更具侵略性。隨著言論而來的一連串行動：中國的立法部門準備頒布一項禁止台灣走上獨立的法案，而這項法案將奪走現任和未來中共高層處理台灣問題時的彈性。

不過，美國卻搶先中國一步。二〇〇五年二月中旬，負責監督美日之間的安全協議與軍事合作關係的美日安保協議委員會（U.S.-Japan Security Consultative Committee）召開會議，達成台灣是「雙方共同安全議題」的共識。這項決議對美國不算意外，但從日本的角度出發卻是一次重大的政策轉變。日本對此有正當理由。過去十五年來中國的軍事擴張行為讓日本擔憂不已。隨著中國每年通過大筆國防經費，並將更多的武器系統投入現役，東京的擔憂也愈來愈強烈。有些日本媒體甚至批評日本政府「協助中國」擴軍，因為東京仍持續提供中國龐大的經濟援助和貸款。儘管這些錢未直接流向中國軍方，卻讓中國政府可挪用經費投資在軍事上，因此從結果來看是一樣的。評論家指出，東京正提供中國用來「掐死」自己的經費。中國不斷批判日本欲「掩蓋」日軍侵華暴行而竄改歷史教科書，並批判日本首相參拜供奉殉國軍人的東京靖國神社，日本對此已十分厭倦。

日本人認為，中國的行為已嚴重干涉日本的內部事務。那麼日本是否也可以干預中國對二戰歷史的篡改——共產黨是擊敗日本的中流砥柱，國民黨對戰局毫無貢獻，美國的幫助也十分有限？中國不是常說中國民眾的人權遭到侵犯是內部事務，不關其他國家的事嗎？就在日本正式對外宣布將台灣納為國家安全事項前夕，北韓居然恬不知恥地宣布自己擁有核武。這讓東京找到一個藉口，表示其重整軍備的措施是針對北韓驚人的聲明而來。換句話說，日本可能認為其有充足理由採信中國暗中支持北韓發展核武的情報。其實中國也曾主張，愈多國家擁有核武就愈能瓦解美國的「核武壟斷」。而當時數週前發生在日本海域的中國潛艦事件，也讓日本有理由將台灣與「中國威脅」議題直接連在一起。日本將該事件解讀為一起「軍事挑釁」，也有人認為中國在測試日本的應變能力。事實上，此前台灣的情報單位已將中國潛艦的情報提供給日本，陳水扁甚至公開提到這件事。[23]

美國當然是推動日本發表此一安全聲明的藏鏡人，而日本自然也有意願，或者認為自己別無選擇。稍早，美國國務卿鮑爾表示，如果日本想在中國反對下取得聯合國安理會常任理事國的席位，就必須設法廢除其憲法第九條（《日本憲法》中用來限制日本重建軍隊、如同「正常國家」採取軍事行動的「和平條款」）。而當時不久前中央情報局局長葛斯（Porter Goss）曾公開指出，中國的軍事擴張已讓台海情勢「失去平衡」。[24] 國防部長倫斯斐也對不斷擴軍的中國海軍表達深切憂慮。國會聽到了他們的聲音。安全專家表示美國深陷伊拉克泥沼中，因此不希望台海再爆發衝突。華盛頓試圖控制住台灣，但同時也要平衡中國的軍事擴張行動危及其亞洲盟友。

北京對日本的決策展現出強烈的怒火。外交部長李肇星表示，任何國家之間對台灣的聯合聲明都被視為「干預中國內部事務及傷害中國主權」的行徑。外交部發言人則對一切關於中國軍事擴張的「不負責任指控」提出批判。中共高層也表示，美國與日本既然將台灣視為區域性問題，但該聯合聲明明顯示美日防衛關係已由原本美國單方面保護日本，轉變為「區域防務協定」的性質，中國對此不會坐以待斃。這可能解釋了他們數天後所採取的行動。中國政府正在構思一套阻止台灣宣布獨立的法案——倘若未來台獨真的發生，中國就必須依法採取軍事行動。該法案的正式名稱為《反分裂國家法》。稍早中國暗示將推動此一法案時，台灣表達了激烈的反對。事實上，根據民調顯示，約有百分之八十三的台灣民眾反對這項法案。[25]三月上旬，民進黨高層稱該法案為「強制推行戰爭法」，並持續展開猛烈批判。行政院長謝長廷建議，台灣應該立即移除憲法上「中華民國」的字樣，以解除兩岸在法理上的連結。[26]

美國也對這項法案提出批判，但中國卻展現出無所懼的氣勢。三月十四日，中國全國人民代表大會召開會議，以二八九六比〇的票數通過《反分裂國家法》並宣布當天生效。該法案宣稱，一旦「發生將會導致台灣從中國分裂出去的重大事變，或者和平統一的可能性完全喪失」，中國就會採取「非和平方式及其他必要措施，捍衛國家主權和領土完整」。在簽署該法案後，胡錦濤隨即責成解放軍為可能爆發的戰爭做好準備。[27]

陳水扁號召人民上街抗議《反分裂國家法》，藉此表達台灣的怒火。數十萬民眾走上街頭，他們在攝影機前焚燒中國國旗，或者損壞一切與中國有關的事物。群眾甚至高唱美國的抗議歌曲，[28]國防部長李傑則不斷呼籲增加台灣的國防預算。衝突逐漸升溫。剛升任美國國務卿的萊斯批判中國的行徑，國會召開聽證會，參議員與眾議員紛紛拉高聲調抨擊《反分裂國家法》。

中國為什麼這麼做？當時歐盟正在討論是否要解除自天安門事件後對中國輸出軍火的禁令。看來北京根本不在乎歐盟在想什麼或做什麼，中共高層似乎只想報復日本將台灣納入其「安全利益」的聲明。不管歐洲有何反應、台灣會如何回應、美國將採取什麼行動，解放軍可能是迫使文官高層——包括胡錦濤在內——制訂該法案的原因，這充分顯示他們已失去軍方將領的支持。此外，中國痛恨美國官員經常提到的那項「由國會通過的美國法案」（即《台灣關係法》）已久，他們覺得自己的一切行動都受到該法案的束縛。現在有了《反分裂國家法》，中共高層得以表示自己在面對台灣問題時失去斡旋空間。一位觀察家指出：「現在中國也有了自己的《台灣關係法》。」中共高層從此被捆住手腳，沒有任何領導人敢在面對台灣問題時表現得溫和。這使戰爭降臨的機率大幅提高，甚至無可避免。

幾天後，台灣也做出回應。一位觀察家指出，「台灣為此加足籌碼」。國防部宣布已完成對雄風二E巡弋飛彈的測試，該飛彈據說可攻擊一千公里以外的目標，射程包括上海及其他中國東南方的主要都會區。一位軍方發言人表示，雄風二E巡弋飛彈很快將投入大規模量產。[29]輸人不輸陣，中國也測試了自己的新飛彈。中國發射的巨浪二飛彈是一全新的潛射彈道飛彈，可由潛藏在太平洋海域的潛艦發射，以核彈攻擊美國本土的所有城市。[30]這足以置美國於危險的處境。七月，中國國防大學防務學院院長朱成虎宣稱：「我們已做好犧牲西安以東所有城市的準備。當然，美國人也必須做好犧牲數以百計城市的準備。」美國官員群起抗議，但中共高層卻不願意出面澄清，讓觀察家認定朱成虎的言論就是中國官方的真實想法。於是美國眾議院通過一項提案，要求中國政府收回朱成虎的言論、解除他的職務並聲明放棄以武力對付台灣。但中國未對該提案做出任何回應。[31]

大約過了七個月，美國國防部出版《四年期國防總檢討》（*Quadrennial Defense Review*），該報告明確指出，中國是「世界上最有能力在軍事上挑戰美國的國家」，同時還提到中國「持續且暗中推動的軍事擴張，無論從速度或規模來看，都已威脅到區域性的軍事平衡」。該報告推薦了一些針對「中國威脅」的武器研發，其中包括生產打擊非傳統敵人的武器、攻擊潛艦和其他的高科技武器。[32]

1 本次大選詳情參見John F. Copper, *Taiwan's 2004 Presidential and Vice Presidential Election: Democracy's Consolidation or Devolution?* Baltimore: University of Maryl and School of Law, 2004.

2 編註：二〇〇〇年台灣的失業率為百分之二．九九，二〇〇一年攀升至四．五七，二〇〇二年更來到百分之五．一七的歷史紀錄。直到二〇〇九年百分之五．八五的失業率才打破這個紀錄。

3 John F. Copper, "Taiwan in Gridlock: Thoughts on the Chen Shui Bian Administration's First Eighteen Months," in John F. Copper (ed.), *Taiwan in Trouble Times: Essays on the Chen Shui-bian Presidency*, Singapore: World Scientific, 2002, 19-51.

4 John F. Copper, *Taiwan's 2001 Legislative, Magistrates and Mayors Election*, Singapore: World Scientific, 2002.

5 編註：二〇〇〇年十一月出版的第七一五期《新新聞》周報中，以封面故事報導呂秀蓮「鼓動緋聞、暗鬥阿扁」，因此呂秀蓮循法律途徑對《新新聞》提出回復名聲的告訴。二〇〇二年法院宣判呂秀蓮勝訴，要求《新新聞》登報道歉。

6 編註：這兩起公投案分別是「強化國防」和「對等談判」，前者題目為「台灣人民堅持台海問題應該和平解決。如果中共不撤除瞄準台灣的飛彈、不放棄對台灣使用武力，您是否贊成政府增加購置反飛彈裝備，以強化台灣自我防衛能力？」後者則是「您是否同意政府與中共展開協商，推動建立兩岸和平穩定的互動架構，以謀求兩岸的共識與人民的福祉？」

7 Copper, *Taiwan's Presidential and Vice Presidential Election*, 50-54.

8 當這則新聞宣布時，我與其他幾位外國記者就在台北新聞局現場，因而留下深刻的印象。

9 "Taiwan's President Chen Shui-bian," *Washington Post*, March 29, 2004 (online at www.washingtonpost.com).

10 "PRC Begins Week-Long War Games," *Reuters*, July 17, 2004 (online at taiwansecurity.org/reu/2004/Reuters-170704.htm) 中國將收復台灣的時程訂在二〇二〇年。

11 同前註。

12 George Friedman and Bill Adams, "The China Crisis," *The Geopolitical Intelligence Report*, July 20, 2004 (on the Internet at www.blackwaterusa.com).

13 同前註。

14 同前註。

15 John Glionna, "China, U.S. Each Hold Major War Exercises," *Los Angeles Times*, July 20, 2004 (online at taiwansecurity.org/News/2004/LAT-200704.htm).

16 同前註。

17 同前註。

18 Lawrence Cheung, "U.S. May Be Using Spy Scandal as a Warning: Washington Could Be Playing Up Incident as a Way of Telling Taiwan's Chen to Go Easy on

Separatist Remarks, Say Analysts," *Strait Times*, September 23, 2004 (on the Internet at www.lexis-nexis.com).

19 "Taiwan Could Fend Off China Attack For 2 Weeks-Paper," *Reuters*, August 12, 2004 (on the Internet at taiwansecurity.org).

20 Ko Shu-ling, "Taiwan Premier Heralds 'Balance of Terror," *Taipei Times*, September 26, 2004 (on the Internet at www.taipeitimes.com).

21 "The Dragon Next Door," *Economist*, January 15, 7.

22 "Taiwan President Diverts over Chinese Jets," *Associated Press*, November 10, 2004 (on the Internet at www.taiwansecurity.org/AP/2004/AP-101104.htm).

23 "Taiwan Offers Intelligence about Chinese Sub Intrusion into Japan," *Central News Agency*, November 19, 2004 (on the Internet at www.lexis-nexis.com).

24 "China Military Buildup Threatens U.S. Forces: CIA chief," *Agence France-Presse*, February 17, 2005 (on the Internet at www.lexis-nexis.com).

25 "83% of People Oppose Anti-Secession Law," *China Post*, December 25, 2004 (on the Internet at www.lexis-nexis.com).

26 "Taiwan Ruling Party Leaders Attach China's 'War Mandating Law," *BBC*, March 8, 2005 (on the Internet at www.lexis-nexis.com).

27 Ross Peake, "US could invoke ANZUS over Taiwan," *Canberra Times*, March 15, 2005 (on the Internet at www.lexis-nexis.com).

28 Mark Magnier, "Anti-China Protestors Inundate Taipei," *Los Angeles Times*, March 17, 2005 (on the Internet at www.lexis-nexis.com).

29 Rich Chang, "Missile Test Successful, Report Said," *Taipei Times*, June 6, 2005 (online at www.taipeitimes.com).

30 "Beijing Tests New Missile," *Strait Times*, June 27, 2005, 9.

31 Wang Zheng, "US Congress Calls for Sacking of Chinese General," *Epoch Times*, July 25, 2005 (online at www.theepochtimes.com/news/5-7-05/30545.html).

32 "Pentagon Report Singles Out China as Potential Military Rival," *AFP*, February 4, 2006.

五、台海風雲再起

第十三章
兩岸衝突的插曲

到了二〇〇八年台灣大選，中美台海交鋒已屆滿十年，「台灣海峽熱點」並未如某些觀察家所預測的成為衝突的漩渦，幾點原因可以說明，為何台灣最終未如各界所擔憂的點燃中美之間的戰火。

二〇〇七年，陳水扁和他的行政團隊岌岌可危。由於陳水扁未能妥善處理台美和兩岸關係，他的公眾形象也被嚴重的家族貪汙案所拖垮。陳水扁即將在二〇〇八年卸任，北京和華盛頓必須在台灣政府輪替前，努力確保陳水扁不會在中美之間挑起事端。這時美國正深陷九一一事件後的伊拉克和阿富汗戰場。反恐戰爭的代價高昂，不僅造成美國人員損傷和國庫的沉重負擔，也使得小布希政府逐漸失信於民。當美國外交政策開始轉向亞洲和中國時，中東戰事卻嚴重地分散其注意力。在中美關係緩和的當下，中國持續快速推動經濟發展，並累積更多可用於國防投資和擴大全球影響力的外匯存底。中國與其守株待兔，不如磨刀霍霍，等待一舉解決台灣問題的好時機。

在許多觀察家不知情的情況下，台海正演變成新的熱點，而新一波衝突極為可能比過去任何一波還要嚴重。[1]兩岸的情勢好比「暴風雨前的寧靜」。

國民黨重新執政與隨之而來的困境

若想瞭解台海潛藏的新一波危機，我們必須先把目光轉向台灣的國內情勢。誠如某位觀察家所言，台灣是「搖擺兩條狗的尾巴」（tail that wagged two dogs），[2]是引爆新一波衝突的導火線或催化劑。然而，兩岸衝突自二〇〇八年後開始和緩，熱點已不復存在。台灣的政權交替是兩岸關係得以改善的關鍵。

二〇〇八年一月，台灣舉行立法院選舉，國民黨大獲全勝。同年三月，台灣舉行總統大選，外表文質彬彬、家世優渥（出身菁英家庭，並於美國哈佛大學取得法律博士學位）、形象清廉的前台北市長馬英九獲得壓倒性的勝利。[3]這場大選主要圍繞著台灣的經濟停滯及陳水扁和他的政府的貪汙腐敗兩大議題打轉。此外，還有三件事左右這場大選：陳水扁政府打「族群」牌，鼓吹台獨挑釁中國（他為此採取許多作為），並且認定美國一旦受情勢所逼，無論何時都會協防台灣——美國政策制訂者對此深惡痛絕。[4]

隨著總統大選落幕，馬英九和國民黨獲得完全執政的機會，民進黨則淪為苟延殘喘的在野黨。許多人認為，國民黨重新執政代表事物回歸正常秩序。[5]然而，國民黨的主宰地位和台海的平靜稍縱即逝。馬英九採取菁英式領導，試圖以身作則，希望能成為台灣民眾景仰和學習的典範；儘管不少民眾認為馬英九的形象正直清廉，是政治家的表率，但這形象比較接近國外對他的看法，在台灣不全然如此。馬英九的行事作風迥異於陳水扁，其舉止和施政方針像是古代的中國官員。[6]

不幸的是，馬英九的治理風格無法適應這個時代。既不合時宜，且與這個時代格格不入。由於許多政客善於討好民眾，將世界上大部分的民主國家導向一個特定模式，即所謂的民粹主義（populism）[7]。無論如何，抗議、群眾運動，以及參選人與民眾不滿情緒產生共鳴並承諾改善其生活，在民主國家是家常便飯。民粹主義幾乎成為贏得選舉和成功治理的不二法門。上至總統、下至官員，以及他們所屬的政黨必須親民、有魅力和善於溝通……台灣政治很大程度上已走上民粹主義的路線。[8]

民粹主義的普及顯然是馬英九政府的一大阻礙，因為馬英九與他的團隊並不打算訴諸民粹，但民進黨卻不然。在二〇〇八年敗選後，民進黨重新檢討戰略方針並承認過去的失誤，但仍堅守反國民黨、反中的立場，以及街頭抗爭的策略。他們的結論是，落實此一路線能提升民進黨對民眾的吸引力。因此，大選結束數月後，當海協會副會長張銘清在訪台期間出席一場學術會議時，示威群眾當面攻擊他，還把他推倒在地。攝影鏡頭捕捉到整起事件。在此事件落幕不久後，海協會會長陳雲林訪問台灣，並與海基會就改善兩岸交通往來——台灣商界已要求多時的開放政策——展開協商。民進黨示威者朝中國代表團丟擲石頭和瓶罐，造成多位人員受傷。示威者稱與北京打交道的馬英九根本是賣國賊。[9]此時，陳前總統「現身」表示意見。他以冷戰術語「共匪」稱呼來訪的中國官員，並主張政府應該逮捕這些引起騷亂的滋事者。陳水扁並非孤掌難鳴，許多民眾支持他的說法。有些觀察家認為，此時的台灣和陳水扁在二〇〇〇年贏得大選前的氛圍如出一轍。對中國示威的戰術奏效，獨立依然是民進黨的最終目標。

民進黨的舉動讓來訪的中國官員大感意外，許多專家也對反對黨的行為感到十分震驚。許多人無法推測台灣內部反對簽署《海峽兩岸經濟合作架構協議》（Economic Cooperation Framework Agreement，以下簡稱ECFA）的聲勢有多大，因為當時台灣的民調顯示，許多民眾支持簽屬該協議。[10]中共高層的反應既驚恐又憤怒，有些官員希望終止或大幅削減兩岸貿易的往來，甚至有官員建議採取軍事行動。然而，他們仍按捺住不滿的情緒，繼續以「經濟手段」與台灣建立起和平的雙邊關係。

民進黨的支持者形容馬英九懦弱無能，認為他生長在女人主導的家庭……所以缺乏男子氣概。在外界看來，因受到群眾示威的影響，國民黨政府顯得無助而脆弱，而民進黨的策略奏效則刺激了支持者的胃口，促使他們追求更多的示威和暴力。同時，共產黨高層開始對馬英九和國民黨表示失望，因為他們不確定馬英九能否兌現所有的承諾，也對他之於簽署政治協議的曖昧不明態度有所質疑。[11] 如今他們甚至懷疑馬英九能否抵擋民進黨的攻勢。

無論如何，當二〇〇九年八月台灣遭劇烈的莫拉克颱風橫掃過境時，民進黨訴諸群眾的策略更為明顯。莫拉克帶來逾一百英寸的降雨量，並在南台灣引發史無前例大規模的洪災和土石流，造成近五百人喪命，約兩百人下落不明，其中小林村慘遭土石流吞噬，總計災害損失超過三十億美元。[12] 馬英九以法律學者的姿態回應莫拉克風災。台灣的政治體制是由中央和地方政府共同組成，因應不同事務而有各自的權責，馬英九認為莫拉克颱風是地方政府須獨自面對的問題，或至少由地方政府肩負起主導責任。然而，這項任務實在大到遠超過地方政府的應變能力。中央政府的慢半拍回應及對災情的錯誤評估導致民怨四起，民眾認為馬英九封閉且對民眾冷漠。媒體加油添醋的報導在民眾心中加深這種印象，使馬英九的形象瞬間一落千丈。有鑑於此，馬英九的反對者也緊抓時機趁勢攻擊。[13]

颱風過境對國民黨政府還帶來意外的影響。二〇一〇年六月，馬英九政府與中國談妥ECFA，該協議的目的是降低兩岸貿易中的關稅和障礙。ECFA一方面降低台灣出口至中國的五三九項商品的關稅，另一方面則使二六七項中國商品更容易進口台灣。它可望使台灣的國內生產總值有所成長，並大幅改善台灣的就業市場。[14] 東西方經濟學家都認為，ECFA將為台灣帶來的正面效益，甚至可能協助台灣脫離無法輕易與他國進行貿易協商的桎梏，因為來自中國的政治壓力使台灣和東南亞國家難有貿易往來。[15] 這項協議緊隨著二〇〇八年兩岸開放「三通」（通郵、通信、通航）而來——台灣早在陳水扁時代即開始討論三通，曾遭到嚴重的反對，因為反對者害怕台灣可能因此落入中國的掌控。事實上，三通確實增加了中國在台灣的存在感，導致許多台灣民眾開始質疑這個突如其來的轉變。[16]民進黨組織了對ECFA的示威活動，大批支持者走上街頭。親綠報刊宣稱，ECFA將嚴重傷害中小企業，並造成中國勞工湧入台灣、奪走本地勞工工作機會的局面，而來自中國的投資者也會逐漸掌握台灣的金融命脈。[17]民進黨發言人聲稱，ECFA是馬英九試圖製造一中市場、削弱台灣主權的「陰謀」。民進黨再次以群眾運動做為打擊國民黨的手段（在陳水扁執政期間和更早之前經常使用），使民眾支持他們的政策。

當國民黨的聲勢快速下滑時，二〇一〇年的台灣經濟成長率意外地「挽救了」馬英九政府。事實上，有人稱它是「奇蹟式的成長」（該年台灣的經濟成長率突破百分之十，甚至超越該年中國的經濟成長率）。它暫時驅散圍繞著ECFA的爭議，並重新擦亮國民黨的招牌。[18]此時，媒體頻繁地關注陳水扁貪汙案的審理進度，不斷審理、上訴和再審理，使得民眾對前任政府的壞印象記憶猶新。此外，陳水扁試圖透過美國友人的協助，將案件定義為人權「迫害」，並且自殺等，不僅未能討好台灣民眾，更讓許多人想起陳水扁政府的失敗。陳水扁的官司在某種程度上解救了馬英九政府艱難的處境。[19]ECFA的正面效益（儘管有反對的聲浪）、兩岸和解、外交休兵（使台灣在馬英九任內得以維持邦交國數量）、大量造訪的中國觀光客刺激台灣經濟的成長、學術交流，以及台美維持良好關係，這些因素都讓馬英九和國民黨再次於二〇一二年勝選。馬英九以顯著的差距擊敗民進黨參選人蔡英文，贏得二〇一二年的總統大選，同時國民黨也在立法院取得勝利。然而，這次馬英九和國民黨的勝利卻無法與二〇〇八年凱旋式的勝利相提並論。[20]

大選過後，蔡英文不但檢討自己的問題，而且意識到民進黨的台獨理念是導致敗選的原因之一。但蔡英文未調整黨的路線，因為她一方面認為不應該疏離黨內的基本勢力，另一方面則判定維持這條路線較有利於民進黨的未來發展，[21]畢竟「認同議題」是藍綠兩黨最主要的分界線，而陳水扁也從未迴避認同議題。換句話說，認同議題正在全面發酵；馬英九和國民黨為該議題注入新的活力。同時，台灣民眾開始檢討和質疑國民黨再次掌權的真正原因。事實上，在選舉的激情慢慢地消退後，台灣的政治氛圍明顯開始轉向，馬英九和國民黨成為眾矢之的。

政治氛圍轉變的原因發人省思。二〇〇七年，馬英九出版了《原鄉精神：台灣的典範故事》一書，他在書中解構台灣過去四百年來悲情歷史的敘事模式，並強調渡海來台的外省人——包括蔣介石和蔣經國父子——對台灣有所貢獻。雖然馬英九提到台灣多元文化發展的優點，但他似乎更強調中華文化的「優越性」。日後馬英九的想法將逐一化為政策，形成他的批評者口中的「去台灣化」運動。[22]顯然馬英九弄巧成拙，他認為台灣民主本身的意義不大，它的重要性在於對中國造成影響。在他第二任執政期間，馬英九表示兩岸關係已邁入新階段，並以「一國兩區」形容台灣與中國之間的關係。馬英九的說法立即引起反彈，促使記者、學生和勞工團體紛紛投入反媒體壟斷的行列中；他們宣稱，有些台灣媒體鉅子基於個人的經濟利益，選擇與中國拉近關係。[23]

馬英九連任後爆發黨內政爭和太陽花學運

在二〇一二年大選後，馬英九和國民黨開始陷入所謂的「連任魔咒」。[24]兩者顯然過於自滿且疲於應付局勢。民粹主義依然快速蔓延，凝聚成一股不容小覷的大眾力量。而馬英九的菁英式領導顯然不合「當今民眾的胃口」。事實上，在選後不到一年內，大部分的台灣民眾都體會到馬英九和國民黨正向下沉淪。此外，兩年前台灣宛如曇花一現的經濟成長開始趨緩，也讓馬英九的處境更加艱辛。台灣的經濟在一年內回到緩慢穩定的增長——在許多民眾看來幾乎等於停滯不前。貧富差距擴大、青年失業人口增加、房地產價格居高不下、通貨膨脹等問題，都讓馬英九和國民黨承受的衝擊力道更為強勁。此時，善於討好民眾的政客幾乎天天暢談國內民生議題。大多數民眾（很不幸的，在此是指大多數選民）覺得馬英九政府對經濟問題一籌莫展。當民眾的不滿情緒開始蔓延時，馬英九似乎也與台灣民眾漸行漸遠。對多數人而言，台灣的未來顯然不再與馬英九或國民黨有關。

另一方面，國民黨也承受內部分裂之苦。在二〇〇八年馬英九角逐總統大位時，國民黨三朝元老王金平公然與他競逐黨內提名。王金平打出「族群牌」，並指出馬英九屬於僅占全國人口百分之十五的少數外省族群，因此毫無勝算。本省出身的王金平宣稱，唯有自己能帶領國民黨取得最後的勝利。[25]馬英九對王金平的挑戰憤恨不平，兩人之間的嚴重失和終於在大選落幕後浮出檯面。馬王兩人都有各自的擁護者或「派系」。身為立法院院長的王金平與民進黨立委互動頻繁，並暗中攔手破壞或阻礙馬英九希望落實的政策，這點讓他更像一位欲振乏力的跛腳總統，而非如預期般會有一番作為。[26]無論如何，馬王政爭造成國民黨分裂，也損害了國民黨廣納外省、本省、客家和原住民高度包容的形象。雖然陳水扁曾因重本省、輕外省的政策而飽受批評，但民進黨仍依樣畫葫蘆，再次藉由強調台灣的族群差異來鞏固基本盤。馬王政爭所突顯的族群問題，似乎在某種程度上印證了民進黨對馬英九親中賣台的指控；馬英九確實希望與中國建立更緊密的關係，王金平則不然。

二〇一三年九月，這場「黨內政爭」達到頂點：最高法院檢察署特別偵查組透過監聽某位民進黨高層的電話，得知他在面臨背信罪成立時曾向王金平求助，並成功透過王金平的關說讓檢調單位放棄追查。因此，馬英九指控王金平腐敗，要求王金平退黨並辭去立法院院長的職位。[27]雖然馬英九的行動名正言順，但他未能妥善處理風波，而民眾也支持王金平，導致王金平最後得以全身而退，同時保住立法院院長的職位和國民黨黨籍。馬王兩人自此更形同陌路，而馬英九的支持率也暴跌至個位數。[28]

馬王政爭為二〇一四年底民進黨跌破眾人眼鏡的勝選埋下伏筆，不失為近年改變台灣政局走向的關鍵發展。在馬王政爭期間，許多對台灣前景不抱希望的年輕人發起名義上反對「海峽兩岸服務貿易協議」的太陽花學運。他們批評這項協議未通過正當的審理程序，也對貧富差距、青年失業和其他相關議題表示不滿。他們發起多場示威行動，更在三月占領立法院。馬英九政府未做出有效的回應。太陽花學運將台灣政治朝民粹主義的方向更推進一步。衝進立法院的學生反映出民眾對政府的不滿情緒；有些觀察家甚至認為，這場運動預示著台灣的未來。太陽花學運拉了民進黨一把，並更加暴露出國民黨的脆弱。[29]

此時有傳聞指出，習近平正在「思考」自己是否與錯的人打交道；北京應該將更多的注意力投在台灣的基層民眾和年輕人身上。[30]然而，北京尚未準備好與台灣民眾拉近距離，也錯失了這次拉攏台灣民眾的良機。十一月，所謂的「九合一」選舉登場，被喻為「正副總統搖籃」的直轄市首長選舉備受矚目。同時，台灣的直轄市長也從過去的五位變成六位。當選票結果出爐時，民進黨不負眾望地輕取國民黨，獲得壓倒性的勝利。國民黨僅有朱立倫一人當選新北市市長。除了與民進黨結盟、獨立參選的柯文哲贏得台北市，民進黨贏下其他四座直轄市，並拿下傳統上隸屬國民黨勢力的地區。而在縣市首長以下的地方議員和鄉、鎮、區、村、里長選舉中，民進黨幾乎大獲全勝。[31]

這場選舉的結果與其說是民進黨的勝利，不如說反映出國民黨的失敗——尤其在一般民眾看來，國民黨必須為笨拙的經濟政策付出代價。貧富差距是多數民眾所認為最嚴重的首要問題；根據一份在台灣頗具影響力的雜誌指出，富人和一般人之間的差異和對峙，在當下的台灣社會攀升至史無前例的新高峰。[32]薪資停滯、物價攀升、好工作難尋、年輕人無法在社會上立足，而馬英九和國民黨似乎對台灣的經濟危機束手無策。對許多人而言，政府根本坐視問題不管，放任經濟衰敗。被馬英九喻為「萬靈丹」的兩岸往來無法拯救台灣的經濟；至少多數民眾未能感受到中國所帶來的好處。台灣的大企業雨露均霑，其他人則只有乾瞪眼的份。因此，台灣民眾對進一步向中國開放市場的疑慮更深。台灣的獨立自主面臨威脅，選民畏懼中國的統治。台灣的民主和生存條件如履薄冰。

在競選期間，蔡英文借助於國內激昂的民粹浪潮來攻擊馬英九政府的無能，並聰明地迴避可能干擾選情的議題：例如身陷囹圄的前總統陳水扁、九二共識、一個中國、獨立等。[33]同樣地，儘管民進黨在許多文件和聲明中都清楚表明支持台灣與中國分離、擁有合法獨立地位的立場，但蔡英文刻意避而不談。民進黨的黨綱明訂：「基於國民主權原理，建立主權獨立自主的台灣共和國及制定新憲法的主張，應交由台灣全體住民以公民投票方式選擇決定。」一九九九年民進黨提出的《台灣前途決議文》宣稱，台灣是「主權獨立的國家……與中華人民共和國互不隸屬。」[34]

大選過後，國內外觀察家——包括中國和美國——都認為該選舉結果預示著未來的發展。許多觀察家認為，這場選舉將影響一年兩個月後的總統暨立法委員選舉。[35]即使選舉已落幕，許多民進黨的支持者仍欲罷不能，無法克制自己的情緒。他們咒罵外省人和國民黨，強調中國必須接受民進黨的勝利。他們也宣稱，台灣是民主國家，而中國則是一個不重視人權的獨裁國家。他們援引民調指出，大部分的台灣民眾都認同自己是台灣人，不是中國人。有些國民黨支持者則指出，所謂的台灣認同深具歧視，因為此一概念僅包括本省（閩南）人，而將外省人、客家人和原住民排除在外。他們把民進黨比喻為納粹德國，並指出陳水扁曾建議台灣的年輕人向希特勒學習。他們也指出民粹主義是一股造成不理性政策和從眾心理的邪惡力量。但他們的聲音幾乎無法激起民眾的回響。民進黨在這場選舉的壓倒性勝利將為兩岸關係帶來嚴重的負面衝擊。台灣的國內政治已成為讓兩岸衝突死灰復燃的爐灶。

中國變動中的對台政策

對於二〇〇八年一月國民黨贏得立法委員選舉，以及同年三月馬英九在總統大選中勝出，中共高層喜聞樂見。事實上，北京逐漸認為，國民黨勝選可望為中國帶來難得的「歷史機遇」。選舉結束後，海協會和海基會旋即在九二共識的基礎上召開會議；[36]兩岸協商自一九九九年即陷入停擺。相較於陳水扁試圖以台灣的名義拓展外交和加入聯合國，馬英九則提議兩岸擱置台灣的主權問題，落實外交休兵，並允許台灣能「有意義地參與」國際組織（意即在不牴觸北京一中原則的前提下）。[37]

兩岸關係似乎邁入樂觀的「新紀元」。但同時，兩岸也迴避一些深層的根本問題和阻礙。首先，對中共高層而言，台灣問題與中共政權的合法性來源息息相關。在古代，中國藉由與周邊國家建立良善關係，來維持大國的尊嚴；這些國家順從中國的領導地位，並定期向天朝納貢。這種互動是中國朝貢制度的基礎，並構成當時東亞的國際體系。雖然朝貢制度強調和平與安穩，但中國依然可以懲戒不服從的周邊國家。[38]近年，中國古代的外交模式起死回生，箇中原因無非是中國在經濟、政治和軍事上變得更強大，而中共高層也開始認為中國能以「力量」解決「台灣問題」。台灣必須回歸祖國。[39]

二〇〇五年，中國通過所謂的《反分裂國家法》，以回應陳總統備受爭議的勝選與其各種挑釁。透過《反分裂國家法》，北京正式將統一政策納進中國的法律。儘管《反分裂國家法》未設下期限，然而對中共而言，它的存在確實產生壓力，促使其漸進地解決「台灣問題」。[40]中國國家主席暨中共總書記習近平在近期指出，兩岸的緊密關係和統一大業不僅是必然的歷史趨勢，也是中國偉大復興的關鍵。此外，他還談到中國的民族尊嚴、命運和中國夢。[41]

其次，台灣問題是中國共產黨和軍方失和的源頭之一；台灣問題讓解放軍陸海空三軍都能爭取到更多的預算，並促成軍方與文人政府之間的競爭關係。在台灣問題上，軍方的態度始終強硬。據傳一九九六年江澤民暫別國門時，軍方即決定在台灣沿岸不遠處試射飛彈，藉此恫嚇台灣。雖然當時江澤民立即返國並要求取消演習，但軍方仍決定依照計畫行事。顯然解放軍不時脫離黨的掌控，而成為中共高層心中的一塊大石（見第二章）。二〇一一年一月，歷史似乎重新上演，當美國國防部長蓋茲（Robert Gates）訪問中國時，解放軍空軍在未通報中共文官高層的情形下，向來訪的蓋茲展示中製隱形戰鬥機的雛形，藉此向美國透露中國軍事技術的突破發展，並暗示東亞的權力平衡可能因此改變。這起事件帶給外界一種軍方「伺機」登高一呼的印象；眾文官高層無不大為震驚，甚至感到背脊發涼。[42]中國軍方是否已不受文官高層的指揮？台灣對此似乎所知甚微。台灣對中國軍方和文官的分歧一知半解（或刻意假裝不懂），這無疑增加兩岸爆發衝突的危險性。[43]

第三個變數是美國的對台政策。這完全超出北京的掌控範圍。對中共高層而言，台美關係變化莫測，而這種情形也造成某種危險。中共高層對於中美關係在九一一事件後有顯著改善，以及華盛頓始終恪守一中原則（等於承諾北京）等發展頗為滿意。此外，華盛頓也肩負起約束陳水扁試圖推動法理台獨的責任。[44]在二〇〇八年選戰進入白熱化階段時，中美的默契一覽無遺。當時媒體宣稱，陳水扁考慮（甚至已經決定）下令戰鬥機或船艦對位於台海的中國軍機或軍艦開火，藉由製造危機來驅使選民支持民進黨。無論如何，美國警告（甚至可能以嚴詞威脅）陳水扁政府不要輕舉妄動，並在大選前夕派遣航空母艦到台海地區巡弋（當時中國沒有任何軍事行動讓美國有介入的正當性）。[45]

雖然中共高層對此感到欣慰，但他們不喜歡承受華盛頓的恩惠。事實上，北京希望華盛頓最終能發現，美國無法保護台灣，抑或在意識到台灣問題吃力不討好時，華盛頓會對北京讓步，迫使孤苦無依的台灣重回談判桌。然而，北京也無法確定上述情況是否真能如其所願。[46]另一方面，北京也贊同馬英九在競選期間所提出的政見——台灣必須提升兩岸關係以維持經濟活絡、結束兩岸之間的外交惡鬥（透過外援和投資爭取邦交）、透過台美關係改善兩岸互動，以及避免與中國展開軍事對峙。[47]

有鑑於此，北京制訂了一套三位一體的對台政策。首先，中國尋求與台灣形成更緊密的經濟關係，以促使台灣依賴中國，從而將兩岸推向統一的道路。其次，中國希望停止與台灣之間的外交鬥爭。中國將允許台灣保留現有的邦交國，甚至給予台北更多的國際空間。北京希望藉此提升形象，讓台灣感受到中國的友善與慷慨。第三，中國會繼續擴張軍力。中共高層指出，軍事力量本來就伴隨著經濟成長而提升，它的主要目的是針對其他的問題和威脅（這部分確實在增長中），而非針對台灣（中共也伺機調侃台灣）。整體而言，中共高層認為他們能與馬英九合作，而兩岸關係將會邁向和平；同時，北京的對台政策將會奏效，進而促成兩岸重新統一。[48]

面對「台灣問題」，北京偏好增加兩岸的經貿往來，使台灣的經濟發展依附中國。對多數中共高層而言（軍方高階將領除外），「以商圍政」是所有對台策略中的首選。[49]這項政策可說是新瓶裝舊酒；北京在李登輝和陳水扁時代都實施過。時至今日，中共高層認為兩岸關係能藉此更制度化和檯面化，而馬英九的友善態度則可起到推波助瀾的作用。[50]就某個角度而言，中國一方面透過間接、軟性的「經濟策略」向台灣展現慷慨，另一方面也小心翼翼地避免以武力威脅台灣。換句話說，中國正試著拉攏台灣的政黨（執政和反對黨）、企業領袖、媒體和民眾，以「木馬屠城」的方式瓦解台灣。據傳，胡錦濤認為和以武力征服台灣相較，「買下」台灣更簡單而實惠。[51]

中國的「經濟掛帥」政策促成二〇一〇年六月兩岸簽訂ECFA第一次協議。許多觀察家把ECFA喻為一九四九年國共內戰結束以來兩岸之間最重要的協議。ECFA有四項目標：減免兩岸貨物貿易的關稅和非關稅障礙，消除服務貿易的障礙，提供投資保障並鼓勵雙向投資，以及推動兩岸產業交流與合作。[52]然而，如前所述，ECFA遭受阻力，進而使中共高層認為軟性政策的成效不如預期。與此同時，許多在中國事業有成的台商也未協助北京打開台灣的大門——至少中共高層對成果不甚滿意。台商以利字當頭、自掃門前雪，北京也發現有些台商支持民進黨的台獨理念，甚至捐款支持或公開歌頌民進黨。[53]換句話說，中國想以經濟政策處理「台灣問題」的算盤形同失敗；雖然北京成功使台灣依附中國經濟，但未能讓兩岸的經貿關係進一步制度化。更重要的是，中國未能透過經濟讓利贏得台灣人的友誼，事實上還造成反效果：讓多數台灣民眾擔憂過於密切的兩岸經貿往來將危及台灣的主權。最後，更頻繁的經貿往來也未能使兩岸就台灣的國際合法性和外交地位達成共識。[54]自此，中國開始思考其他的對台政策。其中一個對策——外交戰略，是北京對台政策的第二個支柱。

終結兩岸長年投入的金錢外交「戰爭」是中國對台政策的其中一支箭。多年來北京的目標是，透過外援和投資換取世界各國的外交承認和支持（包括對中國外交政策原則的支持）。[55]在台灣經濟依然強健而中國經濟尚未崛起時，台北可以與北京競爭，以財政上的援助換取發展中國家的支持。透過金錢外交，台灣實際上得以減輕喪失聯合國會員資格的傷害，並為邦交國急速下降的傷口止血。換句話說，透過與為數不多的國家保持外交關係，台灣得以維持合法主權（根據國際法）的表象。[56]

在李登輝和陳水扁時代，尤其在陳水扁執政期間，北京想盡辦法奪取台灣的邦交國，讓台北更難在國際上立足。陳水扁試著以台灣的名義（取代中華民國）爭取國際空間不僅無疾而終，更讓國民黨得以伺機以浪費公帑的「支票簿外交」抨擊他。同時，陳水扁的失敗也削弱台獨在國際上爭取更多支持的機會。[57]對台灣而言，問題的關鍵是中國在財政上投注大量的資金協助發展中國家，換句話說，中國「賄賂」他國改變立場的援助和投資。陳水扁大肆宣揚台灣的主體性及台灣是民主政體（而中國不是），許多發展中國家不為所動。[58]

因此，當馬英九接任總統後，他立即宣告終結「外援戰」，指出台灣不會再以對外援助或投資與中國競逐邦交國。台灣仍會繼續對外提供經濟援助，但是以提升全球發展為前提。中國對此表示認同。[59]直到馬英九的任期結束前，台灣的邦交國數量絲毫沒有減少。北京甚至告訴一些希望與台灣斷交、與中國建交的國家，雙方建交可從長計議，或中國因為某些原因而目前尚無計畫。[60]另一方面，北京也推出一些協助台灣提升「國際空間」的政策，允許台北有限度地參與國際組織。因此，台灣得以（在中國的默許下）出席世界衛生大會（World Health Assembly, WHA）並參與其他國際組織。在某種程度上，兩岸情勢和緩不僅讓台灣重新投入全球事務，也協助國民黨拉抬其國內的聲勢。

兩岸懸殊的軍事成長

在這段期間，美國官員和其他國家的高層經常對馬英九的外交政策讚譽有加；許多觀察家和媒體也不吝稱讚馬英九。但民進黨卻認為馬英九是中國的「走狗」，馬英九唯有對北京言聽計從，才能獲取一些外交成就。關於馬英九賣台的說法，在台灣已傳遍大街小巷。簡言之，與對台實施經濟優惠相同，北京友善的外交措施似乎未能增加台灣民眾對中國的好感，也無法說服台灣人追求統一。這股趨勢與日俱增，中共高層對此產生強烈的危機感。因此，北京認為其必須保留對台灣採取軍事行動的選項。然而，我們有理由相信，無論如何中國都不會放棄以武力犯台。相較於蔣介石以降的國民黨領導人都採取「收復大陸」的攻擊策略，一九九一年李登輝終結與中共的內戰，對中國改採守勢的國防戰略。對北京而言，結束對峙乍聽是件好事，但也讓中國在未來更難名正言順地侵略台灣。這項決定實際上代表著台灣脫離中國；北京對此惴惴不安。[61]

陳水扁執政後改變了李登輝的守勢戰略，對中國採取嚇阻或威嚇的策略。[62]如前所述，陳水扁曾揚言轟炸上海和香港，並以飛彈攻擊中國的三峽大壩。兩者都會造成不計其數的人員傷亡。雖然北京從不掩飾對陳水扁的憎恨，但有些官員曾私底下暗示，他們認為陳水扁是一位「配合度高」的總統。北京發現陳水扁的政策有助於（或者配合）中國做出反制，尤其是中國軍方針對台灣的軍事戰略和武器升級計畫。[63]因此在陳水扁任期內，中國把瞄準台灣的短程和中程地對空飛彈從大約兩百枚增加至一千三百枚。[64]與此同時，中國海軍快速發展，並增添潛艦和反艦導彈等用於封鎖台灣的武器。換句話說，中國在陳水扁任內打造出對台占盡優勢的龐大軍事力量。

由於陳水扁任內未提升台灣的軍事能力，我消彼長的局勢讓中國的軍力成長更為突顯。由於軍方高層傳統上支持國民黨並由外省人把持，陳水扁不想把資金拱手送給軍方，而陳水扁與美國——台灣最重要的武器來源——的關係不佳，也為台灣的國防安全增添更多的風險。[65]繼任的馬英九也疏於提升台灣的軍事能力，他認為相較陳水扁時代，台灣不會與中國開戰（或許是台灣唯一的主要敵人）。此外，此時台灣需要經費處理其他事情，而面對兩岸懸殊的軍力差距，眼前台灣唯一的希望就是與美國打好關係，藉其優勢軍力來壓制中國。因此，台灣的國防預算在馬英九任內也遭到刪減。[66]在馬英九任內，中國的軍事發展未停下腳步，反而在台美均減少國防預算的情形下，中國所造成的威脅更勝以往。此一發展過程值得進一步分析。

在馬英九上任後，儘管中國沒有大規模增加瞄準台灣的飛彈，但卻明顯地改善飛彈的設計和性能，並進行汰舊換新的計畫。[67]中國擁有兩千一百架戰鬥機，其中三百架常駐於中國東部的空軍基地。後者在台灣上空執行任務可不必補充燃料。此外，中國在該戰區也擁有三百艘各式艦艇，包括多艘潛艦。事實上，中國軍事擴張最顯著的部分便是海軍作戰能力的提升。[68]

前述所有發展都突顯一項事實——中國大幅提升對台和對美的作戰能力。中國甚至對此誇誇其談，並在二〇〇九年的一則官方報導中指出「美國國力衰退的速度快得讓人無法想像」。[69]許多人或許對中國的自吹自擂不為所動，但值得我們關注的是，中國對台的軍事優勢來自每年以雙位數成長的軍事預算，而台灣國防預算的成長卻不到百分之三。中國快速提升軍事力量，也受惠於其向俄國購得的先進武器。俄國政府非常缺錢，因此非常願意出售武器。[70]

另一個突顯中國軍事優勢提升的變數是，台灣在馬英九任內再度調整台灣的軍事戰略。相較於陳水扁政府強硬的攻勢戰略，馬英九在執政初期對中國改採守勢，因為他認為在兩岸關係和緩的情形下，不再需要採取過於挑釁的嚇阻戰略。表面上，馬英九在日後為了節省開支而調整台灣的基本國防戰略，然而背後更主要的原因是，馬英九政府對美國是否會在中共犯台時援助台灣缺乏信心[71]（關於這點，詳情請見下文）。

對北京而言，台北的戰略調整使中國有更充分的理由提升軍事能力。每當台灣質疑中國提升軍力的動機時，北京總是輕描淡寫地說，它必須擴充軍力以保護對外貿易的生命線（尤其是石油），以及應付來自美國和其他國家的挑戰。無論如何，中國擁有更強的對台作戰能力，而這也代表中國在其他選項都失敗的情況下，將更傾向對台動武。顯而易見的是，中國在馬英九任內大幅地提升對台全面作戰的能力。對北京而言，由於經濟和政治的統戰策略成效不彰，採取軍事行動儼然是最佳選項。大幅提升軍事實力讓北京更有可能對台採取強硬政策，進而使台海更可能爆發衝突。[72]

歐巴馬對中與對台政策急轉彎

在馬英九當選總統八個月後，歐巴馬（Barack Obama）當選為新任的美國總統。在競選期間，歐巴馬誓言推動更友善且無為的外交政策，將美國拉出小布希遺留下的戰爭泥淖。歐巴馬希望全世界都喜歡美國；小布希政府則讓全世界討厭美國。由於中國是世界上人口最多的國家，因此讓中國人喜歡美國至關重要。雖然歐巴馬不曾明言，但他的世界和平計畫顯然包括台海在內。[73]

歐巴馬迅速地將改善中美關係的想法付諸實行。在二〇〇九年底首次出訪中國前，歐巴馬希望傾聽各種聲音。他的幕僚並未與對方幕僚安排行前協商，以讓中共高層明白美國此行的目的。歐巴馬認為沒有必要，因為他個人的魅力和理念會讓中共高層為之著迷。[74]歐巴馬在行前拒絕拜會達賴喇嘛，創下美國總統的先例。一些消息指出，歐巴馬政府支持兩國集團（G-2）的「構想」（美國和中國共同支配全球經濟；兩國應該攜手解決國際金融問題，並在協商中排除他國介入），進而將中國的地位升至美國「最重要的外交夥伴」。[75]

無論如何，中共高層認為此行與以往不同，是一次雙方平起平坐的會面。在歐巴馬訪問期間，中國媒體指出，世界已從單極轉向多極。中共高層直白地表示不希望談及人權問題，也不允許歐巴馬直接向中國民眾發表演說。歐巴馬未對此提出抗議。[76]為了加強中美關係，歐巴馬和他的幕僚也透過一份正式的聯合聲明，接受中國關於「核心利益」的立場（字義上代表中國會據理力爭的東西），包括承認台灣屬於中國的一部分。[77]許多觀察家認為歐巴馬做出重大的讓步。事實上，有些觀察家為之震驚，台灣的支持者更驚恐萬分。

無論讓步的原因是否出於歐巴馬希望改變美國形象的執著想法，美國的經濟困境絕對扮演推波助瀾的角色。事實上，華盛頓需要經濟依然蓬勃發展的中國協助美國走出不景氣，或至少從旁協助美國管理全球經濟。沒有人知道上述兩個緣由孰輕孰重。[78]毫無爭議的是，歐巴馬似乎放棄了美國長期奉行的「戰略模糊」（美國承認世界上只有一個中國，而台灣是中國的一部分，但台灣擁有自行選擇未來的權利）和雙重嚇阻（美國同時嚇阻中國與台灣，避免任何一方採取不友善的舉措）的對中與對台政策。多數批評者認為歐巴馬此舉形同放棄台灣。對中共高層而言，這代表歐巴馬承認台灣是中國的核心利益之一，包括歐巴馬的國內批評者在內的許多觀察家也抱持同樣的看法。歐巴馬政府當然不希望與中國爭鋒，因為美國在中東的戰事尚未劃下句點。

無論如何，歐巴馬的友人和支持者在執政團隊（甚至總統本人）的鼓勵下陸續挺身而出，大肆鼓吹美國應該放棄台灣。他們的言論以政策報告、論文、發言稿和部落格文章等形式湧現，大量地散見於學術殿堂和媒體報導中。[79]幾位頗具聲望的美國軍事高層指出，中美關係應該立基於信任，而非競爭；對台軍售則是必須重新審視的「阻礙點」。有些觀察家也指出，中國在陳水扁任內快速提升軍力，導致美國航空母艦——華盛頓引以為傲的第一線防禦主力——的威懾力已大不如前。有些觀察家認為，若北京進犯台灣，美國將無法即時反應。有些人甚至聲稱，中國的勝利將成為既定事實。[80]某位作家甚至建議美國應該把台灣「賣給」北京，藉此將美國虧欠中國的債務一筆勾銷。[81]前總統卡特的國家安全顧問和「外交政策的權威」布里辛斯基則認為，在美國國力衰退、兩岸軍力懸殊及「中國經濟發展誘人的情形下」，台灣宛如「瀕臨絕種的稀有動物」。[82]

而讓情勢更形複雜的是，歐巴馬政府在執政的前兩年既未派遣任何內閣或部會官員赴台訪問，也沒有任何高層官員在公開場合中提及台灣。此一現象讓某位國會議員忍不住表示，「姑息主義」已成為歐巴馬政府外交政策的主軸。[83]此時，歐巴馬政府似乎想從國共內戰和伴隨而生的「台灣事務」（Taiwan affair）中抽手——杜魯門在一九四九年毛澤東出線後也曾做出同樣的決策（雖然只維持一段時間）。無論如何，美國對中政策的制訂者仿效當年的杜魯門，策劃一次對中和對台政策的大轉彎。歐巴馬政府顯然意識到，認同中國的核心利益（尤其發表聯合聲明）是一次錯誤，甚至可說是嚴重的失手。[84]因此，二〇一〇年白宮開始亡羊補牢，不但核准一筆大宗的對台軍售案，並且開始更頻繁地談論人權，以及邀請達賴喇嘛訪美。

此時，歐巴馬與中國的私人恩怨也正在發酵。二〇〇九年十二月，歐巴馬在提出新版的氣候變遷協議後，已準備好在哥本哈根的會議上大放異彩。但中國卻突然懸崖勒馬，胡錦濤沒有出席會議，讓歐巴馬極為難堪。[85]中國認為全球氣候變遷主要是西方國家製造出來的問題，因此西方國家自然也有責任做最大的犧牲，以解決問題。換句話說，中國和西方國家所必須付出的代價不應該同等。中共高層也認為美國的要求不懷好意，意圖藉此遏制中國的經濟發展，進而阻撓中國往世界強權之路邁進。[86]印度和許多發展中國家與中國站在同一邊，歐巴馬對此勃然大怒。歐巴馬認為中國刻意唱反調，讓他無法以氣候變遷議題在歷史上留名。

美國對中政策的大轉變似乎也反映出歐巴馬政府難以容忍批評者的流言蜚語。共和黨嘲諷歐巴馬是有名無實的諾貝爾和平獎得主，並重新詮釋、反覆強調他所提出的「幕後領導」（lead from behind）一詞，以諷刺歐巴馬的無能。共和黨也譴責歐巴馬對他國做出過多的讓步，而且總是長他人志氣、滅自己威風，把世界的災難全怪罪在美國的頭上。[87]共和黨更指出，中國在貿易等許多議題上占盡美國的便宜，而對中政策正是歐巴馬在國際舞台上顯得軟弱無力的最佳實例。[88]雖然西方媒體支持且同情歐巴馬，但他們無法駁斥共和黨的指控。

有鑑於歐巴馬政府在外交舞台上節節敗退，二〇一一年十一月國務卿希拉蕊提出「轉向亞洲」政策，希望藉此扳回一城。為了呼應新政策，歐巴馬隨即展開為期十天的亞洲行，拜會印度、印尼、馬來西亞和菲律賓等國元首，並試圖在每個到訪國重新鞏固美國堅韌不拔、不棄不離的形象。[89]「轉向」政策是歐巴馬政府大刀闊斧的外交政策翻新計畫，它將產生立即且深遠的影響。「轉向」或許才是會讓歐巴馬在歷史上留名的外交政策。[90]美國在歷史上曾經兩次轉向亞洲。第一次是十九世紀末北美印第安戰爭落幕時，美國收服夏威夷，自西班牙手中奪走菲律賓，並派軍鎮壓義和團，藉此把勢力延伸至中國。美國自此成為世界強權，甚至在一些人眼中，成為帝國主義和殖民主義國家。[91]第二次是二戰後，華盛頓在關注歐洲情勢一段時間後，再次調整外交政策，建立以重建日本和圍堵共產中國為主軸的「舊金山體系」。[92]

在美國重返亞洲、重新鞏固國際地位之際，有些觀察家不忘影射過去亞洲的衝突結構。一九四九年八月，蘇聯首次舉行核武試爆；同年十月，毛澤東擊敗蔣介石，在中國建立共產政權。一九五〇年一月，中蘇簽訂同盟條約；同年六月，北韓向南韓宣戰；不久後，美軍在朝鮮半島與解放軍交戰。一九五一年，同盟國與日本簽署《舊金山和約》；美日於日後進一步簽署《美日安全保障條約》。亞洲的戰線清晰可見：美國與其盟友聯手對抗蘇聯和中國。[93]希拉蕊在她宣布轉向政策同一時間，宣告美國在伊拉克和阿富汗的戰事即將結束，華盛頓不會在中東地區重新開闢戰場。隨著反恐戰爭落幕，美國將有更多「可運用」的金錢和資源。對美國而言，亞太地區在經濟、外交和軍事上愈來愈重要，它是世界上至為關鍵的區域；華盛頓無法再繼續忽視亞洲。[94]

亞洲的重要性似乎不言自明。美國與亞洲國家的貿易已成長一段時日；亞洲活力充沛，並以經濟成長和創新等發展帶領全球。相較之下，反恐戰爭顯得毫無意義，並已成為美國連年透支的大錢坑。美國對中東石油的依賴已式微；石油可能不再是美國在制訂外交政策時的重要因素。[95]轉向亞洲政策是一個既合理又與時俱進的聰明決定，而歐巴馬也藉此贏得二〇一二年的美國總統大選。[96]然而，轉向亞洲或「再平衡」（rebalancing）政策顯然只是某套改了名字的地緣戰略計畫。五角大廈曾在某份「戰略指針」文件中重新定義亞太地區的戰略意義。另一方面，歐巴馬政府也重新布署美國在亞洲的軍事基地，並派遣一支海軍陸戰隊駐紮澳洲。[97]轉向政策促使美國發展出新的軍事準則。

一觸即發的中美戰爭

空海一體戰（Air-Sea Battle）的概念就是其中之一。它主張向中國開戰，以突破它的反介入（anti-access）戰略；該戰略可能會長期威脅美國在遠東的利益。反對者批評空海一體戰只會造成反效果。它不僅可能將有限的衝突升高為零和的核武戰爭，也可能使中美陷入「安全困境」（security dilemma），進而引發雙方採取先發制人的預防性行動（以進攻代替防禦措施，進而使衝突升高）。[98]空海一體戰另一個備受爭議的地方是，美國必須防衛台灣及取得友邦的特殊承諾。批評者指出，若無法滿足上述條件，空海一體戰將難以發揮嚇阻效用。[99]

顯然美國的轉向政策是衝著中國而來。美國參謀長聯席會議主席登普西（Martin Dempsey）將軍——華盛頓最主要的軍事領導人——不僅坦承美國的針對性，更宣稱美國會「以過去對抗蘇聯的方式」來對抗中國。[100]無論如何，北京譴責「希拉蕊的轉向政策」，並認為該政策的目的在於圍堵中國——美國在前一次轉向亞洲時即以圍堵政策為主軸。然而，美國已無法繼續緊箍中國。美國之前得以成功圍堵中國，是因為中國在毛澤東統治下採取故步自封的政策，進而讓中國與世界隔絕。如今情況不同了，中國已走向全球，而成為一個經濟和軍事都強盛的新國家，中國正在亞洲和其他地區快速地提升影響力。換句話說，嘗試圍堵中國實際上為時已晚！

另一項值得關注的發展是，若美國想落實轉向政策，就必須鞏固它與亞洲盟邦的關係並尋找新盟友。然而，相較於西方的世界觀，亞洲人並非以權力平衡或零和的角度看待世界，他們反而偏好非零和或各國都能分享經濟果實的大同世界。[101]亞洲人同樣不相信也不支持同盟關係。這也是為何美國能在歐洲建立北約體系，並推動以北約為主軸的歐洲外交戰略，但在亞洲無法依樣畫葫蘆的原因。此外，美國也為所謂的「超載問題」所苦。美國不僅尚未走出二〇〇八至二〇〇九年的經濟衰退，同時也面對龐大的債務問題。再加上中東戰事無法終結，讓美國無法再提高軍事預算，以補強美國在亞洲的軍事規模。換句話說，此時的美國「顧此失彼，捉襟見肘」。[102]

歐巴馬政府決定以「財政扣押」（sequestration）的方式解決美國眼前的問題。這是個很古怪的詞，其來自二〇一一年通過並於隔年生效的《預算控制法案》（Budget Control Act）。該法案要求政府自動刪減國防和一般預算，以因應美國嚴重的債務問題。據傳至二〇二五年左右，美國將以武器和武器系統為代價，大約節省一·三兆美元的軍事開支。[103]美國能在削減預算的情形下重返亞洲嗎？這是一個嚴重的問題。美國轉向政策中的盟友和潛在盟友會如何看待這項法案？顯然轉向政策不是一個討喜的決定。

二〇一二年，在轉向政策搖搖欲墜、不如預期的情況下，曾在一九九六年台海飛彈危機時廣為流傳的「台灣牌」一詞，再度出現在美國的決策圈。[104]雖然台灣牌未再次成為美國對中和對台政策的主軸，但它與歐巴馬政府刻意針對中國而訂的政策基調不謀而合，進而支撐美國的戰略轉變。[105]另一種說法是，當時華盛頓可能開始擔心（甚至警覺到），馬英九正在把台灣推向統一的不歸路上。如前所述，馬英九積極提倡中國文化和去台灣化，甚至有傳言指出，馬英九正規劃將台灣變成中國轄下的特別行政區。此外，關於馬英九私通「極權中國」和台灣可能與美國斷絕往來的傳聞甚囂塵上。[106]無論如何，對北京來說，台灣牌的破壞力，與拆毀建築的大鐵球（wrecking ball）沒兩樣。它也像在一頭野牛前擺動紅披風。台灣問題也和中國境內難以駕馭和掌控的西藏與新疆自治區息息相關。某種程度上，西藏和新疆都希望與北京保持距離。然而，若西藏和新疆揚長而去，中國將回到十九世紀四分五裂的情形。有鑑於此，中國會為此奮力一搏，因為它最基本的核心利益明顯受到威脅。

中美之間頓時衝突四起，而歐巴馬政府似乎策劃了其中一些事端。雙方失和讓中美關係陷入嚴重的危機。華盛頓與北京之間其中一項衝突是，中國在東海（尖閣群島或釣魚島）和南海（大部分地區）兩地的領土爭端。就東海爭端而言，美國選擇在中國和日本之間保持中立的立場；在南海，美國沒有領土訴求，並且很早就避免涉入其中的領土紛爭；美國基於自身利益，只就該海域的航行自由問題提出抗議，而做為全世界最大的貿易國家，中國不反對美國的立場。[107]

中美之間另一個衝突是，華盛頓懷疑中國曾向美國展開網路攻擊。雖然證據確鑿，中國難辭其咎，但許多政府和民間駭客都參與網路戰，中國的舉動有特別過火嗎？若要把北京的罪行公諸於世，華盛頓必須公開機密資料。最後歐巴馬政府沒有這樣做。若考慮到美國的網路技術遙遙領先中國，當歐巴馬政府以受害者之姿指控中國是全世界「嫌疑最大的駭客國家」時，這種說法便不攻自破。史上唯一曾領導中情局和國安局的資深官員麥克．海登（Michael Hayden）將軍便指出：「我們比世上任何一個國家更善於竊取他人的祕密。」[108]若中國是對美國進行網路攻擊的罪魁禍首，為何華盛頓不對自己同樣在幹的事（甚至攻擊中國）做出回應呢？又有什麼理由公開譴責中國呢？

同樣地，歐巴馬對中國的外交援助和投資的反應也值得關注——美國試圖阻擋中國協助世界上急需發展基礎建設的開發中國家。歐巴馬不僅對許多國家施壓，不許它們加入亞洲基礎建設投資銀行（Asian Infrastructure Investment Bank, AIIB），還阻止人民幣成為國際貨幣。歐巴馬甚至要求泰國政府拒絕中國的大運河計畫。[109]然而，令人匪夷所思的是，華盛頓或許刻意忽視或忘卻在沒有中國的情形下，美國根本無法管理國際金融體系、核武擴散、環境汙染、恐怖主義等許多嚴重的全球問題。華盛頓似乎不以為意。[110]

時至二〇一五年，歐巴馬政府的中美關係處於尼克森上任前的最低點。傳統上，中美關係會在美國競選期間下滑，歷經一段低潮期後，華盛頓與北京會前嫌盡釋、重拾友誼。但當下的發展與以往不盡相同；事實上，中美關係已降至冰點。[111]有些觀察家甚至認為，中美戰爭一觸即發。

---

1 Nancy Bernkopf Tucker, *Strait Talk: United States-Taiwan Relations and the Crisis with China*, Cambridge, MA: Harvard University Press, 2009, 277. Also see Gabe T. Wang, *China and the Taiwan Issue: Impending War at Taiwan Strait*, Lanham, MD: University Press of America, 2006.

2 Tse-kang Leng, "The Taipei-Beijing-Washington Triangle: The Taiwanese Aspects," in Brantly Womack and Yufan Hao (eds.), *Rethinking the Triangle: Washington-Beijing-Taipei*, Singapore: World Scientific, 2016, 77.

3 細節參見John F. Copper, *Taiwan's 2008 Presidential and Vice Presidential Election: Maturing Democracy*, Baltimore: University of Maryland School of Law, 2008.

4 同前註，頁十四—三三。

5 參見John F. Copper, *The KMT Returns to Power: Elections in Taiwan 2008 to 2012*, Lanham: Lexington Books, 2013, Introduction.

6 Leng, "The Taipei-Beijing-Washington Triangle," 86.

7 民粹主義的發展歷程好壞各參，它曾在許多國家植基和鞏固民主，但也曾促成軍國主義和共產主義抬頭。多數學者認為民粹主義含有負面意涵——它代表的是意氣用事勝於理性決策。此外，它也具有危險性——尤其在新興民主政體——它比其他政體更有可能引爆衝突和戰爭。參見Adrian Kuzminski, *Fixing The System: A History of Populism, Ancient and Modern*, London: Bloomsbury, 2008 and Benjamin Moffitt, *The Global Rise of Populism: Performance, Style and Representation*, Stanford: Stanford University Press, 2016.

8 John F. Copper，〈民粹主義侵蝕台灣政治?〉，《全球政治評論》，第五十一期(二〇一五年)。

9 John F. Copper, *Taiwan's Democracy on Trial: Political Change During the Chen Shui-bian Era and Beyond*, Lanham, MD: University Press of America, 2010, 7-8.

10 由於中國民眾信任政府的程度遠高於台灣，到訪的中國官員無疑對於眼前的一切感到困惑。參見Wenfang Tang, *Populist Authoritarianism: Chinese Political Culture and Regime Sustainability*, New York: Oxford University Press, 2016, 98.

11 Leng, "The Taipei-Beijing-Washington Triangle," 112.

12 "Typhoon Morakot lashes Taiwan," *CNN*, August 9, 2009 (online at cnn.com).

13 "Editorial: A president far from his people," *Taipei Times*, August 12, 2009 (online at taipeitimes.com).

14 Copper, *The KMT Returns to Power*, 126.

15 同前註。

16 Christopher R. Hughes, "Revisiting identity politics under Ma Ying-jeou," in Jean-Pierre Cabestan and Jacques deLisle (eds.), *Political Changes in Taiwan under Ma Ying-jeou: Partisan Conflict, Policy Choices, External Constrains and Security Challenges*, London: Routledge, 2014, 125.

17 Copper, *The KMT Returns to Power*, 183.

18 Copper, *The KMT Returns to Power*, 143-44, 203.

19 同前註，頁一六六。

20 同前註，頁二〇〇。

21 Steven M. Goldstein, *China and Taiwan*, Cambridge, U.K.: Polity Press, 2015, 125.

22 Hughes, "Revisiting identity politics under Ma Ying-jeou," Cabestan and deLisle (eds.), *Political Changes in Taiwan under Ma Ying-jeou*, 122-23.

23 同前註，頁一三二—一三三。

24 Ming-tang Chen, "Taiwan in 2012: Curse of a Second-Term President," *Asian Survey*, January/February 2014, 206-13.

25 Copper, *The KMT Returns to Power*, 52.

26 Lawrence Chung, "Ma Ying-jeou risks splitting Taiwan's KMT, lawmakers warn," *South China Morning Post*, September 10, 2013 (online at scmp.com).

27 Tseng Hui-yi, "Taiwan's Politics: Stumbling Forward amid Uncertainties," *East Asian Policy*, January/March 2014, 74.

28 "Ma Ying-jeou's approval sinks to record 9pc amid KMT infighting," *South China Morning Post*, September 17, 2013 (online at scmp.com).

29 "Sunflower seeds," *Economist*, April 11, 2015, 37. 更多關於太陽花學運的細節，參見John F. Copper, *Taiwan's 2014 Nine-In-One Election: Gauging Politics, the Parties, and Future Leaders*, Baltimore: Carey School of Law University of Maryland, 2014, 31-34.

30 S. Goldstein, *China and Taiwan*, 135.

31 Copper, *Taiwan's 2014 Nine-In-One Election: Gauging Politics*, 3-4.

32 Hsiang-Yi Chan, Ting-feng Wu, Jimmy Hsiung, "Taiwan's Vast Wealth Gap," *CommonWealth*, June 12, 2014.

33 Copper, *Taiwan's 2014 Nine-In-One Election*, 38.

34 John F. Copper, *Historical Dictionary of Taiwan (Republic of China)*, 6th edition, Lanham, MD: Rowman and Littlefield, 2015, 247 and 270-71.

35 Copper, *Taiwan's 2014 Nine-In-One Election*, 79.

36 S. Goldstein, *China and Taiwan*, 120.

37 同前註。

38 C.P. Fitzgerald, *China's View of its Place in the World*, London: Oxford University Press, 1969, 7-10.

39 Aaron L. Friedberg, *A Contest for Supremacy: China, America and the Struggle for Mastery in Asia*, New York: W.W. Norton, 2011, 161.

40 Ren Xiao "The Beijing-Taipei-Washington Triangle: A PRC Perspective," in Womack and Hao (eds.), *Rethinking the Triangle*, 52.

41 Xi Jinping, *The Governance of China*, Beijing: Foreign Languages Press, 2014, 252-59.

42 Geoff Dyer, *The Contest of the Century: A New Era of Competition with China—and How America Can Win*, New York: Alfred A. Knopf, 2014, 34. 軍方或許不如外界認為，忠於共產黨。參見Fisher, *China's Military Modernization*, 27.

43 Scott L. Kastner, "Rethinking the Prospects for Conflict in the Taiwan Strait," in Ming-chin Monique Chu and Scott L. Kastner (eds.), *Globalization and Security Relations across the Taiwan Strait*, London: Routledge, 2015, 44-45. 作者也指出，反分裂國家法的內容曖昧不明。

44 "Introduction," in Womack and Hao (eds.), *Rethinking the Triangle*, xix.

45 參見John F. Copper, *Taiwan's 2008 Presidential and Vice-Presidential Election*, 88.

46 Friedberg, *A Contest for Supremacy*, 177.

47 S. Goldstein, *China and Taiwan*, 129-32.

48 同前註。

49 同前註，第七章。

50 同前註。

51 Michael Pillsbury, *The Hundred-Year Marathon: China's Secret Strategy to Replace America as the Global Superpower*, New York: Henry Holt, 2015, 209.

52 S. Goldstein, *China and Taiwan*, 157-58.

53 Gunter Schubert, "The Political Thinking of the Mainland Taishang: Some Preliminary Observations from the Field," *Journal of Current Chinese Affairs* 39(1), 2010, 73-110.

54 Sebastian Heilmann and Dirk H. Schmidt, *China's Foreign Political and Economic Relations*, Lanham, MD: Rowman and Littlefield, 2014, 137.

55 John F. Copper, *China's Foreign Aid and Investment Diplomacy, Volume II: History and Practice in Asia, 1950-Present*, New York: Palgrave Macmillan, 2016, chapter 4.

56 同前註，頁一五三—一五九。

57 同前註，頁一五九—一六五。

58 同前註，頁一六五。

59 同前註，頁一六八—一六九。

60 同前註，頁一六九。這些國家包括巴拿馬、巴拉圭和甘比亞等，甚至更多其他國家。

61 同前註，頁一七四。

62 John F. Copper, *Taiwan: Nation-State or Province?* Boulder, CO: Westview Press, 2013, 198.

63 Goldstein, *China and Taiwan*, 175.

64 同前註。

65 同前註，頁一七六。

66 同前註，頁一八五。

67 *2015 Report to Congress by the U.S. China Economic and Review Commission*, Washington, DC: U.S. Government Printing Office, November 2015, 506-09.

68 同前註，頁五〇七。

69 轉引自Douglas E. Schoen and Melik Kaylan, *The Russia-Chinese Axis: The New Cold War and America's Crisis of Leadership*, New York: Encounter Books, 2014, 30.

70 Nathan and Scobell, *China's Search for Security*, 87, 293.

71 Goldstein, *China and Taiwan*, 176-81.

72 許多觀察家曾提出類似觀點，例如John J. Mearsheimer, "Say Goodbye to Taiwan," *National Interest*, March-April 2014.

73 Barack Obama, "Renewing American Leadership," *Foreign Affairs*, July/August 2007.

74 Jonathan Weisman, Andrew Browne and Jason Dean, "Obama Hits Wall on His Visit to China," *Wall Street Journal*, November 19, 2009 (online at wsj.com).

75 Friedberg, *A Contest for Supremacy*, 113.

76 Weisman et al, "Obama Hits Wall on his Visit to China."

77 參見Michael D. Swaine, "China's assertive behavior, part one: on 'core interests,' China Leadership Monitor, No.34, http://carnegieendowment.org/files/CLM34MS_

FINAL.pdf

78 Thomas J. Christensen, *The China Challenge: Shaping the Choices of a Rising Power*, New York: W.W. Norton, 2015, 296.

79 See John F. Copper, "Will the United States Desert Taiwan?" in Wang Gungwu and Zheng Yongnian (eds.), *China: Development and Governance*, Singapore: World Scientific, 2013, 477-83.

80 Bill Owen, "America Must Start Treating China as a Friend," *Financial Times*, November 17, 2009 (online at ft.com).

81 P.V. Kane, "To Save our Economy, Ditch Taiwan," *New York Times*, November 10, 2011 (online at nyt.com）.

82 Zbigniew Brzezinski, "8 Geopolitically Endangered Species," *Foreign Policy*, January/February 2012.

83 參見 William Lowther,"US Lawmakers warns China on Taiwan,"*Taipei Times*, June 13, 2011 (online at taipeitimes.com). 國會外交事務委員會主席羅斯・雷提南(Ileana Ros-Lehtinen)作出姑息主義的觀察。

84 同前註，頁二三四、二九六。曾經擔任美國政府要職的柯慶生(Thomas Christensen)指出，他不曾再聽過「核心利益」一詞。

85 James Mann, *The Obamians: The Struggle Inside the White House to Redefine American Power*, New York: Viking, 2012, 183.

86 Friedberg, *A Contest for Supremacy*, 139.

87 Rosemary Foot and Andrew Walter, *China, the United States and Global Order*, New York: Cambridge University Press, 2011, 220-25.

88 《評論》(*Commentary*）雜誌曾刊載多篇關於歐巴馬政府外交失利的文章。參見Bret Stevens, "The Meltdown," *Commentary*, September 1, 2014.

89 關於轉向亞洲的背景和其他細節，參見Kurt M. Campbell, *The Pivot: The Future of American Statecraft*, New York: Hatchet Book Group, 2016.

90 同前註，頁三三八—三三九。

91 Douglas Stuart, "San Francisco 2.0: Military Aspects of the U.S. Pivot toward Asia," *Asian Affairs*, October-December 2012.

92 同前註。

93 同前註。

94 Hillary Clinton, "America's Pacific Century," *Foreign Policy*, November 2011 (online at foreignpolicy.com).

95 同前註。

96 Douglas Paal, "The United States and Asia in 2012: Domestic Politics Takes Charge," *Asian Survey*, January/February 2013, 13.

97 Friedberg, *A Contest for Supremacy*, 277, 340.

98 Amitai Etzioni, *Foreign Policy: Thinking Outside the Box*, New York: Routledge, 2016, 46-47.

99 William S. Murray, "Asymmetric options for Taiwan's deterrence and defense," in Chu and Kastner (eds.), *Globalization and Security Relations across the Taiwan Strait*, 62.

100 Ninan Koshy, "TUS Pivot risks Asia-Pacific cold war," *Asia Times*, July 23, 2013 (online at atimes.com).

101 Steve Chan, *Looking for Balance: The United States, China, and Power Balancing in East Asia*, Stanford: Stanford University Press, 2013.

102 細節參見 Michael Mandelbaum, *The Frugal Superpower*, New York: Public Affairs Press, 2010.

103 "Squeezing the Pentagon," *Economist*, July 6, 2013, 34; J. Randy Forbes and Michael Auslin, "U.S. Power Loses Altitude in Asia," *Wall Street Journal*, December 12, 2013, 11.

104 參見Suisheng Zhao, "Changing Leadership Perceptions: The Adoption of a Coercive Strategy," in Suisheng Zhao (ed.), *Across the Taiwan Strait: Mainland China, Taiwan and the 1995-96 Crisis*, New York: Routledge, 1999, 119.

105 Jin Canrong, "New border entry term shows US tendency to play Taiwan card," *Global Times*, July 30, 2015 (online at globaltimes.com). 美國甫允許台灣居民在入境表格上的公民地一欄填寫「台灣」。

106 Richard C. Bush, "US-Taiwan relations since 2008," in Cabestan and deLisle (eds.), *Political Change in Taiwan under Ma Ying-jeou*, 221. 有些學者長期以來擔心，中美關係改善意味台灣是三角關係中的輸家，進而促使台灣揚棄美國。參見Yufan Hao "Rethinking the Triangle: Possibilities and Pitfalls," in Womack and Hao (eds.), *Rethinking the Triangle*, 117-21.

107 Chas W. Freeman, "The End of the American Empire," War on the Rocks, April 11, 2016 (online at warontherocks.com). 此論點來自傅立民(Chas W. Freeman)於二〇一六年四月二日在「東灣和平公民組織」(East Bay Citizens for Peace group) 所作的演說。

108 "Charlie Rose Talks to Michael Hayden," *Bloomberg Businessweek*, February 25, 2016 (online at bloomberg.com).

109 參見 John F. Copper "China's Challenge to America: Its Role as a World Builder," IPP Review, June 23, 2016 (online at ippreview.com/index.php/Home/Blog/sngle/id/175html

110 參見 Henry M. Paulson, *Dealing with China: An Insider Unmasks the new Economic Superpower*, New York: Hatchette, 2016.

111 Ash Wang, *Obama's Challenge to China: The Pivot to Asia*, Farnham, Surrey: Ashgate, 2015.

第十四章
關鍵大選後的新台海危機

二〇一六年上半年，台灣總統大選在言詞與行動上使兩岸關係陷入緊張，美國也深受兩岸角力的糾纏。具台獨傾向的民進黨贏得這場關鍵的選舉，再次掌握政治實權。大選結束後的一些跡象顯示，台灣海峽又回復到以往全球最危險的熱點狀態——台海是超級強權美國及崛起中的中國可能交鋒的戰場。有些觀察家甚至認為，戰爭遲早會到來。端看台北、北京和華盛頓三方對台灣一月大選的反應，便能察覺出衝突的前奏。中國與台灣的立場大相逕庭，美國則毫無選擇餘地，無法維持中立或置身事外。

民進黨高層大肆歡慶勝選，並宣稱中國必須接受現實。他們不僅嘲弄中國，也對在台灣的中國「走狗」及其支持者宣洩不滿的情緒。中共高層表示，中國不會改變既定立場，也不會接受如民進黨高層所言的新現實。北京當局反倒要求民進黨接受一中原則，同時採取幾項形同宣戰的行動：大動作傷害台灣經濟，進一步破壞台灣的外交地位，甚至向台灣展示其軍事實力。

美國對中國敵意漸增，不僅支持台灣的民主發展和自行決定其未來的權利，也在台灣海峽北部和南部海域數次挑戰中國。此時，中美關係陷入一九六〇年代以來的最低潮。從選舉結果及其持續幾個月的餘波來看，現階段已走向一場無法減緩或平息的嚴重鬥爭，幾乎沒有轉圜的餘地。

民進黨重掌政權

二〇一六年一月十六日，台灣選民紛紛前往其戶籍所在地的投票所投下總統、立法委員和政黨票，結果由主張台灣在法律或形式上與中國分立的民進黨取得媒體所稱的壓倒性勝利。[1]民進黨總統參選人蔡英文擊敗國民黨推出的參選人朱立倫。事實上，蔡英文的選票大幅超越國民黨主席朱立倫及（同為反對台灣獨立、屬於泛藍保守派的）親民黨主席宋楚瑜兩人的票數總和。同時，民進黨也在立法委員選舉上大獲全勝，幾乎橫掃台灣的大小選區。[2]民進黨獲得空前的勝利，代表了國民黨注定在近年內被邊緣化，無法有效制衡民進黨的政治野心。甚至有人推測，國民黨將無法東山再起。

蔡英文和民進黨無疑在這場選舉中獲得充分的民意基礎。票數差距之大讓蔡英文的氣勢無人能擋；同時，民進黨也在立法院獲得多數席次，讓蔡英文能掌握國會。在此之前，民進黨從未取得這樣的優勢地位，即使民進黨曾在陳水扁時代成為立法院的最大黨，然而當時藍營依然掌握多數席次。對民進黨選民或基層支持者而言，這次勝選意味著獨立。無論是過去或現在，民進黨確實一路提倡台灣與中國分道揚鑣，並以法理或其他方式走出自己的路。民進黨奠基於獨立原則之上；台獨議題定義了民進黨。

對一些觀察家而言，以下是無法忽略的鮮明事實：一九八六年民進黨創立時，主張自決（獨立的另一種說詞）是黨的核心或指導原則；一九九一年民進黨正式在黨綱中加入「台獨條款」，宣稱要建立

「台灣共和國」並制訂一部新憲法；一九九九年民進黨通過《台灣前途決議文》，其內容不僅體現了李登輝的兩國論，也明確闡述台灣「主權獨立」於中華人民共和國之外的理念（進而引爆一九九六年台海危機）；二〇〇七年民進黨高層提出《正常國家決議文》，希望以台灣名義申請加入國際組織（儘管後來無終而疾）。[3]然而如前所述，二〇一四年蔡英文在競選期間對台獨相關議題卻隻字未提，甚至不希望其他黨員對九二共識、台獨或陳水扁等議題高談闊論。二〇一六年時蔡英文仍維持相同的作風。雖然蔡英文表示她的對中政策是維持現狀，但她並未闡明其中的含意，只有在必要時才會談論兩岸議題。

多數民進黨參選人跟隨蔡英文的腳步，或者如一些參選人所言，依據她的「指示」，在碰觸敏感議題時有所節制——儘管不是百分之百。在大選結束後，他們的發言才不受限制。然而，蔡英文改變其對兩岸關係未來發展的修辭。在民進黨召開的記者會上，蔡英文表示她將捍衛台灣的利益和主權，並堅稱「我們的民主制度、國家認同與國際空間必須被充分地尊重，任何的打壓，都會破壞兩岸關係的穩定。」[4]蔡英文的演說呼應其眾多支持者的信念：中國必須也確實得「改變」立場，並「接受」民進黨勝選的結果。[5]親民進黨的媒體指出，蔡英文與民進黨的勝利是馬英九「過度」傾向中國、損及台灣利益的結果。[6]馬英九所制訂的傾中政策無法反映台灣的利益。媒體同時也提到，國民黨「已經過時且失去民主精神」。

不過，民進黨對國民黨的批評一向比上述文字還刻薄，例如有些民進黨支持者就直言不諱地表示「國民黨沒戲唱了」。他們甚至說「國民黨或許會一命嗚呼，台灣得救了」。民進黨主張調查國民黨的「不法所得」，並要求全面徹查和扣押有問題的黨產；它指控國民黨竊取台灣人民的財產，而這些不正當的資源阻礙和玷汙台灣民主的發展。[7]有人甚至提議，一些國民黨員應該被判刑入獄——復仇意味濃厚。

對於蔡英文成為台灣第一位女總統的事實，幾乎所有的民進黨支持者（甚至包括少數的台獨分子和國民黨員）都表示讚賞，因為她成功「打破性別的玻璃天花板」，促成一項值得台灣引以為傲的「成就」。民進黨支持者也隨即指出，這在中國是前所未聞的事，而在未來仍以男性主導的政治領域裡很可能也不會發生——在中國，女性依然受到壓迫。對多數民進黨員來說，蔡英文是英雄。她是一位強而有力、有能力應付中國的領導者。這兩項特質互為表裡。有些人認為她是救世主：將台灣從國民黨和中國（國共）手中解救出來。

蔡英文「離中親日」路線

在一片歡騰的氣氛中，民進黨發言人振振有辭地指出，台灣民主因為這場選舉而重獲新生，但中共卻還是不尊重民主、公民權和人權的邪惡獨裁政權。這時坊間沒有太多有意義的評論。有些人指控國民黨是「殺人魔蔣介石」及其黨羽的政黨，並不斷強調二二八事件和接續的「白色恐怖」時期。他們也譴責「賣國賊馬英九」和國民黨企圖把台灣「賣給」中國的陰謀，並以「中國豬」稱呼外省人和來台旅遊的中國觀光客。有人高聲疾呼「外省人滾回去」。一段在網路上廣為流傳的影片呈現某位台灣記者[8]對一位外省老榮民惡言相向，罵他是靠台灣勞工餵養的寄生蟲，並要求他離開台灣。一些本省籍的計程車司機甚至拒載操外省口音的乘客。外省人與客家人開始擔心當年的「綠色恐怖」復辟。他們在陳水扁時代曾受盡歧視，被視為異己。

正當中國和其他國家的觀察家引頸期盼蔡英文於五月就職典禮上的致詞內容時，蔡英文宣布指派重量級的民進黨員、前總統參選人謝長廷出任駐日代表。[9]日本恰好是中國的宿敵。由於日本和中國在東海爭端不休、日本對台灣的區域戰略意義，而且謝長廷是蔡英文上任後的第一道人事任命，中共高層對此難免焦躁不安。此外，日本覬覦台灣的野心也長期困擾著中國。因此對北京而言，東京對台灣的影響力越是增強，台灣就越有可能認真追求與日本建立更緊密的關係，藉此平衡兩岸關係並追求獨立。北京認為，蔡英文很明白箇中道理。然而，讓兩岸情勢更雪上加霜的是，謝長廷在接受任命後表示，台灣在尖閣群島（中文稱為釣魚台）的主權問題上不會與中國的立場一致，反而會尋求在中日之間發揮「緩衝器或安全閥」的作用。[10]對北京高層而言，謝長廷的話聽來刺耳。

二〇一六年五月二十日，蔡英文在總統就職演說中對九二共識和一中原隻字未提。然而，北京已「劃下底線」，表示九二共識和一中原則是兩岸維持和諧關係的前提。此外，蔡英文也在就職典禮上展現她對北京的敵意——她授意在大會上重現一九四七年二月，蔣介石部隊屠殺台灣人的暴行（藉此暗示若台灣接受中國統治的可能下場），並宣布針對「這段歷史」將設立真相與和解委員會（這恐怕會挖掘出很多國民黨不堪的過去）。[11]中共高層顯然對蔡英文上任後的言論不甚滿意。北京也不禁聯想到，蔡英文曾是李登輝「特殊國與國關係」和「掏空中華民國之名」等言論的幕後策劃者。[12]

蔡英文在國家安全會議（負責制訂對中政策）的人事任命上再次觸怒北京。蔡英文任命了日本問題專家，並提供「政治酬庸」，回饋一些在選戰中幫助她的重要支持者或捐獻者。然而放眼望去，就是不見中國問題專家。二〇一六年六月，台灣史前無例為天安門事件罹難者舉行追悼儀式。而幾乎在同一時間，蔡英文再次向日本示好。同時，國防部宣布將（在美國）測試新型反彈道防空系統。[13]對中共高層而言，台灣的挑釁意味不言而喻。七月初，一艘台灣海軍艦艇意外地朝中國方向發射導彈。該枚導彈在飛行四十五英里後擊中一艘漁船，導致船長死亡和三名船員受傷。台灣國防部直到事件發生後八小時，才向中國當局表示該事件並非有心之舉。在台灣尚未發布聲明的空窗期，誤射事件在網路上掀起兩岸網民的筆戰（有網民認為該事件是蓄意所為）。[14]然而真的如此嗎？該事件與中國共產黨創黨九十五周年紀念活動撞期是巧合嗎？

與此同時，在海牙的國際法院駁回中國對南海主權的主張之際，北京聯繫蔡英文政府，邀請台灣「攜手」捍衛同屬中國人的海域（以及其中的島嶼）。但蔡英文拒絕此項提議，因為她認為接受提議等於承認台灣是中國的一部分。此外，蔡英文還派遣一艘軍艦巡視南沙群島中最大的太平島。台灣接連的兩項舉動讓中國大為光火。[15]不久，媒體指出蔡英文拒絕承認九二共識。總統府辦公室則對此聲明，總統只是回應北京所提出的要求——在期限內接受九二共識。媒體報導顯然過度解讀；然而，台灣持續升高的反中氛圍讓這份聲明更像是挑釁或最後通牒。[16]

上述一切都發生在台灣問題叢生之際。例如，台灣經濟表現不佳——經濟成長率不及百分之一，而未來前景也不樂觀，甚至可能走向衰退。此外，桃園機場水災成患、國內最大的航空公司（中華航空）空服員罷工，而蔡英文提出的許多改革方案也接連遇到瓶頸。[17]各種頻繁和前所未有的公開抗爭都讓蔡英文頭痛不已。接著台灣的民調顯示，蔡英文就職不到兩個半月，其支持率便大幅下滑。根據某份民調的結果，蔡英文的支持率下滑百分之十四；另一項調查則顯示，民眾對蔡英文的滿意度雖然只下滑百分之三，但不滿意度卻從百分之二十四激增至百分之三十六。若再細看民調，可以發現民進黨支持者對蔡英文的支持率自六月初開始攀升，但就國民黨支持者而言，卻從百分之三十一．九大幅下滑至百分之八．二。[18]有些專家認為，由於蔡英文無法取得國民黨的支持，因此未來必須更加依賴民進黨，以致被迫對中國採取更強硬的立場，甚至故技重施前總統陳水扁的某些策略，以討好黨內基本勢力。顯然國內議題侷限了蔡英文在處理兩岸問題上的斡旋空間。[19]

屋漏偏逢連夜雨，更多不幸的消息接踵而來。二〇一六年八月，某間在台經營、專門做中國觀光客生意的旅行社，因業績下滑和財務困難而被迫關門。[20]某位國民黨官員宣稱，蔡英文的政策已重創花蓮的觀光產業，當地飯店住房預訂率不僅砍半，而且住房率也下滑三成之多。[21]不久，顯然在觀光議題的發酵下，國民黨以極大的差距贏得花蓮市長補選。某位國民黨發言人宣稱，儘管民進黨於補選期間動用政府資源並抹黑國民黨，但台灣民眾已藉此次選舉表達對執政黨的不滿。[22]不到一個月的時間，依賴觀光產業為生的民眾聚集在總統府面前舉行抗議活動。一萬多名民眾湧上街頭，向蔡英文發出怒吼；有報導指出，中國觀光客自五月起數量銳減百分之二十四。[23]有些觀察家指出，對於國民黨在兩次補選獲勝，以及近期多次的抗議和示威遊行，蔡英文政府無不嚴陣以待。群眾示威曾是民進黨對付國民黨的工具，如今卻成為反制民進黨政府的策略。

此時，台灣也展開歷年來規模最大的實彈演習，其中包括在距離中國僅兩公里遠的金門進行海上登陸演習。中共高層自然視台灣的舉動為挑釁。蔡英文或許本來就有此意圖。另一個極有可能的原因是，蔡英文十分擔憂台灣近幾個星期出現的安全漏洞，並關切軍方的忠誠度，因為國防部傳統上支持國民黨；據傳，軍方不喜歡女性擔任三軍統帥。此外，演習也在某種程度上回應國民黨的要求——國防部長應就軍隊內外的種種問題引咎辭職。[24]無論促成演習的原因為何，諸多現象都突顯台灣軍方和文官關係的裂痕。

二〇一六年九月，八位台灣縣市首長訪問中國，並與北京討論中國觀光客來台人數下降和其他衝擊台灣的議題，希望能「重啟」兩岸交流。訪問團裡沒有民進黨代表；他們承認九二共識及支持和平發展。[25]蔡英文的發言人則表示，此舉「無助於有意義的對話」。藍營地方首長訪中不僅激怒蔡英文政府，同時也讓人想起陳水扁執政後期，國民黨透過「雙軌外交」（國共平台）的手段處理兩岸關係。有些觀察家表示，國民黨可能會故技重施，進一步破壞兩黨關係。

與此同時，一項民調顯示，蔡英文的聲望持續下滑，民眾對其表現也首次出現不滿意多於滿意的情形。相較於總統，民眾對行政院長林全的不滿卻有過之而無不及。台灣的經濟衰退是主要因素；此外，許多受訪者認為蔡英文與民進黨未能妥善處理兩岸關係。[26]一些觀察家也再次質疑，蔡英文是否必須為了鞏固其執政基礎，而對中國採取更有敵意（也更危險）的立場。

在民進黨慶祝創黨三十週年（一九八六年九月二十八日）的紀念會上，蔡英文透過一封公開信表示，民進黨將持續「力抗中國的壓力」。外界認為，蔡英文政府正在捨棄維持現狀的想法，逐步走向對抗，而其用詞遣字讓兩岸前景不甚樂觀。[27]同時，台灣軍方在太平島——南沙群島中最大的島嶼——布署防空設備，以抗議常設仲裁法庭對台灣做出的不利判決。有些觀察家認為，這項舉措帶有挑釁意味並充滿敵意。顯然蔡英文政府已算準當中國在南海地區積極追求利益時，美國與日本將忽略台灣的存在。[28]不久後，台灣國防部展示包括戰鬥直升機在內的新型武器並舉行軍演，模擬台灣港口遭受解放軍襲擊的情形。[29]難道台灣在備戰嗎？

中國迅速反制，兩岸關係急轉直下

中國早就預期蔡英文和民進黨將一舉贏得二〇一六年大選的勝利。事實上，北京已有準備。我們可以說，中共高層知道如何回應蔡英文當選的結果，或至少在大局已定前未雨綢繆。二〇〇五年五月，胡錦濤在全國人民代表大會上發表「新形勢下發展兩岸關係的四點意見」，新形勢意指陳水扁連任可能帶來的問題。其四點意見為：一、堅持一個中國原則絕不動搖；二、爭取和平統一的努力絕不放棄；三、貫徹寄希望於台灣人民的方針絕不改變；四、反對「台獨分裂活動」絕不妥協。[30]

全國人民代表大會隨後制訂出眾所周知（在台灣和美國都聲名狼藉）的《反分裂國家法》，並依據該法指出，針對台獨支持者或「分離勢力」，中國可在必要時祭出軍事手段予以回應。有些觀察家認為，《反分裂國家法》將成為日後中國對台政策的基石。[31]由於北京立法後未行使該法，也從未依據該法針對任何危機事件做出定義，因此《反分裂國家法》等於被束之高閣。美國宣稱會讓陳水扁謹守分寸，而當時主導立法院的國民黨也更積極地推廣中華文化和維繫良好的兩岸關係。總之，陳水扁政府的聲勢在不久後開始下滑。因此（誠如第十三章所提）在中共高層認定台海危機來臨至或發展前，兩岸有過一段平靜的時光。

到了二〇一五年情況才有所改變。在二〇一四年台灣的地方選舉結束後，北京預測台灣將在二〇一六年一月出現政黨輪替。因此該年十月（當時民進黨勝選的態勢已明朗化）即有報導指出，中國可能在總統大選前減少一半、甚至百分之九十五的來台觀光人數，[32]以示警告。中國政府在大選後隨即宣布，其觀光客來台旅遊人數將在蔡英文就任前縮減三分之一至一半。中共高層斷言此舉將會影響台灣經濟。[33]北京正在向台灣新政府展示其掌握的經濟權杖。

到了三月，也就是蔡英文就職總統前兩個月，中國在外交上發出另一則訊號——中國與甘比亞建立大使級關係。甘比亞早在三年前就曾向中國尋求恢復邦交，但當時中共高層沒有答覆，其以此呼應馬英九政府的外交休兵政策。如今中國藉此表達對蔡英文不接受九二共識的不滿，而此舉等同宣告「其外交休兵政策告一段落」。[34]此外，中國也採取第三個選項——軍事打擊。在大選後的幾個小時內，解放軍便舉行對台實彈與兩棲登陸演習。[35]某位中國海軍上將表示：「若台灣繼續推行獨立，戰爭勢在必行。」[36]

為了宣示中國的立場和對新政府下馬威，習近平聲明九二共識「明確定義兩岸關係」，而台灣唯有接受共識，兩岸才能「維持良好互動」。國務院總理李克強接續表示，唯有台灣新政府承認一中原則，北京才會進一步推動兩岸經貿交流。某位中共高層也宣稱「除非民進黨捨棄黨章中的台獨條款」，否則中國不會與民進黨直接聯繫。《人民日報》接著寫道，如果蔡英文「不擁抱九二共識，兩岸的現狀恐將不復存在」。北京高層也發出警告，若沒有九二共識，未來台灣將無法參與任何國際組織。[37]顯然北京和台北和睦相處的必要條件是，台灣必須承認九二共識。事實上，習近平在三月時就要求台灣承認「九二共識的核心內涵」，至少在字面上，北京對蔡英文的要求高於馬英九。[38]北京在這件事上立場堅定，並陸續以行動顯示中國願意動用各種手段，迫使台灣遵從九二共識。據報導，此時習近平已認定蔡英文不值得信任，因此他必須要對她「施加更多壓力」。[39]

四月，在蔡英文就職前夕，中國向世界衛生組織施壓，要求大會在邀請台灣以觀察員身分參與年度大會時，必須符合一中原則。北京引用一九七一年聯合國安理會第二七五八號決議文：「中華人民共和國是中國的唯一合法代表。」北京顯然想讓蔡英文難堪並陷入兩難。蔡英文會屈就於如此難堪的情況並派出代表嗎？還是她會眼睜睜看著台灣的國際能見度下降？北京的舉動讓蔡英文進退維谷。最後，台灣還是出席了，而蔡英文的支持者也一如預期就此事對她大肆撻伐。

北京仍繼續透過其他方式羞辱蔡英文和民進黨政府。此時，馬來西亞與肯亞（在北京的建議或堅持下）將數名台灣籍嫌犯遣送至中國，讓蔡英文政府勃然大怒，派遣代表赴中國協商。[40]時至二〇一六年八月初，大約有一百多件類似案件需要台灣關注。在一場公開演講上，中國人民大學教授金燦榮以中國對台策略的多面性為題，指出北京對台採取的「四階段」策略：「觀察、施壓、對抗、衝突。」金燦榮宣稱，北京會在蔡英文就任半年後升高對台施壓的力道，包括取消原有的二十三項兩岸貿易、投資、航空和旅遊協議，並重啟對台的外交戰。若蔡英文在二〇二〇年連任並執迷不悟地維持相同論調，北京就會在二〇二一年對台「宣戰」。[41]某種程度上，金燦榮已傳達中國政府的立場。

對於蔡英文的就職演說，中國國台辦表示，蔡英文的演說有如「一份未完成的試卷」。北京的意思再清楚不過，並對可能的後果提出警示。在一個月內，外國媒體以嚴肅的口吻指出，由於台灣不願承認九二共識，中國已「中止與台灣的接觸」。這句話的意思是，北京拒絕與台灣的陸委會進行任何交涉。李登輝在一九八九年設立陸委會，專事兩岸事務（非外交部權責範圍，因為兩岸往來不屬於「對外」事務）。習近平也勒令中止海協會和海基會的非官方對話——兩會在推動兩岸冰釋前嫌的過程中不遺餘力。[42]某位美國觀察家指出，中國已「開了第一槍，向蔡英文政府發出警告」。另一位觀察家則指出，兩岸目前在處理危機上沒有直接溝通的管道，並暗示這種現況的危險性。有些觀察家認為，急轉直下的兩岸關係宛如國與國之間斷絕外交關係，而後者通常預示著戰爭爆發的序幕。

隨著兩岸「切斷往來」，北京宣稱只要台灣拒絕接受九二共識，雙方就不可能就台籍嫌犯遣送至中國的問題進行協商。[43]同時，中共無視於蔡英文對台灣海軍朝台海誤射飛彈的辯詞，片面宣稱蔡英文政府「正在加快台軍備戰的腳步，以對抗中國」。[44]二〇一六年七月，《華盛頓郵報》指出蔡英文拒絕九二共識。中國媒體語帶威脅地指出，蔡英文首次公開拒絕接受九二共識。[45]同月，中國國防大學防務學院院長、解放軍少將朱成虎表示，中國應該拋棄對台「和平統一的幻想」，並意識到中國自古以來從未透過和平手段實現統一大業。[46]中共高層持續以各種手段進行報復台灣的政策。有些手段微不足道，有些有如一巴掌打在臉上，有些則兩者兼具。

八月，沙海林銜命率領上海代表團赴台灣參加一年一度的雙城論壇。該論壇於二〇一〇年發起，並輪流在台北和上海舉行；台北市長柯文哲邀請上海參加二〇一六年在台北舉行的盛會。身為中共中央統戰部（該組織的任務包括與他國政黨對口、政治宣傳和滲透工作等）部長的沙海林在會中反覆強調，台北和上海是在一中原則下進行交流的，而柯文哲表示尊重並理解九二共識。[47]沙海林也指出，當下有五百五十名台籍高科技產業員工在上海工作，兩千兩百名台灣學生在市內學習，以及高達三萬名台籍人士在上海討生活。沙海林提及台北和上海兩大「主要」城市的活力，以及過去的和諧關係。然而，沙海林也持續強調，九二共識是兩岸維持友好的必要條件。許多台下聽眾——尤其是民進黨支持者——都認為沙海林刻意搧風點火。北京顯然有意為之。主張台獨的團體——包括與民進黨友好的台灣團結聯盟——對於沙海林一行人侮辱台灣的言行表示抗議。他們認為沙海林的官階太低，並指出其統戰部部長的身分，讓他成為不受歡迎的訪客；其引用九二共識的言論極不恰當。他們宣稱柯文哲「引狼入室」，縱容中國矮化台灣和羞辱民進黨政府。[48]

北京接著又送出一項警告，除非台灣接受九二共識，否則根據二〇一〇年ECFA所展開的協商就不可能再進行。兩岸的僵局讓許多雙邊貿易和商業協定陷入停擺。[49]在台灣面臨經濟和許多其他問題時，中國的種種舉動確實是衝著蔡英文和民進黨而來。某位觀察家認為，中國正在打落水狗或落井下石。另一位觀察家則說，中國只是以其人之道，還治其人之身——以牙還牙報復民進黨先前對其挑釁舉動。無論如何，北京繼續火上加油——二〇一六年九月時取消高雄市政府於三個月前邀請五個中國城市來台參加國際論壇的行程。[50]就北京當時邀請台灣地方官員訪問中國的情況來看——官員都來自民進黨控制以外的地區——作為民進黨大本營的高雄，自然是中共高層打擊的重點對象。如同台灣某些觀察家所言，「中國正採行統一戰線和分化敵人的策略」。[51]

不久後，在中國的打壓下，國際民用航空組織拒絕發出年度會議的邀請函給台灣。中國國台辦表示，問題出在民進黨政府不接受一中政策；唯有在九二共識的基礎上，台灣才可能獲邀出席。由於台灣在六月時即提出與會申請，並召集友邦給予支持，最後未獲邀請讓蔡英文顏面盡失。台北「深表遺憾和不滿」。這是繼七月台灣不得參加聯合國糧食及農業組織大會後，又一次被國際組織拒於門外，在在顯示台灣已嚴重被孤立於國際社會之外。[52]

接著，北京開始阻止民進黨官員和支持者入境香港。顯然在北京的號令下，與民進黨相關或支持民進黨的人士都無法取得香港簽證。北京意圖對蔡英文政府施加更多壓力。[53]同年九月，中國再次阻擋台灣參加國際刑警組織於印尼所舉辦的年度高峰會。[54]同時，中國國台辦主任張志軍指出，台灣新南向政策的政治意圖更甚於經濟意圖——張志軍的意見暗示中國將會採取行動，以打壓台灣與東南亞國家的交流。[55]

此時，中國也準備籌劃在二〇一七年下半年召開的第十九次全國代表大會；許多考驗等著中共解決。習近平在忙於鞏固其黨內地位時，也試圖超越以往中共領導人，獨攬更多權力。習近平極力打擊黨內的派系主義和貪腐問題。另一方面，中國經濟持續的快速發展正面臨挑戰。新的領導班子將在這次大會上選出；中國正處於變動不安、充滿不確定的時期。[56]總之，在台灣大選落幕的一段時間內各種因素與事件滙聚，讓中國的領導階層更加敵視台灣，甚至不惜以戰爭報復台灣。對北京而言，台灣問題必須以中國的方式解決；中國的經濟、政治與軍事崛起鼓勵其領導層對台灣有所作為。此外，北京高層認為蔡英文難以妥協、甚至邪惡，企圖讓台灣與中國分道揚鑣。[57]在中國國內政治局勢較以往不穩的情形下，台灣問題顯得更為迫切。與此同時，中國敵視美國的心態日益加深，而北京也更有自信能在衝突爆發時擊退美軍。上述所有發展彼此交雜，形成一個危險的局勢。

美國在台灣大選後的對中和對台政策

在民進黨贏得大選後，美國在制訂對中和對台政策上面臨嚴重的挑戰。整體而言，美國和亞洲的關係岌岌可危。白宮無法（或至少沒有）決定是否要繼續支持蔡英文。雖然歐巴馬政府在選舉期間傾向支持蔡英文，但還會繼續支持嗎？或應該提供更進一步的支持嗎？情勢發展使美國不得不更認真看待蔡英文，而收手則是另一個選擇。對歐巴馬而言，給予台灣更進一步的承諾意味他必須與共和黨合作。相較於民主黨，共和黨對台灣的支持更為堅定，因此把主導權交給反對黨似乎不是好主意，尤其是當共和黨掌握國會及總統大選即將來臨時。支持台灣也可能摧毀中美關係，並犧牲兩國在國際經濟、核武擴散、全球暖化、恐怖主義等多項重要議題上的合作。歐巴馬政府真的希望這麼做嗎？

華盛頓也開始對蔡英文政府心生疑惑，擔心台灣可能重返陳水扁時代「麻煩製造者」的老路。而在蔡英文掌握國會及國民黨衰退的情形下，未來的發展可能更糟。此外，歐巴馬曾在二〇〇九年公開認同台灣問題是中國的「核心利益」，收回「承諾」的後果不堪設想。對中共高層而言，若美國選擇支持台灣，即形同背離尼克森以來確保台海和平的一中政策。另一方面誠如前章所述，歐巴馬後悔曾苟同中國，承認台灣是中國的核心利益。此外，歐巴馬也受到他的（或希拉蕊的）轉向亞洲政策束縛。然而，愈來愈多觀察家認為這套軍事戰略或政策將因財政問題而注定失敗，同時美國的亞洲盟友也希望華盛頓能推出更具經濟導向的政策。[58]而中東地區加劇的紛擾也讓歐巴馬難以全神貫注在亞洲事務上。歐巴馬需要一筆中東地區衝突減少的「紅利」，但局勢顯然事與願違。

此時，共和黨在克里夫蘭的總統初選提名大會上表示支持雷根對台灣的「六項保證」（雷根廣為人知的非正式對台承諾，包括不設定對台軍售的終止日期，以及不在兩岸之間扮演斡旋的角色，同時強調美國與台灣共享民主、人權、法治和自由市場等價值）。此舉為歐巴馬政府的對中和對台政策又增添一筆麻煩。[59]若歐巴馬能獲得兩黨的共同支持，即可望在制訂（或修訂）對中和對台政策上大有斬獲。然而現實和理想終究有落差，歐巴馬顯然未能獲得跨黨派的支持。最後，有兩項其他變數直接影響歐巴馬的決策。首先，歐巴馬已成為跛腳總統，其在制訂外交政策上的影響力大不如前。其次，歐巴馬必須顧及其外交政策的歷史評價。他的亞洲政策會名留青史嗎？或轉向亞洲政策？或者是《跨太平洋夥伴關係協定》（TPP）？

在台灣總統大選結束後，歐巴馬政府就台灣追求獨立及（或）開始與中國作對等疑慮，對蔡英文及民進黨提出幾項警告和暗示。同時，華盛頓也建議北京應該對台灣新政府展現耐心。但兩岸各有盤算，不再像過去那樣對美國言聽計從。總之，眼前的情景是：白宮和國務院舉棋不定，並（或）對兩岸情勢感到困惑，而歐巴馬則對中國愈來愈反感。但歐巴馬政府也擔心華盛頓將被迫保護台灣，導致中美關係將嚴重受損或永遠無法修補。上述所有發展背後的大環境深具啟發性。

美國似乎在台灣大選前解決了一個問題：對台軍售。二〇一六年十二月中旬，白宮通知國會和台北，將對台提供總值高達十八・三億美元的軍備和武器。台灣高層對於歐巴馬政府的決定欣喜若狂，中共高層則咬牙切齒。但實際上，此次軍售是四年來頭一遭，而且軍售內容並不包括最新型的武器，因此也不會改變台灣軍力迅速被中國甩開、兩岸軍力迅速失衡的事實。[60]

儘管如此，台灣依舊是中美衝突的導火線。事實上，對台軍售加深中美關係的矛盾，而非相反。某位專家就對台軍售後的兩岸情勢觀察指出，台海爆發衝突的重要條件一應俱全：「至少有一個國家行動者、一個非民主國家、一個沒有核武的國家，以及至少有一項涉及生存或認同相關的國家利益，再加上充足的例外主義式思考（這點兩岸雙方都是如此）。」[61]因此，儘管歐巴馬政府選在台灣大選前夕對台軍售的決定看似明智，但實際上根本並沒有解決任何問題。這時，中美的齟齬也擴散到台灣以北和以南。

美國力挺日本與南韓

台灣以北的朝鮮半島與尖閣群島長年衝突不斷，將日本、韓國及美國綁在一起（美國與日韓都有協防條約）。不久前，美國在尖閣群島問題上選擇支持日本，並放棄多年來維持的中立立場。歐巴馬政府宣稱在《美日安保條約》的要求下，美國有義務支持日本。然而，紛爭仍持續延燒。二〇一六年七月，以日本首相安倍晉三為首的執政黨聯盟在參議院選舉中大勝，給了安倍嘗試修改日本和平憲法的本錢，讓日本得以在亞洲地緣政治中扮演更重要的角色。中國對此嚴正警告；中共高層驚呼，東京的舉動會擴大美日的軍事合作並威脅區域的穩定。[62]

距此一個月前，二〇一六年六月九日，中國軍艦史無前例地駛進由日本管轄的釣魚台周邊海域，北京同時宣稱，日本戰鬥機正在附近騷擾中國軍機。[63]東海瞬間瀰漫著撲鼻的煙硝味。不久後，華盛頓即請求日本海上自衛隊協助美國軍艦巡視南海地區，日本也於九月派出海上自衛隊。隨後，日本防衛省以中國的「海上侵略」為由，向國會要求編列創紀錄的超高額軍事預算。日本媒體發出警告，指出中國正企圖把南海變成「中國內海」，並在南海一帶建立「戰略三角」基地，以控制該區域的航運。媒體也指出，由於日本約六成的能源供給需通過南海，中國的「冒進行為」可能會使日本的能源生命線不保。當時的民調顯示，百分之八十六的日本民眾對中國的觀感不佳（相較十年前的百分之七十一），在中國則有百分之八十一的民眾（從過去的百分之七十一路攀升）對日本抱持負面的看法。[64]

北韓進行核武試爆則是另一個讓中美關係火上澆油的問題。此舉引發所有鄰近國家和美國的嚴重譴責及警告。然而詳細的情況顯示，事件遠比嚴厲的譴責聲浪更為嚴重。二〇一六年七月八日，華盛頓和首爾宣布，雙方將在南韓設置極為精密的戰區高空防禦飛彈系統（THAAD，又稱薩德反導彈系統）。中國官媒對此表示，薩德反導彈系統將會「引發核武對峙，如同六十年前的古巴飛彈危機」。中國《環球時報》（*Global Times*）甚至宣稱，薩德可能成為「一場手術式攻擊（surgical strike）的目標」。[65]然而，魔鬼藏在細節裡。北韓於九月九日展開第五次核武試爆，其規模之大史無前例（炸藥量高達一萬噸），並引發芮氏規模五．三的地震。如同以往，核武試爆再次引發觀察家的不安，擔心北韓正在研發可打擊美國和日本的核子彈頭；此外，當前在朝鮮半島周邊環伺的潛在衝突也使諸多可能性更為真實。歐巴馬在亞洲行返國的途中聽取簡報，隨後表示美國絕不且永不接受北韓成為核武國家。首爾認為金正恩「既魯莽又近乎瘋狂」；安倍宣稱，北韓的核武試爆對日本造成「嚴重威脅」。[66]

中國極為不快。美國國務卿卡特（Ashton Carter）認為中國也必須為此次核武試爆「承擔責任」，北京對此予以駁斥，並指出「美國與北韓之間脆弱的關係」才是罪魁禍首。[67]中國隨即取消南韓在中國的部分娛樂商演。由於南韓經濟依賴中國市場，而韓國流行文化在中國極受歡迎，因此中國的舉動讓許多人緊張萬分。有些觀察家認為，限韓令只是中國報復南韓的「第一步」。中國政府繼而以嚴厲的語氣表示，薩德反導彈系統嚴重危及中國與俄國的安全。[68]更糟的是，北京視日本為支持薩德反導彈系統和圍堵中國政策的共犯。有些觀察家指出，南韓、日本和美國可望組成「亞洲版的北約」（Asian NATO），甚至在未來納入台灣和越南。

第二個極可能爆發衝突的是非之地，是蘊藏大量石油、天然氣和其他資源的南海。更關鍵的是，全球超過三分之一的貿易航線經過南海，其全球貿易總額每年約達五兆美元。[69]南海長久以來便是兵家必爭之地，而近幾個月的危險性更是大幅提升。中國伸張主權的侵略性舉動和美國強力否決的反制行動，讓南海爆發衝突的可能性激增。與此同時，歐巴馬政府認為轉向亞洲政策的成敗與否，繫於其在南海議題上的表現；強勢回應是必要的手段。

在南海地區，由於中國長期疏於鞏固主權，導致其他國家藉此情勢趁虛而入——中國必須迎頭趕上。此外，隨著中國的經濟和軍事實力以倍數成長，而美國的經濟和軍事優勢逐漸式微，南海情勢再度升溫。中美衝突的癥結在於，華盛頓認為南海為國際公海，因此美國可在該區域對中國進行偵察，並落實航行自由。這項政策曾在二〇〇一年四月引發一場危機——一架美國偵察機（EP-3）在海南島以南與中國戰鬥機擦撞，導致中國駕駛墜機身亡，美國偵察機則迫降中國領土。該架偵察機的「任務」是，收集關於中國對台新型武器的情報。此舉無疑惹惱中共高層。軍機擦撞事件讓中美關係陷入高度緊張。雖然該事件最後透過協商以和平收場，但中國也伺機檢查扣留的偵察機，並從中取得相關的機密文件和機械零件。這起事件不僅讓兩國顏面盡失，雙方之間的基本矛盾也依然沒有解決。[70]

美國是否有權在中國沿岸進行偵察活動，並在南海地區行使航行自由權的問題仍未得到解決，儘管對許多觀察家而言後者不算是真的爭議，因為身為世界上最大的貿易國家，中國絕對支持航行自由的理念。然而，問題的癥結在於該由誰定義和落實航行自由。因此，中美的勢力消長變得至關重要。據報導指出，當時中國已在南海一座具爭議性的島上布署地對空飛彈。美國國務卿凱瑞指出，中國已把南海地區軍事化，而美國將對此一發展「嚴正關切」。北京反駁凱瑞的指控，並指出美國在南海的海空巡視才是導致該區域的情勢升溫、「真正使南海軍事化」的問題根源。[71]

歐巴馬「轉向亞洲」戰略，對付中國的「擴張主義」

歐巴馬政府的策略是尋求盟友共同對付中國的「擴張主義」，並落實轉向亞洲的戰略措施。因此，美國支持菲律賓和越南對南海主權的訴求，並尋求與菲律賓建立更密切的軍事防禦聯繫，以及與越南完全的關係正常化。菲律賓是歐巴馬政府偏好拉攏的對象。美菲兩國是傳統上的盟友，而在世界上所有國家中，菲律賓民眾對美國的評價最高。菲律賓和中國的關係不佳，而相對於其他東南亞國家，北京對菲律賓的經濟影響力也較不明顯。此外，菲律賓不受湄公河計畫的影響，中國也無法透過修築跨國公路或鐵路來左右馬尼拉。然而，菲律賓這時剛選出新總統杜特蒂（Rodrigo Duterte）；他是一位與眾不同的領導人，美國不習慣與之打交道。無視於對杜特蒂的生疏，歐巴馬抨擊杜特蒂主要的競選承諾——「掃蕩犯罪與毒品」——美菲關係頓時急轉直下。由於杜特蒂的背景及其對菲律賓社會的觀察，其掃蕩犯罪與毒品的決心不容質疑。[72]

華盛頓不僅不認同杜特蒂對付毒品問題所採取的嚴厲措施（即死刑），也對其解決區域內伊斯蘭和海盜問題頗有微詞。杜特蒂對歐巴馬的怒火迅速沸騰，其咒罵歐巴馬的言詞更是不堪入耳。杜特蒂在公開場合辱罵歐巴馬是「狗娘養的」，並在面對美國可能不對菲律賓出售武器時，直接叫歐巴馬可以「下地獄了」。杜特蒂以肯定的口吻把自己比擬成希特勒，並宣稱將處決國內約三百萬名的毒販和毒蟲。不久後，杜特蒂更表示菲美兩國近期（二〇一六年十月）舉行的聯合軍演是最後一次。杜特蒂宣稱，菲律賓將尋求與中國和俄國建立更緊密的戰略關係。[73]杜特蒂的反彈，讓歐巴馬政府尋求眾盟友支持其轉向亞洲政策的希望變得黯淡。

對歐巴馬政府而言，與越南的往來較為成功。儘管兩國曾在一九六〇到一九七〇年代大打出手，但越南民眾對美國的評價仍頗為正面。歐巴馬在二〇一六年五月出訪越南，並加強美越兩國的經濟合作和其他往來。雖然兩國在人權與治理的議題上仍缺乏共識，但雙方有默契地避免針鋒相對。越南和中國的關係極為惡劣，越南境內甚至一度爆發排華暴動。同時，歐巴馬宣布解除向越南提供致命性武器的禁令。顯然歐巴馬想透過此舉，反制中國在南海地區愈來愈頻繁的專斷獨行。[74]

儘管美越關係明顯改善，但俄國、日本和印度等國也陸續向越南示好，讓越南在各國之間扮演平衡的角色。[75]然而對越南而言，中越兩國的經貿關係有無可取代的重要性。中國向來是越南最大的貿易夥伴，而且此一趨勢有增無減——二〇一六年兩國雙邊貿易接近一千億美元。[76]中國也掌握了湄公河——越南主要的經濟命脈，並斥資打造鐵路，對越南的運輸系統乃至經濟發展影響甚鉅。此外，中國也在兩國交界處駐紮大批解放軍。雖然歐巴馬希望從中國手中奪走越南的支持，但成功的機率微乎其微。

此時，中美兩國在亞洲進行地緣政治角力的範圍持續擴大。美國試圖拉攏印度，而俄國則再度透露對亞洲的興趣，表示支持中國。近年來，美國和印度的關係大幅改善。美國民眾歡迎印度，而美印兩國的軍事對話與聯合演習也比與其他國家的軍事合作更為頻繁。歐巴馬近期訪問印度，莫迪總理（Narendra Modi）也擇日回訪；印度的經濟快速成長，可望在東亞的經貿和其他面向上扮演更重要的角色。然而，中國的經濟規模是印度的五倍之大，況且就全球貿易而言，印度也排不上前十名。此外，無論以哪種標準評估，中國的軍隊規模也是印度的四到五倍之多。

另一方面，印度不太可能完全向美國靠攏，因為中國才是印度最大的貿易夥伴。印度希望加入中國的一帶一路計畫，或至少不被北京遺忘。事實上，新德里才剛向中國的上海合作組織叩關，希望能成為會員；同時，印度也活躍於金磚國家（BRICS）組織之中。無獨有偶的是，美國既未加入上海合作組織，也未參與金磚國家組織（事實上，美國被排除在外）。此外，印度和俄國的關係依然密切，尤其是在武器與國防科技上的合作與交流。[77]然而，無論在南海或東海，印度並無太多相關的利益可言。

若印度難以在短時間內成為東南亞或東北亞的強權，我們或許可以將目光轉向俄國。俄國始終積極尋找翻身的機會。在克里米亞危機後，俄國與歐洲疏遠，便開始尋求與亞洲國家拓展貿易，同時也藉機挑戰美國在該區域的地位。此外，莫斯科也希望提升軍事影響力。二〇一六年四月，俄國和中國簽署聯合聲明，共同反對華盛頓就南海爭議所提出的解決方案。[78]美俄關係惡劣，中俄經濟往來頻繁——兩者帶來的啟示是，莫斯科和北京在反美的立場上一致。

七月，美國似乎贏得重大的一役——海牙常設仲裁法院否決了中國對南海地區的九段線主張，菲律賓「大獲全勝」。中菲兩國爭執的議題包括中國對菲律賓專屬經濟海域的主權訴求、中國在南海地區填海造陸，以及島嶼和島礁的定義標準等。[79]歐巴馬政府引述此仲裁結果並大肆吹噓，認為是美國對中國的一場勝利。然而，中國對仲裁結果和美國的立場並不意外，誓言維護主權。中國官媒宣稱，常設仲裁法院是「外國勢力的傀儡」。中國外交部副部長指出，海牙仲裁法院裡完全沒有亞裔法官，因此他們對南海的情勢不甚瞭解。中國駐美大使將問題歸咎於美國的轉向亞洲政策，[80]俄國則支持中國的立場。隨後，許多因素讓觀察家開始質疑歐巴馬口中的「重大勝利」——菲律賓與美國決裂並與中國交好是問題的核心。馬尼拉未依仲裁結果對中國乘勝追擊，進而削弱歐巴馬的說法；美國未能在南海議題上「擊潰」中國。[81]

華盛頓還面臨其他問題：台灣在南海議題上也有利害關係。除了最終的主權歸屬不同，台灣的推論與中國雷同，兩者都主張擁有南沙群島中的太平島和周邊海域的管轄權。緬甸和寮國的立場與中國一致，使得東南亞國家協會（ASEAN）無法表達立場，因為其任何決定都需獲得全體成員國的支持。美國曾期待東協的支持，如今希望也落空。該仲裁結果也對美國在太平洋漁業限制及其他活動上的立場構成挑戰。[82]

歐巴馬政府不但未能透過海牙法院的仲裁結果打擊中國，九月在中國召開的二十國集團（G-20）高峰會上更是挫敗連連（受邊緣化和羞辱）。會議召開的當下，美國的經濟成長率僅略高於百分之一，而且當時兩黨總統參選人希拉蕊和川普雙雙反對《跨太平洋夥伴關係協定》（The Trans-Pacific Partnership, TPP；華盛頓轉向亞洲的經濟策略）。眾議院議長萊恩（Paul Ryan）也公開反對TPP。與此同時，一些已加入TPP的亞洲國家對該協定顯得興趣缺缺。而中國主導下的亞洲基礎設施投資銀行（Asia Infrastructure Investment Bank, AIIB）和區域全面經濟夥伴關係協定（Regional Economic Cooperation Partnership, RCEP）都獲得愈來愈多國家的支持和信任。許多國家陸續加入AIIB和RCEP，其中不乏美國的盟友。歐巴馬顯然未能以勝利者之姿步出二十國集團高峰會的會場。[83]

總之，在台灣總統大選落幕後幾個月間，台灣政治的新氣象明顯讓兩岸關係再度陷入緊張。事實上，兩岸關係降溫也導致中美關係急轉直下，進而使東北亞和南海兩個引爆點情勢更加嚴峻。美國深陷於亞洲的新情勢中，其作為的成效卻不盡理想。有些觀察家甚至認為，美國正在搬石頭砸自己的腳。除了倚賴（暫時的）軍事優勢，華盛頓看來幾乎已無計可施。未來前景並不樂觀。

1 John F. Copper, *Taiwan's 2016 Presidential/Vice Presidential Election: Reflections on the Nature of Taiwan's Politics and Shifts Therein* (Baltimore: University of Maryland Carey School of Law, 2016), 58-68.

2 同前註，頁六一。

3 參見John F. Copper, *Historical Dictionary of Taiwan (Republic of China)* 4th edition (Lanham, MD: Rowman and Littlefield, 2015), 108, 247, 270-71.

4 J.R. Wu and Ben Blanchard, "Taiwan opposition wins presidency, China warns against independence move," *Reuters*, January 16, 2016 (online at uk.reuters.com).

5 蔡英文在二〇一四年接受《天下雜誌》專訪時表示，若民進黨勝選，中國必須要「適應」現實。

6 "Editorial: A historic day for politics in Taiwan," *Taipei Times*, January 17, 2016 (online at taipeitimes.com).

7 James Wong, "Taiwan's development thwarted by the KMT," *Taipei Times*, February 25, 2016 (online at taipeitimes.com).

8 編註：這應該是指二〇一六年六月九日在網路上開始延燒的洪素珠事件，洪於該年的二月二十八日在高雄二二八和平公園自稱是公民記者（其實她只是台灣民政府的成員）並隨機採訪一位老榮民，過程中以歧視性言語辱罵該名老榮民。這起事件受到台灣各界人士的關注和撻伐，政壇不分黨派共同譴責其言行。該影片在撤下網路前，點閱率已經超過萬人。

9 Stephanie Chao, "Ex-Premier to accept position to be envoy to Japan gov't," *China Post*, April 28, 2016 (online at chinapost.com.tw). 謝長廷也是2008年總統大選時代表民進黨參選的副總統候選人。

10 "Taiwan won't collude with China on East China Sea: DPP heavyweight," *Nikkei Asian Review*, April 27, 2016 (online at asia.nikkei.com).

11 William Kazer, "Taiwan's Tsai Ing-wen Skirts 'one-China' Consensus in Inaugural Address," *Wall Street Journal*, May 20, 2016 (online at wsj.com).

12 蘇起，〈名家縱論／當前兩岸僵局的癥結〉，《聯合報》，二〇一六年十月二十三日，A14版。在此，作者以「掏空」的說法意指「中華民國」一詞應該成為指涉過去的歷史用語。

13 Ted Galen Carpenter, "America Should Step Back from the Taiwan Time Bomb," National Interest, July 6, 2016 (online at nationalinterest.org).

14 "Taiwan Accidently Launches Missile," *News China*, September 2016, 6.

15 Austin Ramzy, "Taiwan, After Rejecting South China Sea Decision, Sends Patrol Ship," *New York Times*, July 13, 2016 (online at nyt.com).

16 Stephanie Chao, "Tsai rejects deadline for accepting 92 Consensus," *China Post*, July 23, 2016 (online at chinapost.com.tw).

17 "A series of unfortunate events," *Economist*, July 30, 2016 (online at economist.com) and Paul Lin, "Tsai Ing-wen faces tough road to reform," *Taipei Times*, July 30, 2016 (online at taipeitimes.com).

18 "EDITORIAL: Shaking off the shackles of opinion," *Taipei Times*, August 5, 2016 (online at taipeitimes.com). 前項民調來自台灣民意基金會，後者則由台灣智庫所提供。

19 Alan D. Romberg, "The First 100 Days: Crossing the River While Feeling the Stones," China Leadership Monitor, August 30, 2016 (online at hoover.org).

20 Christine Chou, "China focused travel agency shuts down," *China Post*, August 25, 2016 (online at chinapost.com.tw).

21 Stacy Hsu, "KMT says Tsai hurt tourism in Hualien," *Taipei Times*, August 25, 2016 (online at taipeitimes.com).

22 Chen Wei-han, "KMT's Wei wins Hualien by-election," *Taipei Times*, August 28, 2016 (online at taipeitimes.com).

23 Taiwan protests over slump in China tourist visits," *Yahoo News*, September 12, 2016 (online at yahoo.com).

24 Jermyn Chow, "Taiwan military holds war games amid troubles," *Straits Times*, August 25, 2016 (online at straitstimes.com).

25 "Local gov't officials hold meeting with Beijing," *China Post*, September 19, 2016 (online at chinapost.com.tw).

26 Chen Wei-han, "Approval ratings for Tsai, Lin at new lows," *Taipei Times*, September 15, 2016 (online at taipeitimes.com).

27 "Tsai needs new tack in dealing with Beijing," *China Post*, October 1, 2016 (online at chinapost.com.tw). 然而，此報導引用來自《環球新聞月刊》的民調結果。數據顯示多數人偏好維持現狀，而偏好前往中國工作和求學的人也有增加。

28 Ryan Pickrell, "Taiwan May be Making Quiet Military Power Moves in the South China Sea," *Dailycaller News Foundation*, September 21, 2016 (online at dailycaller.com).

29 Jason Pan, "Military exercises simulate Port of Taichung attack," *Taipei Times*, August 24, 2016 (online at taipeitimes.com).

30 S. Goldstein, *China and Taiwan*, 116.

31 同前註，頁一一七。

32 Matthew Strong, "China to cut tourists to Taiwan: reports," *Taiwan News*, October 6, 2015 (online at taiwannews.com.tw).

33 Yuan-Ming Chao, "Chinese visitors may drop by 1/2: reports," *China Post*, January 23, 2016 (online at chinapost.com.tw).

34 "The Gambia gambit," *Economist*, March 25, 2016 (online at economist.com).

35 "In wake of Taiwan elections, Chinese TV reports PLA live-fire exercises," *Economist*, January 21, 2016 (online at economist.com).

36 Zheping Huang, "War with China is inevitable if Taiwan keeps pushing for independence, a Chinese general says," *Quartz*, January 26, 2016 (online at quartz.com).

37 Alan D. Romberg, "Tsai Ing-wen Takes Office: A New Era in Cross-Strait Relations," China Leadership Monitor, July 19, 2016 (online at chinaleadershipmonitor.com).

38 Richard C. Bush, "Decoding Xi Jinping's Latest Remarks on Taiwan," Brookings Institution, March 17, 2016 (online at brookings.edu).

39 Derek Grossman, "A Bumpy Road Ahead for China-Taiwan Relations," Rand Corporation, September 22, 2016 (online at rand.com).

40 "WHO's one-China statement unilateral: MOFA," Focus Taiwan, May 7, 2016 (online at focustaiwan.tw) and Shannon Tiezzi, "Taiwan Sends Delegation to China to Discuss Deportation Case," The Diplomat, April 21, 2016 (online at thediplomat.org).

41 Suisheng Zhao, "Are China and Taiwan Heading Toward Conflict?" National Interest, September 28, 2016 (online at nationalinterest.com).

42 Javier C. Hernandez, "China Suspends Diplomatic Contact with Taiwan," *New York Times*, June 25, 2016 (online at nyt.com).

43 Romberg, "The First 100 Days," 4.

44 *Global Times*, cited in "China paper questions motive behind missile misfiring that killed 1," *China Post*, July 3, 2016 (online at chinapost.com.tw).

45 Stephanie Chao, "Tsai rejects deadline for accepting the '92 Consensus," *China Post*, July 23, 2016 (online at chinapost.com.tw).

46 Suisheng Zhao, "Are China and Taiwan Heading Toward Conflict?" National Interest, September 28, 2016 (online at nationalinterest.com).

47 Sean Lin, "One China' the basis for Taipei-Shanghai ties: Sha," *Taipei Times*, August 24, 2016 (online at taipeitimes.com).

48 Elsie Tsai, "Sha Hailin leaves Taipei among protests," *Taiwan News*, August 25, 2016 (online at taiwannews.com.tw).

49 Romberg, "The First 100 Days," 5.

50 "China snubs global cities forum in Kaohsiung," *China Post*, September 6, 2016 (online at chinapost.com.tw).

51 Jens Kastner, "China's Latest Taiwan Strategy: Divide and Conquer," Asia Sentinel, October 21, 2016 (online at asiasentinel.com).

52 "Angry Taiwan blames China for UN aviation meet snub," AFP, September 23, 2016 (online at afp.com) and Stephanie Chao, "Taiwan won't get ICAO invite: gov't," *China Post*, September 24, 2016 (online at chinapost.com.tw).

53 "How Hong Kong is getting sucked into Beijing's Taiwan battle," ejinsight, August 24, 2016 (online at ejinsight.com).

54 Chen Yu-fu, "Nation's Interpol role obstructed," *Taipei Times*, September 30, 2016 (online at taipeitimes.com).

55 Romberg, "The First 100 Days," 8.

56 參見Willy Wo-Lap Lam, "Will 'Core of the Leadership' Xi Jinping Rule for 15 Years Or More?" *China Brief*, March 7, 2016 and "Ahead of 19th Party Congress, Xi's Struggle Continues," *China Digital Times*, July 14, 2016 (online at cdt.com).

57 Grossman, "A Bumpy Road Ahead for China-Taiwan Relations."

58 此議題留待下一章詳加討論。

59 See I.M. Norton, "'One China': 5 Interpretations," The Diplomat, July 27, 2016 (online at thediplomat.org).

60 Zachary Cohen, "US sells $1.83 billion of weapons to Taiwan despite China objection," *CNN*, December 15, 2016 (online at cnn.com).

61 David J. Firestein, "China-Taiwan Relations: Toward an Improved Cross-Strait Status Quo," The Diplomat, March 16, 2016 (online at thediplomat.com).

62 Nathaniel Taplin and Linda Sieg, "Japan ruling bloc election win threatens regional stability, says China's Xinhua," *Japan Today*, July 11, 2016 (online at japantoday.com).

63 Isabel Reynolds and Andy Sharp, "Abe's big win may mean more trouble in Japan-China relations," *Bloomberg News*, July 11, 2016 (online at bloombergnews.com).

64 Steve Mollman, "Japan and China's maritime tensions in the South China Sea are resurfacing World War II-era wounds," Quartz, September 22, 2016 (online at qz.com).

65 Eric Baculinao, "U.S.-South Korea Missile Shield Could Spark New Crisis: China Media," *NBC News*, July 21, 2016 (online at nbcnews.com).

66 Justin McCurry, "North Korea accused of 'maniacal recklessness' after nuclear test triggers earthquake," *The Guardian*, September 9, 2016 (online at theguardian.com).

67 "China Clarifies its Stance on North Korea's Nuclear Test," *China News*, November 2016, 7.

68 Amyl Qin and Choe Sang-hun, "South Korean Missile Defense Deal Appears to Sour China's Taste for K-Pop," *New York Times*, August 7, 2016 (online at nyt.com).

69 Anthony Fenson, "$5 Trillion Meltdown: What if China Shuts Down the South China Sea?" National Interest, July 16, 2016 (online at natioinalinterest.org).

70 Wang, *Obama's Challenge to China*, 20-21.

71 "South China Sea: Beijing accuses US of militarization," *BBC News*, February 19, 2016 (online at bbc.com).

72 Marina Koren, "The Philippine President's Vulgar Warning to Obama," *The Atlantic Monthly*, September 5, 2016 (online at theatlantic.com).

73 Joshua Kurlantzick, "How Much Damage Can Duterte Do to the U.S.-Philippine Relationship?" World Politics Review, October 7, 2015 (online at worldpoliticsreview.com).

74 Nicole Gaouette, "Why is the U.S. arming Vietnam," *CNN*, May 24, 2016 (online at cnn.com).

75 Nicolas Jouan, "Balance of Power in Southeast Asia: Vietnam's Strategy," Foreign Affairs Review, May 29, 2016 (online at foreignaffairsreview.com).

76 "Vietnam emerges China's largest Southeast Asian trade partner," *Customs News*, October 10, 2016 (online at customsnews.vn).

77 "Russia remains India's important military supplier," *Times of India*, October 13, 2016 (online at timesofindia.indiatimes.com).

78 Miles Maochun Yu, "Russia Poised To Play A Lead Role in Asia Pacific," Military History in the News (Hoover Institution), May 24, 2016 (online at hoover.org).

79 Jane Perlez, "Tribunal Rejects Beijing's Claims in South China Sea," *New York Times*, July 12, 2016 (online at nyt.com).

80 Ben Blanchard and Martin Petty, "China vows to protect South China Sea sovereignty, Manila upbeat," *Reuters*, July 14, 2006 (online at reuters.com).

81 Euan Graham, "The Hague Tribunal's South China Sea Ruling: Empty Provocation or Slow-Burning Influence," Council on Foreign Relations, August 18, 2016 (online at cfr.org).

82 Mark Rosen, "The South China Sea ruling has hidden benefits for Beijing," *Asia Times*, October 6, 2016 (online at atimes.com).

83 "Obama's Final Sojourn to Asia: Success or Failure?" IPP Review, September 15, 2016 (online at ippreview.com/index.php/Home/Blog/single/id/238.html).

第十五章 結論

一九九六年，中美因為台灣而展開一場軍事對峙。雖然當時許多觀察家認為戰事一觸即發，最終仍以和平收場，但台灣成功挑起華盛頓和北京之間的摩擦卻是不爭的事實。在接下來的陳水扁時代，中美之間的齟齬更是有增無減。然而，兩岸的緊張氛圍自二〇〇八年初逐漸減緩。馬英九當選為總統，他避免兩岸衝突再起，試圖改善兩岸關係是他所依循的政策。中共高層笑了；華盛頓喜上眉梢；台灣民眾則鬆了一口氣。

但好景不常，許多台灣民眾開始覺得馬英九過於親中，甚至認為馬英九偏好統一，將透過犧牲台灣的主權來達成這個目標。此外，馬英九的施政模式漸漸地不得人心，在反對勢力逐漸掌握民意走向做為有效的反政府工具後，馬英九與其內閣很快就失去民心。此時，民進黨已從敗選中恢復元氣，並針對台灣的前途提出捍衛國族認同及與中國分離的觀點。由於馬英九和民進黨都對美國的安全承諾感到放心，因此兩者對於中國的經濟和軍事崛起及北京所展現的空前自信未放在心上。趁著兩岸關係和緩的好時機，美國把目光轉向其他事務，或者如某人所言，這段和緩期讓美國稍微能把注意力從亞洲和台灣移開。華盛頓因而刪減國防預算，並專注於中東地區的諸多問題。

中國則伺機為下一場鬥爭做了相當多的準備，這也使北京更具信心面對下回合的挑戰。事實上，國力提升使北京更有可能與美國較勁。二〇一六年一月的台灣總統大選是中美關係再度陷入緊張的催化劑，並把兩國帶入一個更危險的階段。野火燒不盡，衝突再度蓄勢待發。此回合唯一的差別在於情勢看來更嚴峻。戰爭似乎近在咫尺。

新美中台關係

就某個角度而言，我們可從「三方關係」的角度——三個參與者相互牽連——看待台海情勢發展的高低起伏。有些觀察家認為，二〇〇八至二〇一六年是美中台三方的「共贏或安定時期」；在二〇〇八年以前台海深陷於連續不斷的危機中。[1]以某些方面來說，這八年間的台海情勢確實顯得相對和緩。有些指標甚至指出，和緩的情勢可能成為台海的常態。馬英九認為台灣的未來與中國密不可分，上台後便取消陳水扁一連串惹惱中國的政策，並推行培育中華文化的政策。[2]

承繼李登輝和陳水扁政府，在馬英九執政期間，台灣與中國的貿易量持續成長，大量的投資在兩岸頻繁流動。根據國際關係學者表示，有貿易和商務往來的國家不會貿然開戰。[3]兩岸的經貿交流確實十分緊密。中國是台灣最大的貿易對象；台灣約百分之四十的出口流向中國；逾一百萬名（實際的數字也許更多）台籍人士在中國居住及工作。中國觀光客川流不息地走訪台灣，兩岸的學生也頻繁地跨海求學。簡言之，台灣的經濟未來（和其他發展）愈來愈離不開中國。[4]

中共高層對馬英九的勝選極為滿意，因為中國得以對台休兵，並把心力轉移至其他事務。此時，中國的整體國力正快速提升。中共高層認為中國國力成長之快，使他們的國際影響力也跟著水漲船高，而台灣自然也會願意與中國重新統一。他們認為中國享有時間優勢。[5]此外就某個角度而言，中國至少在短期內不想收回台灣，因為當時的兩岸關係發展正如北京所願：兩岸貿易與各方面的往來大幅成長。整體而言，兩岸關係正快速改善，因此殺雞取卵顯得多此一舉，直接統治台灣反而可能產生許多嚴重的問題。例如，台灣資金與人才可能在統一尚未完成前大量地逃離台灣。直接統治台灣絕非易事，因為隨之而來的問題不僅會讓中國難堪，也有損國際形象。[6]因此中國可以等；也許會等上好一段時間。現階段需要的是耐心。

另一方面，美國非常樂見馬英九勝選，因為馬英九承諾將為兩岸帶來和平，而台海情勢緩和能讓小布希政府在任期結束前將注意力留在日漸惡化的中東問題上。對小布希而言，馬英九政府的政策也能讓美國繼續讚揚台灣的民主發展。美國對台灣民主的發展厥功甚偉，許多美國民眾——更重要的是包括國會議員——都從中獲得各界讚賞；台灣的民主成就與小布希試圖讓民主成為普世價值的計畫並行不悖。華盛頓認為，馬英九恢復台灣政府的正直風氣，並採取許多合情理、有益於民主治理的政策。[7]

對歐巴馬政府而言，風平浪靜的台灣海峽為美國提供了另一項紅利——華盛頓可在不受台灣問題干擾的情形下與北京交好，而且不必擔心須透過出兵來兌現美國對台灣防禦的承諾。兩岸情勢的改善也能讓歐巴馬構思（或談論）其他更積極的政策：與中國展開貿易，吸引大批中國學生赴美留學，並落實其對中國採取「友誼外交」的構想。兩岸關係的改善，使美中台三方共贏的局面不再是空談。[8]然而，現實與理想畢竟有差距。事實上，美中台三方關係隱藏了許多嚴重的問題，其中一個最嚴重的矛盾是：美中台三方都認為，長期來看，維繫台海均勢的政策與其各自的目標相悖，因此三方看待此一共贏局面的方式及做出變動的理由也不盡相同。隨著時間流逝，美中台三方的和平發展顯得更加前途未卜。[9]

馬英九在上任後即試圖向台灣民眾展現，他正在具體打造更友善的兩岸關係。儘管如此，他尋求的大都是不費吹灰之力即可立竿見影的政策。但這也表示，隨著時間流逝和短期工作逐項完成，馬英九也愈來愈難一展長才。[10]另一個「根本的」問題是，台灣的民主化發展長期聚焦於選舉政治和體制改革，導致台灣的政治發展不容易培養出政策理性，也難以在兩岸關係上有所突破。[11]有鑑於此，台灣的民主體制愈來愈像是兩岸關係中的芒刺。

上述只是所有政治阻礙的冰山一角。在馬英九執政初期，他努力解決前朝所留下的問題。他表示，消弭貪腐與修補族群關係有助於改善台灣的民主。然而，誠如第十三章所提到的，馬英九的施政風格備受民眾質疑。民進黨的政治人物成為台灣獨特（或獨立）文化和民主體制（依其所定義）的擁護者，他們誓言捍衛台灣的文化和民主。他們的訴求成功地擄獲許多民眾的心，這也導致台灣與中國的關係日趨緊張。民進黨所激起的民粹主義讓北京高層大驚失色，他們想起毛澤東在位時利用民粹主義發起大躍進（進而摧毀中國經濟）和文化大革命（進而摧毀中國共產黨）的不愉快回憶。[12]雖然當前的中國領導班子不反對藉由刺激民眾情緒達成目的，但他們也害怕這股力量的反撲，尤其是用在激發反中情緒和追求自決的議題上——此一情勢正在台灣上演。[13]

中共高層對台灣的民主恨之入骨。長久以來他們認為外國勢力——尤其是美國——是台灣民主的推手，其目的無非藉此讓台灣從中國分離出去。民粹主義式的民主在台灣日益增長，更讓他們深信一定是外國勢力在幕後從中作梗。此外，台灣的民主發展摧毀了對兩岸貿易帶來雙贏局面的論述——密集的貿易和投資代表雙方將不會有衝突或戰爭；相反地，被民進黨將其形塑成喚起民眾恐懼的議題，讓許多台灣民眾堅信中國正以貿易弱化台灣的主權和現存狀態。[14]此外，中國開放觀光客赴台旅遊也是一把雙面刃。儘管中國觀光客為台灣的經濟和觀光業帶來一片榮景，但民進黨指出，許多中國觀光客若不是間諜，就是為了滯留台灣，有朝一日成為「第五縱隊」。許多民眾對此深信不疑。[15]

而國族認同是另一個讓中共高層頭痛的問題。相較於認為自己是中國人、或既是台灣人也是中國人的選項，愈來愈多台灣民眾認為自己是台灣人。二〇〇八年時，僅百分之四十八·二的台灣民眾認同台灣；到了二〇一四年，認同台灣的比例升高到百分之六十·六。[16]在某種程度上，高漲的民粹主義情緒和政治兩極化可以解釋此一現象，但它同時也透露出一股長期趨勢；對北京而言，這反映出台灣未來的社會和政治發展走向，而且形勢看來不甚樂觀。同時，中國快速成長的軍事力量讓北京官員更有自信，也更傾向採取侵略性的政策，特別是台灣在馬英九執政結束前與中國漸行漸遠。這兩股趨勢同步發展，導致兩岸關係險象環生。

對美國而言，雖然台海有過一段寧靜的時光，但隨著時間流逝，華盛頓對中國的崛起愈來愈憂心，因為中國已威脅美國二戰以來在東亞地區所擁有的主導權。在二〇〇八到二〇〇九經濟大衰退重擊美國，而中國似乎不受衝擊的情形下，華盛頓的不安瞬間倍增。誠如第十三章所提到的，在歐巴馬政府上任後的「蜜月期」結束後，中美關係從二〇一〇年開始出現裂痕，而白宮也發現，與北京交手的最佳手段似乎不是讓步。最終，華盛頓在二〇一一年宣布轉向亞洲政策。簡言之，歐巴馬政府的重大政策——退出小布希所涉入的中東戰場、讓美國重獲國際社會的支持，以及創造世界和平——都無法討好中國，這讓歐巴馬愈來愈厭惡中共高層，尤其是中國在東海和南海等亞洲熱點地區的專斷獨行。

這一切發展告訴我們，「信任」是國際關係的重要元素。如某位觀察家所言，世界歷史上最動盪不安的時期通常也是信任蕩然無存的時期。當世界上公認的強權無法做出適度的讓步時，情勢通常會往壞的方向發展——美國在二〇一〇年之後的對中政策即是如此。[17]三方關係也放大了這股不信任感，包括台美關係的失衡——在台美貿易持平的同時，中美貿易快速成長（並嚴重失衡）。此外，兩岸經貿往來密切且快速增長，加深台灣對中國的依賴。專家認為，兩岸關係改善讓歐巴馬有所顧慮，擔心北京和台北有所勾結。有鑑於此，華盛頓開始調整對中和對台政策，將更多注意力放在美國的國家安全上。[18]

另一個變數是，中國在尖端武器研發上的突飛猛進，尤其是飛彈科技。相較於中國的軍事躍進，美軍顯得疲弱不堪，[19]更讓華盛頓擔憂的是，美國剛為了解決不斷膨脹的債務問題而刪減國防預算。因此，歐巴馬政府採取所謂的空海一體戰的戰略[20]——一種主動滲透中國，並攻擊其軍事設施的戰略。空海一體戰強調先發制人；美國希望藉此平衡中美之間快速縮小的軍事實力差距。然而，這套戰略也有不利之處；先發制人不僅無法強化區域穩定並贏得盟友的支持，反而容易打草驚蛇，促使中國加快備戰腳步。此外，這套戰略將台灣擺在中美對峙的中心點。[21]

接踵而來的是歐巴馬政府的轉向亞洲政策。北京認為，該政策只是美國圍堵中國政策的新瓶舊酒，如前所述，美國的盟友認為，華盛頓將過多的心力投注於軍事活動上，而忽略了經濟層面。在美國經濟明顯停滯、中國經濟快速成長之際，質疑聲不絕於耳。

正當中美開始產生摩擦時，歐巴馬決定在東海和南海等區域問題上與中國作對，偏袒北京的對手。誠如前幾章所述，歐巴馬決定以若干挑釁手段對付中國：一方面引用《美日安保條約》，支持日本對尖閣諸島的主權訴求，另一方面在南海問題上支持越南和菲律賓。由於台灣正好位於兩個衝突點之間，因而難以置身事外。因此，華盛頓似乎更加重視台灣並改變美國對民進黨的政策，即使其政策是為了追求台灣獨立。[22]對北京而言，華盛頓的立場戕害兩岸關係。有別以往（遠至尼克森政府之前），白宮似乎在重新思考其一中政策。對台海未來的寧靜而言，美國重新評估其對中政策絕非好事。

中美競爭與「修昔底德陷阱」

若將觀察的目光從美中台三方關係移開，修昔底德陷阱（Thucydides Trap）——取自古希臘歷史學家修昔底德《伯羅奔尼撒戰爭》中的概念——是另一個可用於推斷中美衝突的理論。[23]在這本歷史和國際關係的經典著作中，修昔底德指出雅典和斯巴達之間爆發戰爭的必然性。修昔底德認為，在崛起中的強權挑戰霸權的情形下，一場戰爭在所難免。當時斯巴達是霸權，雅典則是崛起中的強權，兩國最終兵戎相見。

當下許多提倡權力轉移理論（power transition theory）的國際關係學者也支持修昔底德陷阱理論。根據權力轉移理論，國際體系中的強權組成金字塔結構，並由所謂的「霸權」或支配性強權（“Hegemon” or dominant power”；依權力的組成成分和政治穩定性而定）占據頂端的位置。[24]當霸權國的支配能力完全覆蓋體系時，和平的狀態比較可能出現。但由於國際政治的本質具週期性（可能肇因於國內團體之間的利益衝突、帝國過度擴張等），因此當霸權國受到挑戰時，便很可能爆發戰爭——可能是霸權國主動發起捍衛其地位的戰爭，或是挑戰國在有自信撂倒霸權國時所發動的戰爭。顯然權力轉移理論預測到中美兩強難逃衝突的命運。[25]

現實主義——有時被學者和決策者稱為最受歡迎的世界觀——也預測中美勢必會發生衝突。根據現實主義理論，國際體系的特質是國家試圖在國際政治中擴張權力和影響力，而權力平衡是防止或降低衝突的有效手段。然而，在當前的單極體系中，權力平衡無法有效運作。因此，誠如持現實主義觀點的政治學家米爾斯海默（John Mearsheimer）所斷言，「中國不可能以和平的方式崛起。」[26]

另一方面，其他國際關係理論的擁護者也對國際政治感到悲觀。賽局理論學者指出決策者通常不理性，因為他們無法信任他國領袖會兌現承諾。其他學者則指出，誤判（misperception）是國際政治中的嚴重問題，因此自我防衛通常看起來像是為發動戰爭而做準備（即所謂的「安全困境」）。此外，也有學者主張，文化差異可能導致大國自恃甚高，認為自己擁有卓越的價值觀和獨特的使命（例如美國曾自詡為山上之城，中國則認為自己是中土之國），並以此做為行動的正當性基礎。[27]

無論如何，自從斯巴達與雅典交鋒以來，修昔底德陷阱曾多次出現在歷史舞台，而第一次世界大戰堪稱經典案例。德國的工業成就促使德意志皇帝挑戰英國的霸權地位，進而促成兩國對決。[28]歷史上不乏修昔底德陷阱的例子。事實上，根據哈佛大學貝爾芙科學暨國際事務研究中心（Harvard Belfer Center for Science and International Affairs）的研究指出，過去五百年來所爆發的十六場大戰中，有十二場戰爭的起因呼應了修昔底德陷阱。[29]目前，修昔底德陷阱以驚人的準確性描述今日的中美關係——美國是當今世界上的超級強權，中國則是崛起中的挑戰者。修昔底德陷阱的擁護者預測，在前述不同理論的共同支持下，一場或多場戰爭的爆發無可避免。[30]此外，大量的數據和事實也加強了修昔底德陷阱的說服力，使其擁護者不像是癡人說夢。其中一個理由是，相較於過去以戰爭收場的時期，今日中美衝突的壓力正以更快的速度積累當中。

這點值得我們深入分析。中國過去逾三十年的高速經濟成長，是中美未來可能爆發衝突的起點。在此之前，中國經濟飽受毛澤東的平等主義、以自強之名提出的經濟孤立政策，以及許多災難性的經濟和社會運動所摧殘。當時的中國經濟顯然無法與美國競爭。[31]然而，一九七六年毛澤東逝世及兩年後鄧小平掌權，這兩件事徹底改變現代中國的命運。鄧小平以嶄新的經濟政策——自由市場、對外貿易、開放投資、個人進取和私人企業等——在中國掀起一場革命。他督導下的經濟成長（被稱作奇蹟式成長）在過去大面積國家發展的例子裡前所未見。經濟發展很快地讓中國脫離貧窮，成為一個中等富裕的國家，並擁有大量的外匯存底。經濟崛起也帶動其他領域的發展，進而全面提升中國的整體國力。[32]

隨著中國經濟的發展，世界可能邁向多極化，但蘇聯於一九九一年垮台，導致兩極體系瞬間少了一極。大部分的國家都認為，美國無疑是世界上最強大的國家。美國成為世界上唯一的超級強權，並且支配全世界；此時的國際體系呈現單極結構。然而，此一局勢很快地出現變化。隨著小布希在中東和中亞地區進行所費不貲又毫無意義的戰爭，以及歐巴馬拒絕再擁抱世界強權的光環，美國逐漸無法捍衛唯我獨尊的世界強權地位。換句話說，美國獨特、壓倒性的霸權角色岌岌可危。[33]草率的戰略決策和軟弱的領導層不僅導致美國快速衰退，也讓其長期發展不甚樂觀。各項強權指標或衡量國力的相關數據都顯示，美國不斷向下滑落而中國正在崛起。中美彼此消長的變化來得快又意義深遠。究竟有多快？又代表什麼意義？中國又是如何脫穎而出並成為挑戰國？答案盡在細節裡。

當中國經濟狂飆時，美國經濟正嚴重衰退

在毛澤東時代即將告終時，中國的國內生產總值僅為美國的十五分之一（其人口是美國的五倍之多）；就對外貿易（普遍用於衡量全球經濟影響力的指標）而言，中國未躋身全球三十大貿易國之列；從外匯存底來看，中國也不在全球前二十名當中。簡言之，當時中國的經濟根本不值一提。[34]三十五年後，中國的對外貿易量和外匯存底不僅超越美國（以實質購買力平價計算），還躍身為世界最大的貿易國。如今中國的外匯存底是美國的三十倍之多，而且在許多經濟指標上超越美國。

近期某位美國大學教授就以下指標請學生思考，中國是否會超越美國，成為世界第一：製造商、出口商、貿易夥伴國、儲蓄人口、美國公債持有量、接受外商投資、能源消耗、石油進口、二氧化碳排

放、鋼鐵生產、汽車消費、智慧型手機市場、奢侈品市場、網路使用人口、高速電腦、外匯存底、首次公開募股的公司、對全球經濟成長做出貢獻的公司等。而這位教授對學生的答案是：中國在上述所有指標都已超越美國！[35]然而，中美競爭不僅止於此，其中的細節更值得我們留意，因為它們為兩國衝突埋下伏筆。

二〇〇二年，中國的鋼鐵產量超越美日兩國加總產量（鋼鐵產量一向是傳統上衡量國力的主要指標之一，時至今日其重要性依然存在）。二〇〇五年，中國的經濟產值（以購買力平價計算）超越美國。二〇〇七年，中國成為全球最大的商品消費國（超越美國），並在同年取代美國，成為對全球經濟成長貢獻最多的國家（美國自一九三〇年代以來，一直是全球最主要的經濟引擎）。二〇〇九年，中國的製造業發展超越美國（美國製造業曾引領各國長達一世紀，而中國在大英帝國於一八四〇年竄起並成為全球經濟引擎以前，其製造業曾叱吒風雲一千八百年之久）。同年，中國的汽車生產量也超越美國（又是一門美國曾傲視全球的產業）。[36]

二〇一〇年，中國的天河一號取代了美國的美洲虎超級電腦，成為世界上運轉速度最快的電腦。二〇一一年，中國註冊專利的數量超越美國（自二〇〇三年起，中國註冊專利的年增長率逾百分之二十六；美國同期年增長率為百分之五．五）。同年，中國境內高速公路的總長度也超越美國，來到八萬五千公里。此外，中國宣布將啟動登月、在月球上建立太空基地的計畫（歐巴馬在二〇一〇年取消美國的登月計畫）。二〇一三年，中國成為世界最大的貿易國，以近四兆美元的對外貿易額取代美國，傲視群雄。同年，中國觀光客在世界各地的總消費額達一千兩百九十億美元（美國觀光客的總消費額為八百六十億，位居世界第二）。二〇一四年，中國所建造的摩天大樓占全世界的六成之多，並成為快捷郵件服務的領導者。同年，中國的電子商務貿易額超越美國，來到三千兩百三十億美元。二〇一五年，中國成為世界上最大的工業用機器人市場（超越日本和美國）。[37]

中國的成就不僅止於前述事蹟。例如，中國正在打造新絲綢之路開發計畫——俗稱一帶一路，其大部分的構想已開始推動。此計畫將成為人類史上規模最大的跨國經濟計畫，其投入的金額超過一兆美元（若以美元當下的幣值估算，美國在第二次世界大戰後為了協助歐洲重建而推出的馬歇爾計畫，其花費只比此計畫多出一千億美元）。[38]無庸置疑，中國將成為世界的首席工程師，美國不再占據主導地位。此外，中國的資金挹注也是發展中國家經濟成長的主要推動力。由於美國國內經濟問題叢生，已無法與中國競爭。因此，華盛頓對北京憤恨難平。[39]

同時，許多與國力相關的關鍵指標都透露，美國正以非常驚人的速度衰退。首先，美國的經濟及其對全球經濟的影響力正逐漸式微。二〇〇八年的全球金融危機不僅揭露許多危險和無以為繼的金融政策及活動，進而導致美國經濟大衰退。另一方面，這場危機也揭露一個事實，假如美國打算維繫全球經濟的主導地位，其所採取的必然措施只會造成更大的負擔。華盛頓的政策暴露了美國經濟的弱點，並影響其金融大國的聲譽，以及主導全球經濟的能力。換句話說，中國在國際舞台上扮演重要的角色勢所必然。[40]

貨幣專家和各國領袖開始質疑美元做為全球主導貨幣的地位，有些觀察家以一九五〇年代英鎊式微的例子為借鏡。隨著英鎊的影響力衰退，英國不得不退出第二次以阿戰爭（蘇伊士運河危機），眼睜睜看著自己跌出世界強權之列。[41]而美國會重演這段歷史嗎？此外，金融危機醞釀時期（一九九八—二〇〇七）與後續發展也引人省思。在危機爆發前，中國經濟以平均百分之九．九五的年成長率增長，美國則是平均百分之三．〇二。換句話說，中國經濟成長的速度是美國的三倍以上。二〇〇八年當中國經濟持續狂飆時，美國正陷入衰退。到了二〇一二年，中國經濟比起四年前成長超過百分之五十，而美國僅成長百分之三。[42]

龐大的貿易赤字、工作流失及美國積欠中國的大筆債務等，都是導致美國經濟發展停滯的顯著因素，進而使美國對中國積怨頗深。幾乎自中國在鄧小平的領導下走向市場經濟、放寬政府管控、降低稅賦並結束中央計畫經濟和市場干預政策以來，美國對中國的貿易赤字即已存在。然而，兩國之間的貿易失衡問題從此像是踩不住煞車似的，時至二〇一五年，美國對中國的貿易赤字高達三千六百六十七億美元，創下歷史新高。[43]至今，美國積欠中國逾一・二兆美元。[44]同時，美國在二〇〇一至二〇一一年間共流失兩百七十萬份工作，數字仍不斷增長；流失的工作機會集中在製造業，並影響美國各州。對許多美國人來說，工作機會的流失對美國造成難以修補的致命傷，[45]導致美國的整體國力和國際影響力快速萎縮。我們該如何解釋中國和美國彼消我長的現象？在此，讓我們先回到一些基本知識。

中國的領土面積為九三九〇萬平方公里，是全世界溫帶地區最大的國家，其氣候適合人類安居樂業和發展文明（就領土面積而言，雖然俄羅斯和加拿大是全世界最大的兩個國家，但其大部分的國土無人居住或人煙稀少，那些地區因過於嚴寒而不適合人類活動）。更重要的是，中國擁有十四億人口，居世界之冠；該數字是美國的四倍，或大約美國的總人口數再加上十億。許多人不曾注意兩國之間的人口差距。然而，自從鄧小平推動經濟和其他多項改革後，中國民眾的生產力、創造力和競爭力頓時全面發揮，進而戲劇性地翻轉了中美之間的權力平衡。

此一趨勢的結果是，從來沒有一個國家能對美國占如此之優勢。此外，我們也必須思考地理條件因素。許多人認為，美國的地理條件得天獨厚，賦予美國極大的戰略優勢。美國大陸的東西兩側各有一片汪洋，南北兩方則各由不具威脅的國家盤踞。許多觀察家認為，美國的地理優勢舉世無雙，世界上沒有任何一個國家可與之匹敵。但就全球化的時代而言，中國的地理優勢其實更勝美國。中國擁有長達九千英里的海岸線和許多終年不結冰的溫水港；若與非洲大陸連結，兩者即構成世界上最大的一塊陸地，而歐亞非大陸正是地緣政治理論中所謂的世界島（world island）。因此，說中國占據全球最好的地理位置並不為過。[46]

在全球化浪潮的助益下，中國加緊腳步在國內外打造現代運輸系統、通訊網絡和其他基礎設施，尤其是連結歐亞和非洲大陸。強調中國擁有地緣優勢的觀點似乎愈來愈具說服力。[47]地緣和人口優勢也代表中國擁有雄厚的發展潛力。就生產規模而言，中國更勝其他國家，尤其隨著中國的消費人口和能力的成長，其規模顯得更龐大。因此，在中國政府的幫助下，中國企業得以與外國公司（大部分來自美國）展開協商，以市場開放換取後者「自發性」的技術轉移。對中國蓬勃發展的市場和經濟成長而言，技術轉移（和未來的經濟成長）至關重要。[48]

相較於美國，中國擁有一系列不受世界貿易組織或其他條約規範的貿易優勢。例如，中國政府落實許多鼓勵儲蓄的政策（直到近期才開始鼓勵消費），進而使大量資金流向投資市場。同時，基礎設施的提升讓中國做為單一大市場的本錢更加穩固，進而帶動其出口貿易及從全球市場獲利的能力。北京淘汰許多效率低落的國營企業，而保留效率較高的企業。後者協助中國向發展中國家輸出援助和投資基金——既為他國造橋鋪路，也緩減中國勞動市場的壓力。[49]

相較過去，中國的教育體制已有顯著提升，不再強調傳統上的死記硬背和人文教育。如今中國更注重科學和工程技術教育，希望能培育更多的人才以投入高科技產業。為了以教育進一步提升國力，北京的海外留學生居世界之冠。許多中國學生負笈千里，遠渡重洋汲取國外的知識和技術，並將所學帶回中國；許多人甚至進一步改良所學，青出於藍。[50]

究竟中國在教育上獲得多少成果？我們不得而知。由於中國的規模龐大，外國教育學者無法從當前中國的種種發展得出有意義的結論。然而，近期針對中國一些城市和地區所做的一項調查顯示，中國的成績斐然。上海學生在數學、科學和閱讀上的表現都是世界首屈一指。在數學方面，新加坡、香港和台北都名列世界前五名。在科學和閱讀上，新加坡和香港同樣名列前茅，美國的城市則榜上無名。就數學而言，美國在三十三個研究對象中排名第三十一名，遠低於經濟合作暨發展組織（Organization of Economic Cooperation and Development, OECD）成員國的平均值。美國在閱讀上表現平凡，名列第十七名，但在科學上則低於OECD的平均值，排名第二十三位。[51]

然而，中國學生的表現不僅讓美國相形見絀，而且就美國向來引以為傲的高等教育而言，中國和其他亞裔學生也在美國各大專院校大放異彩，使得許多頂尖大學不得不祭出歧視性的政策，以確保學生群體的多元性。由於亞裔學生——尤其是中國學生——是最大的學生族群，許多頂尖學校因此習慣性地排擠亞裔學生，迫使他們轉至排名較低的學校。中國的父母和莘莘學子對此風氣忿忿不平，不絕於耳的抗議聲讓美國許多政壇領袖和自由教育者無地自容，中美關係更因此蒙上另一層陰影。

中美之間另一項爭議是，中國正以雄厚的財力買下許多美國企業，在許多案例中，美國企業主和投資人沒有充裕的資金與中國競價。有時美國政府甚至必須插手擋下交易，這削弱了美國支持開放、自由市場經濟的外在形象。[52]上述發展的結果是，「華盛頓共識」的重要性已式微，「北京共識」正在盛行，而成為許多國家奉為管理經濟及在全球貿易中競爭的新圭臬。[53]

即使在政治體制的競爭上，美國的民主體制也不敵中國，無法吸引第三世界國家的支持。愈來愈多的美國政壇領袖厭惡中國，認為北京是威權或獨裁的代名詞。另一方面，在行政和司法部門的支持率都創下歷史新低時，美國民眾對國會的支持率也是非常低的個位數。[54]歐巴馬眼睜睜地看著轉向亞洲政策這項最主要的外交政見和成就陷入泥沼並走向失敗。他對此懊惱不已，並怪罪北京是罪魁禍首，處處與美國作對。[55]

總之，或許歐巴馬和下任美國總統共同名留青史的事蹟是，讓美國喪失霸主地位，在世界強權的行列中掉到第二。事實上，美國人的「超級盃思維」（super bowl mentality）——即使打入冠軍賽，落敗的一方終究是失敗者——使中美競爭更為激烈，甚至到了至死方休的地步。有些觀察家相信，華盛頓即將與中國大動干戈……唯有時間能證明一切。

台灣是中美交鋒的「易燃物」

許多經驗老道（就全球問題能達成各方皆能妥協的解決方案）的外交官常宣稱，「台灣問題」是中美迄今唯一無法迎刃而解、毫無商量餘地的分歧，而所有其他的問題都能和平解決。[56]台灣問題的癥結不僅在於歷史恩怨，也牽涉到中美的戰略的考量。若美國拱手將台灣讓給中國，此事必然嚴重衝擊美國的國際威信（亞洲和其他地方的國家如何看待）。由於過去雙方與台灣的關係，北京和華盛頓對於台灣問題的立場截然不同。為何如此？

北京視台灣為中國領土的一部分：歷史可以證明這點。中國在幾世紀前即「發現」台灣，並與這座島嶼保持聯繫，而在一八九五年以前擁有台灣逾兩百年，直到日本奪走台灣，並透過不平等條約將台灣納入日本帝國的版圖——當時外國強權強加於中國的無理要求之一。在北京看來，這些不平等條約既不正當也不合法。[57]作為相對年輕的國家，美國對基於史實的主權訴求不以為意並附和其他列強，承認日本占領台灣的合法性。美國不認為在脅迫下達成的協議不具法律效力，若非如此，那麼戰敗國所簽署的和平協議不就全都失效？[58]

中共高層主張中華人民共和國是繼任中華民國的合法政府；蔣介石不敵毛澤東的軍隊，狼狽地逃到台灣這個中國的離島省分。毛澤東計畫攻台，台灣問題原本可在一九五〇年夏天獲得解決。然而，當杜魯門在韓戰爆發後派遣第七艦隊遠赴台海，毛澤東的計畫戛然而止。從此，「美帝」成為台灣無法回歸祖國的主要原因，而北京也持續以不同的說法擁護此一觀點。[59]

美國所持的觀點是，阻止解放軍進犯台灣只不過是針對毛澤東發起抗美援朝戰爭所做的回應。台灣自此成為共產主義和民主主義掀起的全球衝突的一部分。美國也同意蔣介石的觀點，將毛澤東政權視為非法政府，因為中華民國仍在台灣繼續存在。當中美於尼克森任內尋求和解時，華盛頓和北京在某種程度上「刻意忽略台灣問題」，顯然問題未得到解決。毛澤東曾誓言在台灣問題未解決前（以中國偏好的條件為前提），他絕不會與美國打交道。當尼克森同意美軍從台灣撤離並與中國改善關係，甚至與北京建交、與台北斷交後，毛澤東認為台灣問題將就此落幕——台灣在孤立無援的情況下，只能選擇與中國改善關係並接受統一（當然，事實證明毛澤東錯了）。[60]

面對「棘手」的台灣問題，美國選擇四兩撥千斤，含糊帶過。一九七二年尼克森訪中時簽署的《上海公報》，聲明台海兩岸的中國人都同意台灣是中國的一部分（雖然沒有任何證據顯示兩岸人民都同意這個觀點）。美國在台灣問題上「未挑戰中國」的立場——這可能表示美國同意或不同意北京的立場（後者代表美國雖不同意，但不希望就此議題產生爭執）。然而，中國對同一段話的詮釋大不相同，但美國卻噤聲不語。對美國來說，台灣的未來應該和平解決——這很可能表示台灣問題不會在近期結束，甚至永遠不會獲得解決。許多美國民眾強烈認為，台灣是華盛頓不能背叛或拋棄的朋友。[61]

當一九七九年中美正式建交時，同樣的情節再次上演——兩國的立場各異，對彼此的立場持莫大的幻想。換句話說，誤解依然是中美關係的特點。當時的《中美建交公報》清楚地表示，美國「承認中華人民共和國是中國唯一的合法政府」，並「認知到中國的立場，即世界上只有一個中國、台灣是中國的一部分」。美國的表態讓當時的中共高層放心，並相信台灣問題就此徹底解決。[62]然而美國政治奉行三權分立，各部門之間有時難免陷入膠著的角力戰。無論如何，美國國會在聖誕假期結束後重新召集並推出《台灣關係法》。無論就措詞或內容（或意圖）而言，《台灣關係法》和《中美建交公報》大異其趣（甚至相互矛盾）。《台灣關係法》認定台灣是主權國家（表面上建交公報似乎否定台灣的主權，但內文卻未明言）和友邦，並要求美國與台灣持續保持經濟互動和持續提供軍售。[63]毫無意外地，中國因此認定美國出爾反爾，甚至刻意欺瞞——華盛頓出賣了北京。[64]

華盛頓對此的回覆是，美國是民主國家，而行政部門在外交政策上無法一手遮天。說到底，中美對台灣「問題」的根源持非常不同的看法。兩國互相猜忌到了水火不容的地步——尤其是中國方面。彼此之間的不同解讀、不悅和互不信任，至今仍是雙邊關係的癥結。然而修昔底德陷阱給我們的啟示是，過去的羞辱通常會深深影響挑戰國（中國），而後者深信在各項國力提升後，便必須對此有所回應。對中國而言，台灣無疑是其「歷史羞辱」（不平等條約等）的一部分。中美關係的發展——尤其牽涉到台灣——深受中國的歷史觀影響。[65]

中美在台灣問題上無法妥協的另一個原因是，台灣對華盛頓和北京的戰略價值。這點不容小覷。中美的堅持並非沒有來由。雖然台灣是「大中華圈」的一部分，但不在北京的掌控下，而且它曾經是二戰時日本的戰略要塞。一九四九年以後，台灣是中國境內顛覆分子孳生的溫床，更是蔣介石政權進行間諜和宣傳戰的大本營。麥克阿瑟曾稱台灣是「不沉的航空母艦和潛艦」（潛艦的比喻在現在有其特殊意涵）。此外，台灣鄰近重要的貿易航線，對中國的能源和原物料進口及商品出口至關重要。對解放軍海軍而言，台灣附近的海域也有重要的戰略意義。[66]

南韓、日本和台灣共同組成美國的區域「防禦陣線」或第一島鏈的北方陣線。第一島鏈的作用在於封鎖中國，並使解放軍海軍無法將勢力擴張至「公海」或西太平洋地區。此外，台灣也緊鄰第一島鏈的南方陣線——菲律賓、汶萊和馬來西亞。[67]中國的願景和戰略是將勢力從第一島鏈擴張到第二島鏈，或突破自然屏障的障礙，以進入浩瀚的太平洋地區。若反過來看，第一島鏈就像是防堵中國的另一座長城，或是綁住中國的「拘束衣」。[68]解放軍必須突破地緣限制，將勢力投射到太平洋地區，進而威脅或攻擊美國本土。台灣就是第一島鏈這道「海上長城」中最大的一座「守衛塔」。

毛澤東曾經主張打造強大的中國海軍，以主宰太平洋地區。但他從未實現此一目標。這個願景便留待鄧小平落實。鄧小平匆匆地提升解放軍海軍的實力。他將國防預算和戰略規劃的重點擺在擴建海軍，空軍擺在其次，而陸軍則遠遠落後於前兩者。在海軍的預算中，提升潛艦能力是首要任務。二〇〇六年，一艘中國潛艦無聲無息地出現在一艘美國第一線的海軍主力、鄰近台灣的航空母艦周邊——此舉顯示中國海軍的實力提升了，尤其是最先進的無聲潛艦技術的發展。北京的突襲凸顯出美國海軍脆弱的一面，因為美國的航母應該具備偵測敵艦的能力。據傳，這次突襲讓美國許多海軍戰略專家背脊發涼。[69]

一旦台海爆發戰爭，中國的潛艦在開戰之初將嚇阻美國海軍馳援，並包圍、封鎖台灣；到了戰爭的中半段，台灣這座守衛塔將逐漸失去戰略功能。而台灣幾乎無力扭轉此一局面。[70]蘇澳等台灣東部的一些海軍基地是北京覬覦台灣的一個特殊原因。他們可將潛艦停泊在這些基地；其潛艦能夠很快潛入太平洋的深水區，隱藏蹤跡（若為先進潛艦），並悄悄地從台灣東岸航行至美國的西岸地區。若中國拿下台灣，對美國的戰略嚇阻能力可望大幅提升，因為解放軍潛艦可在暴露行蹤前先以核導彈攻擊美國西岸城市。[71]

因此，對中國的台灣觀察家而言，蔡英文在就職後不久視察蘇澳基地的舉動並非毫無意義。[72]當然，中國擁有許多可用來攻擊台灣的武器，包括航空母艦、戰鬥機，以及布署於東部沿岸的對台飛彈（以上兩者在數量上占盡優勢）和登陸艇等。中國軍事的實力高速成長——尤其是海軍和空軍戰力的提升——不但衝著台灣和承諾保護台灣的美國而來，而且是評估中國崛起的「突發性」，以及中國對現狀強權（status quo power）造成多少威脅的指標。

上述情勢發展支撐著美國對台政策的基本原則，即台灣是民主國家，因此有權決定自己的未來。為了證明對台灣的承諾不假，美國定期對台灣提供軍售。為了避免台灣主動攻擊中國，美國不得出售攻擊性武器（依據《台灣關係法》的規範）。然而，此一規範明顯存在許多問題（更不用提美國出售的武器不足以維持兩岸之間的軍力平衡）。例如，美國出售的戰鬥機可充當轟炸機，用以攻擊香港、上海和其他位於中國南方的目標。另外，若機翼綁上外部燃料槽，戰鬥機可攻擊三峽大壩（此舉將造成數十至數百萬人死亡，並重創中國的基礎設施）在內的內陸目標。因此，台灣藉由提升反制能力來嚇阻中國，進而使台獨支持者更無懼於中國的打壓。面對更有自信的台灣，北京布署更多戰鬥機和飛彈，試圖扭轉情勢。[73]美國無法坐視不管，因此對兩岸的軍備競賽頗有微詞。

然而美國對台軍售的主要目的是，讓台灣在兩岸開戰時有能力短暫抵禦中國的進攻，為美軍爭取趕赴台海的時間並加入戰局。不幸的是，在近年兩岸軍力失衡的趨勢下，美軍馳援台海戰局的時間已大幅縮水（有些電腦模擬指出，美國能爭取到的時間已從幾天或幾週驟降至幾小時），因此將迫使美國在兩岸爆發戰爭時採取反射性的回應——不假思索的反應極其危險。[74]另一方面，中共高層強烈懷疑美國對台軍售的動機，因為雷根曾於一九八二年的《八一七公報》中承諾美國將會減少並逐步終止對台軍售。但雷根隨後表示，美國終止對台軍售的前提是，中國必須同意以和平的方式解決台灣問題，但鄧小平表示他對此無法苟同。雷根隨後指出（語中不帶嘲諷），由於通貨膨脹的關係，美國可以同時增加和減少對台軍售的金額。

老布希曾提供台灣一筆金額龐大的軍售，因為他需要掌握幾個特定武器生產州的選票（其中牽涉工作機會），以打敗對手柯林頓。由於北京當時希望老布希連任，因此未極力反對該筆軍售。[75]然而，中共高層至今依舊難以接受美國任何一筆對台軍售。對北京而言，軍售會提振台獨支持者的士氣，並鼓勵台灣持續避免與中國談判。對北京而言，軍售的敏感性不僅在於台灣可否藉由軍購取得談判籌碼，也關乎中國的民族主義。民族主義已成為改善或維持中美關係的一大障礙。[76]針對台灣問題，北京近年常把「國家存亡的底線」和「無法妥協」等詞掛在嘴邊。[77]

儘管如此，許多美國民眾依然堅持美國必須保護台灣，而且這股聲音有轉強的趨勢。對美國而言，台灣是極為重要的資產。例如，台灣在對中國情報蒐集上扮演重要的角色。儘管這點不太常被提起，但許多美國的情報單位都以台灣為根據地，並以無線電和其他電子設備對中國解放軍和特務行動展開情蒐。此外，透過其設備及對中共高層和中國文化的深刻理解，台灣也可提供美國許多獨特的協助。[78]最後，台灣擁有華盛頓不希望落入北京手中的巨額外匯存底和高科技產業（有些台灣公司可使用屬於美國國家機密的專利）。

總之，美國希望台灣屹立不搖，繼續與中國隔海對峙，進而使第一島鏈繼續發揮阻絕中國海軍和空軍深入太平洋地區的作用。美國的戰略制訂者意識到，若中國突破第一島鏈，中美在亞太地區的權力平衡將大幅傾向中國。此外，美國能否信守對盟友的軍事承諾和落實轉向亞洲政策攸關其形象，因此華盛頓無法在台灣問題上做出讓步。如今美國的公信力已岌岌可危，華盛頓必須重申對亞洲盟邦的承諾，以平衡來自中國崛起的挑戰。[79]今日的情勢可以如此描述：損失（或犧牲）台灣將可能嚴重衝擊美國，並對美國在亞洲的聲譽造成無可挽回的損害——甚至可能終結美國身為亞洲強權的地位。[80]因此，華盛頓絕對不會允許以上的情況發生，並將會挺身而戰；而中國很樂意看到上述情況發生，並且將採取各種手段使它成真。

何種類型的中美戰爭？

若我們想探究中美衝突的本質，或許可從「中美已處於戰爭狀態」的命題出發。[81]讀者必須瞭解，過去「大規模殺戮和破壞」的全面戰爭模式不再是國際關係的常態。自二戰以降，西方國家（以及大部分的非西方國家）雖捲入多場戰爭，但是幾乎所有的國家談及戰爭時，都會強調避免殺害平民或造成敵軍大量的人員傷亡。像是某種國際規範般，各國不再為了領土而大打出手。事實上，各國高層都有默契地認同這條不成文（但被承認、甚至強制執行）的國際「法律」，禁止強奪和併吞他國領土的行徑。[82]

此外，雖然核武及其發射系統大致形塑了冷戰時期美蘇兩強的關係，但實際上核武一次都沒派上用場。因此在某種程度上可以說，如今動用核武的選項已經過時了。有鑑於此，我們必須重新定義或詮釋當代戰爭的意義。近年在國際事務和戰爭的討論中，與以往不同的是，「反恐戰爭」已成為眾人朗朗上口的詞彙。此一現象證明了國際社會開始接受戰爭的其他面向（相較於某些曾一度被接受的觀點）。雖然中美當下沒有、未來也不太可能開啟一場恐怖主義戰爭，但中國的戰略專家確實曾提議以恐怖主義做為發動「不對稱作戰」的武器（以下會再詳述）。

另一方面，一般人普遍認為中美正在打經濟戰，最終結果將決定誰能稱王，進而改變國際體系的本質和結構。[83]事實上，經濟實力是決定其他能力的基礎，在中美競局中也不例外——經濟可說是其他類型「戰爭」的起點或先決條件。如前所述，中國在這場經濟戰爭中勢如破竹。若「經濟戰」一詞有點難以捉摸或艱澀難懂，「資源戰」、「間諜戰」、「網路戰」、「太空戰」的定義應該較為精確而易懂。其中當然也包括「不對稱作戰」。

中美無疑正在進行資源戰。美國企業在世界各地簽署石油和天然氣等各種天然資源的開採合約，並基於許多原因，嘗試永續管理手中的天然資源，而非盡情開採。中國（正確地）指出，由於大部分頂級的油田、天然氣田和礦脈等已被各國瓜分，因此中國只能在其他區域試圖探索次等的資源，例如政府效能和人權水平低落的地區、處於內戰或其他衝突中的國家。[84]也由於中國支持許多政府效能不彰、侵害人權的國家，美國因此譴責北京為虎作倀。有些觀察家認為，華盛頓樂見此一趨勢，並將搶奪資源視為廣義對中「戰爭」的一部分。中國已有回應。中共高層認為美國「霸占資源」的行為既惡劣又挑釁。[85]中美資源戰可能會持續一段時間，並升高為一場更激烈的衝突。

美國經常控訴中國發動網路攻擊，尤其是透過電腦駭客攻擊美國。傳聞中國駭客擅於滲透美國政府和企業的網站，曾在二〇〇六年從五角大廈的一台電腦中竊取二十兆位元組的數據，以及多達二十四種武器系統的相關機密。二〇一五年，多名受雇於中國政府或與其共事的駭客，取得數百萬筆向美國政府提出安全查核（security clearance）申請的個人資料。這一切意味著中國從美國手中奪走許多極為重要且所費不貲的機密，並把這些機密用於軍事能力的提升、吸收間諜，以及增加自身的談判籌碼。[86]雖然北京否認美國的指控，但其官員也不忘指出，事實上其他國家也在做同樣的事，而美國則鮮少提及自己同樣對中國發動網路攻擊的「事實」。多位美國資深官員的確曾宣稱，美國進行網路戰的能力無可匹敵。[87]換句話說，美國一定曾經反擊，或正以同樣的行徑報復中國。倘若中美正在虛擬世界中交手，我們應該有所警覺，如此不透明的發展可輕易地讓中美關係蒙上另一層陰影。

中美之間的「間諜戰」或「情報戰」同樣引人省思。華盛頓指控中國全面性地定期滲透美國，甚至雇用在美國的中國留學生和華人幫派從事間諜工作。[88]然而，除了中國官員譴責美軍偵察機和偵察艦在中國邊境蒐集情報，世人幾乎不曾耳聞華盛頓對中國發動的間諜戰。中美曾因間諜戰而對峙。[89]未來這類事件可能引爆更嚴重的衝突。

此外，中美也在進行所謂的「太空戰」。中國為了許多新目標而編列軍事預算，包括提升太空探勘能力、在月球和火星建立太空站，並成為全球太空科技最先進的大國（包括與美國在太空中交鋒的能力）。[90]中美的太空戰似乎正在進行中，而中國正以飛快的速度追趕美國的步伐，並有希望在未來幾年迎頭趕上。就挑戰者（中國）和現狀強權（美國）可能以石破天驚之姿正面交鋒來看，中美在太空科技上的競局可謂驚險萬分。由於北京希望攻擊美國的弱點，因此特別專注於網路戰和太空武器的發展。美國的制空權也受到挑戰，因為新科技可抵銷美軍偵測地對空飛彈的能力。此外，中國打擊美國航母和潛艦的能力也讓美國的制海權岌岌可危。[91]

最後，還有所謂的「不對稱作戰」——「殺手鐧」、「資訊戰」或非傳統作戰。中國不對稱作戰鎖定美國的弱點，並運用各式各樣的新型、非正規的武器和手段打擊美國。不對稱作戰比其他的作戰方式更邪惡，也更有威脅性。[92]進行不對稱作戰的方式包括雇用恐怖分子、癱瘓國際金融體系、散播致命或較不致命的病毒，以及切斷食物供應鏈等手段。雖然有些觀察家批評，不對稱作戰運用了與戰爭法背道而馳的「骯髒手段」來達成目的；許多觀察家也認為，此種作戰方式觀念新穎且防不勝防。江澤民於千禧年時宣布，中國必須「盡快掌握」殺手鐧（一種更特定的不對稱作戰），「以在對抗全球霸權的戰役中捍衛自身的主權利益」。中國民眾很清楚全球霸權指的是美國，而主權利益則隱射台灣。[93]

不對稱作戰與較嚴格定義的殺手鐧都出於中式思維；中國正在發展進行不對稱作戰的手段，而美國則把精力集中在如何反制中國的奇襲。不對稱作戰的發展再次證明中美兩強失和，崛起中的強權正在打破現狀。有鑑於前述各項發展，我們必須思考的是，目前中美正捲入的這些「戰事」會如何升高為一場「軍事衝突」，為什麼中美可能大動干戈？

事實上，中美早已捲入前述「戰事」之中，而彼此所採取的必要手段都強調先發制人的概念。換句話說，奇襲是勝負的關鍵——另一方必須保持警覺，並以形同作戰的心態或姿態快速地做出回應，否則會失去良機。因此從某個角度來看，中美為了防止衝突而付出的努力功虧一簣。其次，透過民調、網路輿論和其他指標可發現，中美愈來愈相互敵視。[94]兩國的政客都喜歡引用國內輿論，譴責對方為問題的禍源。雖然相較於中國，美國政客更常在選舉期間大肆批評北京，但近年來這股批評聲浪似乎愈來愈司空見慣，進而導致任何衝突可能更加一發不可收拾。同時，許多美國人開始相信全球化和對外貿易有百害而無一利。這兩種想法都會對美國造成傷害且有利於中國。如此一來，國際裁決和所謂的貿易和平論——貿易往來頻繁的國家不會交戰——似乎不再是確保和平的萬靈丹。

若中美當下的「低強度戰爭」（low level war；儘管有些人不同意此說）演變成一場更嚴重的戰事，我們很難預測戰況激烈的程度、戰火延綿的時間，以及戰事會如何發展和落幕。這些問題難以輕易回答。[95]但唯一可以確定的是，中美進一步擴大衝突、短兵相接（更具威脅性的傳統型戰爭）的可能性不容小覷，而台灣將可能是促成兩強交鋒的催化劑。換句話說，台灣將是中美纏鬥甚至兵戎相見的關鍵因素。

1 參見"Introduction," in Brantly Womack and Yufan Hao (eds.), *Rethinking the Triangle: Washington-Beijing-Taipei*, Singapore: World Scientific, 2016.

2 Heilmann and Schmidt, *China's Foreign Political and Economic Relations*, 138.

3 此概念是國際關係中的「貿易和平論」。換句話說，彼此進行貿易互惠的國家不會打仗。我們只需考量第二次世界大戰後德法兩國交戰（德法兩國事實上曾在過去頻繁交手），或其他歐洲共同體的國家彼此之間兵戎相見的可能性——幾乎不可能——就能理解貿易和平論有幾分可信度。

4 "Introduction," in Womack and Hao (eds.), *Rethinking the Triangle*, 10.

5 Ren Xiao, "The Beijing-Taipei-Washington Triangle: A PRC Perspective," in Womack and Hao (eds.), *Rethinking the Triangle*, 61-76.

6 John F. Copper, *Taiwan: Nation-State or Province?* Boulder, CO, Westview Press, 2013, 231-32.

7 參見Richard C. Bush, *Uncharted Strait: The Future of China-Taiwan Relations*, Washington, DC: Brookings Institute, 2013, 215-23.

8 Brantly Womack, "The Washington-Beijing-Taipei Triangle—An American Perspective," in Womack and Yao (eds.), *Rethinking the Triangle*, 3-39.

9 S. Goldstein, *China and Taiwan*, 197.

10 同前註，頁一一〇。

11 Leng, "The Taipei-Beijing-Washington Triangle," in Womack and Yao (eds.), *Rethinking the Triangle*, 94.

12 Tang, *Populist Authoritarianism*, 12.

13 同前註，頁一一二。

14 第十三章和第十四章都有提到此發展。

15 "Chinese spies disguise themselves as tourists, scholars: NSB," *China Post*, May 27, 2011 (online at chinapost.com.tw).

16 同前註，頁一二六。

17 參見Michael Tai, *U.S.-China Relations in the Twenty-First Century*, London: Routledge, 2015, Introduction.

18 Leng, "The Taipei-Beijing-Washington Triangle," in Womack and Yao (eds.), *Rethinking the Triangle*, 4.

19 Toshi Yoshihara and James R. Holmes, *Red Star over the Pacific: China's Rise and Challenge to U.S. Maritime Strategy*, Annapolis, MD: Naval Institute Press, 2010, 101-07.

20 Aaron L. Friedberg, *Beyond Air-Sea Battle: The Debate Over U.S. Military Strategy in Asia*, New York: Routledge, 2014. 另外，參見 Friedberg, *A Contest for Supremacy*, 224.

21 Goldstein, *China and Taiwan*, 187-88. 作者也指出兩岸關係的本質——尤其是考量美國在其中扮演的角色時——使先發制人的需求無所不在。參見頁一七三。

22 有些觀察家認為，正是因為民進黨追求台獨，美國才更加重視台灣。

23 Thucydides, *The Peloponnesian Wars*, New York: Jefferson Publication, 2015.

24 A.F.K. Organski, *World Politics*, New York: Knopf, 1968.

25 細節參見Steve Chan, *China, the U.S. and the Power-Transition Theory*, New York: Routledge, 2008.

26 John Mearsheimer, *The Tragedy of Great Power Politics*, New York: W.W. Norton, 2001, 4.

27 Steinberg and O'Hanlon, *Strategic Reassurance and Resolve*, 2-3.

28 有些觀察家認為，第一次世界大戰前夕和中美之間當下的情形有幾分神似。參見 Richard N. Rosecrance and Steven E. Miller (eds.), *The Roots of World War I and the Risk of U.S.-China Conflict*, Cambridge, MA: Belfer Center, 2014.

29 轉引自Graham Allison, "The Thucydides Trap: Are the U.S. and China Headed for War?" *Atlantic*, September 24, 2015.

30 參見Friedberg, *A Contest for Supremacy*, 39-40 and Goldstein, *Meeting China Halfway*, 19-21.

31 參見John F. Copper, *China's Global Role: An Analysis of Peking's National Power Capabilities in the Context of an Evolving International System*, Stanford: Hoover Institution Press, 1980, chapter 4.

32 Will Hutton, *The Writing on the Wall: Why We Must Embrace China as a Partner or Face it as an Enemy*, New York: Free Press, 2006, 1-11.

33 Michael Mandelbaum, *Mission Failure: America and the World in the Post-Cold War Era*, New York: Oxford University Press, 2016, Introduction.

34 參見John F. Copper, *China's Foreign Aid and Investment Diplomacy, Volume I: Nature, Scope and Origins*, New York: Palgrave Macmillan, 2016, 90-91.

35 Allison, "The Thucydides Trap."

36 零碎的資料和數據來自各種商業雜誌，包括《富比世》、《商業週刊》和《華爾街週刊》等。作者長年收集這些資料。另外，參見Shambaugh, *China Goes Global*, 7-8.

37 同前註。

38 Vikram Mansharamani, "China is spending nearly $1 trillion to rebuild the Silk Road," PBS Newshour, March 2, 2016 (online at pbs.com).

39 John F. Copper, "China's Challenge to America: Its Role as a World Builder," IPP Review, June 23, 2016 (online at ippreview.com/index).

40 Jonathan Kirshner, *American Power After the Financial Crisis*, Ithaca, NY: Cornell University Press, 2014, 133-35.

41 同前註，頁一四六—一四八。

42 同前註，頁一六〇。

43 Kimberly Amadeo, "U.S. China Trade Deficit: Causes, Effects, and Solutions," The Balance, June 25, 2016 (online at thebalance.com).

44 "China Owns U.S. Debt, but How Much?" Investopedia, August 6, 2015 (online at investopedia.com).

45 Robert E. Scott, "The China toll," Economic Policy Institute, August 23, 2012 (online at epi.com).

46 Halford J. Mackinder, *Democratic Ideals and Reality: A Study in the Politics of Reconstruction*, Washington, DC: National Defense University, 1919.

47 Robert D. Kaplan, *The Revenge of Geography: What the Map Tells Us About Coming Conflicts and the Battle Against Fate*, New York: Random House, 2012, chapter 11.

48 Ivan Tselichtchev, *China Versus the West: The Global Power Shift of the 21st Century*, New York: John Wiley and Sons, 2012, chapter 5.

49 同前註，第十三章。

50 Ann Lee, *What the U.S. Can Learn from China: An Open-Minded Guide to Treating Our Greatest Competitor as Our Greatest Teacher*, San Francisco: Barrett-Koehler Publisher, 2012.

51 Thomas L. Friedman and Michael Mandelbaum, *That Used To Be Us: How America Fell Behind in the World It Invented and How We Can Come Back*, New York: Farrar Straus and Giroux, 2011, 107.

52 Peter Nolan, *Is China Buying the World?* Malden, MA: Polity Press, 2012, 95-102.

53 Stefan Halper, *The Beijing Consensus: How China's Authoritarian Model will Dominate the Twenty-First Century*, New York: Basic Books, 2010.

54 Justin McCarthy, "Americans Losing Confidence in All Branches of U.S. Gov't," Gallup, June 30, 2014 (online at gallup.com).

55 Eli Lake, "Obama's Pivot to Asia Fails to Deter China," *Bloomberg*, September 7, 2016 (online at bloomberg.com) and Simon Tisdall, "Barack Obama's 'Asian pivot' failed. China is in the ascendancy," *Guardian*, September 25, 2016 (online at guardian.com).

56 作者於之前的章節也曾提出此論點。另外，參見Goldstein, *Meeting China Halfway*, 52.

57 參見*The Taiwan Question and the Reunification of China*, Beijing: Taiwan Office and Information Office, State Council, 1993.

58 美國之後表示，其一九四一年對日本宣戰的舉動終結先前的觀點。參見Hans Kuiper, "Is Taiwan a Part of China?" in Jean-Marie Henckaerts (ed.), *The International Status of Taiwan in the New World Order: Legal and Political Considerations*, London: Kluwer Law, 1996, 13.

59 北京官員也曾用「黑手」一詞形容美國在台灣問題上的立場，並經常以「介入」一詞形容美台關係。參見Ming Zhang, "Public Images of the United States," in Yong Deng and Fei-ling Wang (eds.), *In the Eyes of the Dragon: China Views the World*, Lanham, MD: Rowman Littlefield, 1999, 147.

60 Margaret Macmillan, *Nixon and Mao: The Week that Changed the World*, New York: Random House, 2008, chapter 15.

61 John F. Copper, *China Diplomacy: The Washington-Taipei-Beijing Triangle*, Boulder, CO: Westview Press, 1992, 31-39.

62 同前註，頁四一一四二。美國同意與台灣斷交，中止防禦條約，並從台灣撤回美軍和軍事顧問。這是中國對美國提出的三項要求。對於中共高層而言，達成此三項要求也代表台灣問題以有利於中國的方式解決。

63 同前註，頁六一—六七。

64 中國也認為《台灣關係法》違反國際法——美國藉此干預中國的國內事務並展示其霸權。參見Ming Zhang, "Public Images of the United States," 147.

65 Allison, "The Thucydides Trap."

66 Andrew J. Nathan and Andrew Scobell, *China's Search for Security*, New York: Columbia University Press, 2012, 212-13.

67 同前註，頁一三八。

68 Kaplan, *The Revenge of Geography*, 217.

69 Richard D. Fisher, *China's Military Modernization: Building for Regional and Global Reach*, Stanford: Stanford University Press, 2010, 223-24.

70 台灣的潛艦戰力非常有限，目前只有兩艘老舊的潛艦正在服役。

71 Alan M. Wachman, *Why Taiwan? Geostrategic Rationales for China's Territorial Integrity*, Stanford: Stanford University Press, 2007, 148-50.

72 "Tsai boards warship, proclaims Taiwan's rights to South China Sea," *China Post*, July 13, 2016 (online at chinapost.com.tw).

73 Christensen, *The China Challenge*, 97.

74 參見William S. Murray, "Revisiting Taiwan's Defense Strategy," *Naval War College Review*, Summer 2008.

75 Dennis Hickey, *United States-Taiwan Security Ties: From Cold War to Beyond Containment*, Westport, CT: Praeger, 1994, 82-90.

76 參見Yongnian Zheng, *Discovering Chinese Nationalism in China: Modernization, Identity and International Relations*, Cambridge: Cambridge University Press, 1999, chapter 1.

77 Suisheng Zhao, "Are China and Taiwan Heading Towards Conflict," National Interest, September 28, 2016 (online at nationalinterest.com).

78 參見James R. Lilley and Jeffery Lilley, *China Hands: Nine Decades of Adventure, Espionage and Diplomacy*, New York: Public Affairs, 2004 for background and specifics.

79 Kurt S. Campbell, *Pivot: The Future of American Statecraft in Asia*, New York: Hachette Book Group, 2016.

80 Steinberg and O'Hanlon, *Strategic Reassurance and Resolve*, 20-21.

81 John F. Copper, "Is War Likely Between the Great Powers? Yes," in Peter M. Haas and John A. Hird (eds.), *Controversies in Globalization: Contending Approaches to International Relations*, Los Angeles, Sage, 2013, 249-268.

82 同前註。

83 Richard C. Bush and Michael E. O'Hanlon, *A War Like No Other: The Truth About China's Challenge to America*, New York: John Wiley and Sons, 2007, 47-50.

84 Michael T. Klare, *Resource Wars: The New Landscape of Global Conflict*, New York: Henry Holt, 2001, 16-17, 109.

85 Peter Navarro, *The Coming China Wars: How They Can be Won*, New York: Free Press, 2007, 89-91.

86 Pillsbury, *The Hundred-Year Marathon*, 150-51.

87 Christensen, *The China Challenge*, 87-88.

88 Fisher, *China's Military Modernization*, 34-39.

89 David Wise, *Tiger Trap: America's Secret Spy War with China*, New York: Houghton Mifflin, 2011.

90 Fisher, *China's Military Modernization*, 3-4.

91 同前註。

92 同前註，頁二一八—二二五。

93 Pillsbury, *The Hundred-Year Marathon*, 147-55.

94 Richard Wike, "6 Facts about how Americas and Chinese see each other," Pew Research Center, March 30, 2016 (online at pewresearch.com).

95 美國蘭德公司（Rand Corporation）所做的一份近期研究報告針對中美爆發戰爭的可能性、戰爭可能如何發展，以及衝突可能維持多久等做了評估。作者總結，中國軍事能力的提升將抵銷美國的軍事優勢，而現有的軍事科技有利於傳統作戰。中美可能陷入一年以上的激戰，而結果可能沒有任何贏家，雙方都付出龐大的損失和代價。參見David C. Gompert, Astrid Stuth Cevallos and Cristina L. Garafola, *War with China: Thinking the Unthinkable*, Santa Monica, CA: Rand Corporation, 2016, 72-73.

後記

那是歷史性的一天。有人甚至說，「歷史性」不足以形容這天如何令人震撼。二〇一六年十一月八日，美國民眾選出唐納．川普為下一任美國總統。川普以不小的差距擊敗民主黨候選人、前美國國務卿希拉蕊。川普的勝選翻轉了美國內政和外交政策，並警示中美和台美關係可能大幅改變——或許會永久性地調整。觀察家幾乎異口同聲地指出，川普是華盛頓—北京—台北三邊關係不穩定的因素。許多人聲稱，川普瞬間為美中台三邊關係帶來巨大的不確定性。[1] 怎麼說？原因為何？

川普的勝選來得毫無預警。許多觀察家及兩位總統候選人的支持者——尤其是希拉蕊陣營——都對選舉結果大感意外或震驚。大部分的民調、賭盤和媒體都自信滿滿地預測希拉蕊會脫穎而出。就局勢而言，民主黨是多數黨，而希拉蕊不僅公職歷練豐富（川普則完全沒有經驗），其顯赫的背景也廣為人知（希拉蕊曾是第一夫人，並在柯林頓卸任後當選美國紐約州參議員並接任國務卿）。此外，相較於共和黨，在競選期間民主黨也擁有卓越的宣傳能力和雄厚的財力——最有錢的候選人通常能贏得美國大選。希拉蕊也獲得現任總統的支持；歐巴馬不僅民調支持率高，他也努力為希拉蕊站台。此時，共和黨內鬨的跡象愈來愈嚴重（甚至有許多黨內高層公開反對提名川普）。[2]

最後，對於美國可能出現史上首位女總統這件事，大部分的民眾感到既進步又興奮。相較之下，主流媒體把川普的形象描述得不堪入耳。川普在競選期間因口無遮攔、攻訐各方而惹惱許多人。川普的對手大肆抨擊他的言論，並指控其內容下流無恥，甚至足以讓他失去競選總統的資格。媒體報導壓倒性地看好希拉蕊。事實上，希拉蕊最後也以相當大的差距——將近三百萬票——贏得普選票。美國的新聞媒體就此大做文章，並指出希拉蕊實際上贏得大選。他們強調普選票在民主政體裡才真的有意義。[3]然而，總統大選的關鍵是代表各州選票的選舉人票，全國得票數不重要。這是過去逾兩百年美國選出總統的方式。有別於直接民主，美國是一個採取聯邦制的共和國。

進一步來說，美國的體制決定了候選人將如何競選。候選人不追求在全國的普選票中勝出，而是將策略聚焦在贏得選舉人票。因此，他們忽略那些他們確信能穩拿或必輸的地方，而且不在那些地方競選。

川普勝選為華府權力圈和美國主流媒體上了一課

川普之所以勝選，是因為許多選民對政府積怨已久：政府（或華府權力圈的政治精英）對其領導人民的權力（和能力）過於傲慢、中產階級和勞工的惡劣待遇（導致兩者人數縮水）、國內政治的腐敗（尤其是與中央政府息息相關的全球主義、漏洞百出的貿易協議，以及移民問題）、美國民主的敗壞（反映在威權和集權主義的崛起；行政命令的氾濫和一連串讓華府官僚權力膨脹的法院判決），對政府的信心嚴重下滑（一連串民調都如此反映），以及美國國際影響力的衰退。[4]

川普這個初生之犢與華盛頓交情不多，但也因此占了優勢。歐巴馬很受歡迎，而他的政績卻令人側目，選民想要改變。但希拉蕊無法提供選民解藥，因為她的競選政見是繼續推行歐巴馬的政策。相形之下，川普的選舉策略令人耳目一新——尤其當我們回顧美國總統大選，而且無比卓越。他以非常有效的新方式運用社群媒體。[5]

無論如何，華盛頓、左派和美國主流媒體不歡迎川普的勝選，對整體局勢過於輕描淡寫。多數人看好希拉蕊；選舉結果讓他們目瞪口呆。許多人為希拉蕊的敗選辯護，儘管他們的說法左支右絀。[6]媒體和民主黨認為，問題出在種族歧視、聯邦調查局局長詹姆士・柯米（James Comey）及其他「因素」。當然，俄羅斯也是問題之一。他們也提出其他藉口——在他們看來，川普未贏得理直氣壯。[7]他們難以接受敗選的結果，而且憤恨不已。他們在大選落幕後拒絕接受川普的勝利或川普接任總統的事實。他們認為川普的勝利必須被推翻。為了翻轉大選結果，他們嘗試對選舉人團施壓，以期改變他們（具強制性？）的選票。民主黨高層甚至在國會提出廢除選舉人團的法案。[8]

美國在選戰期間嚴重分化，而就某些重要的層面而言，此一情形在選後不但未見好轉，反而變得更糟。華盛頓、希拉蕊的支持者、媒體、好萊塢和美國學界都毫不留情地攻訐川普，其外交政策更是首當其衝。川普在競選期間聚焦於國內議題，對外交政策則輕描淡寫。而當他提到外交政策時，主題通常圍繞著貿易議題——尤其是不公平的貿易關係和美國因此而付出的代價——美國為安全夥伴付出過於高昂的代價。川普的話聽來刺耳、挑釁意味濃厚。

川普批評中國的經濟政策造成美國的貿易赤字；他認為這是美國工作機會流失、企業倒閉和國力衰退的根本原因。川普的言論充滿爭議且極具挑釁。然而，川普對於美國的困境有其解方；他認為美國的窘境來自前朝差勁和愚蠢的談判者。川普提議對來自中國的進口商品課徵百分之四十五的關稅，以平衡中美貿易的逆差。此外，川普也建議把中國貼上「匯率操縱國」（currency manipulator）的標籤——一項具有法律和其他後果的嚴重指控。[9]美國主流媒體偕同民主黨和希拉蕊支持者，共同抨擊川普針對中國的激進倡議，及其未經思考的即興意見和極具風險的政策建議。此外，川普不在乎傳統的國際秩序和美國外交政策的諸多原則。他是偶像破壞者，也是反叛者。

自由派記者提出警告：川普的保護主義和孤立主義將帶來非常不好的後果。他們斷定川普會開啟貿易戰爭，並削弱美國在亞洲的影響力；許多人認為，對於外交政策的生疏和難以捉摸的個性讓川普成為一個「明顯的危險」。然而川普和他的支持者則認為，全球貿易秩序和國際體系已老舊不堪，而且無力延續其運作模式。他們宣稱，國際體系未能有效地處理全球貿易、恐怖主義、人口遷徙（尤其是流向歐洲和美國的人）等諸多嚴重的問題。[10]除了前述問題，他們也宣稱美國的國際影響力正在下滑。歐巴馬的轉向亞洲政策一敗塗地，「跨太平洋夥伴關係協定」（TPP）和「跨大西洋貿易及投資夥伴協定」（TTIP）已失去生機，而美國與中俄——兩個威脅美國的核武強權——的關係則陷入多年以來的新低潮。美國的外交政策亟需改頭換面。[11]我們也可以委婉地說，川普與民主黨和自由派媒體處於對立的兩極，互相以激進的言詞攻擊對方；後者公開表現出對川普的不屑與厭惡，川普及其支持者則以極度不誠實和立場偏頗來形容他的反對者。

這是後來廣為人知（或聲名狼藉）的「台美熱線」的背景。二〇一六年十二月二日，台灣總統蔡英文致電給新任美國總統川普。如同許多其他國家的領導人，她向川普的勝選表達恭賀之意。蔡英文也表示，她希望台美之間能繼續維持密切關係。雙方通話約十分鐘。[12]兩人的談話輕鬆，內容未涉及任何重要或緊急的事情。或許除了台灣內部，我們可預期該事件會在幾天內落幕，不會掀起任何波瀾。[13]然而，這通電話瞬間引起各方關注。美國媒體批評川普破壞規矩，並指控他將開啟與中國的戰爭。從後續發展來看，看似短期詆毀川普的「報導熱潮」（feeding frenzy）持續了好一陣子。媒體首先指控川普不善思考，隨後又認定問題不在於此，於是轉而批評川普嚴重的外交失誤。從來沒有一位美國總統會與台灣領導人直接對談；過去四十多年美國恪守一中原則，僅與北京保持官方往來。如此的默契是中美關係得以運作並維持和平的基礎，也是雙邊關係的全部。現在該怎麼辦？[14]

川蔡通話事件

在「事件」（有些媒體以此稱呼川普和蔡英文的熱線）發生以前，習近平致電川普並恭賀他贏得總統大選。據說其他中國官員曾討論中國有意對外大肆採購的計畫。他們向川普再次提起採購計畫，此舉可望改善美國對中國的貿易赤字，並為美國的勞工帶來工作機會。[15]習近平稱蔡英文的賀電是「台灣的小動作」，並認為此舉不會影響中美關係——一切都在掌控中。中國或許會懲罰台灣；自二〇一六年一月蔡英文和民進黨從台灣總統大選脫穎而出後，中國即對台灣展開一連串的懲戒措施。

但川普表示，他不會受中國「宰制」。川普再次把美國的貿易赤字歸咎於中國「糟糕的」貿易政策。他反問：「為何他國能要求我不接聽來電？」[16]接著，川普投下一顆名符其實的臭氣彈（stink bomb）。他在十二月十一日的美國《福斯新聞》專訪中指出，除非美國能在貿易等各方面與中國進行交易，否則他不知道美國為何需受限於一中政策。[17]簡言之，川普正在操弄聯結政治（linkage politics），他試著壓制中國。這使得中共高層再也無法從容以對。與中共關係密切的《環球時報》指出，川普「在外交上如小孩般天真；一中政策不能買賣。」

在美國，媒體引述美國學者的說法，宣稱中國可能「允許與美國的關係惡化，以展現在台灣問題上的決心。」此一說法暗示中美在台灣問題上可能爆發一場新危機。[18]情況進而急轉直下——《環球時報》宣稱，若川普「摧毀」一中政策，北京「將以武力犯台取代和平統一，作為解決台灣問題的優先選項。」還有，中國將援助美國的敵人，包括提供武器給華盛頓的對手，而川普的動作也會危害中國在北韓核武問題上提供給美國的協助。向來乏味無趣的中國外交部則強調，他們「嚴正關切」美國的作為。最後，一位外交部發言人也應聲附和，台灣當局會後悔成為美國的籌碼。[19]

四天後，十二月十五日，中國海軍在南海地區——中國宣稱擁有這個區域的主權，美國則挑戰此說——捕獲一架正在測量海水質量（鹽量與水溫等）的美國無人潛航器。該事件發生在距離蘇比克灣僅五十英里的海域；蘇比克灣曾是美國在亞洲最大的軍事基地之一。[20]中美船艦的對峙非比尋常，尤其是近距離交鋒——中國海軍距離美國的無人潛航器僅五百公尺的距離。根據某位美國政策專家的說法，該事件再次證明「美國的區域權威已日漸式微。」[21]

雖然歐巴馬政府的五角大廈提出抗議，但其力道頗為溫和。中國隨後交還無人潛航器，而整起事件似乎就此告一段落。中國似乎贏得這場小爭執，並在川普的批評下保住顏面。美國軍方不打算與中國正面衝突。[22]然而，事後一些報導指出，美國無人潛航器更陰險的任務是探測海底和收集數據，以協助美國監測中國停泊在海南島的潛艦。[23]

川普立即在推特上發布訊息，表示他不想取回無人潛航器；川普的回應為表面上已透過協商解決問題的中美相關單位埋下衝突的伏筆。[24]因此，關於南海議題的緊張氛圍提升了。事實上，川普的回馬槍也讓各界留意到，他所提倡的「以實力帶來和平」政策背後的現實，將與中國在南海的填海造陸政策產生碰撞。此外，中國軍方正在新造的陸地上建造軍事設施，因此未來爆發更多嚴重的衝突幾乎勢所難免。

與此同時，十二月十日中國派遣能裝載核彈的轟炸機繞行台灣，接近台灣的領空。北京同時派遣戰鬥機護航，以備不時之需。當中國軍機靠近日本領土時，日本立即派遣F-15戰機提防中國軍機。美國也派遣EP-3和RC-135偵察機緊盯中國軍機的動態。[25]事後解放軍空軍發布多張轟炸機飛行的照片。由於照片背景包含台灣第一高峰玉山，導致許多觀察家認為解放軍已進入台灣的防空區。不久後，中國官媒又發布轟-6K轟炸機試射飛彈、摧毀一棟四層樓高建築物的照片。有人認為照片中的建築物近似蔡英文辦公室所在的總統府。[26]

中國空軍不到一個月對台灣進行的第二次「包圍」（第一次是在十一月二十五日），讓許多觀察家警覺到，繼經濟和外交之後，中國已開始採取「第三種策略」——軍事行動，來「修理」台灣。或許中國正同時採取所有的策略……這種想法讓人驚恐萬分。中國海軍也在台灣鄰近海域進行演習。從蔡英文就任總統到二〇一六年底，台北宣稱中國曾四度入侵台灣領海，而其中兩次發生在蔡英文與川普通完電話之後。有人便「自然地」做出結論：台海情勢明顯升溫……「戰爭之犬」被放出來了。

更盛大的軍演與軍備競賽

一樁對兩岸關係更具殺傷力的「事件」接著爆發。中國舉行了近期聲勢和規模最大的軍事演習。十二月二十五日，在中國軍機繞行台灣的兩星期後，中國的新航空母艦「遼寧號」和一支艦隊穿越台灣以東的沖繩和宮古島，在回程時行經台灣宣稱擁有主權的東沙群島，最後穿越南海、抵達中國在海南的基地。有些分析家認為，這場軍演的目的是對台北和即將上任的川普政府發出警告。[27]對台灣政府而言，這是一場威力十足且明顯具威脅意味的軍力展演。台北派出F-16戰機做為回應。[28]然而，當下的大問題是：美國是否力挺台灣？從種種跡象看來，答案是肯定的。歐巴馬在總統任期尾聲簽署了二〇一七年度《美國國防授權法案》（U.S. National Defense Authorization Act），其中一項條款旨在擴大台美聯合軍演的範圍。許多觀察家認為該條款和法案中的其他條款的目標都在「綁住中國」。[29]但此舉能發揮多少效用？無論如何，北京將視美國的舉動為一種挑戰。

幾乎與此同時，歐巴馬簽署了作為二〇一七年度《國防授權法案》一部分的《反外國宣傳與造謠法案》（Countering Disinformation and Propaganda Act）。美國此舉也把中國置於容易抨擊的位置。[30]有些觀察家認為，歐巴馬接二連三的舉動，若非終於對中國「強硬起來」，就是試著逼川普對中國永遠採取「戰爭姿態」，如同之前他對俄國干預美國大選所做的懲罰性抵制。換句話說，歐巴馬刻意製造對立，讓川普與中國來往時必須面對許多阻力，甚至更嚴重的後果。[31]有些觀察家甚至表示擔憂，歐巴馬正試圖把川普和中國推向戰爭。歐巴馬會這麼做嗎？顯然歐巴馬對川普破壞其歷史定位的舉動充滿敵意，不打算與川普好聚好散。美國的主流媒體殷切期盼歐巴馬能帶來一齣好戲。他們似乎不在乎是否會促成戰爭，因為他們極度厭惡川普。

無論如何，川普並沒有被中國的軍力展演所震懾；他將威脅和恐嚇遊戲升高到核武的層級。川普在推特上表示，美國必須大幅加強和提升核武能力。為了強調所言不虛，川普隨後向MSNBC某節目主持人表示：「軍備競賽啟動了，我們會在每個項目上脫穎而出並擊敗對手。」[32]對眾多專家而言，他們腦海中可能浮現兩個想法。首先，美國的核武能力在歐巴馬的領導下變得積弱不振，因此川普必須嘗試扭轉美國的頹勢，[33]川普的觀察適切地回應美國戰略布署能力的衰退。其次，過去雷根領導下的美國透過軍備競賽讓蘇聯破產。今日美國可以對中國故技重施！美國的敵人——尤其是中國——確實已汰換老舊的彈頭和發射系統，以更好更新的軍備取而代之。軍備競賽早已展開，而美國早就瞠乎其後了。美國必須扭轉此一情勢。然而，美國有辦法在能力和時間上打敗中國嗎？更重要的是，美國的口袋比中國深嗎？情況似乎不甚樂觀。

無論如何，中共高層未以製造更多核武或導彈回應美國。顯然他們不想接受川普的挑釁（不是因為他們的經濟實力不足）。或許他們也不希望升高中美本質上仍以口水戰為主的角力。此外，北京留有不對稱作戰這一手……如前所述，「不對稱作戰」是中國對抗美國的主要戰略，包括廣泛運用各種武器和策略。解放軍在有些武器和策略運用上更勝美軍。重要的是，近期中國在其他方面也突飛猛進。[34]顯然中國不打算「善待」美國，而且另有盤算……中國官員初步以「刻意突顯」中國和「在不打烊的推特板上胡搞」等兩項指控來回應和譴責川普。西方媒體支持中國。一位西方記者寫道，新華社言下之意是要川普閉嘴，並指出「迷戀『推特外交』是不智之舉。」[35]北京得一分！

中國測試美日防衛第一島鏈

表面上，中共高層也認為啟用中國第一艘航空母艦遼寧號，進行首次的海上對空實彈演習和殲-15戰機的實戰模擬，已構成一次綽綽有餘的有力回應。顯然這是一次令人畏懼的武力展示。[36]接著中國賞了美國一記大耳光——中國軍方宣布其（仍在量產中的）航空母艦應該派赴美國西海岸。[37]軍事專家大為震驚，美國本土處於近距離的核武威脅之下！此發展勾起許多人對一九六二年古巴飛彈危機的回憶。中國的航母「打擊群」隨後航向南海——世界上最敏感和危險的熱點之一——舉行演習。[38]此舉造成廣泛的影響。

首先，中國啟用遼寧號的能力來自二十年以上的努力；中國試圖打造能主宰該區域的現代化海軍。此外，這也是自冷戰結束以來，美國海軍的藍海霸權首次在該區域（或任何其他區域）遭受實質的挑戰。[39]更重要的是，此一發展是中國努力打造一系列平台和武器的一部分，包括反艦彈道飛彈、反艦巡弋飛彈、潛艦、水面艦艇、軍機、指揮與控制系統、高性能電腦、情報、監控和偵察能力。[40]中國似乎正火力全開地挑戰美國在東亞的海上霸權地位。雖然中國提升海軍實力的名義是，協助保護能源和原物料進口及掌控海上通道等，但它卻走向軍事現代化的主要目標——台灣和南海，尤其是啟用遼寧號。更準確地說，航空母艦打擊群可協助中國軍方以更強的力道攻擊台灣東部，並進一步提供其執行對台任務的空軍和海軍的防護。中國國台辦表示，航母的另一個用意是警告蔡英文當選以來「愈來愈猖獗」的台獨勢力。[41]

遼寧號登場的背景也值得關注。由於近期中美關係倒退，顯然台灣在中國軍方高層眼中已成為炸藥般的問題。解放軍高層因此宣稱——顯然是一次預警，若川普改變一中政策，就是「跨越紅線」。[42]然而公式中還有另一個因素：中共高層正面臨許多國內問題的考驗，包括經濟降溫、地方政府和企業債台高築（導致國際貨幣基金發出警告，該情況可能造成嚴重的危機）、資本外流、習近平的改革停擺（包括造成地方政府反彈的反貪腐行動）等。此外，中共高層正為二〇一七年底指標性的中國共產黨全國代表大會做準備。[43]基於上述情況，北京挑起了國內的民族主義情緒。觀察家說，他們能感受到民族主義情緒高漲的氛圍……這是否也是衝突爆發前的序曲？

而與這一切兜在一起的是，在中美猜忌加深的情形下，蔡英文的角色變得愈來愈舉足輕重。她對中國網民的「陰謀」表示警惕，並指出「他們試圖以假新聞削弱我們（台灣）的團結。」蔡英文提及中國轟炸機飛越台灣玉山的照片和台灣的食品安全（蔡英文把它與國家安全相連結）；政府在網頁上擘劃「闢謠」專區，並承諾解決假新聞的問題。[44]台灣正為可能更嚴重的衝突未雨綢繆。蔡英文在得到美國友台人士的協助下，「號召」台灣上下團結一致的舉動顯得更有影響力。前美國駐聯合國大使暨川普的顧問約翰·波頓（John Bolton）認為，美國應該增加對台軍售並在台灣駐軍。[45]尼克森當年將美軍撤出台灣；美軍應該永遠不會再回到台灣。贊成美軍返台是一個激進的親台想法。

同時，美國的主流媒體和學者指控川普全盤推翻美國的對中政策。他們指出川普甚至親口說出這些話，其自豪而直白的態度讓許多政策專家啼笑皆非。[46]此時，向顧客提供情報和預測的史塔特福（Stratfor）公司如此形容川普執政下的中美「角力」：美國已「厭倦」國際體系，而民族主義「已敲響中美的門戶」。[47]

當川普的執政團隊——包括各部會首長——現身於眾議院，在回覆議員質詢中公開他們對中國的看法時，華盛頓和北京之間的口水戰幾乎每天都呈現升級的態勢，隨時可能往衝突的方向推進。國務卿人選雷克斯．提勒森（Rex Tillerson）公開表示，美國應該阻止中國進入其在南海建造的人工島嶼。提勒森說：「我們必須向中國傳遞清楚的警訊。首先，必須停止建造島嶼；其次，美國不允許中國進入這些人工島嶼。」[48]提勒森接著指出中國的行為「近似」二〇一四年俄國強併克里米亞的舉動，而後者正是歐巴馬「無作為」下的結果。[49]

中國的反應來得既迅速又強勁。根據中國《環球時報》的一篇觀點評論，「假如提勒森想迫使一個核子強權退出它自己的領地，那麼他最好加強美國的核子戰略。」還有「假如川普的外交團隊以目前的方式對待未來的中美關係，那麼雙方最好為一場軍事衝突做足準備。」[50]在川普指定的國防部長——綽號「瘋狗」的詹姆士．馬提斯（James Mattis, “Mad Dog”）身上，我們也可以觀察到川普政府如何透過刺激中國來製造衝突。馬提斯隨後公開表示，中國正試圖以「朝貢模式」重新打造中國的對外關係；倘若中國繼續在「南海地區欺凌他國」，美國應該「平衡」來自中國的威脅。[51]馬提斯在宣誓就職的聽證會上宣稱，美國當前的主要挑戰是俄國的蠻橫與中國在南海的活動。他建議華盛頓積極做好軍事準備。馬提斯認為俄國、恐怖主義和中國在南海的作為，讓美國正遭受自二戰以來「最大規模的襲擊」。[52]

比任命馬提斯更挑釁的是，川普還任命彼得．納瓦羅（Peter Navarro）掌管新成立的國家貿易委員會

（National Trade Council）。納瓦羅向來對中國嚴詞批評且立場親台；他的任命案讓台灣拍手叫好。納瓦羅的著作不遺餘力地批評中國，包括被拍成紀錄片的《致命中國：中共赤龍對人類社會的危害》（*Death by China: Confronting the Dragon: a Global Call to Action*）這本書。影片的開頭是一把中式匕首插入一張美國地圖，鮮血不斷從洞口湧出。[53]這部片反映了納瓦羅的觀點——中國是促成美國龐大的貿易逆差、進而造成工作外流、工廠倒閉的邪惡國家。納瓦羅支持川普指控中國操縱匯率；因此，美國能合理地向來自中國的進口商品課徵百分之四十五的關稅。他進一步宣稱中國正在落實一種「扭曲式的資本主義」（a perverse form of capitalism），此舉不僅削弱美國經濟，中國甚至與一些危害美國利益的美國企業攜手合作；他認為中國的種種作為必須劃下句點。由於納瓦羅是川普顧問團隊中唯一學有專精的經濟學家（哈佛大學經濟學博士），各界認為他會在造成中美齟齬的貿易問題上擁有左右政策的影響力。[54]

川普不按牌理出牌

二〇一七年一月二十日，川普宣誓成為美國第四十五任總統。有些觀察家預測，由於各方如今已不再過度思索川普的外交政策，並認真看待執政的川普政府，也許會讓美中台的情勢有所改善。但不幸的是，情勢並未好轉，中美和兩岸關係依然緊張，並在許多方面更為惡化。結果讓中美之間的齟齬「正式化」。中國《環球時報》如此回應川普在就職演說中對中國的厲聲批評：「因此中美之間的磨擦似乎無可避免。」中國官媒新華社指出，「挑釁激起仇恨。」[55]

二月三日，新上任的美國國防部長馬提斯訪問南韓，並宣布協助南韓對抗北韓成長中的軍事威脅。值得注意的是，馬提斯表示支持美韓薩德系統（Terminal High Altitude Area Defense, THAAD）——一套原本打算布署於中東地區的精密反飛彈防禦系統。薩德系統當下的目標，是協助南韓抵禦來自北韓的攻擊。[56]然而，美韓薩德系統似乎也有對抗中國飛彈的意圖。無論如何，中國對馬提斯訪問南韓時的發言頗有微詞。[57]馬提斯接著訪問日本。他在東京歌頌《美日安保條約》，並宣稱兩國牢固的關係恆久不變。中共高層顯然對此悶悶不樂。然後，宛如斷層線大幅移動般的大地震發生了……。關於中美即將爆發衝突的證據頓時煙消雲散……。在馬提斯的訪問行程結束不到一星期後，二月九日川普和習近平以電話確認美國會尊重一中政策。雖然白宮未說明川普變調的原因，但宣稱兩人在「習近平的請求下」展開對話。

中美兩國看來真的可能在未來盡釋前嫌，似乎不太可能發生衝突或更糟的情況。當白宮在三月宣佈，川普會在四月初與習近平在海湖莊園（Mar-a-Lago）——位於佛羅里達、常被稱作「第二個白宮」的川普官邸——會面並進行「首次高峰會」時，中美似乎真的能和解。外界稱四月的會面是世界上兩大領導人的會面。許多訊息清楚地透露中美關係趨於緩和，雙方也不再拘泥於解決一中問題。川普和習近平在「四月峰會」成為「哥倆好」；至少兩人都提到彼此已建立了個人情誼。但實際上這個說詞備受考驗。川普在晚宴時對習近平出奇招——他告訴習近平他在得知敘利亞的阿薩德政權以毒氣殘害內戰中的敵人並造成女人和嬰兒傷亡以後，他決定對敘利亞境內的一座軍事基地發動飛彈攻擊。然而習近平似乎不為所動，甚至表示他「理解」美國的行動。[58]

川普希望與和習近平會面時能得到兩樣東西。其中一樣是川普希望中國能協助對付北韓的流氓政權，因為平壤正以核武試驗和導彈試射挑釁美國和全球，甚至威脅南韓和日本等盟友的安全。其次是矯正美國對中國的貿易逆差。貿易失衡是美國工作機會減少的主要原因之一。而習近平顯然對川普的憂慮期待多時——他已對北韓採取行動。習近平在二月宣佈中國將暫停對北韓進口媒礦。媒礦是北韓最大的出口商品，也是其外匯的重要來源。[59]中國確實對北韓的核武和飛彈挑釁不悅。習近平也在會面時承諾進口美國牛肉，並允許美國的金融機構進入中國市場，作為矯正雙方貿易失衡的百日計畫的一部分。此項承諾是一筆大交易。[60]

川普回敬了習近平的好意。當習近平於在五月召開一帶一路高峰論壇，正式啟動中國有史以來最大的建設計畫時，川普派遣代表團與會，並且實質上表示支持此項龐大的計畫。總值逾一兆美元（有些數據宣稱五兆美元），一帶一路也可能是世界上最大的建設計畫。有些觀察家認為，一帶一路是中國打造新全球帝國的骨架，[61]川普的支持至關重要。習近平的計畫與其「中國夢」和國內外的名譽息息相關。然而這個計畫也有許多反對者：西方媒體（他們害怕此計畫會摧毀植基於西方自由主義的國際秩序）、西歐國家（除了同樣對國際秩序的變化有所顧慮以外，他們認為此計畫忽略了人權和治理問題，並反映出中國偏好雙邊協商和歐洲國家偏好多邊協商的差異），以及歐巴馬的餘黨（他們試圖阻撓計畫，因為它將繼中國崛起之後，進一步弱化由美國協助打造的全球金融機構）。[62]

中美在北韓等問題上立場相左

此時的中美關係顯得無可挑剔，華盛頓和北京之間的緊張情緒大都煙消雲散。眼前不見戰爭的迷霧。然而這幅景象難以持久，中美之間的問題很快地又浮現出來。

北韓核武和導彈試射問題最為醒目，並吸引國際社會的矚目。北韓問題已演化為對南韓、日本和美國的安全威脅。北韓在二〇一六年打破以往紀錄、進行多次導彈試射，並可能在二〇一七年追平或超越其紀錄。而讓問題顯得更嚴重的是，金正恩在七月四日美國國慶日當天又下令試射一枚洲際彈道飛彈。宛如戳美國的眼睛似的，金正恩宣稱這枚飛彈是送給美國的國慶日「賀禮」。[63]一些觀察家指出，此舉讓川普政府兵荒馬亂。雖然美國曾表示絕不允許北韓發展洲際彈道飛彈，但現在卻發生了。川普經常以尖銳的口吻批評北韓惡劣的行徑，及其如何危及世界和平。他必須有所作為。

第一步「自然」是對北韓採取經濟制裁。美國曾試過此方法，但過去的成效不彰。此外，美國的經濟影響力有限；中國是北韓最主要的經濟夥伴及外援和投資的來源。北京位居上風。如果美國希望能發揮影響力，川普「不可缺少的盟友」中國必須站上打擊區，順手推動美國所主導的經濟攻勢。然而，中國並未採取積極的行動。實際上與其式微，據說中國和北韓的雙邊貿易反而增加了。[64]川普接著公開恐嚇那些提供北韓「經濟支援」的國家，並把矛頭主要指向中國。美國駐聯合國代表哈利（Nikki Haley）也強調了美國的「警告」，指出某些國家希望和美國繼續保持貿易協定，她以嚴厲的語氣說，「這不會發生。」[65]中美兩國似乎在此關鍵議題上嚴重不合，而議題背後的事實值得玩味。

川普不僅認為，也表示中國對北韓擁有強大的經濟影響力，並且能迫使金正恩改變行為。雖然此觀點大致上算真相，但不是故事的全部。北韓已證明它能夠頑強抵抗包括中國在內的外來壓力。除此之外，北京並不想逼死北韓。若中國的經濟壓力生效，將可能造成狗急跳牆的北韓人民穿過邊境並大量進入中國，形成難民問題，而人數可能達上百萬人。中國高層透露他們對這個可能性感到頭痛，因此在邊境布署十五萬軍力。[66]

若經濟壓力無效，美國將被迫動用軍事力量。在北韓大軍布署於南北韓交界處、砲口皆對準首爾（擁有一千萬人口，大首爾地區的人口更可能高達二千五百萬）的情形下，美國只能以壓倒性的武力打擊北韓。這意味著快速摧毀北韓的海空兩軍，並以美國的戰略轟炸機進行地毯式轟炸。美國將同時以飛彈攻擊北韓強力布署於兩韓交界處北邊的軍力。結果可能是北韓政府垮台和政權轉移（有些美國高層曾建議採取後者），南韓政府則進而統一朝鮮半島，屆時北韓將不再是中國和韓美兩國之間的緩衝區。對於中國高層而言，這是明顯無法接受的恐佈情形。而中國高層的恐懼也反映在中國不贊同美國所提議的聯合國解決方案，並拒絕接受所謂的「中國責任論」——中國可獨自對北韓施壓，促使其改變。[67]

北韓不是中美兩國唯一不合的「地方」。川普也發現，在中國於南海、北海和台海地區的活動和領土的聲明上，他與北京的立場嚴重相左。無論在海湖莊園會面之前或期間，川普和習近平都未能就這些議題取得共識。此外，歐巴馬也留給川普一個未爆彈——他採取了與中國對立的政策，並且未積極地與中國達成任何和解的方法或共識。而在這些「危機」的核心是，川普在總統選舉期間即主張加強美國衰弱的軍力，而亞洲首當其衝。中國是最大的挑戰。美國軍力的提升主要以擴增美國海軍的軍事能力為主，而且主要在東亞地區展開。美國海軍只有二七四艘所謂「能布署的戰鬥型艦艇」，而這數字與三〇八艘的傳統目標差了一截。海軍實力在歐巴馬政府時期嚴重衰退，並且根據川普的指控，海軍衰退不僅使美國的影響力大降，也說明了為何歐巴馬的重返亞洲政策將是他最大的外交錯誤。[68]

在角逐總統參選人提名期間，川普提議將海軍艦艇大幅增加到三五〇艘左右。這將是冷戰結束以來最大的艦艇上調幅度，將協助美國應對中俄兩國在東亞地區的海軍擴張。[69]就中俄兩國而言，中國的軍事擴張和解放軍海軍在國防建設中的優勢地位，意味著中國海軍是川普計畫的最大挑戰。當選總統以後，川普正在落實提升美國海軍實力的承諾。在二〇一七年中北韓問題成為危機時是有跡可循的。

實際上，在北韓七月四日進行洲際彈道飛彈試射並觸怒美國後，川普立即下令美國B-1B槍騎兵轟炸機（B-1B Lancer bomber）飛越南海上空，刻意讓中國知道美國在該區域擁有強大的軍事打擊能力。或許川普也在催促中國在北韓問題上有所作為，或向中國透露美國對北京迄今的無作為感到不滿。[70] B-1B的航行呼應了五月時類似的航行——美國派遣杜威號導彈驅逐艦至中國填海造島的地區。無論如何，中國怒氣沖沖地回應，並指控美國「賣弄軍事力量」和威脅中國的「主權和安全」。[71] 由於中美在北韓問題上意見不合，中國在南海和北韓問題上的反應，似乎對於廣義的中美關係發展有所提示。[72]

當時還有第三項議題揭露了華盛頓和北京的不合——就是台灣。六月，美國宣佈一四・二億美元的對台軍售——川普政府對台灣的首次軍售，觸怒了中國。此筆交易包括台灣國防部認為能提升其海空作戰能力的預警雷達、魚雷和飛彈零件。[73] 中國回應道：「美國的舉動會嚴重傷害中國的主權和安全，並與華盛頓對一中原則的承諾相違背。」某位外交部發言人宣稱中國反對「任何干預我國內政事務的外部勢力。」甚至要求美國終止軍售。[74] 有些觀察家意識到，中國認為川普政府在欺負中國並踐踏其國家利益；這造成了反作用力。[75] 有些觀察家認為中美關係下滑，可能是因為某些問題暫時「浮到頂端」。然而問題的深度預示著磨擦和衝突的延續。實際上，近期華盛頓和北京「熱冷相接」的關係似乎暗示，儘管中美兩國最近「大方和解」，由於兩國天生就是對頭，因此雙方相互角力是稀鬆平常的事。有鑑於此，我們必須再檢視兩國之間嚴重和難以彌合的差異……

就在川普和習近平於海湖莊園突破關係幾天後，貝爾芙科學暨國際事務研究中心（Belfer Center for Science and International Affairs）主任艾利森（Graham Allison）出版了《注定交戰：美國和中國能逃離修昔底德陷阱嗎？》（*Destined for War: Can America and China Escape Thucydides's Trap?*）。艾利森的書說明了崛起中的強權（中國）必然挑戰現狀國或霸權（美國）的情形，進而無可避免地引發戰爭，如同希臘知名作家修昔底德在其廣為歷史學家、國際關係學者和決策者所知的巨著《伯羅奔尼撒戰爭》（*The Peloponnesian War*）一書中所提到的一樣。當下的情形不只是中國挑戰美國而已；根據艾利森的數據，中美衝突正飛快發酵中。中國幾乎在所有和國力有關的項目上都快速崛起，而美國的實力則大致持平，導致兩國爆發戰爭的可能性，比以往在類似情形下爆發戰爭的機會來得高。[76]

艾利森進一步評估中美戰爭的前景時指出，兩國之間存在某種由兩位民族主義情緒高昂的領導人所主導的高度緊張狀態。習近平的成長過程艱辛，曾經歷文化大革命的混亂和迫害。新加坡前總理李光耀曾說，習近平的靈魂「堅如鐵石」。[77]而習近平也有類似的計畫——讓中國再度偉大。習近平的計畫常被詮釋為「中國夢」，或使中國能備受尊敬的戰略。而川普則在日常生活和商場上來自同儕的考驗中成長。他也在與不同政府階層打交道的過程中學習，並在其贏得總統大位的過程中力抗來自民主黨員（和許多共和黨員）、媒體、好萊塢和學界的挑戰。反對者討厭他，希望他能一敗塗地。而川普矯正修昔底德陷阱的方法是「讓美國再次偉大」。李光耀在習川兩人的關係中看見了「中美爭峰」的影子。[78]

失序的世界

宛如頭尾相連地，失序的國際體系使維穩和崛起的兩國領導人分庭抗禮。教皇方濟各指出「戰爭在這世界無所不在」，而戰爭與和平的模糊界線鮮明地呈現混亂的現狀。[79]

美國外交關係委員會主席理察·哈斯（Richard Haas）以另一種方式形容當前局勢。他在近期出版的一本專著《失序的世界》（*A World in Disarray*）中指出，由美國主導的世界秩序正過渡到一個非單極的新秩序。他指出這個過渡「正快速發生」，並形容今日的世界秩序正在凋敝，甚至崩塌。[80]哈斯認為許多因素和趨勢導致此一情勢。他指出，許多其他聲音認為全球體系處於「紅色警戒」，並暗示體系可能突然失靈，甚至崩解。體系目前的體質顯然無法永續發展。美國國家情報委員會的最新報告《全球趨勢：權力的悖論》（*Global Trends: Paradox of Power*）附議了哈斯的看法，並以「危險」一詞形容全球在二〇三五年以前的發展。[81]

已毀損並即將崩塌的國際體系存在著嚴重的風險，而危機的核心是中美關係。由於習近平和川普兩人對於危機將如何展開及應如何反應等問題看法不一，更進一步加強了風險的複雜性。習近平認為，現存的國際體系是一個容許中國發展經濟和提升國力及影響力的好環境，他希望至少能繼續維持現有環境一段時間。他也對和諧世界寄予希望。[82]而川普認為快速重整國際體系是必要條件，並承諾制定對應的政策和採取相關行動。他的政策成為有些人口中所說的「刻意製造混亂」（導致失序或動盪），或對國際事務採取「打泥巴戰」的戰術。[83]

根據哈斯的看法，川普以「新現實和重要趨勢」的觀點看待世界，而其中一項發展是中東地區衝突所造成的歐洲難民危機。這場危機導致歐盟的全球戰略影響力衰退，並鼓勵許多國家把經濟和戰略目光投向亞洲。而在各國紛紛把目光轉向亞洲時，中國成功地讓周邊國家對它產生經濟依賴；此舉大幅削弱美國和其亞洲盟友的關係，進而使華盛頓陷入信心危機。[84]換句話說，川普覺得他必須應付某種新的或修正後的「歷史的終結」。就當下的環境而言，他必須採取不同以往的途徑——某種激進的策略——以修復體系。[85]該策略從未經過實驗並充滿風險，甚至與中國的作風大相逕庭。

另一個讓人覺得中美關係將不平順的原因，是西方媒體和其同路人的影響力。如前所述，他們希望把川普趕下台並積極地投注心力。

第二，川普面對來自民主黨、政界人士、西方媒體、娛樂界和學術界等浩大——甚至不公平和惡毒——的反對聲浪。對反對者而言，川普代表他們厭惡的東西；他們不惜代價地希望川普失敗。他們要川普下台並採取相應的言論和行動。當這些反對者湊在一起時，他們形成一股讓人生畏的誹謗勢力。在競選期間，他們以任何幾乎想得到的個人陋習或特徵抨擊川普：他的商業活動（包括逃漏稅）、冒犯女性的言行，以及他支持保護和孤立主義、推動民粹和民族主義、擁護種族歧視和威權主義的種種表現和主張等。媒體幾乎像套公式般指控川普說謊，以此認定他對美國和世界將造成不良影響。媒體、好萊塢和大學教授（以及追隨其腳步的學生）對於真相置之不理。無論真實與否，任何能汙名化川普的證據都被認為能派上用場。他們不在乎民主黨候選人的行為是否更不檢點，也不在意川普主義（川普的高人氣象徵某種全球性的脈動）擁有廣大民眾的支持。

這組「三重奏」忽視過去民主黨籍總統與女人的關係，也不太留意全球主義的弊病（包括經濟和其他發展不均），其導致近期各地對民粹主義的支持節節攀升；民粹主義和同樣攀升中的民族主義，則反映出反全球主義的情緒、對恐怖主義的恐慌、對失業的擔憂，以及對政府權限過大的反彈。政府的權限擴大荼毒了西方民主，並轉變為「官僚式威權主義」。[86]這組三重奏也與「在位的」政治權貴——或川普稱之為「腐敗和自私的華盛頓政界人士」——攜手合作，以龐大的積怨攻擊川普。川普在競選期間擊敗他們並讓他們難堪；他巧妙地運用社群媒體繞過反對者的圍堵（至此未曾有其他政治人物嘗試類似手法）。

反對者對於川普的反擊束手無策。他們批評川普粗鄙、未經修飾的言論。但他們的舉動卻造成反效果，因為多數中產階級和勞工欣賞川普。川普的崛起，與民眾對媒體的好感度跌至四十多年來最差的民調數字，同時並行——某些人認為部分原因來自川普，[87]他以「不誠實的媒體」稱呼時下媒體。由於許多三重奏成員對川普惱怒、無奈和憤恨，因此他們不惜代價地希望打倒川普。他們在大選後主張彈劾川普。有些人主張採取暴力，甚至有人提議殺害或暗殺川普。[88]許多人已失去理性；有些人似乎已走火入魔。川普在媒體和學術界的敵人說服了許多國內外受眾，川普不是一位好領導人，他的政策既不理性，也不得國內民眾支持。此舉除了削弱川普推動外交事務的能力，還營造出衝突一觸即發的印象。此舉鋌而走險的意味濃厚。[89]

美國正在製造新的中美衝突

然而故事確實在此畫上句點。西方媒體也有第二個敵人，就是中國——長期以來他們對中國懷著深厚的敵意。就某些方面而言，這股敵意和對川普的厭惡一樣深厚，存在的時間也確實更久。究竟是什麼因素促成這股對中國的厭惡？媒體、好萊塢和美國的學術圈都對中國崛起及中國成為強權（終有一天將成為全球霸權）的影響感到困惑。此一發展等同宣告西方不再掌控國際事務，也意味著以西方自由制度為基礎的世界秩序的終結。如此發展的後果嚴峻且讓人極度不安。[90]此發展的背景也讓人不安。中國實現建立新世界秩序的「美夢」已有一段時間，該進程目前正在高速發展中。「北京共識」在很大程度上已取代「華盛頓共識」。中國已成為世界的建築師，以及全球最大的外援和外資供應國。中國正快速取代西方（以美國為主）在管理世界經濟上所扮演的角色。中國可望成為引領全球的軍事強權。中國的政治體制已成為許多發展中國家——甚至有些已開發國家——的典範。[91]假如這些趨勢持續發展，西方將失去其重要性和全球影響力。亞洲或中國的價值和文化將取代西方文化，世界會變得非常不同且煥然一新。

西方媒體與其娛樂界和學術界的夥伴必須壓制中國崛起，而他們的方法是「將中國妖魔化」。因此西方媒體和學術界攻擊中國的經濟體制，並抨擊中國廣泛地侵害人權（儘管中國的人權紀錄自毛澤東時期以來明顯改善）。美國媒體、好萊塢和學術界強力抨擊中國威權的治理模式；他們說，中國在採行民主體制的進程上絲毫沒有進展。事實上，中國正在倒退，因為其領導人習近平正在累積更多的個人權勢及削弱共同領導的模式。[92]

美國媒體對中國的報導編織了另一套論述——中國的政經體制和國家本身正面臨瞬間崩塌的危機。

根據他們的說法，資本主義只能在與民主體制並行的情形下成功（或繼續成功地）運作。中共高層也面臨其他棘手的問題，例如國債（雖然主要是國內債務）及以高經濟成長維持共產黨的統治正當性等問題。中國面對來自內部的革命。[93]基本上，關於中國崩潰論的預測是「老調重彈」。隨著時光流逝，中國仍屹立不搖，中國崩潰論逐漸失去說服力。對於末日的預告顯然未實現，[94]因此，西方媒體必須另訂計畫，而其中一項計畫是，就是把中國和川普政府推向戰火。這是能解決龐大問題的一石二鳥之計。西方媒體是否樂見中美交烽？或許真的如此，他們的行為透露了這樣的訊息。

川普的「一中」與「重返海洋控制」政策

第三個與預測中美將發生衝突相關的「情勢」是，美國和中國在亞洲的主要熱點議題上都處於對立，而所有的熱點議題都愈來愈不穩。在東北亞地區，朝鮮半島和釣魚台（或尖閣群島）危機正朝嚴重衝突的方向發展。在南方，自從蔡英文當選總統以來，台海的情勢更為緊張，在川普勝選後更是如此。在東南亞，中美對立達到「狂熱」的地步，在互相衝突的領土爭議、開發海底資源、以及近期海上航道的重要性提升等議題的影響下，顯得更加激烈。[95]

然而，上述北韓、南海和台灣問題，都不是近年才發生的事。若以核子物理學家的用語來形容，熱點同時愈加不穩的特質宛如「群聚效應」。若同時思考這些衝突點，顯然某種猛火效應正在醞釀。

在二〇一六年，惡劣的麻煩製造者和挑釁者已延續一段時日的北韓變本加厲了。美國先前試圖馴服此一「流氓政權」的努力顯然無效。北韓無視於美國和聯合國揚言將祭出經濟制裁，仍然在二〇一六年九月進行第五次核武試爆，也是該年度的第二次試爆。此次試爆的規模比以往更大，並大幅升高區域內的緊張氛圍。[96]川普在競選期間批評中國未能克制北韓；他認為北京雖有能力，但卻不協助美國對付北韓的威脅。川普在宣布接受北京的一中政策前再次重申其立場。事實上，有些觀察家揣測川普取得中共高層的某些承諾——遏制北韓就是其中一項承諾，所以他才沒有繼續拿一中問題來威脅中國。

若果真如此，那麼川普對中國的「讓步」並沒有成功，而川習兩人的和解也未產生預期的效果。北韓幾乎選擇與川習對話重疊的時機點上，進行一場眾所矚目的彈道飛彈試射，以「慶祝」（和摧毀）川普的「轉向中國」策略。另外，北極星二號飛彈——據猜測其使用固態燃料和冷發射系統（利用外部壓力協助飛彈升空）以提升發射速度（但過程較不穩定）——正好在安倍首相訪拜會川普的訪美期間射入日本海，讓日本官員大驚失色。[97]這個時機點極為挑釁。為了慶祝試射成功，北韓官員宣稱北韓已進入研發核武的最後階段，其發射系統能直接攻擊美國。而川普則透過推特表示「這不會發生」。[98]然而，中國隨即駁斥華盛頓的批評——因川普認為北京沒有盡職地阻止北韓。[99]關於鄰近的尖閣群島，國防部長馬提斯在訪問日本時宣稱，華盛頓已準備（與日本共同）防衛尖閣群島。中國外交部發言人陸慷表示，由於作為馬提斯的意見基礎的《美日安保條約》是冷戰時期的產物，美國應該停止對釣魚台的言論。[100]

第三個熱點——可能也是情勢最嚴峻的熱點——是台灣海峽。當川普對一中政策改變想法時，他似乎嘗試在作為中美衝突點之一的「台灣問題」上打散或消除中國的疑慮。然而他成功了嗎？他的舉動可能適得其反。在台灣的觀察家指出，川普聲稱他會「信守」一中政策。這可能表示他只接受他所繼承的美國對中和對台的政策。然而，川普的舉動實際上卻讓各方的目光聚焦在美國曾（於一九七二年）「認知」到中國在一中原則上的立場，而未（如大部分的國家對中國所採取的立場）「承認」（一個更正式或更具有法律意義的詞）一個中國的主張。川普並沒有認同（甚至承認）一中原則——由於這個說法包含台灣屬於中國的領土這層含意，已遠超過美國所認定的「一中政策」的範疇。因此值得我們強調的是，川普表示美國會「信守我們的一中政策」，而不是北京的一中政策。[101]

有些分析家也進一步強調習近平致電川普的舉動。顯然中美雙方有些交易，但無論如何，我們有理由推測習近平另有所圖，並為此做出一些承諾。而他得到的是外交危機的解除；當時習近平正在籌劃一場重要的中共會議，他也因此創造與美國協商關鍵議題的「空間」，並有可能在過程中做出讓步。[102]然而，習近平給了川普他想要的嗎？

在台海的另一端——台灣在川普與蔡英文通話後喜上眉梢。台灣某些人士認為，此舉代表美國支持台灣獨立。這無疑激勵了民進黨內的台獨支持者，因此川普與習近平通話的消息讓他們大失所望，也澆熄了主張台灣與中國分離的熱情。但事實真是如此嗎？

正好在川普宣稱奉行一中政策前，國務卿提勒森透過（給參議員班·卡定的）書面確認《台灣關係法》、（與中國的）三個公報，以及「六項保證」是美國對台政策的基礎。[103]《台灣關係法》和三個公報以往被援引為美國對台政策的「正式基礎」。六項保證則是一九八二年七月雷根所做的非正式聲明，該聲明承諾美國不會「強迫台灣與中國進行協商」（第五項保證），也「不會承認中國對台灣的主權」（第六項保證）。因此，我們可以把川普的決定解讀為美國不支持一中原則的「後半部」——即台灣是中國的一部分。[104]或許我們也能說中美關係所謂的「第三軌」（即支撐一切的基礎）——一中原則——僅表示美國承認北京政府為美國的外交往來對象。

在此背景下，蔡英文發現她的對中政策（維持現狀）在國內備受挑戰。大量的壓力要求蔡英文在對中關係上更「有彈性」，並捨棄其溫和政策。近期發生的事件顯然讓台海這個熱點比以往更為緊張。

最後一個熱點——也是最有可能一發不可收拾的熱點——是南海。在國務卿提勒森宣布美國不應該允許中國登上其在南海建立的島嶼，並誓言要保衛「國際領土」，及白宮發言人史派瑟（Sean Spicer）暗示美國將可能阻止中國進出其位於南海的基地後，中國重申其在南海地區的主權聲明。北京官員宣稱二戰期間日本喪失對該地區島嶼的管轄權並由中國接收。中國外交部長王毅進一步指出：「在美國公開協助及符合國際法的規定下，一九四六年中國取回南沙群島和日本占領的島礁並行使主權。」[105]有些報導像是重申外交部長的聲明，在不到一個星期內宣稱，中國正準備在靠近菲律賓的黃岩島建立軍事設施，進而讓北京對該區域施行「實質的軍事掌控」——美國曾表示尚未準備好接受中國的軍事擴張。[106]兩天後，一架美國海軍巡邏機與一架中國軍機在南海的相同位置發生「不安全的相遇」。[107]

在這個時機上，美國海軍宣布「重返海洋控制」的新戰略。美國太平洋艦隊海軍水面部隊指揮官湯姆．羅登（Tom Rowden）中將宣稱，「近似同儕的競爭者」正在試探美國的主導地位，因此美國必須做出回應。他總結該戰略的目標是建立、組織、訓練和武裝一支能夠「在今天、明天和未來戰鬥」的部隊。[108]中國警告美國勿啟動新一波的海上巡邏。[109]此時許多分析家把目光轉向美國海軍的另外兩種戰略——「存在任務」（presence operations）和「航行自由任務」（Freedom of Navigation Operations）。參議員麥坎（John McCain）希望美國加強此兩種戰略。然而，前海軍作戰部長喬納森．格林納特（Jonathan Greenert）上將認為，由於美國無法迫使中國退出其在南海地區占領的島嶼，因此相關的對策尚未有定論。雖然美國的戰略調整可能讓美軍在南海的勢力擴大並讓中國修訂對策，但中國不太可能撤退。中美將持續對峙。[110]

總之，自川普當選後中美關係歷經了許多波動。兩國關係惡化、改善，然後又再度倒退。大國關係的本質即是如此，尤其是在現狀國（status quo power）嘗試回復其權力，而快速崛起的強國對前者構成嚴重威脅時。爆發衝突，甚至戰爭的風險水漲船高。風險需要管控和避免，而結果將決定一切。

1 "How will the Trump Presidency impact Japan, China, Philippines, Korea, Taiwan and Singapore: 6 ANN member media write," Asia News Network, November 13, 206 (online at asianewsnetwork.com). 報導提到許多風險，貿易戰爭，對中開戰，協助和傷害台灣等。

2 Robert Schlesinger, Done Deal" *USA Today,* October 28, 2016; Josh Katz, "Who Will Be President?" *New York Times,* November 8, 2016 (online at nyt.com).

3 Sarah Begley, "Hillary Clinton Leads by 2.8 million in Final Popular Vote Count" *Time,* December 20, 2016 (on line at time.com).

4 Dan McLaughlin, "The Real Reasons Trump Won," *National Review,* January 17, 2016 (online at nationalreview.com. Com).

5 同前註。

6 Gregory Krieg, "How did Trump win? Here are 24 theories," CNN, November 10, 2016 (online at cnn.com).

7 Anthony Zurher, "US Election 2016 Results: Five Reasons Donald Trump Won," BBC News, November 9, 2016 (online at bbc.com).

8 Jordain Carney, "Dem introducing bill to abolish Electoral College," *The Hill,* November 15, 2016 (online at thehill.com).

9 Tim Worstall, "Proof that China Is a Currency Manipulator as Donald Trump Says—So, Subsidize Imports from China," *Forbes,* December 2, 2016 (online at forbes.com).

10 "Expect 'revolution' in US foreign policy under Trump," *Nikkei Asian Review,* December 27, 2016 (online at nikkeiasianreview.com). 該報導出自與哈佛歷史學家弗格森（Niall Ferguson）的專訪。

11 Stephen N. Walt, "Barack Obama Was a Foreign Policy Failure," *Foreign Policy,* January 18, 2017 (online at foreignpolicy.com).

12 Lawrence Chung, "Taiwan's Tsai Ing-wen initiated phone call with Donald Trump, says island's presidential spokesman," *South China Morning Post,* December 4, 2016 (online at scmcom).

13 Guy Taylor, "Groundbreaking phone call with Donald Trump raises hopes, fears in Taiwan," *Washington Times,* December 11, 2016 (online at washingtontimes.com).

14 David A. Graham, "So, Why Can't You Call Taiwan," *Atlantic,* December 2, 2016 (online at theatlantic.com).

15 An Baoji and Li Xiaokun, "Li outlines $1 Trillion goal," *China Daily,* November 25, 2015 (online at chinadaily.com).

16 Brooke Seipel, "Trump: 'I don't want China dictating to me," *The Hill,* December 11, 2016 (online at thehill.com).

17 Caren Behan and David Brunnstrom, "Trump says U.S. not necessarily bound by 'one China' policy," Reuters, December 12, 2016 (online at reuters.com).

18 同前註。

19 Zheping Huang, "If Trump abandons 'One China,' Beijing could arm the US's enemies and invade Taiwan, a state paper claims," Quartz, December 12, 2016 (online at qz.com).

20 "Warning shot," *Economist*, December 24, 2016, 53.

21 Jane Perlez, "Muted U.S. Response to China's Seizure of Drone Worries Asia Allies," *New York Times*, December 18, 2016 (online at nyt.com).

22 Alex Lockie, "China just confronted the US Navy in the Pacific—and it looks like China came out on top," Business Insider, December 20, 2016 (online at businessinsider.com).

23 Jane Perlez, "Muted U.S. Response to China's Seizure of Drone Worries Asian Allies, *New York Times*, December 18, 2016 (online at nyt.com).

24 "Trump tells China: Go ahead, keep that U.S. military drone you seized," *Los Angeles Times*, December 18, 2016 (online at latimes.com).

25 Koenig Everington, "U.S. Global Hawk drone shadowed PLA warplanes as they circled Taiwan," *Taiwan News*, December 19, 2016 (online at taiwannews.com.tw).

26 Yu Xiaodong, "Cross-Strait Tension Spiraling," *News China*, March 1, 2917, 10.

27 Yu, "Cross-Strait Tension Spiraling," 10.

28 Ralph Jennings, "Taiwan Watchful as Chinese Ships, Planes Edge Near Territorial Space," *Forbes*, December 28, 2016 (online at forbes.com).

29 "EDITORIAL: US military ties amid tense times," *Taipei Times*, December 28, 2016 (online at taipeitimes.com).

30 "US anti-propaganda law 'may set stage for wars of ideas with China,' " *South China Morning Post*, December 27, 2016 (online at scmcom) and Wei Qi and Victoria Law, "Washington's new anti-propaganda law may unleash war of ideas with China," Business Insider, December 27, 2016 (online at businessinsider.com).

31 John F. Copper, "Has Obama Driven Trump into a Conflict With China?" IPP Review, January 11, 2017 (online at ippreview.com)

32 Adam Lowther, "'Let It Be An Arms Race': Our Nuclear Adversaries Have Already Started," Breaking Defense, January 4, 2017 (online at breakingdefense.com).

33 Rachel Zissimos and Brian Slattery, "The Continuing Decline of America's Military," *National Interest*, November 16, 2016 (online at nationalinterest.com).

34 "Pentagon: Russia, China Close Gap in Conventional, Asymmetric Warfare," National Security News, August 9, 2016 (online at nationalsecuritynews.com).

35 Chris Buckley, "Enough of the Tweets, China's State Media Tells Trump," *New York Times*, January 4, 2017 (online at nyt.com).

36 Violet Law, "China's Liaoning aircraft carrier conducts first live-fire drill as Beijing shows off military might," *South China Morning Post*, December 16, 2016 (online at scmcom).

37 Jack Phillips, "Taiwan Says Warships, Aircraft Carrier Represents a Growing Threat," *Epoch Times*, December 27, 2016 (online at epochtimes.com).

38 Sam LaGrone, "Beijing Confirms Chinese Carrier Launched Fighters in South China Sea," USNI News, January 3, 2017 (online at news.usni.org).

39 Ronald O'Rourke, "China Naval Modernization: Implications for U.S. Navy Capabilities—Background and Issues for Congress, Congressional Research Service, June 17, 2016 (Summary).

40 同前註。

41 Michael Forsythe and Chris Buckley, "Taiwan Responds After China Sends Carrier to Taiwan Strait," *New York Times*, January 10, 2017 (online at nyt.com).

42 "China considering strong steps to contain Taiwan," *Taipei Times*, January 3, 2017 (online at taipeitimes.com).

43 William Ide, "China's Xi Seen as Facing Daunting Challenges in 2017," Voice of America, December 20, 2016 (online at voanews.com).

44 Sophia Yang, "Taiwan declares war on fake news from China," *Taiwan News*, January 3, 2017 (online at taiwannews.com.tw).

45 Jesse Johnson, "Top Trump advisor Bolton backs U.S. forces in Taiwan, says move could lessen Okinawa burden," *Japan Times*, January 18, 2017 (online at japantimes.co.jp).

46 Noah Feldman, "Trump signals a 180-degree turn on China policy," Bloomberg, December 27, 2016 (online at bloomberg.com).

47 "2017 Annual Forecast," Stratfor, December 27, 2016 (online at stratfor.com).

48 Katie Hunt, "Tillerson sets stage for showdown with Beijing over South China Sea," CNN, January 12, 2017 (online at cnn.com).

49 同前註。值得一提的是，在提勒森仍是埃克森美孚（ExxonMobil）總裁的時候，該公司與越南共同在南海探勘。其他公司在中國的壓力下紛紛退出，但埃克森美孚仍在該區從事探勘。

50 Katie Hunt, "Chinese state media slams Tillerson over South China Sea," CNN, January 13, 2017 (online at cnn.com).

51 Gary Sands, "Mad Dog Mattis on China," Foreign Policy Association, December 19, 2017 (online at foreignpolicyblogs.com).

52 Jacqueline Klimas, "Mattis: Military not strong enough to deter Russia, China," *Washington Examiner*, January 12, 2017 (online at washingtonexaminer.com).

53 Binyamin Appelbaum, "Trump Taps Peter Navarro, Vocal Critic of China, for New Trade Post," *New York Times*, December 21, 2016 (online at nyt.com).

54 Evelyn Cheng, "Trump's newest advisor Navarro makes all the tough talk about China look serious," MSNBC, December 22, 2016, online at msnbc.com).

55 Tom Phillips, "Chinese media warns of 'dramatic change' and discord after Trump's inaugural speech," *Guardian*, January 21, 2017 (online at theguardian.com).

56 Matt Stiles, "Mattis arrives in South Korea to reassure nervous U.S. ally," *Los Angeles Times*, February 3, 2016 (online at latimes.com).

57 Robert E. Kelley, "Why THAAD in South Korea is a Red Line for China," *National Interest*, January 18, 2017 (online at nationalinterest.org).

58 See John F. Copper, "The Xi-Trump Summit: Failure or Success?" IPP Review, April 11, 2017 (online at ippreview.com).

59 "Furious with North Korea, China stops buying its coal," *Economist*, February 25, 2017 (online at economist.com).

60 Ayuesha Rascoe and Michael Martina, "U.S., China agree to first trade steps under 100-day plan," Reuters, May 11, 2017 (online at reuters.com)

61 John F. Copper, "Opponents and Supporters of China's Belt and Road Initiative," IPP Review, June 30, 2017 (online at ippreview.com).

62 Ibid. "Anti-Globalism and Trump," Katehom, December 5, 2016 (online at hatehom.com).

63 Rajeswari Pillai Rajagopalan, "Will North Korea's nuclear ambitions provoke a new arms race?" World Economic Forum, July 7, 2017 (online at weforum.com).
64 Eleanor Albert, "The China-North Korea Relationship," Backgrounder (Council on Foreign Relations), July 5, 2017 (online at cfr.org).
65 Nick Wadhams and Kambiz Foroohar, "U.S. Threatens Trade With Countries Over Support for North Korea," Bloomberg, July 4, 2017 (online at bloomberg.com).
66 Nicole Stinson, "China 'deploys 150,000 troops to North Korean BORDER amid fears of IMMINENT US strike," *Express*, April 11, 2017 (online at express.co.uk).
67 "China says 'China responsibility theory' on North Korea has to stop," *Reuters*, July 11, 2017 (online at reuters.com).
68 John Ford, "The pivot to Asia was Obama's biggest mistake," *Japan Times*, January 23, 2017 (online at japantimes.com).
69 "Navy, Donald Trump planning the biggest fleet expansion since Cold War," *Chicago Tribune*, January 8, 2017 (online at chicagotribune.com).
70 Ankit Panda, "US B-1B Bombers Fly Over South China Sea, Drawing Chinese Protest," The Diplomat, July 10, 2017 (online at thediplomat.com).
71 同前註。
72 "U.S. bombers fly over East, South China Sea, inciting Chinese anger as tensions mount over North Korea," *South China Morning Post*, July 7, 2017 (online at scmcom).
73 "U.S. Angers China By Making a $1.42 Billion Arms Deal With Taiwan," Reuters, June 29, 2017 (online at reuters.com).
74 "China Angry at Taiwan Arms Sale" *U.S. News and World Reports*, June 29, 2017 (online at usnews.com); "China demands that US cancel arms sale to Taiwan," Fox News, June 30, 2017 (online at foxnews.com).
75 Simon Tisdall, "Why Trump's $1.42bn Taiwan arms sale could backfire with China," *Guardian*, June 30, 2017 (online at theguardian.com).
76 Allison, *Destined for War*, chapter 1.
77 同前註，頁一〇八。
78 同前註。
79 Ali Wyne, "Trump's Foreign Policy Chaos," *New Republic*, January 23, 2017 (online at newrepublic.com).
80 Richard Haas, *A World in Disarray: America's Foreign Policy and the Crisis in the World Order* (New York: Penguin, 2017). 哈斯也在書中前言提到「一個歷史時期結束，另一個歷史時期開始」。
81 "Global Trends: Paradox of Progress," National Intelligence Council, January 2017 (online at globalsecurity.org).
82 Xi Jinping, *The Governance of China* (Beijing: Foreign Languages Press, 2014), 14.

83 Michael C. Bender, "Donald Trump See Bringing 'Deliberate Chaos' to the White House," *Wall Street Journal*, January 20, 2017 (online at wsj.com).

84 Wyne, "Trump's Foreign Policy Chaos."

85 See Niall Ferguson, "Donald Trump's New World Order," *American Interest*, November 2016.

86 "Anti-Globalism and Trump," Katehom, December 5, 2016 (online at hatehom.com).

87 Art Swift, "American's Trust in Mass Media Sinks to New low," Gallup, September 14, 2016 (online at gallucom).

88 John Nolte, "Assassination Dogwhistles: Media Ramps Up Dangerous Rhetoric Against President Trump," Daily Wire, February 7, 2017 (online at dailywire.com).

89 Kishore Mahbubani, "Treat China and Trump with respect in 2017," *Straits Times*, February 11, 2017 (online at straitstimes.com).

90 See Zhang Weiwei, *The China Wave: Rise of a Civilizational State* (Hackensack, NJ: World Century, 2012).

91 Stefan Halper, *Beijing Consensus: Legitimizing Authoritarianism in Our Time* (New York: Basic Books, 2012).

92 John Simpson, "Critics fear Beijing's sharp turn to authoritarianism," BBC, March 3, 2016 (online at bbc.com).

93 William J. Dobson, *Dictator's Learning Curve: Inside the Global Battle for Democracy* (New York: Random House, 2012), 255-66.

94 參見Gordon G. Chang, *The Coming Collapse of China* (New York: Random House, 2001). 自作者說明中國即將崩潰的原因以來已過了十六年，但他的預測尚未實現。

95 關於三個熱點的背景，參見Amy E. Gadsten, "Flashpoints in East Asia: Hot, Hotter and Hottest," FPRI Wire (Foreign Policy Research Institute), June 27, 2000 (online at fpri.org.).

96 Choe Sang-hun and Jane Perez, "North Korea Tests a Mightier Nuclear Bomb, Raising Tensions," *New York Times*, September 8, 2016 (online at nyt.com).

97 Joshua Berlinger, "North Korea calls ballistic missile test-fire a success," CNN, February 13, 2017 (online at cnn.com).

98 Katie Hunt, "Boxed into a corner? 4 ways Donald Trump could deal with North Korea," CNN, January 3, 2017 (online at cnn.com).

99 Justin McCurry, "North Korea: missile test success claim as China rejects US criticism," *Guardian*, February 13, 2017 (online at theguardian.com).

100 "Mattis wraps up Japan visit with U.D. pledge to maintain the alliance 'for years to come," *Japan Times*, February 4, 2017 (online at japantimes.co.jp).

101 Chang Mao-sen and Jake Chung, "Taipei had prior knowledge of Trump-Xi call: report," *Taipei Times*, February 17, 2017 (online at taipeitimes.com) and Paul Lin, "Trump's East Asia diplomacy success," *Taipei Times*, February 18, 2017 (online at taipeitimes.com).

102 Larry Ong, "What Reaffirming the 'One China" Policy Means," *Epoch Times*, February 10, 2017 (online at epochtimes.com).

103 "Tillerson reaffirms US' commitment to Taiwan," *Taipei Times*, February 10, 2017 (online at taipeitimes.com).

104 此時「台獨教父」彭明敏對川普的言論發表評論。參見Peng Ming-min, "The second half of the 'one China' principle," *Taipei Times*, February 10, 2017 (online at taipeitimes.com).

105 "China says United States should 'brush up on' South China Sea History," Reuters, February 8, 2017 (online at reuters.com).

106 "Beijing likely to build on South China Sea reef near Philippines, defense chief says," *Japan Times*, February 8, 2017 (online at japantimes.co.jp).

107 "U.S., Chinese military planes in 'unsafe' encounter over disputed South China Sea," *Japan Times*, February 10, 2017 (online at japantimes.co.jp).

108 Tom Rowden, "The U.S. Navy's Surface Force Strategy Return to Sea Control," America's Navy, January 15, 2017 (online at public.navy.mil).

109 "China warns U.S. against fresh naval patrols in South China Sea," Reuters, February 15, 2017 (online at reuters.com).

110 Steven Stashwick, "Expect a Heavier US Presence in the South China Sea, But What Can it Achieve," The Diplomat, February 15, 2017 (online at thediplomat.com).

國家圖書館出版品預行編目資料

飛彈、政客與祕密外交：台灣問題專家四十年的深度觀察／康培莊（John F. Copper）作；劉泰廷、許劍虹譯. -- 初版. -- 新北市：遠足文化, 2017.09

面；　公分. -- (遠足新書；6)

譯自：Playing with fire : the looming war with China over Taiwan

ISBN 978-986-94845-2-7(平裝)

1.美中臺關係 2.國際政治

578.2　　106008055

遠足文化　讀者回函

遠足新書 06

飛彈、政客與祕密外交：台灣問題專家四十年的深度觀察

Playing with Fire: The Looming War with China over Taiwan

作者・康培莊（John F. Copper）｜**譯者**・劉泰廷、許劍虹｜**責任編輯**・龍傑娣｜**編輯協力**・鄭功杰｜**校對**・楊俶儻｜**封面設計**・牛俊強｜**出版**・遠足文化事業股份有限公司 第二編輯部｜**社長**・郭重興｜**總編輯**・龍傑娣 **發行人兼出版總監**・曾大福｜**發行**・遠足文化事業股份有限公司｜**電話**・02-22181417｜**傳真**・02-86672116｜**客服專線**・0800-221-029｜E-Mail・service@sinobooks.com.tw｜**官方網站**・http://www.bookrep.com.tw｜**法律顧問**・華洋國際專利商標事務所　蘇文生律師｜**印刷**・崎威彩藝有限公司｜**排版**・菩薩蠻數位文化有限公司｜**初版**・2017年9月｜**定價**・520元｜ISBN・978-986-94845-2-7